끝나지 않은 역사

식민지배 청산을 위한 역사인식

끝나지 않은 역사 식민지배 청산을 위한 역사인식

초판 1쇄 발행 2017년 5월 8일
초판 3쇄 발행 2019년 1월 31일

지은이 이태진
펴낸이 지현구 **펴낸곳** 태학사 **등록** 제406-2006-00008호
주소 경기도 파주시 광인사길 223
전화 마케팅부 (031) 955-7580~2 편집부 (031) 955-7584~90
전송 (031) 955-0910
홈페이지 www.thaehaksa.com **전자우편** thaehak4@chol.com

값은 뒤표지에 있습니다.

ISBN 978-89-5966-742-0 93910

끝나지 않은

식민지배 청산을 위한 역사인식

이태진 지음

역사

태학사

프롤로그

    여러 기회에 밝혔듯이 저자의 한국병합 강제에 관한 연구는 1992년 5월 서울대학교 규장각 한국학연구원 소장의 대한제국 공문서 정리 사업을 주관하던 중, 통감부 일본인 직원들이 순종황제의 조칙, 법령 등의 결재 과정에 황제의 이름자 서명을 위조해서 처리한 문건 60여 점을 발견하면서 시작되었다. 20여 년 지속한 이에 관한 연구 성과를 정리해 얼마 전 『일본의 한국병합 강제연구 – 조약 강제와 저항의 역사』(2016. 12. 지식산업사)를 출간하였다. 일본제국이 1904년 2월 초 러일전쟁을 일으켜 이에 동원한 군사력을 배경으로 대한제국의 국권을 하나씩 차례로 빼앗은 과정, 강제 속에 남겨진 조약(협약) 체결 절차의 탈법, 문서 요건의 불비와 변조 행위 등을 추적하는 데 많은 시간을 보냈다. 생산된 관련 자료들이 많고 어떤 자료는 숨겨져 있었기 때문에 이를 찾아 논지를 갱신하다 보니 많은 시간이 흘렀다.

    일본은 한국(조선)과의 국교 수립 초기에는 청나라의 영향을 밀어내기 위해 새로 체결하는 조약의 법적 요건을 최대로 갖추려고 한 반면, 전쟁(청일전쟁, 러일전쟁)을 일으켜 한국의 국권을 빼앗으려는 단계에서는 조금이라도 손쉽게 달성하기 위해 약식으로 처리하기 일쑤였다. 저자의 연구는 후자에 초점이 두어졌지만 전자를 파악하지 않고 후자의 탈법이 입증될 수 없기 때문에 일본 측 자료가 소장되어 있는 도쿄의 일본 외교 사료관 같은 곳을 여러 번 찾아야 했다.

러일전쟁을 일으키면서 일본정부 및 대본영大本營이 한반도에 배치한 일본군에 계엄령을 발동시킨 사실은 최근에서야 비로소 알게 되었다. 2015년 11월 을사늑약(보호조약) 강제 110년을 맞아 동북아역사재단이 저자에게 국제학술회의 기획을 위촉했다. 이회의에 초청된 일본 나고야 메이조 대학名城大学의 이나바 치하루稻葉千晴 교수가 일본 육군성陸軍省 발간의 『메이지삼십칠팔년전역군정사明治三十七八年戰役軍政史』(1911년, 이하 『군정사』로 줄임)의 존재를 알려주었다. 저자는 일찍부터 한국병합은 군사강점이란 혐의를 두고 있었지만 이 자료를 구득하여 논지를 크게 보강할 수 있었다. 전사戰史가 아니라 전쟁 수행의 정책과 운영에 관한 제반 자료를 담은 『군정사』는 육군대신 데라우치 마사타케寺內正毅의 이름으로 간행되었다. 그는 1911년 당시 초대 조선 총독이기도 하였다. 그는 1902년부터 육군대신이 되어 그 직을 겸한 상태에서 제3대 통감으로서 한국병합을 주관하고 병합 강제 후 조선 총독부의 첫 총독이 되었다.

육군대신 데라우치의 이름으로 간행된 『군정사』는 일본 육군의 내부용으로 군부 외에서는 그 존재를 알지 못했다. 일본의 관련 학계조차 1984년에 복각본이 나오면서 비로소 이런 자료가 있는 것을 알게 되었다. 이 책에 러일전쟁 개전 당시 일본 전군全軍에 군율과 군령의 형식으로 계엄령이 발동된 사실들이 열거되어 있다. 심지어 1905년 11월 15~18일 간 '보호조약'을 강제할 때 한국주차군韓國駐箚軍 사령관 하세가와 요시미치長谷川好道가 대본영으로부터 명을 받아 특사 이토 히로부미伊藤博文를 도와 임무를 완수한 뒤 포병연대와 기병대대를 동원하여 무력을 과시한 사실을 담은 보고서까지 실려 있었다. 그는 한국병합의 최대 공로자는 자신이라고 자찬하는 소리를 자주 했다고 하지만 물증을 찾을 수 없었는데 그가 올린 보고서가 이 대외비對外秘 서적에 숨겨져 있었다. 이에 대해서는 앞서 나온 『일본의 한국병합 강제연구』의 해당 본론뿐만 아니라 결론 부분에서 거듭 자료의 중요성을 언급하여 앞으로 이에 관한 연구가 많이 나오기를 촉구하는 뜻을 담았다.

러일전쟁 당시 한국은 전쟁 당사국이 아닌 제3국일뿐더러, 전쟁 발발의 기미를 간취하고 중립국을 선언한 상태였다. 그런데도 한반도에 출동한 일본군이 계엄령을 발동하여 적국(러시아)으로의 기밀 유출이란 죄목을 씌워 무고한 한국인들을 처형하여 위협을 준 것은 명백한 범죄 행위였다. 1905년 중반 전쟁이 끝나 다른 작전지역에서는 철군과 동시에 계엄령이 해제되었지만 한반도에서는 전시 계엄령을 평시 계엄령으로 전환하여 군사 강점의 상황을 지속시켰다. 이런 상황에서 보호조약, 병합조약 등 국권 관련 조약, 협약들이 잇따라 강제되었던 것이다. 대한제국의 황제, 정부, 그리고 전 국민이 침략에 저항하였지만, 끝내 이를 이기지 못한 것은 **군사강점이란 초법적 상황** 때문이었다. 저자가 20여 년의 연구를 마무리하는 시점에서 『군정사』에 접하여 논지를 명확하게 할 수 있었던 것은 학문적으로 하나의 큰 행운이었다.

조약 강제에 대한 연구를 진행하면서 저자의 뇌리에 일본제국이 왜 이런 무리수에 빠져 들었던가에 대한 의문이 자주 들었다. 하지만 이에 대한 답을 구하는 연구는 2010년을 전후하여 비로소 착수될 수 있었다. 막부 말에 천황제를 부르짖어 메이지유신의 주도세력을 키운 요시다 쇼인吉田松陰이 곧 그 무리수의 장본인이란 것을 확인하는 데는 별로 시간이 걸리지 않았다. 그는 1854년 미국으로의 밀항을 시도하다가 실패하여 막부로부터 첫 구금 명령을 받고 옥중에서 『유수록幽囚錄』이란 글을 지어 남겼다. 그는 이 글에서 증기선 시대에 섬나라 일본이 살아남는 길은 서양 열강에 앞서 이웃 나라들을 선점하는 것뿐이라고 하면서 홋카이도, 류큐, 타이완, 조선, 만주, 중국, 여송(필리핀), 오스트레일리아, 캘리포니아 등을 그 대상으로 차례로 열거하였다. 10여 년 뒤 그의 문하생들이 막부 타도에 성공하여 조슈長州 번벌 세력을 형성하여 정권을 장악하였다. 그들은 내정을 안정시킨 뒤 스승 요시다 쇼인의 대외 팽창론을 이행하기 위해 여러 차례 전쟁을 일으켰다. 홋카이도 개척에서부터 태평양 전쟁에 이르기까지 '선점'을 위한 침략 전쟁은 순서까지 맞춘 느낌을 주어 경악을 금치 못하였다.

조슈 세력은 스승 요시다 쇼인의 유언을 실현하는 것을 국가선國家善으로 여기고, 이에 걸림돌이 되는 것은 서슴지 않고 처치, 처단하였다. 청일전쟁 후 한반도로부터의 일본군의 완전 철수를 요구하는 조선 군주(광무제, 고종)에 대한 보복으로 왕비(명성황후)를 살해하고, 또 그 군주가 1905년 보호조약을 강제 당한 뒤 1907년 헤이그 만국평화회의에 특사를 파견하여 조약 강제의 사실을 폭로하자 그를 강제로 퇴위시켰다. 뿐더러 총리대신이 된 데라우치 마사타케는 황제(이태왕, 고종)가 윌슨 미국 대통령의 민족자결주의를 배경으로 다시 국제사회를 상대로 국권 회복운동에 나설 것을 우려하여 1919년 1월 그를 독살하는 만행을 저질렀다. 그의 죽음은 국장 예행 연습일인 3월 1일 대규모의 독립만세운동을 불러 일으켰고, 그 힘으로 중국 상하이에서 대한민국 임시정부가 수립되었다. 국회에 해당하는 의정원議政院은 나라 이름을 독살된 황제의 대한제국을 계승하는 민국民國이란 뜻으로 대한민국으로 정하였다.

저자는 본래 조약 강제에 대한 연구를 시작하면서 병합조약이 강제된 1910년 8월까지를 하한으로 삼고 있었다. 여기까지만 연구할 수 있어도 성공이라고 생각했다. 그러나 실제 연구 작업이 하한 지점에 가까워지면서 강제 병합 후의 상황, 즉 항일 주권 회복 운동에서 불법 조약 문제가 어떻게 의식되고 있었는지에 대한 궁금증이 솟아올랐다. 그리하여 1919년 파리에서 평화회의가 열릴 때, 임시정부가 이곳에 대표를 보내 위원부를 세우고 열강을 상대로 외교 활동을 펼친 사실을 기억하여 이에 대한 고찰 기회를 가졌다. 매우 초동적인 연구였지만, 1920년에 탄생한 국제연맹The League of Nations이 1935년에 이르러 1905년의 보호조약(을사늑약)을 "효력을 발생할 수 없는 조약"으로 판정한 사실을 확인할 수 있게 되어 용기가 백배하였다.

잘 알려져 있듯이 1918년 1월 윌슨 미국대통령은 '승리 없는 평화'를 위해 '14개조'를 발표하였고, 이것이 토대가 되어 파리 평화회의를 거쳐 국제연맹이 탄생하였다. 국제연맹은 열강 사이에 식민지 확보 경쟁으로 만연한 비밀협약을 금지하는 한편, 지금까지 학자 개인의 학설로 존재하던 국제법을 공적인 것으로 격상하기 위해 국제연맹의 이름 아래 법전화codification 작업을 벌여 국제적 준법정신을 키우는 기틀을 만들었다. 1927년부터 8년에 걸쳐 추진된 이 사업은 국제연맹 최대의 업적이었다. 하버드 법대 교수단의 이름으로 1935년에 완성한 '조약법에 관한 보고서'는 1905년의 보호조약을 역사상 효력을 발생할 수 없는 조약 셋 중의 하나로 판정하고 있었다.

그런데 근현대 한국사의 운명을 결정한 1905년 보호조약에 대한 국제기구의 무효 판정은 여기서 끝나지 않았다. 1945년에 창설된 국제연합The United Nations은 국제연맹의 정신을 계승할 뿐만 아니라 인권헌장The Declaration of Human Rights을 채택하여 평화 공존을 위한 사명감을 제고하면서 국제법 분야에서도 국제법 위원회The International Law Committe를 별도로 설치하여 그 비중을 높였다. 이 위원회는 국제연맹의 조약법에 관한 성과를 계승하여 1963년에 '조약법에 관한 보고서'를 새로 작성하였다. 보고서는 앞서의 '하버드 보고서'의 판정을 그대로 수용하여 나치가 체코슬로바키아에 대해 강제한 조약 1개를 불법 조약의 사례로 추가하여 총회에 회부하였고, 총회는 이를 결의Resolution로 채택하였다. 인류 최대의 국제평화기구인 국제연맹과 국제연합이 다같이 1905년의 보호조약을 불법 무효로 판정한 것은 매우 중대한 사실이다. 그런데 이 중대한 사실이 이후 외면되는 상황이 벌어지고 있었다.

국제연맹에 이어 국제연합의 창설을 주도한 미국 정부는 1951년 「샌프란시스코 대일 평화조약」에서 두 기구의 성과를 외면하였다. 1948년을 전후하여 중국의 공산화를 비롯해 동서냉전 구도가 부각되면서 미국 정부는 전범 국가인 일본을 반공의 경제적 보루로 삼고자 당초의 징벌주의를 수정하였다. 냉전체제란 새로운 상황에 직면하여 미국정부는 「샌프란시스코 평화 조약」에서 일본의 한국지배의 불법성에 대한 기존의 국제연맹의 판정을 외면해 버렸다. 미국 정부는 나아가 샌프란시스코 조약에 근거하여 1952

끝나지 않은 역사

년 한·일 양국 정부에 대해 국교 정상화를 촉구하였다. 양국의 협상은 시작되었지만 '과거 역사'에 대한 근본적인 인식의 차이로 십수 년 교착을 거듭하다가 1965년에서야 '한일협정'이 이루어졌다. 이 협정의 「기본조약」은 '구 조약'의 효력 문제에 대해 "이미 무효Already Null and Void"라고 표현하였다.

1919년 임시정부 파리위원부가 파리 평화회의에 제출한 '청원서'에서 한국병합의 불법성을 지적한 끝에 "Null and Void"란 표현을 사용하면서 폐기를 주장하였다. 1952년의 협상 테이블에서 일본 측이 먼저 식민지 시대의 합법성을 전제로 1948년 대한민국 정부 수립으로 새로운 관계가 시작된다는 논법을 펴자 한국 측이 이에 대응하면서 위의 표현을 동원하여 맞불을 놓았다. 이런 간극이 1965년 마지막 협상 단계에서도 합의점을 찾지 못하자 누군가 'already'란 단어 삽입을 제안하여 상호 해석이 가능하도록 만들었다고 한다. 한국 측은 이를 '구 조약'이 강제된 당시에 '이미' 무효라고 해석한 반면, 일본 측은 1948년 8월 대한민국 정부 수립으로 '이미' 무효가 되었다고 해석하였다. 이런 상치된 해석은 결국 합의가 도출되지 못했다는 것을 의미하므로 앞으로 「샌프란시스코 평화 조약」 자체의 상황논리와 함께 재검토, 재협상의 여지를 검토해야 할 것이다. 국제연맹이나 국제연합의 국제법 준수정신이 냉전체제의 상황 논리에 우선한다는 것은 재론의 여지가 없다.

1910년 강제 병합 후 조약의 불법성에 관한 인식 문제에 대한 위와 같은 관심으로 저자는 몇 개의 논고를 생산할 수 있었다. 이 논고들을 통해 1910년~1945년 '식민, 피식민'의 관계 아래서도 한국 측의 국제사회를 상대로 한 국권회복 운동이 부단하게 진행되었다는 사실을 확인한 것은 학문적으로 매우 고무적인 것이었다. 그러나 이에 대한 학계의 검토는 지금까지 없다시피 하였다. 그 때문에 1910년의 '한국병합조약'과 1965년의 한일협정은 시발과 종착의 관계인데도 하나의 과제로 연결지워져 있지 않은 상태를 대면하면서 가슴에 비애가 차 오르기도 하였다. 원인과 결과 사이에 가교架橋가

놓여있지 않은 부실 상태가 해소되지 않는다면 양국의 진정한 우호관계를 기대할 수 없을 것이다. 이런 절박한 문제의식으로 저자는 2010년을 전후하여 검토하기 시작한 몇 편의 논고를 모아 『끝나지 않은 역사 −식민지배 청산을 위한 역사인식−』으로 책 이름을 붙이기로 하였다. 2015년 12월 28일 한·일 양국 정부 간에 '위안부 문제'에 관한 '합의'와 같은 부실 사례가 나오고 있는 상황 개선에 조금이라도 이바지하고 싶은 충정이다. 1952년 이래 한·일간 협상에서 'Null and Void'는 식민지배 인정 여부의 키워드였다. 그 후 언젠가부터 '위안부 문제'가 이를 대신하였다. 따라서 이를 제대로 실현시키기 위해서는 인권문제를 넘어 식민지배 강제성에 대한 역사 인식을 확실히 할 필요가 있다.(본문 331면) 이 책이 앞서 나온 『일본의 한국병합 강제연구』와 함께 이에 기여할 수 있기를 기대한다.

2010년은 일본의 한국병합 100년이 되는 해였다. 이 의미심장한 해를 코앞에 둔 시점인 2009년 12월에 학계의 선배인 김영호金泳鎬 교수가 전화로 연락을 주었다. 2010년은 한국 병합 강제 100년을 맞이하는 해인데 그냥 넘어갈 수 없지 않으냐, 자신이 평소 교분을 가지고 있는 일본의 몇 지인과 의견을 나누어 본 결과, 이 해를 기해 '한일 양국 지식인 공동성명서' 발표가 가능할 것 같으니 몇 사람이 모여 의견을 모아 보자고 하였다. 이미 고인이 된 정창렬 교수, 언론계의 원로 김진현 선생, 김창록 교수, 이장희 교수, 윤대원 박사, 김경희 사장 등이 자리를 같이 하였다. 일본 측과의 기본 합의 후, 성명서 작성에서 김영호 교수는 일본 측을 설득하여 한국병합이 '불법'이란 문구를 넣는 성과를 거두었다. 김 교수는 한일 관계의 개선, 나아가 한중일 3국의 공동 평화질서 확립을 위해 선결해야 할 과제로서 한국병합 불법성을 한일 지식인 사이에서라도 합의하는 과정이 필요해서 일본의 지인들에게 이 제안을 했으며, 나의 조약 연구가 이를 추진하는 데 힘이 되었다는 것을 후일담으로 전해 주었다. 나는 학계의 선배가 나의 지루한 작업을 지켜봐주고 있었다는 것에 대해 진한 감동과 함께 학문의 보람을 크게 느꼈다.

2010년의 '한일 양국 지식인 공동성명서'는 한국 측 604인, 일본 측 540인의 서명자 명단과 함께 발표되었다. 그리고 "2010년의 약속, 2015년의 기대"라는 슬로건을 내걸고 매년 서울과 도쿄에서 번갈아 기념 학술회의를 가졌다. 2015년에는 미국, 유럽 등지의 지식인들의 지지를 받아 "2015년 한일 그리고 세계 지식인 성명서"를 발표하는 것으로 발전하였다. 이 어려운 일을 해내는 데 시종 뜻을 같이 한 일본 측의 운영위원들, 곧 와다 하루키和田春樹 교수, 오다가와 고小田川興 교수, 우쓰미 아이코內海愛子 교수, 오카모토 아츠시岡本厚 회장(이와나미 쇼텐岩波書店) 등 여러분의 열의에 경의를 표한다. 그리고 2015년 성명서 발표 때, 미국 학계 동참을 이끈 알렉시스 더든Alexis Dudden교수(코네티컷 주립대학교)의 열정적 역할에 찬사를 보낸다.

『끝나지 않은 역사』에 실린 나의 글 가운데는 이 기념 학술회의에 발표된 것이 다수이다. 6차에 걸친 학술회의와 공동성명서 준비 및 발표는 동북아역사재단과 사단법인 한국역사연구원(이사장 文成周)의 재정 지원에 힘입었다. 이 자리를 빌려 감사를 표한다. 한일 관계의 난제를 다루는 책이 서점에서 시선을 끌기는 쉽지 않다. 그런데도 이 책의 출판을 맡아준 태학사 지현구 사장, 그리고 편집과 교정을 맡아 애쓴 이세훈 차장에게 감사를 표한다. 현재 재단법인 석오石梧문화재단(이사장 尹東漢) 지원으로 한국역사연구원에서 저자를 돕고 있는 오정섭, 도리우미 유타카鳥海豊 두 사람의 역할도 명시해 두고자 한다. 도리우미 박사는 평소 일본자료 수집에, 오정섭 씨는 『일본의 한국병합 강제연구』에 이어 이번에도 교정 작업에 큰 도움을 주었다.

2017년 4월

積古新新堂에서

저자

차례

2부 무엇이 일본을 오도했는가?

3부 국제사회를 상대로 한 병합 무효화 운동 — 성과와 왜곡의 뒤안길

1부

비정상의 극을 달린

조약 강제

1. 조약에 남겨진 불법 강제의 증거들

1) 조약 관계 수립 초기의 '온전한' 조약들

국제법상 조약Treaty은 두 나라의 국가원수가 각기 협상 대표를 선정하여 전권위임장을 수여하는 것에서 시작된다. 즉 위임장을 소지한 두 나라 대표는 합의한 장소에서 만나 서로 위임장을 보인 다음, 협상에 들어가 합의 결과를 조약문으로 작성하여 각기의 직명과 이름을 쓰고 사인sign 또는 날인하는 순서를 밟는다. 그 다음 국가원수가 그 조약문을 받아 보고 잘못된 것이 없다고 판단하면 비준서를 발부하여 효력을 발생시킨다. 1648년 웨스트팔리아 조약에서 시작된 이러한 절차와 형식은 지금까지 국제사회에서 그대로 준수되고 있다. 국교가 수립된 나라 사이에는 행정적 편의를 위해 주재 공사Legation와 외무대신의 책임 아래 국가 원수의 비준서 발부를 생략하는 약식 조약Agreement, Arrangement을 체결할 수 있었다. 단 이는 국권에 저촉되지 않는 범위의 사안에 한하였다.

한국과 일본은 1876년 2월 「조일수호조규」의 체결로 조약에 의한 근대적 국교

관계를 맺었다. 흔히 강화
도 조약江華島 條約으로 불리
는 이 조약이 불평등조약
으로 알려진 것은 잘못이
다. 이 조약 체결 당시 조
선 측은 일본 측이 가져온
초안에 대해 최혜국最惠國
조관을 제외할 것을 요구
하고, 나머지 12개 중 9개
조에 걸쳐 문안 수정과 용
어 변경을 요구할 정도로

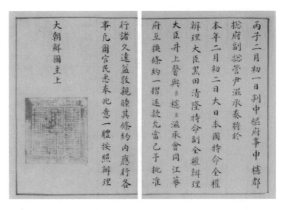

사진 1 「조일수호조규」에 대한 조선 국왕 비준서. "대조선국 주상(大
朝鮮國主上)"이란 직함을 쓰고 그 아래 날인하였다. 러일전쟁 후,
한국의 국권을 빼앗은 조약들에는 이런 비준서가 하나도 없었다. 일
본외교사료관 소장.

능동적이었다. 고종은 아버지 대원군과는 달리 개국, 개화의 뜻을 확고하게 가
지고 있었기 때문이었다. 이 조약은 물론 양국 황제의 비준서 발부로서 효력을
발휘하였다. 사진1 불평등 관계는 6년 뒤 대원군이 임오군란(1882. 6)을 일으켰을
때, 일본 측이 교관敎官 피살과 공사관 소실에 대한 책임을 조선정부에 물어 압박
을 가하면서 생겼다. 이때 최혜국 조관이 들어가고 관세 자주권도 잃게 되었다.

임오군란 후 일본은 「제물포조약濟物浦條約」(1882), 「세칙稅則에 관한 조약」(1883),
그리고 갑신정변 후에는 「한성조약漢城條約」(1886) 등의 체결을 요구하였다. 이 조약들
은 비준서를 포함하여 정식조약의 요건을 모두 갖추었다. 제물포조약, 한성조약 등은
일본이 큰 피해를 입었다고 하여 사죄, 사과의 뜻을 담은 조선 국왕의 국서國書를 요구
하여 이를 비준서로 대신하였다. 사진2
1880년대 일본과의 조약 관계는 이처럼 어느 것도 요건 미달이 없었다. 오히

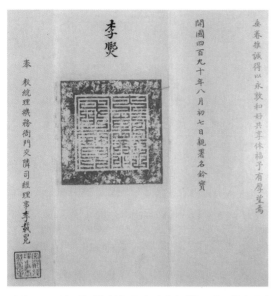

사진 2 1882년 8월 7일자 임오군란 피해에 대한 조선 국왕의 사죄 국서의 어새 날인 부분. 일본외교사료관 소장.

려 일본 측이 요건 충족을 더 강하게 요구하였다. 한성조약 체결 때 조선 대표 김홍집金弘集이 위임장을 잊고 회담장에 오자 일본 대표 이노우에 가오루井上馨는 이를 가져올 때까지 협상에 임하지 않았다. 일본의 이러한 '준법' 태도는 한반도에 대한 청국의 절대적인 영향을 조금씩 밀어내는 외교 전략의 성과에 대한 법적 근거를 확실하게 해 두기 위한 것이었다. 조선정부 또한 외국과 체결한 조약의 충실한 이행을 추구하였다. 각 조약들의 내용을 분류한 편람 형식의 『약장합편約章合編』을 여러 차례 편찬 간행하여 실무자들이 이용하도록 하였다. 이는 약소국으로서 조약관계를 통해 독립국으로서의 입지를 확보해 가려는 '성실외교誠實外交'의 모습으로 일본과는 목적이 전혀 달랐다.

2) 청일전쟁에서 달라지기 시작한 일본의 태도

일본은 1880년대 후반에 징병제를 확대 시행하면서 국가 예산의 7할을 군비확

끝나지 않은 역사

장에 투입하기 시작하였다. 청국과 결전을 벌여 한반도에 대한 그 영향을 완전히 제거하고 조선을 보호국으로 만들려는 포석이었다. 1894년 6월 초, 동학농민군 진압을 구실로 청, 일 양국의 군대가 조선에 동시 출병하였다. 청군이 동학농민군의 활동지와 가까운 아산만牙山灣에 상륙한 반면, 일본군 1개 여단 8,000여의 병력은 인천을 거쳐 서울로 진입하였다. 농민군이 다시 일어나지 않게 하려면 조선의 내정개혁內政改革을 촉구하는 것이 더 시급하다는 것이 이유였다. 이는 명백한 내정 간섭이자 주권 위협의 사태였다. 이 난입에 대해 군주와 정부는 강력히 항의하였지만 막무가내였다.

일본군은 7월 23일 새벽 0시 30분에 1개 대대를 경복궁에 무단 진입시켜 왕을 감금하다시피 하였다. 그리고 이틀 뒤 성환成歡 근처에 있는 청군을 공격하여 청일전쟁을 일으켰다. 일본군의 경복궁 침입은 1880년대 중, 후반에 서울에서 의주, 서울에서 부산까지 시설한 전신선電信線을 장악하기 위한 것이었다. 그들은 관리 총책인 조선 군주를 움직이지 못하게 하고 경복궁 바로 앞에 있는 전신국電信局을 장악하였다. 첨단 통신 시설의 장악은 일본군의 승리에 큰 도움을 주었다. 일본 측은 이 침략의 만행을 은폐하기 위해 친일 내각親日 內閣을 구성하여 국왕 몰래 외부대신과 「잠정합동조관暫定合同條款」, 「대조선대일본양국맹약對朝鮮對日本兩國盟約」^{사진3}이란 조약들을 체결하였다.

이 조약들은 군사적 협조에 관한 것으로 국권에 저촉되는 것이 분명한데도 약식略式을 취하여 군주가 개입하는 것을 막았다. 약식조약으로 조선의 국권을 위협하는 사태는 이때 이미 시작되고 있었다. 왕비 살해란 극악한 만행이 바로 뒤이었다.
일본 대본영大本營은 전쟁이 끝난 후 삼국간섭三國干涉으로 요동반도를 내놓게 되

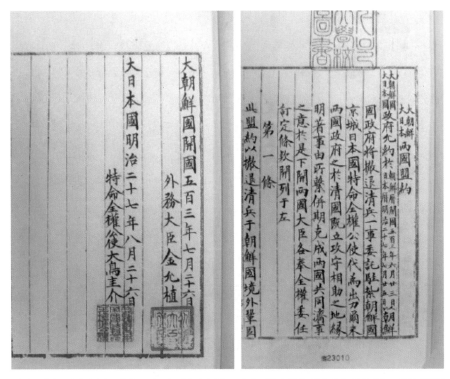

사진 3 「대조선대일본양국맹약」. 군주의 비준서가 없는 강제 조약의 최초 사례이다. 서울대학교 규장각한국
학연구원 소장.

자 한반도에 대한 영향력만은 고수하고자 하였다. 그리하여 전신선 관리를 위한
1개 대대병력 잔류를 결정하였다. 이에 대해 조선 군주 고종高宗은 완전 철수를 강
하게 요구하였다. 이에 일본 측은 왕비 살해로 위협을 가하였다. 이 만행은 대원
군大院君을 앞세워 새벽 4시까지 종결지어 대원군이 한 것처럼 꾸미려 한 것인데,
시간 계획에 차질이 생겨 한 시간 반이나 늦게 동이 튼 뒤에 이루어져 일본인들이
주범이란 것이 드러나 일본 정부는 궁지에 몰렸다.

끝나지 않은 역사

3) 러일전쟁과 함께 벌어진 국권 탈취 사기극

왕비살해의 만행이 국제사회에 폭로된 뒤, 일본은 한반도에서 손을 빼고 유일한 전리품인 타이완臺灣 식민체제 구축에 집중하였다. 고종은 각지에서 의병이 일어난 틈을 타 경복궁을 빠져나와 러시아 공사관을 임시 거처로 삼고 국정 주도권을 회복하여 대한제국을 출범시켰다. 청국이 패전으로 물러나고, 일본마저 움츠러든 상황은 대한제국에게 하나의 기회였다. 이때 미국 워싱턴 D.C.를 모델로 한 서울 도시개조사업이 이루어져 서울 거리에 전차가 달렸다. 프랑스와 벨기에의 자본과 기술을 유치하여 서북철도西北鐵道(서울-의주) 부설 공사가 시작되고, 지폐 발행을 위한 중앙은행中央銀行 설립에 필요한 투자도 이들로부터 약속받았다.

영국이 1899년 금본위제로 바꾼 뒤, 한국은 금광 개발에 많은 이점이 있어 유럽 자본가들의 관심을 끌었다. 대한제국의 근대화 사업은 일본 공사가 본국 정부에 한국의 변화를 보고할 정도로 빠른 속도로 성과를 올리고 있었다. 고종황제는 영세 중립국永世中立國을 목표로 중립국 벨기에의 외교관들로부터 자문을 받으면서 적십자사赤十字社 등 각종 국제기구 가입을 서둘렀다. 그러나 일본은 이를 방치하지 않았다. 그들은 이미 타이완 식민지 체제 구축 중에 러시아와의 전쟁을 위한 군비확장을 진행시키고 있었다.

1904년 2월, 러일전쟁이 일어났다. 일본군의 최선발대가 이번에도 인천을 거쳐 서울로 진입하였다. 10년 전에 미수에 그친 한국의 보호국화保護國化가 이 전쟁의 가장 중요한 목표였다. 서울에 진입한 1개 사단 병력은 한국주차군韓國駐箚軍이란 이름으로 상주하면서 조약 강제를 지원하였다. 국권 관련 조약들은 시종 이 주차군의 무력 시위 아래 강요되었다.

1895년 일본은 청나라와의 전쟁에서 이겼지만 러시아를 중심으로 한 '삼국간섭'으로 말미암아 전리품으로 얻은 요동반도를 '포기'하였다. 이듬해부터 일본정부는 특별 예산제도를 도입하여 군비확장에 착수하였다. 러시아와의 개전에서 일본군은 모든 전투지역에서 계엄령을 선포하였다. 제3국인 한국에 신주한 한국주차군도 마찬가지였다. 한국에서는 전쟁이 끝난 뒤에도 계엄령에 준하는 군령을 실행하였다. 한국정부에 대한 조약 강제는 모두 계엄령 아래 진행되었다.(이태진, 『일본의 한국병합 강제 연구─조약강제와 저항의 역사』, 지식산업사, 2016; 稲葉千晴, 「軍事史から見た日本によろ韓国占領 1904年 2月」, 金沢工業大学国際學研究所編, 『安全保障と国際関係』, 内外出版, 2016年, 2015년 서울에서 개최된 을사조약 110주년 기념 국제학술대회 「1905년 '보호조약', 그 세계사적 조명」에서 발표)

러일전쟁 후, 일본은 한국에 5개 조약을 강요하면서 국권을 하나씩 앗아갔다. ①「의정서議定書」(1904. 02. 23), ②「제1차 일한협약第1次日韓協約」(1904. 08. 22), ③「제2차 일한협약第2次日韓協約」(을사늑약乙巳勒約, 1905. 11. 17), ④「일한협약日韓協約」(1907. 07. 24) ⑤「한국병합조약韓國併合條約」(1910. 08. 22, 29) 등이다. 이 조약들 가운데 한국 황제의 비준서를 갖춘 것은 하나도 없다. 국권 관련 사항을 국가 원수의 의사 표명인 비준서가 없이 약식으로 취급하는 것은 있을 수 없는 위법 행위이다. 뿐더러 일본정부는 강제로 이루어진 조약을 서구 열강에 알리는 과정에서 문서 변조행위를 일삼았다.

일본은 러일전쟁의 개전開戰과 동시에 ①「의정서議定書」를 내놓았다. ^{사진4} 한반도의 여러 곳을 군사기지로 사용하겠다는 것이었다. 한국정부로서는 싫지만 제3조에 한국의 독립을 보장한다는 구절이 들어 있어 부득이 이를 허용하였다. 8월 하순에는 일본정부가 추천하는 재정고문財政顧問, 외교고문外交顧問을 받아들이라는 내용의 ②「제1차 일한협약第1次日韓協約」을 내놓았다. 이 협정은 「제1차 일한협약」

사진 4 러일전쟁과 동시에 강요된 「의정서」의 첫 장과 끝장. 앞 부분에 위임 사실이 언급되고 마지막에 양국 대표의 서명 날인이 보인다. 비준서 없는 약식 조약이었다. 서울대학교 규장각한국학연구원 소장.

이라고 불리지만, 실은 각서memorandum로서 제시된 것이었다. 제3항에는 한국정부가 타국과 외교 관계를 가지게 될 때는 사전에 도쿄東京의 일본정부와 상의해야 한다는 외교 간섭 조항까지 들어 있었다.

사진에서 보듯이 이 문건은 약식 조약에서도 반드시 밝히는 대표 선정과 위임에 관한 언급이 전혀 없다. 사진5 앞의 「의정서」가 서두에 두 나라 국가원수가 각기 누구를 대표로 삼아 위임장을 준 사실을 밝힌 것과는 달리, 세 가지 요구사항만 나열하였다. 한국어본이 없다는 것도 원래 조약이 아니었다는 중요한 증거이다. 일본어로 작성된 것이 일본 외교사료관外交史料館에만 소장되어 있다.

그런데 일본 정부는 ②「제1차 일한협약第1次日韓協約」을 협조국인 영국, 미국 정부에 알리기 위해 영어번역본을 만들면서 머리에 "Agreement"란 단어를 집어넣었다. 사진6

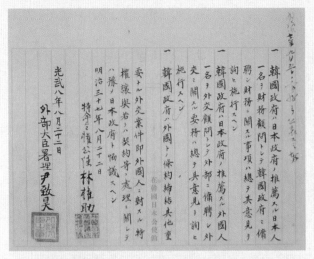

사진 5 「제1차 일한협약」으로 불리는 각서. 제목도 없고 대표 위임에 관한 언급도 보이지 않는다. 일본외교사료관 소장.

AGREEMENT.

(Signed, August 22, 1904.)

I. The Corean Government shall engage as financial adviser to the Corean Government a Japanese subject recommended by the Japanese Government, and all matters concerning finance shall be dealt with after his counsel being taken.

II. The Corean Government shall engage as diplomatic adviser to the Department of Foreign Affairs a foreigner recommended by the Japanese Government, and all important matters concerning foreign relations shall be dealt with after his counsel being taken.

III. The Corean Government shall previously consult the Japanese Government in concluding treaties and conventions with foreign powers, and in dealing with other important diplomatic affairs, such as the grant of concessions to or contracts with foreigners.

HAYASHI GONSUKÉ, (Seal)
Envoy Extraordinary and Minister Plenipotentiary.
The 22nd day of the 8th month of the 37th year of Meiji.

YUN CHI HO, (Seal)
Acting Minister of State for Foreign Affairs.
The 22nd day of the 8th month of the 8th year of Kwang-Mu.

사진 6 「제1차 일한협약」의 영어번역본. 원문에 없는 제목(Agreement)이 들어가 있다. 『한국조약유찬(韓國條約類纂)』[통감부(統監府), 1908] 수록.

(* 당시는 영어번역본 작성이 필수가 아니었다.) 각서에 불과한 것을 조약으로 둔갑시키려한 것이다. 각서는 '약속' 사항이 당사국 간의 문제에 그치는 반면, 조약은 약식이라도 제3국과의 외교 관계에 영향을 미치게 된다. 영국, 미국 정부는 실제로 이 "Agreement"에 근거하여 한반도에 대한 일본의 배타적 지배권을 묵인하는 '제2차 영일동맹英日同盟', '가쓰라-태프트 밀약密約'을 체결하였다. 국권 탈취를 노린 사기극이었다.

문서 변조행위는 여기서 그치지 않았다. 1905년 9월에 러일전쟁을 종결짓는 강화회의가 미국 포츠머스에서 열렸다. 그리고 일본 정부는 11월 17일에 한국정부에 대해 ③ 「제2차 일한협약第2次日韓協約」을 내놓았다. 한국의 외교권을 완전히 빼앗아 보호국으로 만

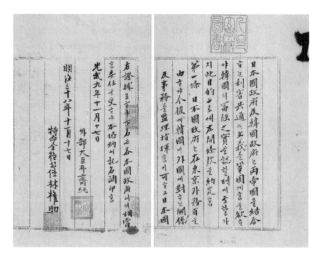

사진 7 보호조약인 「제2차 일한협약」 첫 장과 끝장. 제목이 들어갈 첫줄이 비어있다. 서울대학교 규장각한국학연구원 소장.

들기 위한 조약이었다. 이 조약문에는 제목이 들어갈 첫 줄이 비어 있다. ^{사진7}

한국을 불행의 나락으로 떨어트린 조약이 제목도 없는 부실 문서라면 누가 믿겠는가? ②「제1차 일한협약第1次日韓協約」의 경우와 같은 목적에서 작성된 영어번역본에는 이 빈자리가 "Convention"이란 단어로 채워졌다. ^{사진8} 이 단어는 Treaty와 함께 정식조약에 사용되는, 특히 보호조약에 많이 쓰이는 용어였다. 한국의 황제와 대신들의 완강한 반대에 부딪혀 생긴 하자를 감추기 위해 또 서슴없이 문서 변조를 감행하였던 것이다.

CONVENTION.

(Signed, November 17, 1905.)

The Governments of Japan and Corea, desiring to strengthen the principle of solidarity which unites the two Empires, have with that object in view agreed upon and concluded the following stipulations to serve until the moment arrives when it is recognized that Corea has attained national strength :—

ARTICLE I.

The Government of Japan, through the Department of Foreign Affairs at Tokyo, will hereafter have control and direction of the external relations and affairs of Corea, and the diplomatic and consular representatives of Japan will have the charge of the subjects and interests of Corea in foreign countries.

ARTICLE II.

The Government of Japan undertake to see to the execution of the treaties actually existing between Corea and other Powers, and the Government of Corea engage not to conclude hereafter any act or engagement having an international character except through the medium of the Government of Japan.

ARTICLE III.

The Government of Japan shall be represented at the Court of His Majesty the Emperor of Corea by a Resident General, who shall reside at Seoul, primarily for the purpose of taking charge of and directing matters relating to diplomatic affairs. He shall have the right of private and personal audience of His Majesty the Emperor of Corea. The Japanese Government shall also have the right to station Residents at the several open ports and such other places in Corea as they may deem necessary. Such Residents shall, under the direction of the Resident General, exercise the powers and functions hitherto appertaining to Japanese Consuls in Corea and shall perform such duties as may be necessary in order to carry into full effect the provisions of this Agreement.

사진 8 「제2차 일한협약」의 영어번역본(부분). 원문에 없는 제목(Convention)이 들어가 있다. 『한국조약유찬』 (통감부, 1908) 수록.

일본은 러시아와의 전쟁을 위해 미국, 영국으로부터 7억 엔에 달하는 거액의 차관을 얻고 있었다. 부실 조약의 결함이 노출되면 '문명국'의 반열에서 떨어져 나와 채무국으로서 겪을 고초가 더 클 것이 뻔하였다. 저들은 사후에 이런 결함을 은폐하기 위해 조약의 이름에 제1차, 제2차란 차수를 붙이기도 하였다. 「제2차 일한협약」을 둘러싼 일본의 범법행위는 이것이 모두가 아니었다. 국왕과 대신들에 대한 군사적 위협에 고종황제 협상지시설 유포 등 한두 가지가 아니었다.

4) 보호조약 강제체결의 현장, 일본이 남긴 강제 증거들

「제2차 일한협약」(을사늑약, 1905. 11. 17~18)은 가장 중요한 주권인 외교권을 빼앗는 것이었기 때문에 한국 측의 저항은 어느 때 보다 컸고, 일본 측의 강압도 가장 난폭했다. 일본은 총리대신을 네 번 지낸 추밀원 의장 이토 히로부미伊藤博文를 특파대사로 한국에 보내 현장을 지휘하게 하였다.

1905년 11월 15일 이토가 고종황제를 알현하고, 이 자리에서 3시간이 넘도록 쟁론이 벌어졌다. 일본의 요청을 들은 고종황제는 그렇다면 한국은 아프리카의 토인국이나 오스트리아에 병합된 헝가리 신세가 되지 않느냐고 반문하면서 나는 절대로 이에 응할 수 없다고 단호하게 말하였다. 이토는 외부대신에게 협상에 임하라고 지시해 주기를 협박조로 거듭 말했지만 황제는 이런 중대사는 정부에서도 절차가 있고 중추원과 일반 신민의 의견까지 들어야 하는 일이라고 말하면서 거부하였다. 이토는 전제국가에서 황제의 뜻 외에 다른 무슨 절차가 필요하냐고 폭언하면서 협상지시를 거듭 촉구하고 물러났다.

대한제국의 「의정부회의 규정」(최종 규정, 1904. 3. 4일자)에 따르면, 조약은 외부대신이 상대국의 제안을 접수하여 의정부 회의에 회부하여 의정(또는 참정)이 토론을 주재하여 다수 의견으로 회의록을 작성하여 황제에게 재가를 구하는 한편 중추원中樞院(초기 의회)에도 동의를 구하도록 되어 있었다. 11월 16일, 주한 일본공사 하야시 겐죠林權助는 외부대신 박제순에게 협상안을 제출하였다. 고종황제와 대신들은 곧 회동하여 이 안건은 의정부 회의에 아예 회부하지 않기로 결의하였다.

11월 17일 아침부터 일본 공사는 한국 대신들을 일본공사관으로 초치하여 제안을 수락할 것을 회유, 압박하였다. 대신들이 응하지 않자 하야시 공사는 황제와 직접 의논할 것을 제안하면서 황제의 거처인 중명전重明殿으로 이동하였다. 황제와 대신들은 간담회 형식으로 다시 만나 계속 거부할 것을 다짐하였다. 저녁 6시경 하야시 공사는 이토 특사가 있는 곳에 사람을 보내 대사가 직접 나설 것을 요청하였다. 이토는 종일 한국주차군 사령부(현 웨스틴 조선호텔 건너편에 있던 대한제국의 영빈관 대관정大觀亭을 당시 무단 점거하여 사용 중)에서 사령관 하세가와 요시미치長谷川好道와 함께 기다리고 있었다. 이토는 이 전갈을 받고 하세가와와 함께 헌병들을 거느리고 중명전으로 왔다. 좁은 입구와 마당은 일본군 헌병들로 가득 차다시피 하였다.

이토는 황제에게 알현을 요청했지만 황제는 대사와는 더 할 얘기가 없다고 거절하였다. 이토는 퇴궐하려는 한국 대신들을 불러 세워놓고 한 사람씩 심문조로 찬반 의견을 물었다. 이토는 반대 의견에 대해서도 엉뚱한 토를 달아 찬성으로 간주하여 찬성자를 다수로 만들었다. 이완용이 조약의 시한을 "한국이 부강해질 때까지"라고 명시하고, "한국 황실의 안녕을 보장한다"는 구절을 넣자고 제안하였다. 이것은 전날 이토와 짠 각본이었다. 이토는 반대자는 참정 한규설韓圭卨과 탁지대신 민영기閔泳綺 두 사람뿐이라고 선언하면서 이완용의 제안을 반영하여 조약문을 새로 쓰게 하였다. 이즈음 통역관 마에마 교사쿠前間恭作로 하여금 헌병들을 데리고 한국 외부外部에 가서 외부대신의 직인을 가져오게 하였다. 새로 쓴 조약에 날인을 마쳤을 때는 18일 새벽 1시 30분경이었다. 외교권 이양이라면 30년 전 「조일수호조규」(1876)처럼 한국 황제의 비준서가 반드시 첨부되어야 하는데도 이 조약에는 외부대신 직인만 찍혀 있을 뿐이다.

앞서 언급한대로 「제2차 일한협약」, 즉 을사늑약도 계엄령이 발동된 가운데 진행되었다. 히로시마 대본영人本營은 10월 30일자로 한국주차군 사령관 하세가와 요시미치에게 이토 히로부미 대사와 하야시 공사를 도와 보호조약을 성사시키라고 명령하였다. 그는 이 명령을 충실히 이행한 후 11월 28일자로 「보호조약체결보고」를 대본영에 올렸다.(『메이지37·38년 육군정사明治三十七八年戰役陸軍政史』 제8권, 湘南堂書店, 1983, 263~266면) 그는 이 보고서에서, 10월 하순 이토 대사가 온다는 보도가 나온 이후 한국인들의 동정을 감시하기 시작하였고 대사 도착 후 그 활동을 지원하고, 11월 16일에 한국 군부대신(이근택)을 불러 같은 군사 책임자로서 특별한 협조를 협박조로 요구한 점, 17일 당일에는 기병연대, 포병대대를 성내(시내)에 투입하여 가두 행진으로 무위를 과시하여 한국 군중이 황제 및 정부 대신들과 합세하지 못하게 사전에 차단한 사실들을 열거하였다.(이태진, 앞 책, 2016). 지금까지 무력이 동원된 사실은 알려졌지만 일본군의 현지 사령관이 직접 보고하는 상세한 무력 동원의 상황은 감추어져 왔다. 이 보고문의 발견은 조약 강제의 불법성을 증명하는 새로운 자료로서 큰 중요성을 가진다.

일본 측은 이렇게 무력을 큰 규모로 동원하여 조약을 강제하던 중에 결정적인 강제의 물증을 스스로 남기고 있는 것을 의식하지 못하였다. 한국 측의 손으로 작성되고 철해져야 할 한국어본의 조약문이 일본 공사관 측에 의해 처리된 증거가 남겨졌다. 1년여 전의 「의정서」만 해도 조약문은 양측의 외교업무를 주관하는 기관이 각기 주관하여 처리되었다. 즉 한국은 '한국외부韓國外部', 일본은 '재한국일본공사관在韓國日本公使館'이란 글자가 인쇄된 용지를 사용하고, 각기 서로 다른 끈으로 그 문건들을 철하여 교환하였다.사진9-1 한국 측은 황색, 일본 측은 청색의 끈을 사용하였다. 그런데 「제2차 일한협약」에서는 일본어본은 「의정서」때와 같은 용지와 끈을 사용했지만, 한국어본은 기관명이 인쇄되지 않은 적색 괘지에사진7, 일본 측에서 사용한 청색 끈으로 묶어졌다.사진9-2 「의정서」와의 이러한 차이를 한자리에 모아보면 **사진 10**과 같다. 이것은 일본 공사관 측이 한국어본까지 직접 챙겼다는 명백한 증거이다.

이토 히로부미는 귀국 후 천황에게 올리는 보고서의 내용까지 조작하였다. 추밀원 비서실장 스즈키 게이로쿠都筑馨六가 작성한 보고서의 초고(일본 국회 헌정 자료실 소장)에는 이토 특사가 한국 황제를 알현했을 때의 분위기를 "한국 황제는 이번 조약에 찬성하지 않아"라고 적었다. 그런데 "찬성하지 않아"의 구절 위에 흑색 선을 긋고 "찬성하지 않을 수 없어……"라고 고치고 한국 황제가 처음부터 협조적으로 임한 것으로 내용을 바꾸었다.(강성은康成銀, 『을사 5조약 연구』, 1995, 도쿄 조선대학 출판부) 이런 조작 후에 '황제 협상지시'를 정론처럼 삼아 한국정부의 『관보官報』에 이 조약을 「한일협상조약」으로 게재하게 하는 한편, 한일 양측의 공식 기록들을 모두 이 각도에서 작성하도록 하였다. 역사의 진실을 원천적으로 은폐하려는 의도였다.

끝나지 않은 역사

사진 9-1 「의정서」의 한, 일 양국어본 비교. 묶음 끈이 한국어본은 황색, 일본어본은 청색으로 서로 다르다.

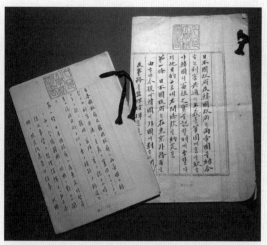

사진 9-2 「제2차 일한협약(을사늑약)의 한, 일 양국어본 첫면. 한국어본의 묶음끈이 일본어본과 같은 청색이다.

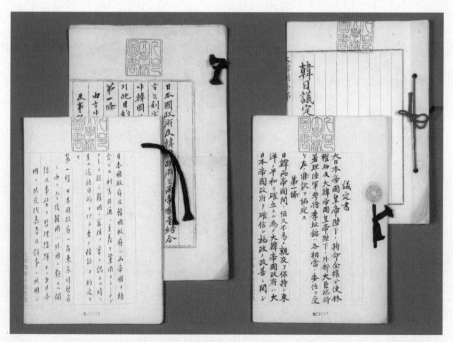

사진 10 「의정서」와 「제2차 일한협약」(을사늑약)의 한, 일 양국어본 비교. 후자의 한국어본(왼쪽 뒤편)의 묶음이 일본 것과 같은 청색으로 된 것이 한 눈에 드러난다. 서울대학교 규장각한국학연구원소장본으로 촬영.

5) 고종황제 퇴위 강제, 뒤이은 순종황제 친필 서명 위조

　고종황제는 「제2차 일한협약」이 강제되자 곧 바로 독일, 러시아, 미국, 프랑스 등의 수교국의 국가 원수들을 상대로 조약 무효화 운동을 벌였다. 그러나 일본은 1906년 1월 말에 외교권 실행 기구로 통감부統監府를 서울에 설치하고 이토가 초대 통감으로 부임하였다. 이토는 고종황제가 1907년 6월에 비밀리에 제2차 헤이그 만국평화회의에 특사 3인을 파견하자, 이를 구실로 퇴위를 강제하였다. 황제는 이를 거부하였지만, 일본 정부는 7월 20일에 환관 2명을 신구 황제의 대역으로 동원하여 양위식을 거행하였다. 사진11

　이어서 이토는 24일에 총리대신 이완용李完用을 불러 「한일협약」을 체결하였다. 통감이 대한제국의 내정까지 직접 관여하는 체제를 만들기 위한 조약이었다. 이 조약은 퇴위 강제와 함께 추진된 것이었기 때문에 정상적인 절차를 밟는 것이 될 수 없었다. 한국 황제가 퇴위를 거부하고 황태자가 움직이지 않는 상태에서 전권 위임과 같은 절차는 이루어질 수가 없었다. 이 조약은 말미에 두 사람이 "각기 본국 정부에서 상당한 위임을 받아 본 협약에 기명 조인한다"고 밝히고 있지만 신, 구 황제 어느 쪽도 위임을 허락해 준 적이 없었다. 한마디로 이 조약은 통감이 나서서 대한제국의 통치체제를 통감부의 것으로 바꾸는 것에 대한 요식 행위에 불과하였다.

　황제와 황태자는 이토의 강압에 오래 맞섰다. 8월 2일에 통감부가 융희隆熙라는 새 연호를 공표하였지만, 황태자는 나서지 않았다. 일본은 황태자의 이복동생인 10세의 영친왕英親王을 왕세자로 책봉하고 그를 인질로 삼는 계략으로 황제를 압

LA TRIBUNA

ABBONAMENTI
Nel Regno, anno L. 5 — All'Estero Fr. 7,50
Il numero Cent. 10 — Arretrato Cent. 20
Si pubblica una volta la settimana — Direzione e Amministrazione, Via Milano, 37.
Non si restituiscono i manoscritti

illustrata

Le inserzioni a pagamento si ricevono esclusivamente dalla Ditta Haasenstein e Vogler: Roma, Piazza S. Silvestro, 74, Bologna, Firenze, Genova, Milano, Napoli, Palermo, Torino, Venezia. - Prezzo per ogni linea corpo 6, in 3ª pagina (3 colonne) L. 3 - nelle altre pagine d'annunzi - (T colonne) L. 1,50

N. 31 - Anno XV   Roma - Domenica 4 agosto 1907   Anno XV - N. 31

L'INCORONAZIONE DI I-TSACK, NUOVO IMPERATORE DI COREA

사진 11 이태리 사진 잡지(1907. 8. 4일자)의 표지 사진. '신황제' 대역의 젊은 환관이 '구황제' 대역 환관으로부터 양위를 받고 막 용상에 올라 앉아 있다. 앞 쪽에 일본 장교 복장의 인물이 보인다. Carole Shaw, *The Foreign Destruction of Korean Independence*, 2007, Seoul National University Press, Fig. 15.

박하였다. 일본의 황태자가 먼저 서울을 방문하는 것으로 계략을 짰다. 10월 16
일 일본 황태자(요시히도 친왕 - 나중의 다이쇼大正 천황)가 친선 명목으로 한국
을 방문하여 영친왕이 그를 영접한 가운데 4일을 보내고 돌아갔다. 이러한 치밀
한 계략 앞에 고종황제는 버티기 어려웠다. 황제는 11월 15일 종묘를 방문한 다
음 경운궁慶運宮(현 덕수궁)으로 돌아오는 길에 황태자(순종)가 있는 창덕궁을 들
렀다. 3일 뒤 황태자가 종묘를 찾고 선대왕들의 신위 앞에서 황제의 위에 오르겠
다는 서고誓告를 올렸다. 이때 통감부는 다시 기묘한 계략을 부렸다. 황제의 서고
문에 이름자를 친필로 기입하는 난을 만들었다. 새 황제가 이척李坧이라는 자신의
이름을 여기에 써 넣도록 유도하였다. 그리고 이날부터 황제의 결재 방식을 황제
가 이름자를 직접 쓰는 친서親署 제도로 바꾸었다. 이 방식은 일본에서 메이지유
신 이래 해오던 것이다. 서고가 끝나자마자 통감부의 직원들은 서고문을 넘겨받
아 이날부터 1910년 1월 18일까지 2개월간 61건의 문서에 황제의 이름자 서명을
흉내 내어 안건들을 처리하였다. 사진 12
    이 문건들은 대한제국의 정부 조직과 재판소, 감옥 제도 등을 통감부 감독체제로 바
꾸는 것들이었다. 공문서 위조 행위가 내정권 탈취에서도 대규모로 행해졌다.

6) 순종황제, 병합 조약에 서명하지 않았다

    고종황제가 강제 퇴위 당한 후 무력 투쟁을 벌이는 의병들의 기세는 국내외에
서 날로 높아갔다. 1909년 6월에 이토는 이에 대한 책임을 지고 통감에서 물러났
다. 같은 해 10월에 일본의 만주 진출에 한몫하고자 하얼빈으로 갔다가 거기서 블
라디보스토크에 본거를 둔 대한의군의 참모중장 안중근이 이끄는 특파대에 의해

끝나지 않은 역사

사진 12 순종황제 이름자 서명이 위조된 것들을 한자리에 모았다. 하나여야 할 필체가 여섯 가지 정도가 된다. 통감부 직원들이 각기 소관별로 위조 처리한 것으로 입증되었다.

처단되었다. 일본 군부는 이토가 통감에서 물러나기 직전에 한국병합에 대해 이토도 찬성인 것을 확인하였다. 일본 군부가 하얼빈 사건 후 배후 조직에 대한 철저한 탐문 조사를 마치고 1910년 3월 26일에 안중근을 극형에 처한 뒤, 5월 하순에 육군대신 데라우치 마사타케寺內正毅가 제3대 통감으로 임명되었다. 그는 자신의 육군성陸軍省의 인력으로 '한국병합'의 방략을 준비하였다. 이를 토대로 6월에 외무성의 의견을 수용하여 '한국병합준비위원회'가 발족되었다. 이 위원회가 병합에 필요한 모든 절차를 검토하고 문건들을 준비하여 내각회의에 회부하였다. 안중근 사건에 대한 조사를 주관한 육군대신 데라우치 마사타케寺內正毅가 7월 하순 통감으로 부임하여 병합 실행에 나섰다. 한국병합은 기본적으로 군사강점의 성격을 지녔다. 조약은 어디까지나 구미 국제사회를 의식한 요식 행위였다.

　일본정부는 병합조약만은 정식조약의 요건을 다 갖추어 국제사회에 내놓으려고 하였다. 그러나 한국정부가 자발적으로 문건을 준비할 리가 없을 것이므로 준비위원회는 한국 측의 이름으로 낼 문건들도 모두 준비하였다. 데라우치는 총리대신 이완용에게 사전에 협조를 당부한 뒤, 8월 22일에 위임장부터 내놓고 이것을 순종황제에게 가져가서 서명과 날인을 받아 오게 하였다. 황제는 이완용 외에 친일분자 윤덕영尹德榮, 민병석閔丙奭 등이 지켜보는 가운데 2시간 이상 버텼다. 그것은 침묵 시위였다. 1909년 6월 신임 통감 데라우치는 창덕궁 돈화문 안에 황궁경찰서를 설치하여 황제가 외부와 접촉하는 것을 차단하였다. 창덕궁 낙선재樂善齋에 갇힌 몸이 된 황제에게는 이미 저항할 아무런 수단이 없었다. '대한국새大韓國璽'라고 새겨진 국새를 찍고 그 위에 자신의 이름자 척坧을 직접 썼다. 사진13 이완용은 이를 받아들고 남산 아래 통감 관저로 달려갔다. 데라우치가 내놓은 조약 본문에 기명날인하였다. 사진14 그런데 데라우치는 다시 각서 하나를 내놓았다. 병합의 사실을 알리는

끝나지 않은 역사

양국 황제의 조칙을 언제든지 발표할 수 있도록 준비한다는 내용이었다. 이 조약은 체결과 동시에 한 나라가 없어지므로 비준 절차를 밟을 시간이 없기 때문에 병합을 알리는 조칙의 공포로 비준을 대신하기 위한 것이었다.

양국 황제들의 조칙은 8월 29일에 반포되었다. 그런데 한국 황제의 조칙은 '칙유勅諭'로 이름이 바뀌고, 위임장과는 달리 국새가 아니라 '칙명지보勅命之寶'라고 새겨진 어새가 찍혔다. 그 위에는 반드시 있어야 하는 황제의 이름자 서명도 없다.사진15 이 어새는 황제의 행정 결재용으로서 통감부가 고종황제를 강제 퇴위시킬 때 빼앗아간 것이었다. 따라서 이 날인은 순종황제의 의사와는 무관한 것이었다.

순종황제는 1926년 4월 26일에 운명하기 직전에 곁을 지키고 있던 조정구趙鼎九에게 유언을 구술로 남겼다. 자신은 나라를 내주는 조약의 조칙에 서명을 하지 않았다는 내용이었다. 이 구술 유언 조칙은 멀리 샌프란시스코 교민들이 발행하던 『신한민보』에 실렸다.사진16 이 진술은 요건이 갖추어지지 못한 「칙유」의 상태와 일치하는 것이었다.

「한국병합조약」만은 정식조약의 구비조건을 다 갖추려 했던 일본 측의 계획과는 달리 한국 황제는 비준서를 대신할 조칙 발부에 응하지 않았던 것이다.

일본 측은 병합조약에서도 결정적인 강제의 흔적을 남겼다. **사진17**에서 보듯이 이 조약은 한, 일 양국어본이 똑같은 용지에 똑같은 필체로 작성되고 똑같은 끈으로 묶어졌다. 조약이 한쪽 의사로 강제되었다는 명백한 증거이다. 세계 조약사상 이런 예는 찾아 볼 수 없는 것이다.

사진 13 「한국병합조약」의 한국 측 전권위임장. 국새가 날인되고 그 위에 순종황제의 이름자 서명이 보인다.
통감부 측에서 준비한 것으로 판명되었다. 서울대학교 규장각한국학연구원 소장.

사진 14 「한국병합조약」의 양국 전권위원들의 기명 날인 상태. 서울대학교 규장각한국학연구원 소장.

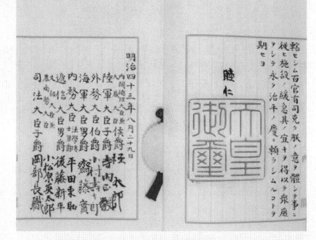

사진 15 「한국병합조약」의 한국 황제의 '칙유'(위쪽, 서울대학교 규장각한 국학연구원 소장)와 일본 천황 조칙(아래쪽, 일본국립공문서관 소장). 전자 는 국새가 아닌 것이 찍히고 황제의 이름자 서명이 없는 반면, 후자는 '천황 어새'가 찍히고 그 위에 메이지 천황의 이름자(睦仁) 서명, 그리고 8명 대 신들의 병서(並書)까지 선명하게 보여 대조적이다.

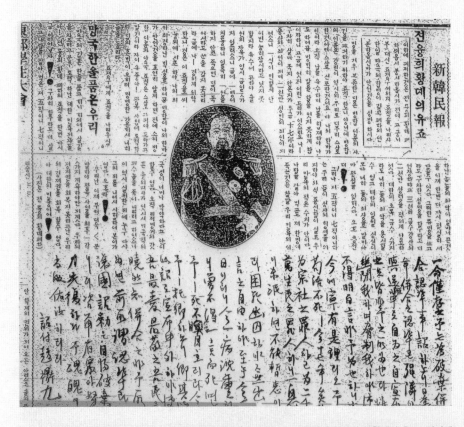

사진 16 샌프란시스코에서 발행된 『신한민보(新韓民報)』 1926. 7. 18일자에 실린 순종황제의 유조. 필기체로 된 부분이 조정구가 순종황제의 구술을 받아 쓴 것이다. 병합 인준은 일본이 제멋대로 한 것이요 내가 한 바가 아니라고 밝히고 "여러분들이여 노력하여 광복하라, 짐의 혼백이 저승에서 여러분을 도우리라"고 끝맺었다.

순종황제 유조 (필자가 현대문체로 옮김)

한 목숨을 겨우 보존한 짐은
병합 인준의 사건을 파기하기 위하여 조칙하노니
지난날의 병합 인준은 강포한 이웃(일본을 가리킴 - 필자)이
역신의 무리와 함께 더불어
제멋대로 해서 제멋대로 선포한 것이요,
다 나의 한 바가 아니라.
오직 나를 유폐하고 나를 위협脅制하여
나로 하여금 명백히 말할 수 없게 한 것으로 내가 한 것이 아니니
고금에 어찌 이런 도리가 있으리오.

나- 구차히 살며 죽지 못한 지가 지금에 17년이라,
종사宗社의 죄인이 되고 2천만 생민生民의 죄인이 되었으니,
한 목숨이 꺼지지 않는 한 잠시도 이를 잊을 수 없는지라
유수幽囚(잡아가둠)에 시달려 말할 자유가 없이 금일에까지 이르렀으니
지금 한 병이 위중하니 한 마디 말을 하지 않고 죽으면
짐이 죽어서도 눈을 감지 못하리라.
지금 나 - 경에게 위탁하노니 경은 이 조칙을 내외에 선포하여
내가 가장 사랑하고 가장 존경하는 백성으로 하여금
병합이 내가 한 것이 아닌 것을 분명히 알게 하면
이전의 소위 병합 인준과 양국讓國의 조칙은
스스로 파기에 돌아가고 말 것이리라.
여러분들이여 노력하여 광복하라
짐의 혼백이 저승에서 여러분을 도우리라.

조정구趙鼎九에게 조칙을 나리우심(조부詔付)

7) '온전'과 '불법'을 넘나든 조약 강제 행위

1876년 2월에 체결된 「조일수호조규」에서 1910년 8월의 「한국병합조약」까지 한, 일 양국 간에 '체결된' 조약들의 비준 유무를 표시하면 아래 표 1과 같다.

표 1 근대 한일 간의 조약들의 비준 유무 상황표

연월일	조약명칭	비준유무 (한/일)	연월일	조약명칭	비준유무 (한/일)
1876. 1	조일수호조규	○/○	1904. 2	의정서	X/X
	부록	불필요	1904. 8	'제1차 일한협약'	X/X
1882. 7	제물포조약	(國書)/○	1905.11	'제2차 일한협약'	X/X
1882. 7	海關稅目	○/○	1907. 7	한일협약	X/X
1885. 1	한성조약	○/○	1910. 8	한국병합조약	X/○

위의 표에서 그대로 드러나듯이 일본은 초기에 한반도에 근거를 만들 때는 법적 요건을 다 갖추고, 한국의 국권을 탈취할 때는 국가원수의 비준을 구하지 않거나 받아내지 못한 상태에서 조약체결을 기정사실화 하였다. 최후의 「한국병합조약」에서는 비준의 형식을 갖추고자 하였지만 한국 황제(순종)의 불응으로 뜻을 이루지 못하고 가짜 칙유문을 공표해 놓고 조선총독이 통치권을 행사하였다. 합법과 불법의 선을 마음대로 넘나드는 것은 법을 무시하는 무법의 지대라고 하지 않을 수 없다.

법의 문제뿐 아니라 윤리적 면에서도 일본에게는 큰 부담이 남겨져 있다. 1894년 청일전쟁을 일으키면서 한반도에 시설된 전신선을 무단 사용하기 위해 조선 군주가 있는 경복궁을 한밤중에 군대를 투입하여 점령하고, 이듬해 전쟁이 끝난 뒤에 일본군의 완전 철수를 요구하는 조선 군주에 대해 왕비 살해로서 응대한 것은 반인륜적 행위였다. 그리고 1918년 1월에 윌슨 미국대통령의 민족자결주의 선언

사진 17 「한국병합조약」의 한, 일 양국어본 재질 비교. 위는 한국어본과 일본어본의 첫 페이지, 아래는 앞, 뒤표지. 쌍둥이처럼 똑같다. 서울대학교 규장각한국학연구원 소장

으로 일본 정부 총리대신이 된 데라우치 마사타케寺內正毅가 '이태왕(고종황제)'에게 1905년 보호조약에 대한 추인을 요구하고 이를 듣지 않자 조선총독에게 독살을 지시하였다. 황제의 저항은 끝내 죽음으로 끝났지만 황제의 죽음을 애도하는 3·1 독립만세운동의 함성은 대한제국을 계승하는 대한민국의 탄생을 가져왔다.

참고문헌

* 이 글이 작성된 2010년 7월을 기준으로 이전에 발표된 주요 참고 논저를 대상으로 함. 단행본 아래에 필자 표시 없이 열거한 논문은 저자가 쓴 것들을 제시한 것이다. 이후에 발간된 논저는 본문에 제시하였다.

1. 李泰鎭 편, 『일본의 대한제국 강점』, 까치 글방, 1995.
   – 「'보호'에서 '병합'까지 – 점철된 강제, 기만, 범법–」 (서론)
   – 「조약의 명칭을 붙이지 못한 '을사보호조약'」
   – 「통감부의 대한제국 寶印 탈취와 순종황제 서명위조」
   – 「공포 칙유가 날조된 '일한병합조약'」

2. 이태진 편저, 『한국병합, 성립하지 않았다』, 태학사, 2001.
   *일본의 월간 『世界』(岩波書店 발행)에 1996년 7월부터 2000년 11월까지 7회에 걸쳐 진행된 '日韓對話'에 참가한 글들을 한국어로 번역하여 출판하였다.
   1회: 이태진, 「한국병합은 성립하지 않았다 – 일본의 대한제국 국권 침탈과 조약 강제」 상, 하

끝나지 않은 역사

2회: 사카모토 시게끼坂元茂樹, 「日韓은 구조약 문제의 함정에 빠져서는 안 된다」

3회: 이태진, 「한국침략 관련 협정들만 격식을 어겼다」

4회: 사사가와 노리가쓰笹川紀勝, 「日韓의 법적 '대화'를 목표하여 –'제2차일한협약' 강제문제를 보는 관점」

5회: 운노 후쿠쥬海野福壽, 「한국병합의 역사인식 –이 교수 '한국병합 불성립론'을 재검토한다–」

6회: 이태진, 「약식조약으로 어떻게 국권을 이양하는가?」 상, 하

7회: 아라이 신이치荒井信一, 「역사에서 합법론, 불법론을 생각한다」

3. 이태진 외, 『한국병합의 불법성 연구』, 서울대학교 출판부, 2003.
   – 「1904~1910년 한국국권 침탈 조약들의 절차상 불법성」
   – 「1876~1910년 한·일 간 조약체결에 관한 중요자료 정리」

4. 이태진·사사가와 노리가쓰 편, 국제공동연구 『한국병합과 현대 – 역사적, 국제법적 재검토』, 태학사, 2005. 3: 〈일본어본〉 笹川紀勝·李泰鎭 編著, 國際共同研究 『韓國併合現代–歷史と國際法再檢討』, 東京 明石書店, 2008. 12.
   – 「19세기 한국의 국제법 수용과 중국과의 전통적 관계 청산을 위한 투쟁」
   – 「1904~1910년 한국국권 침탈조약들의 절차상 불법성」
   – 「1905년 '보호조약'에 대한 고종황제의 협상지시설 비판」

5. 이태진·이상찬 편저, 『조약으로 본 한국병합 조약 – 불법성의 증거들』, 동북아역사재단, 2010.

6. Bouvier, John, and Francis Rawle. *Bouvier's Law Dictionary: A New Edition*. Boston：
   Boston Book Company. 1897.

7. Shaw, Carole Cameron. *The Foreign Destruction of Korean Independence*. Seoul： Seoul
   National University Press. 2007.

8. 海野福壽, 『日韓協約と韓國併合』, 東京, 明石書店, 1995.
   _____, 『韓國併合史の研究』, 岩波書店, 2000.
   _____, 『外交史料韓國併合』上, 下, 不二出版, 2003.

9. 강성은, 『을사5조약연구』, 도쿄, 조선대학출판부, 2002.

10. 金文子, 『朝鮮王妃殺害と日本人』, 東京, 高文研, 2009.

2. 한국 황제의 '한국병합조약' 비준 거부

한국 국권을 탈취하기 위한 일본의 공작은 1894년 7월 청일전쟁을 일으키면서부터 시작되었다. 이 때 이미 한국(조선)을 보호국으로 만들려고 하였다. 그러나 조선 군주 고종이 미국 클리블랜드 대통령에게 이를 저지해 줄 것을 요청하여 일본의 계획은 철회되었다. 10년 뒤, 1904년 2월에 러일전쟁을 일으키면서 일본은 다시 한국(대한제국)의 국권탈취를 위한 '대한시책對韓施策'들을 단계적으로 취하였다. (1) 1904년 2월의 「의정서」 (2) 1904년 8월의 「제1차 일한협약」 (3) 1905년 11월의 「제2차 일한협약」(을사늑약) (4) 1907년 7월의 「한일협약」(정미조약) (5) 1910년의 「한국병합조약」 등이 관계 주요 조약들이었다.

이 조약들은 모두 대한제국의 국권에 관한 것들이었으므로 당연히 국가 원수가 발행하는 협상 대표 위임장, 비준서 등을 갖추는 정식조약의 형식이어야 했다. 그럼에도 불구하고 실제로는 그렇지 못한 사실이 밝혀졌다. 단순히 문서 형식상의 문제점만이 아니라 진행 과정에서 무력 동원으로 한국 황제와 정부대신들을 위협한 사실도 함께 밝혀졌다. 1907년 7월에는 고종황제가 일본의 불법을 알리기 위해 헤이그 만국평화회의에 대표를 보낸 사실을 빌미로 황제를 강제 퇴위시키기까지 하였다. 고종황제 측이 이를 거부하자 일본 정부는 일본 황태자를 양국 친선이란 이름으로 서울을 방문하게 하면서 영친왕을 인질로 도쿄東京로 데려가는 술책으로 대한제국 황실을 압박하여 양위를 성사시켰다.

1904년 이래 러일전쟁의 승리를 배경으로 한 일본의 한국 국권 탈취가 불법이란 지적에 대해 일본 학계의 일각에서는 1910년 8월의 「한국병합조약」의 요건 충족설로서 병합의 합법성을 주장하는 설이 나왔다. 운노 후쿠쥬海野福壽 교수의 일련의 논고가 대표적이다. 그의 주장은 현재 일본 정부가 공식적으로 한국병합의 불법성을 인정하지 않는 주요한 근거가 되고 있다. 필자는 1995년 「공포 칙유가 날조된 '일한병합조약'」(이태진 편, 『일본의 대한제국 강점』, 까치)에서 1910년 8월 통감 데라우치 마사타케寺內正毅가 한국 정부에 「한국병합조약」을 강제할 때 한국 황제가 최종 단계인 병합을 알리는 조서(칙유)에 서명하지 않은 사실을 밝히고 이때의 두 나라 황제의 공포 조칙은 비준서에 해당하는 것이며 따라서 한국 황제의 칙유에 황제의 서명이 가해지지 않은 것은 이 조약에 대한 비준을 거부한 행위라고 해석하였다. 이에 대해 운노 교수는 전권위임장에 대한 황제의 서명 사실을 근거로 '사전 승인설'을 제기하면서 공포 칙유는 어디까지나 칙유일 뿐 비준서에 해당하는 것으로 보기 어렵다고 반박하였다.[1] 같은 논쟁은 2000년에 『세카이世界』지의 '일한대화日韓對話'를 통해 다시 한차례 더 있었다.

2010년 5~7월의 한국병합의 불법성에 대한 '한일양국 지식인 공동성명'이 이루어졌을 때, 필자는 한국 외교통상부 국제 법률국으로부터 특별한 문의를 받았다. 주한일본대사관으로부터 1910년 8월의 한국병합조약에 대한 한국 황제의 칙유가 비준서에 해당한다는 주장의 근거를 제시해 달라는 요청을 받았다는 것이다. 그간에 나온 나의 글들을 보아도 그것이 비준서에 해당한다고 볼 만한 증거는 불충분하므로 더 확실한 것을 제시하라는 주문이 담긴 요청이었다. 필자는 그때 『조약으로 본 한국병합-불법

---

1 海野福壽, 『韓國併合硏究』, 岩波書店, 2000.

끝나지 않은 역사

성의 증거들』(동북아역사재단, 2010. 12)을 준비 중이었다. 이 책에서는 한, 일 양국 황제의 조칙이 나온 과정을 해당 문서들을 통해 자세히 정리할 예정이었지만 아직 완성된 상태가 아니었다. 주한일본대사관 측의 질문에 대한 답은 이 책의 출간으로 대신한다는 뜻을 전하였다. 이 글은 그 질문에 대한 답변의 의미도 가지고 있다.[2]

1) '한국병합조약' 추진을 위한 일본 정부의 준비

일본 메이지 정부의 중심인물들은 1909년 4월에 한국병합을 결행하기로 합의하였다. 통감 이토 히로부미伊藤博文는 한국 의병 진압에 실패하여 1909년 2월 17일에 일본으로 돌아갔다. 4월 10일에 수상 가쓰라 다로桂太郎와 외무대신 고무라 주타로小村壽太郎가 그를 찾아 병합문제에 대한 의견을 물었다. 가쓰라는 이토와 같은 조슈長州출신으로 군벌파의 강경론을 대변하고 있었고, 고무라는 조슈 출신이 아니면서도 대한對韓정책에서 이들과 뜻을 같이하고 있었다. 이토는 조슈 관료파의 우두머리로서 이른바점진설의 주체로서 지금까지 보호국 체제를 고수해왔지만, 이때는 선뜻 병합 추진에동의하였다. 이토는 이후 6월 14일에 천황에게 통감직에 대한 사표를 제출하고 6월 14일에 '법제·실무 관료' 출신인 소네 아라스케曾彌荒助가 후임 통감으로 선임되었다.

이토는 추밀원 의장으로 직임을 바꾼 상태에서 7월 5일에 사무인계를 위해 서울로다시 와서 약 1개월 간 군부 폐지를 비롯한 몇 가지 조치를 취하여 대한제국의 국가 장치를 거의 모두 해체하여 병합으로 갈 수 있는 길을 만들어놓고 돌아갔다. 일본 정부는 7월 6일에 "적당한 시기에 한국병합을 단행한다"는 결정을 내리고 5개조의 대강大綱을

2 이 논문은 이태진·이상찬 저, 『조약으로 본 한국병합 – 불법성의 증거들』(동북아역사재단, 2010. 12)에 근거하는 것으로 별도의 주를 붙이지 않는다.

작성하였다. 이해 10월에 이토 히로부미는 일본이 한반도를 넘어 만주로 진출하는 정책에 선봉역이 될 것을 작심하고 러시아 재정대신 코코프체프Vladimir Kokovsev를 만나기 위해 하얼빈으로 갔다. 거기서 그는 10월 26일에 대한의군 참모중장 안중근安重根의 저격을 받고 최후를 마쳤다. 일본 정부는 1910년 3월 26일 안중근 처형으로 이 사건에 대한 처리를 종결지우고 한국병합을 위한 준비에 들어갔다.

일본정부는 5월 23일에 통감을 소네에서 육군대신 데라우치 마사타케로 교체하였다. 데라우치는 조슈 군벌의 실력자로서 안중근 하얼빈 의거의 배후 조사를 실질적으로 지휘한 인물이었다. 일본 정부는 1910년 6월 3일 병합 후의 시정방침을 결정한 후에 이를 실천에 옮기기 위해 '병합준비위원회'를 설치하였다. 일본 외무성 정무국장 구라치 데쓰기치倉知鐵吉을 비롯해 본국 정부와 통감부의 고급 관료 10명을 위원으로 삼았다. 통감 데라우치는 도쿄에 머물면서 이 위원회와 함께 병합 추진에 필요한 모든 준비를 수행하였다. 위원회는 병합 후의 한국 황실 및 원로대신들의 처우, 한국인민에 대한 통치 방침 및 법적 지위, 병합에 필요한 경비, 병합 후의 국호, 한국에서의 각국의 조약상의 권리, 수출입품에 대한 관세, 한국의 채권 채무의 계승 문제, 병합조약의 체결에 필요한 각종 문서들의 초안, 병합 공포시의 여러 칙령안 등 총 21항을 다루었다. 위원회의 작업은 7월 7일에 완료되고 7월 8일에 '병합실행방법세목倂合實行方法細目'이란 이름으로 각의閣議에 제출되어 승인을 받았다. 각의는 병합조약 조인이 어렵게 될 때, 일본 측이 일방적으로 선언을 행하는 것에 대해서도 검토하였다.

통감 데라우치는 위원회가 준비한 문건들을 가지고 7월 20일에 도쿄를 떠나 23일에 한국에 도착하였다. 그는 도착 후 "한국 상하의 상황을 관찰"한 다음 8월 16일에 공식적으로 한국 내각총리대신 이완용을 통감 관저로 불러 조약 체결에 협조할 것을 요청하였다. 데라우치 자신이 사후에 보고서로 작성한 「한국병합시말韓國倂合始末」(1910년 11월 7일에 조선 총독이 일본 내각총리대신 가쓰라 다로桂太郎에게 올리고, 이어 11월 21일에 가쓰라 총리가 천황에게 올린 보고서)에 따르면, 이때 데라우치는 이완용에게 "합의적 조약"이 이루어지도록 하겠다는 의지를 명확하게 표명하였다. 즉 "병합의 일을 고금의 역사에 비추어보면 위압으로 단행되거나 선언서 공포로서 협약에 대신하는 예도 적지 않지만 한일 양국의 지금까지의 관계로나 금후의 양국민의 화목도모[輯睦]를 위해 이런 수단을 쓰는 것은 대단히 좋지 않으므로 이번의 시국 해결은 화충협동和衷協同으로 실행하여 추호의 격의도 없게 하는 것이 필요하여 '합의적 조약'으로서 상호의 의사를 표시하는 것으로 하겠다"고 하였다.

병합 추진의 주역인 데라우치의 통고는 곧 병합은 조약 체결의 방식으로 한다는 것이며, 따라서 이 조약 체결은 조약의 요건을 다 갖추어야 유효한 것이었다. 더욱이 사안은 국권 이양에 관한 것이기 때문에 정식 조약으로서의 요건, 즉 전권위임장, 조약문, 비준서 등을 다 갖추어야 하는 것이었다. 그런데 양측의 진행과 남겨진 문건들을 살피면, 일본 측은 엄격한 절차와 완벽한 문건들이 확인되는 반면, 한국 측은 온전한 절차를 거쳤다고 볼 수 있는 문건이 하나도 없다. 대한제국 정부나 황제의 승인 의지를 증명할 만한 문건으로 조약이 체결된 것이라고 볼 수 없는 상태이다. 양자를 대비하면 그 차이는 하늘과 땅과 같다고 말해야 할 정도이다.

통감 데라우치 마사타케가 준비해온 문건들을 가지고 진행시킨 병합조약 '체결' 순서는 다음과 같다.

(1) 8월 22일 11~15시. 준비해온 한국 측 전권위임 조칙을 궁내부 대신 민병석閔丙奭과 시종원경侍從院卿 윤덕영尹德榮으로 하여금 융희 황제(순종)에게 가져가 보이고 이에 대한 황제의 이름자 서명과 국새 날인을 받게 함.

(2) 같은 날 16시. 한국 측 내각총리대신 이완용이 통감 관저로 가서 황제로부터 받은 전권위임장을 보이고 통감 데라우치가 내놓은 조약문에 함께 기명날인함.

(3) 기명날인이 끝난 뒤, 통감 데라우치는 이완용에게 두 나라 황제가 병합을 각국 국민에게 알리는 「조서詔書」를 함께 준비해서 동시에 공포한다는 내용의 「각서覺書」를 제시하여 이에 함께 서명함.

(4) 8월 29일에 양국 황제의 공포 「조서」(일본 측)와 「칙유勅諭」(한국 측)를 각각 발표함.

위 과정의 문제점에 대해서는 이미 여러 형태로 자세한 연구가 이루어졌으므로 이에 대한 설명은 생략한다. 여기서는 위 절차가 진행되면서 일본 측에서 이루어진 문서 처리 과정을 실증적으로 살피고 이를 한국 측과 비교하는 데 집중한다. 특히 최종 단계에 남겨진 양국 황제의 '조칙'의 서명날인 상태를 비교하여 한국 황제의 승인 의지가 표시된 것인지를 판단하고자 한다. 여기에서 사용하는 모든 일본 측 공문서는 일본국립공문서관, 한국 측 문서는 규장각한국학연구원이 소장하고 있는 것들이다.

2) 일본 측의 조약 체결 처리과정과 천황의 조서 재가 상태

(1) 외무성 품의에서 추밀원 가결까지

① 외무대신 고무라 주타로小村壽太郎의 품의서사진1

고무라 외무대신은 서울에 가 있는 통감 데라우치와 수차례에 걸친 전보 협의를 거쳐 준비위원회가 작성한 병합조약문을 8월 21일경 수정 완성하고 8월 22일에 병합조약 체결을 결행하는 것으로 합의하였다. 고무라 외무대신은 8월 21일자로 이 완성된 병합 조약문을 총리대신 가쓰라에게 보내면서 조인 전에 천황의 결재御裁가 이루어질 수 있도록 요청하는 품의서를 올렸다. 이 품의서가 올려 진 후 8월 22일까지 다음과 같은 절차가 이루어졌다.

(가) 내각 회의의 품의서 수용 및 추밀원 자순諮

詢 지시 요망 의견 첨부

(나) 천황의 재가 및 추밀원 자순 절차 지시

(다) 추밀원의 심의 가결

② 내각 회의에 회부된 의안 및 결재^{사진2}

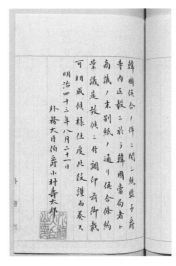

내각이 8월 21일자 외무대신 고무라의 품의서
를 받아 이에 첨부된 병합조약 문안에 대해 '한국
병합韓國倂合에 관한 조약안條約案'이란 이름을 붙
이고 "본건은 추밀원의 자순諮詢이 이루어져야 할
것임"이란 의견을 붙여 천황에게 올렸다. 이 안건
이 내각회의를 통과한 것은 '각의제閣議濟'로 표시

사진 1 외무대신 고무라 주타로[小村壽
太郞]의 품의서. 일본국립공문서관 소장.

하고(문서 상단), 붉은 색 글씨로 '어람제御覽濟'라고 한 것(문서 오른쪽 가장자리)은 천황
이 결제決濟한 것을 뜻하고 이와 동시에 '내각內閣에 내림'(위와 같음)이란 경위가 표시
되었다. '외갑오륙外甲五六(문서 첫면 오른쪽 가장자리 둘째 줄)'은 외무성에서 올린 문서란
표시이다. 결제일이 표시되어 있지 않고, 11인의 대신 중 4인만 서명하였다.

③ 추밀원의 심의 결과 상주문上奏文^{사진3}

천황이 추밀원 경유가 필요하다는 내각의 의견을 승인함에 따라 추밀원이 이를 심의
하여 가결하고 결과를 천황에게 상주上奏하였다. 8월 22일자 추밀원의장 야마가타 아
리토모山縣有朋의 이름으로 올려졌다. 첨부된 조약문에 대해 '조약 제4호'로 규정하고,
조약 체결일이 8월 22일로 표시되었다. 추밀원 용지를 사용하였다.

其ノ全權委員ニ任命セリ因テ右全權委員ハ會同協議ノ上左ノ諸條ヲ協定セリ

第一條

韓國皇帝陛下ハ韓國全部ニ關スル一切ノ統治權ヲ完全且永久ニ日本國皇帝陛下ニ讓與ス

第二條

日本國皇帝陛下ハ前條ニ揭ケタル讓與ヲ受諾シ且全然韓國ヲ日本帝國ニ併合スルコトヲ承諾ス

第三條

日本國皇帝陛下ハ韓國皇帝陛下、太皇帝陛下、皇太子殿下並其ノ后妃及後裔ヲシテ各其ノ地位ニ應シ相當ナル尊稱威嚴及名譽ヲ享有セシメ且之ヲ保持スルニ十分ナル歲費ヲ供給スヘキコトヲ約ス

第四條

日本國皇帝陛下ハ前條以外ノ韓國皇族及其ノ後裔ニ對シ各相當ノ名譽及待遇ヲ享有セシメ且之ヲ維持スルニ必要ナ

右證據トシテ兩全權委員ハ本條約ニ記名調印スルモノナリ

明治四十三年　月　日

統監子爵寺内正毅

隆熙四年　月　日

內閣總理大臣李完用

韓國併合條約案御裁可ノ義ニ付別紙ノ通リ上奏致度候間可然御取計相成度此段申進候也

明治四十三年八月二十二日

外務大臣伯爵小村壽太郎

內閣總理大臣侯爵桂太郎殿

宮内省

明治四十三年八月　日
内閣總理大臣
内閣書記官長

韓國併合ニ關スル條約案

右閣議ニ供ス

本件ハ樞密院ノ御諮詢相成ヘキモノト認ム

條約案

日本國皇帝陛下及韓國皇帝陛下ハ兩國
間ノ特殊ニシテ親密ナル關係ヲ顧ヒ相
互ノ幸福ヲ增進シ東洋ノ平和ヲ永久ニ
確保セムコトヲ欲シ此ノ目的ヲ達セム
カ為ニハ韓國ヲ日本帝國ニ併合スルニ
如カサルコトヲ確信シ茲ニ兩國間ニ併
合條約ヲ締結スルコトニ決シ之カ為日
本國皇帝陛下ハ統監子爵寺内正毅ヲ韓
國皇帝陛下ハ内閣總理大臣李完用ヲ各

ル資金ヲ供與スルコトヲ約ス

第五條
日本國皇帝陛下ハ勳功アル韓人ニシテ
特ニ表彰ヲ為スヲ適當ナリト認メタル
者ニ對シ榮爵ヲ授ケ且恩金ヲ與フヘシ

第六條
日本國政府ハ前記併合ノ結果トシテ全
然韓國ノ施政ヲ擔任シ同地ニ施行スル
法規ヲ遵守スル韓人ノ身體及財産ニ對
シ十分ナル保護ヲ與ヘ且其ノ福利ノ增

進ヲ圖ルヘシ

第七條
日本國政府ハ誠意忠實ニ新制度ヲ尊重
スル韓人ニシテ相當ノ資格アル者ヲ事
情ノ許ス限リ韓國ニ於ケル帝國官吏ニ
登用スヘシ

第八條
本條約ハ日本國皇帝陛下及韓國皇帝陛
下ノ裁可ヲ經タルモノニシテ公布ノ日
ヨリ之ヲ施行ス

사진 2 내각 회의에 회부된 의안 및 결재 문건. 일본국립공문서관 소장.

力為ニハ韓國ヲ日本帝國ニ併合スルニ
如カサルコトヲ確信シ茲ニ兩國間ニ
合併約ヲ締結スルコトニ決シ之カ為日
本國皇帝陛下ハ統監子爵寺内正毅韓
國皇帝陛下ハ内閣總理大臣李完用ヲ各

其ノ全權委員ニ任命セリ因テ右全權委
員ハ會同協議ノ上左ノ諸條ヲ協定セリ

第一條
韓國皇帝陛下ハ韓國全部ニ關スル一切
ノ統治權ヲ完全且永久ニ日本國皇帝陛
下ニ讓與ス

第二條
日本國皇帝陛下ハ前條ニ揭ケタル讓與
ヲ受諾シ且全然韓國ヲ日本帝國ニ併合
スルコトヲ承諾ス

第三條
日本國皇帝陛下ハ韓國皇帝陛下太皇帝
陛下皇太子殿下並其ノ后妃及後裔ヲシ
テ各其ノ地位ニ應シ相當ナル尊稱威嚴
及名譽ヲ享有セシメ且之ヲ保持スルニ

登用スヘシ
第八條
本條約ハ日本國皇帝陛下及韓國皇帝陛
下ノ裁可ヲ經タルモノニシテ公布ノ日
ヨリ之ヲ施行ス

右證據トシテ兩全權委員ハ本條約ニ記
名調印スルモノナリ
明治四十三年八月二十二日
統監子爵 寺内正毅
隆熙四年八月二十二日

内閣總理大臣 李完用

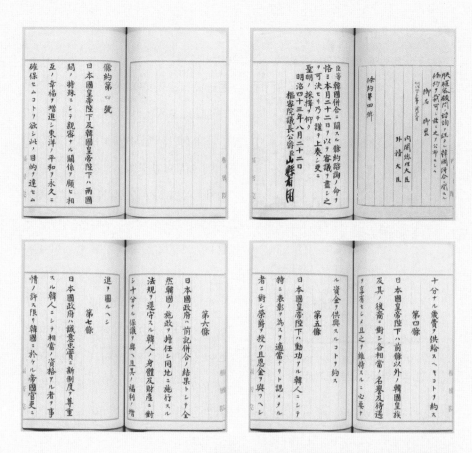

사진 3 추밀원의 심의 결과 상주문(上奏文). 일본국립공문서관 소장.

(2) 천황의 조서 재가 과정

① 「한국병합에 관한 조약 공포의 건」 각의 결의문^{사진4}

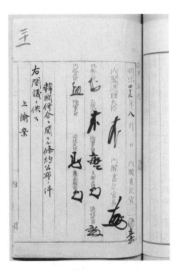

사진 4 「한국병합에 관한 조약 공포의 건」 각의 결의문. 일본국립공문서관 소장.

한국병합 조약문에 대해 추밀원이 천황의 자순諮詢 요청을 받아 이를 심의 가결한 뒤, 내각 회의는 한국병합이 예정대로 8월 29일에 이루어졌을 때, 천황이 이 조약을 재가하여 공포하도록 한다는 재가문 초안을 작성하여 확정하였다. 내각총리대신 이하 11인 가운데 한국 통감의 겸직인 육군대신만 서명이 빠져 있다. 공문의 처리일이 "메이지明治 43년 8월 ○일"로 날자가 기입되어 있지 않은 것으로 보아 8월 22일에 추밀원의 심의 가결이 이루어진 뒤, 통감이 8월 27일의 전보문으로 공포일이 29일로 확장되었다고 통고해 온 뒤에 바로 처리된 문건으로 보인다. 8월 29일이란 날자는 천황의 결재과정에 기입하도록 하고 비워 둔 것으로 보인다.

② 한국병합조약(조약 제4호)에 대한 천황의 재가 공문 (8월 29일)^{사진5}

8월 22일자의 병합조약에 대한 천황의 최종 승인이다. "짐, 추밀고문樞密顧問의 자순諮詢을 거친經 한국병합韓國倂合에 관한 조약을 재가裁可하고 이에 이를 공포公布케 한다"고 기술하고 어새(천황어새天皇御璽)를 날인하고 그 위에 메이지 천황의 이름자(무스히토睦仁)가 친서親署되었다. 조약 전문全文이 첨부되었다.

끝나지 않은 역사

③「한국병합에 관한 조서안詔書案」의 내각회의 결의문건[사진6]

한국병합조약에 대한 천황의 재가가 이루어진 뒤, 내각은 8월 29일자로 일본 천황이 공포할 '조서詔書'의 기안문을 결의하였다. 내각의 총리대신과 서기관장 이하 10명의 대신들이 서명하였다. 위 ①과 마찬가지로 한국에 통감으로 가 있는 육군대신의 서명만 빠져 있다. 문건의 처리 날자도 "明治四十三年 八月　日"로 일자를 비워둔 상태로서 ①과 함께 생산된 것이 확실시 된다. 문서 번호 '局甲 八〇'은 법제국이 기안한 문서 80호란 뜻이다. 8월 29일자로 공포될 '조서안'이 첨부되었다.

④ 일본 천황의 「조서」[사진7]

한국 병합을 알리는 8월 29일자의 일본 천황의 조서이다. 위 ③의 조서안詔書案을 그대로 반영하여 문안을 쓴 다음 '천황어새天皇御璽'를 날인하고 그 위에 메이지明治의 이름자 무쓰히토睦仁를 친서親署하였다. 그리고 총리대신 이하 육군대신 데라우치까지 포함한 11명의 대신들이 전원 서명하였다. 통감으로 서울에 있던 데라우치의 서명은 사후에 추가한 것으로 간주된다.

일본 측의 이상과 같은 절차는 황제의 「조서」가 나오기까지의 엄격한 소정의 절차를 거쳐 관련 문건이 처리된 것을 그대로 보여준다. 8월 29일자로 이루어진 천황의 「조서」는 병합 결행을 제안하는 8월 21일자의 외무대신의 품의서에 대한 최종 절차로서 주요 조약 체결의 절차에 해당하는 것일뿐더러 최종 「조서」에 대한 대신大臣 전원의 병서竝書는 격을 더 높인 것으로 간주된다. 천황의 「조서」는 결코 조약 체결 과정과 유리되어 있지 않으며 이 「조서」가 나오기 전에는 사전 승인설의 근거가 될 만한 어떤 '승인' 절차도 확인되지 않는다. 이 사실은 한국 측에서 동일한 결재 과정이 확인되지 않으면 이 조약은 한국 황제로부터 승인받지 않은 것이 된다.

條約第四號

日本國皇帝陛下及韓國皇帝陛下ハ兩國間ノ特殊ニシテ親密ナル關係ヲ顧ヒ相互ノ幸福ヲ増進シ東洋ノ平和ヲ永久ニ確保セムコトヲ欲シ此ノ目的ヲ達セムカ為ニハ韓國ヲ日本帝國ニ併合スルニ如カサルコトヲ確信シ茲ニ兩國間ニ併合條約ヲ締結スルコトニ決シ之カ為日本國皇帝陛下ハ統監子爵寺内正毅ヲ韓國皇帝陛下ハ内閣總理大臣李完用ヲ各其ノ全權委員ニ任命セリ因テ右全權委員ハ會同協議ノ上左ノ諸條ヲ協定セリ

第一條　韓國皇帝陛下ハ韓國全部ニ關スル一切ノ統治權ヲ完全且永久ニ日本國皇帝陛下ニ讓與ス

第二條
日本國皇帝陛下ハ前條ニ掲ケタル讓與ヲ受諾シ且全然韓國ヲ日本帝國ニ併合スルコトヲ承諾ス

進ヲ圖ルヘシ

第七條
日本國政府ハ誠意忠實ニ新制度ヲ尊重スル韓人ニシテ相當ノ資格アル者ヲ事情ノ許ス限リ韓國ニ於ケル帝國官吏ニ登用スヘシ

第八條
本條約ハ日本國皇帝陛下及韓國皇帝陛下ノ裁可ヲ經タルモノニシテ公布ノ日ヨリ之ヲ施行ス

右證據トシテ兩全權委員ハ本條約ニ記名調印スルモノナリ

明治四十三年八月二十二日
統監子爵寺内正毅

隆熙四年八月二十二日
内閣總理大臣李完用

條約第四號

朕樞密顧問ノ諮詢ヲ經タル韓國併合ニ
關スル條約ヲ裁可シ茲ニ之ヲ公布セシ
ム

睦仁

明治四十三年八月二十九日
内閣總理大臣侯爵　桂太郎
外務大臣伯爵　小村壽太郎

第三條
日本國皇帝陛下ハ韓國皇帝
陛下太皇帝陛下皇太子殿下
並其ノ后妃及後裔ヲシテ
各其ノ地位ニ應シ相當ナル尊稱威嚴
及名譽ヲ享有セシメ且之ニ
十分ナル歳費ヲ供給スヘキコトヲ約ス

第四條
日本國皇帝陛下ハ前條以外ノ韓國皇族
及其ノ後裔ニ對シ各相當ノ名譽及待遇
ヲ享有セシメ且之ヲ維持スルニ必要ナ

ル資金ヲ供與スルコトヲ約ス

第五條
日本國皇帝陛下ハ勲功アル韓人ニシテ
特ニ表彰ヲ為スヲ適當ナリト認メタル
者ニ對シ榮爵ヲ授ケ且恩金ヲ與フヘシ

第六條
日本國政府ハ前記併合ノ結果トシテ全
然韓國ノ施政ヲ擔任シ同地ニ施行スル
法規ヲ遵守スル韓人ノ身體及財産ニ對
シ十分ナル保護ヲ與ヘ且其ノ福利ノ増

사진 5 한국병합조약(조약 제4호)에 대한 천황의 재가 공문 (8월 29일). 일본국립공문서관 소장.

詔書案

朕東洋ノ平和ヲ永遠ニ維持シ帝國ノ
安全ヲ將來ニ保障スルノ必要ヲ
念ヒ又常ニ韓國カ禍亂ノ淵源タルニ
顧ミ曩ニ朕ノ政府ヲシテ韓國政府ト
協定セシメ韓國ヲ帝國ノ保護ノ下ニ
置キ以テ禍源ヲ杜絶シ平和ヲ確保セ
ムコトヲ期セリ
爾來時ヲ經ルコト四年有餘其ノ間朕
ノ政府ハ銳意韓國施政ノ改善ニ努メ

朕ハ特ニ朝鮮總督ヲ置キ之ヲシテ朕
ノ命ヲ承ケテ陸海軍ヲ統率シ諸般
ノ政務ヲ總轄セシム百官有司克ク朕
意ヲ體シ事ニ隨ヒ施設ノ緩急其ノ
宜キヲ得以テ衆庶ヲシテ永ク治平ノ
慶ニ賴ラシムンコトヲ期セヨ
御名御璽
　明治四十三年八月二十九日
　　　内閣總理大臣
　　　各省大臣

62

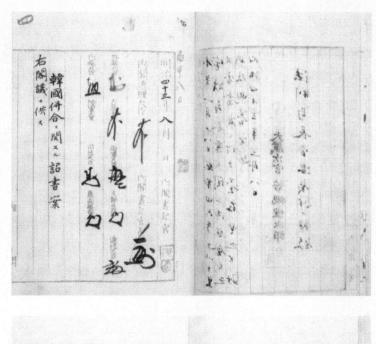

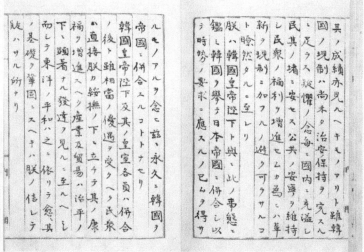

사진 6 「한국병합에 관한 조서안(詔書案)」의 내각회의 결의문건. 일본국립공문서관 소장.

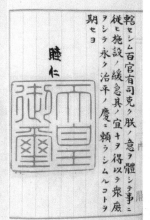

朕東洋ノ平和ヲ永遠ニ維持シ帝國ノ安全ヲ将来ニ保障スルノ必要ナルヲ念ヒ又常ニ韓國力禍亂ノ淵源タルニ顧ミ曩ニ朕ノ政府ヲシテ韓國政府ト協定セシメ韓國ヲ帝國ノ保護ノ下ニ置キ以テ禍源ヲ杜絶シ平和ヲ確保セムコトヲ期セリ

爾来時ヲ経ルコト四年有餘其ノ間朕ノ政府ハ鋭意韓國施政ノ改善ニ努メ其ノ成績亦見ルヘキモノアリト雖韓國ノ現制ハ尚未タ治安ノ保持ヲ完スルニ足ラス疑懼ノ念毎ニ國内ニ充溢シ民其ノ堵ニ安セス公共ノ安寧ヲ維持シ民衆ノ福利ヲ増進セムカ為ニハ革新ヲ現制ニ加フルノ避ク可ラサルコト瞭然タルニ至レリ

朕ハ韓國皇帝陛下ト與ニ此ノ事態ニ鑑ミ韓國ヲ挙テ日本帝國ニ併合シ以テ時勢ノ要求ニ應スルノ已ムヲ得サルモノアルヲ念ヒ玆ニ永久ニ韓國ヲ帝國ニ併合スルコトトナセリ

韓國皇帝陛下及其ノ皇室各員ハ併合ノ後ト雖相當ノ優遇ヲ受ヘク民衆ハ直接ニ朕カ綏撫ノ下ニ立チテ其ノ康福ヲ増進スヘク産業及貿易ハ治平ノ下ニ顕著ナル發達ヲ見ルヘシ而シテ東洋ノ平和ハ之ニ依リテ愈其ノ基礎ヲ鞏固ニスヘキハ朕ノ信シテ疑ハサル所ナリ

朕ハ特ニ朝鮮總督ヲ置キ之ヲシテ朕ノ命ヲ承ケテ陸海軍ヲ統率シ諸般ノ政務ヲ總轄セシム百官有司克ク朕ノ意ヲ體シテ事ニ從ヒ施設ノ緩急其ノ宜キヲ得以テ衆庶ヲシテ永ク治平ノ慶ニ頼ラシムルコトヲ期セヨ

睦仁

天皇御璽

詔書

明治四十三年八月二十九日

内閣總理大臣　侯爵　桂太郎
外務大臣　伯爵　小村壽太郎
陸軍大臣　子爵　寺内正毅
海軍大臣　男爵　齋藤實
内務大臣　法學博士　男爵　平田東助
遞信大臣　男爵　後藤新平
大藏大臣　侯爵　小松原英太郎
司法大臣　子爵　岡部長職

사진 7 일본 천왕의 「조서」. 일본국립공문서관 소장.

3) '일러강화조약'과의 비교

　1905년 9월 미국 포츠머스에서 이루어진 「일러강화조약日露講和條約」은 일본이 대한
제국에 대해 보호조약을 강요하는 토대가 된 것이다. 그만큼 일본에게는 중요한 조약
이었다. 이 조약을 일본 정부와 천황이 추진, 승인한 과정은 한국병합조약의 무게를
가늠하는 기준이 될 수 있다. 이 조약이 일본 정부에서 처리된 과정을 조약 문건을 통
해 살피면 다음과 같다.

　① 일러강화조약의 조약문(제1면, 제2면 및 제10면, 제11면)사진8 전문前文, preamble에 일,
러 양국 황제가 조약을 체결하는 취지, 전권위원 선정과 임명, 위원들이 위임장을 가지
고 만나 협의하여 조관들을 결정한 사실 등을 밝히고 15개조의 조약문을 열거하였다.
조인일은 1905년 9월 5일이다.

　② 일러강화조약에 대한 비준서사진9
　일본국 황제 무쓰히토睦仁가 조약문을 보고 모두에게 선시宣示한다고 밝힌 다음, 일
러 양국의 전권위원들이 기명 조인記名 調印한 각 조목을 친히 열람 점검하였더니 짐의
뜻에 어긋나는 것이 없어 이 조약을 가납 비준嘉納 批准한다고 밝혔다. 황제가 이름을 친
서親署하고 국새를 날인한다고 하였다. 외무대신 가쓰라 다로桂太郎가 병서竝書하였다.
비준일은 1905년 10월 14일이다.

　③ 일러강화조약의 재가 공포裁可 公布 조서사진10
　일본 메이지 천황이 1905년 5월 5일에 아메리카 합중국 포츠머스에서 짐朕의 전권
위원全權委員과 러시아국 전권위원이 기명 조인한 강화조약을 비준하여 이에 이를 공포

和及親睦アルヘシ
　第二條
露西亜帝國政府ハ日本國カ韓國ニ於テ政事上、軍事上及経濟上ノ卓絶ナル利益ヲ有スルコトヲ承認シ日本帝國政府カ韓國ニ於テ必要ト認ムル指導、保護及監理ノ措置ヲ執ルニ方リ之ヲ阻礙シ又ハ之ニ干渉セサルコトヲ約ス
韓國ニ於ケル露西亜國臣民ハ他ノ外國ノ臣民又ハ人民ト全然同樣ニ待遇セラルヘク之ヲ換言スレハ最惠國ノ臣民又ハ人民ト同一ノ地位ニ置カルヘキモノトス
兩締約國ハ一切誤解ノ原因ヲ避ケムカ為露韓間ノ國境ニ於テ露西亜國又ハ韓國ノ領土ノ安全ヲ侵迫スルコトアルヘキ何等ノ軍事上措置ヲ執ラサルコトニ同意ス
　第三條
日本國及露西亜國ハ互ニ左ノ事ヲ約ス

米利加合衆國大使ヲ経テ日本帝國政府及露西亜帝國政府ニ各之ヲ通告スヘシ而シテ其ノ終ノ通告ノ日ヨリ本條約ハ全部ヲ通シテ完全ノ効力ヲ生入ヘシ正式ノ批准交換ハ成ルヘク速ニ華盛頓ニ於テ之ヲ行フヘシ
　第十五條
本條約ハ英吉利文及佛蘭西文ヲ以テ各二通ヲ作リ之ヲ調印スヘシ其ノ各本文ハ全然符合スト雖モ其ノ解釋ニ差異ア

ル場合ニハ佛蘭西文ニ據ルヘシ
右證據トシテ兩帝國全權委員ハ兹ニ本講和條約ニ記名調印スルモノナリ
明治三十八年九月五日即一千九百五年八月二十三日（九月五日）「ポーツマス」（「ニュー、ハムプシヤ州」）ニ於テ之ヲ作ル

小村壽太郎（記名）印
高平小五郎（記名）印
セルジウ井ッテ（記名）印
ローゼン（記名）印

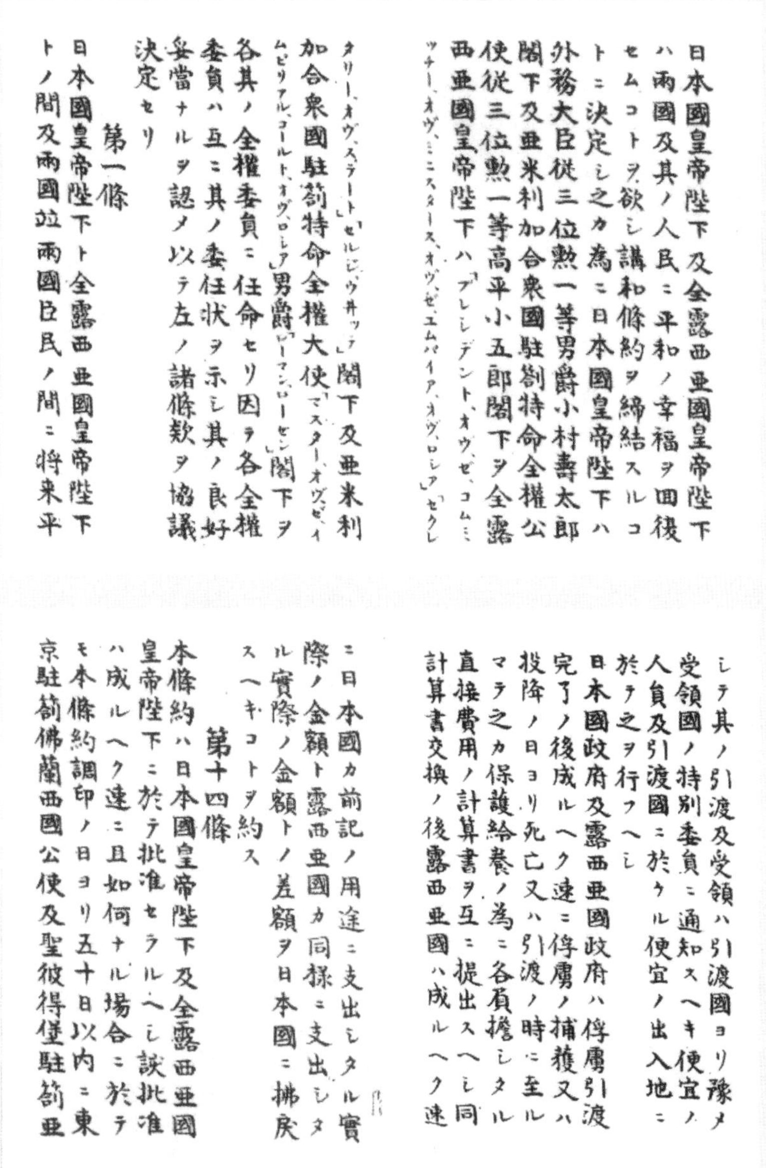

日本國皇帝陛下及全露西亞國皇帝陛下ハ兩國及其ノ人民ニ平和ノ幸福ヲ回復セムコトヲ欲シ且ツ之ヲ決定シ之カ為ニ日本國皇帝陛下ハ

外務大臣從三位勳一等男爵小村壽太郎閣下及亞米利加合衆國駐劄特命全權公使從三位勳一等高平小五郎閣下ヲ全露西亞國皇帝陛下ハ「プレヂデント、オヴ、ゼ、エムパイア、オヴ、ロシア」セクレッター、オヴ、ミニスタース、オヴ、ゼ、エムパイア、オヴ、ロシア、セクレ

クリー、オヴ、ステート「ゼルゼウ井ッチ」閣下及亞米利加合衆國駐劄特命全權大使「マスター、オヴ、イムビリアル、ゴールド、オヴ、ロシア」男爵「ローゼン」閣下ヲ各其ノ全權委員ニ任命セリ因テ各全權委員ハ互ニ其ノ委任状ヲ示シ其ノ良好妥當ナルヲ認メ以テ左ノ諸條款ヲ協議決定セリ

第一條

日本國皇帝陛下ト全露西亞國皇帝陛下ト兩國及兩國臣民ノ間ニ將來平

シテ其ノ引渡及受領ハ引渡國ヨリ豫メ受領國ノ特別委員ニ通知スヘキ便宜ノ人員及引渡國ニ於ケル便宜ノ出入地ニ於テ之ヲ行フヘシ

日本國政府及露西亞國政府ハ俘虜引渡完了ノ後成ルヘク速ニ俘虜ノ捕獲又ハ投降ノ日ヨリ死亡又ハ引渡ノ時ニ至ルマテ之カ保護給養ノ為ニ各自擔シタル直接費用ノ計算書ヲ互ニ提出スヘシ同計算書交換ノ後露西亞國ハ成ルヘク速

ニ日本國カ前記ノ用途ニ支出シタル實際ノ金額ト露西亞國カ同樣ニ支出シタル實際ノ金額トノ差額ヲ日本國ニ拂戻スヘキコトヲ約ス

第十四條

本條約ハ日本國皇帝陛下及全露西亞國皇帝陛下ニ於テ批准セラルヘシ該批准ハ成ルヘク速ニ且如何ナル場合ニ於テモ本條約調印ノ日ヨリ五十日以内ニ東京駐劄佛蘭西國公使及聖彼得堡駐劄亞

사진 8 일러강화조약[日露講和條約]의 조약문(제1면, 2면, 10면, 11면). 일본국립공문서관 소장.

本日附日本國及露西亞國間講和條約第
三條及第九條ノ規定ニ從ヒ下名ノ全權
委員ハ左ノ追加約款ヲ締結セリ

第一

日本帝國政府及露西亞帝國政府ハ同
時ニ且講和條約ノ實施後直ニ滿洲ノ
地域ヨリ各其ノ軍隊ノ撤退ヲ開始ス
ヘキコトヲ互ニ約ス而シテ講和條約
實施ノ日ヨリ十八箇月ノ期間内ニ兩
國ノ軍隊ハ遼東半島租借地以外ノ滿
洲ヨリ全然撤退スヘシ

第三

前面陣地ヲ占領スル兩國軍隊ハ最先
ニ撤退スヘシ
兩締約國ハ滿洲ニ於ケル各自ノ鐵道
線路ヲ保護セムカ爲守備兵ヲ置クノ
權利ヲ留保ス該守備兵ノ數ハ一「キロ
メートル」毎ニ十五名ヲ超過スルコト
ヲ得ス而シテ日本國及露西亞國軍司
令官ハ前記最大數以内ニ於テ實際ノ

依リテ之ヲ塡補スヘシ該委員ハ讓與
中ニ包含セラルル附近島嶼ノ表及明
細書ヲ調製スルノ任ニ當リ且讓與地
域ノ境界ヲ示ス地圖ヲ調製シ之ニ署
名スヘシ該委員ノ事業ハ兩締約國ノ
承認ヲ經ルコトヲ要ス
前記追加約款ハ其ノ附屬スル講和條約
ノ批准ト共ニ批准セラレタルモノト看
做サルヘシ

明治三十八年九月五日即一千九百五年
八月二十三日(九月五日)ポーツマスニ於
テ

小村壽太郎(記名)
高平小五郎(記名)
セルジウヰッテ(記名)
ローゼン(記名)

天佑ヲ保有シ萬世一系ノ帝祚ヲ踐ミタル
日本國皇帝〔御名〕此書ヲ見ル有衆ニ宣
示ス

朕明治三十八年九月五日亞米利加合衆
國「ポーツマス」〔ニユー、ハムプシヤ州〕ニ於
テ帝國全權委員及露國全權委員ノ記名
調印シタル講和條約ノ各條目ヲ覽ノ
閲覽點檢シタル其ノ意ニ適シ
然ル所ナキヲ以テ右條約ノ嘉納批准

御名　國璽

神武天皇即位紀元二千五百六十五年明
治三十八年十月十四日東京宮城ニ於テ
親ラ名ヲ署シ璽ヲ鈐セシム

外務大臣伯爵桂太郎印

必要ニ顧ミ之ニ使用セラルヘキ守備
兵ノ數ヲ雙方ノ合意ヲ以テ成ルヘク
少數ニ限定スヘシ
滿洲ニ於ケル日本國及露西亞國軍司
令官ハ前記ノ原則ニ從ヒ撤兵ノ細目
ヲ協定シ成ルヘク速ニ且如何ナル場
合ニ於テモ十八箇月ヲ超ヘサル期間
内ニ撤兵ヲ實行セムカ為雙方ノ合意
ヲ以テ必要ナル措置ヲ執ルヘシ

第二　第九條ニ付

両締約國ニ於テ各任命スヘキ同數ノ
人員ヨリ成ル境界劃定委員ハ本條約
實施後成ルヘク速ニ薩哈嗹島ニ於ケ
ル日本國及露西亞國領地間ノ正確ナ
ル境界ヲ永久ノ方法ヲ以テ實地ニ就
キ劃定スヘシ該委員ハ地形ノ許ス限
リ北緯五十度ヲ以テ境界線トナスコ
トヲ要ス若シ何レカノ地點ニ於テ同
緯度ヨリ偏倚スルノ必要ヲ認ムルト
キハ他ノ地點ニ於ケル對當ノ偏倚ニ

사진 9 일러강화조약[日露講和條約]에 대한 비준서. 일본국립공문서관 소장.

69

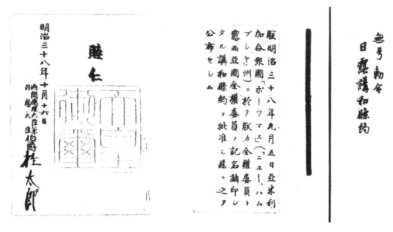

사진 10 일러강화조약의 재가 공포(裁可公布) 조서. 일본국립공문서관 소장.

한다고 밝히고 어새(천황어새天皇御璽)를 날인하고 이름자 무쓰히토睦仁를 친서하였다. 내각총리대신 겸 외무대신 가쓰라 다로桂太郎가 병서하였다. 당시 외무대신 고무라 주타로는 전권대표로서 포츠머스 현지에 있었기 때문에 총리대신 가쓰라가 외무대신을 겸하였다. 공포 날짜는 1905년 10월 16일이다.

「러일강화조약」과 「한국병합조약」이 각기 경유한 과정을 정리하면 아래 표1과 같다.

표1 러일강화조약과 한국병합조약의 일본정부 체결 · 비준 · 공포 과정 비교

순번	사항	러일강화조약	한국병합조약
1	전권위원 임명	○	○
2	조약문 기명날인	○	○
3	비준	○ (천황 비준)	○+△ (추밀원 심의 가결에 대한 천황의 재가 공포)
4	비준 공포	○	×
5	공포 조서	×	○

끝나지 않은 역사

표 1에 따르면, 「한국병합조약」의 처리에서 일본 정부가 취한 절차는 「러일강화조약」에 비해 더 위중威重한 것이다. 전자에서 비준서라고 이름한 문서는 발부되지 않았지만 천황이 추밀원의 심의를 요청한 것은 후자의 천황 단독의 비준 행위에 비해 결코 가볍지 않으며 그 결과를 공포하는 천황의 조서도 후자에서 단순히 천황이 비준 사실을 알리는 형식에 비해 더 높은 격이다. 한 전쟁을 종결짓는 강화조약에 비해 한 나라를 흡수 병합하는 조약이 더 위중하게 다루어졌다는 것은 당연한 일이다. 따라서 최종 승인에 해당하는 당사 두 나라의 국가 원수의 의사 표시는 굳이 '비준서'란 이름이 붙여진 문서 형식만이 아니라 격을 더 높인 다른 형식을 취할 수 있는 것이다. 메이지 일본정부는 「한국병합조약」이 대외 팽창주의 정책의 최대 '성과'였기 때문에 조약 형식을 통해 취할 수 있는 최고격最高格의 형식을 취하고 있었던 것이다.

4) 한국 측의 관련 문서 처리과정과 황제의 칙유 결함 상태

(1) 한국 황제 칙유의 재가 경위

8월 27일, 통감 데라우치는 가쓰라桂太郎 총리와 고무라 외무대신에게 자신이 정리한 '한국 황제의 조칙문詔勅文'을 보내면서 "오늘 재가를 거쳐 29일 병합조약과 함께 발표할 것"이라는 내용과 함께, 해당 '조칙문'을 전보로 보냈다. 지금까지 '조서詔書'라고 한 것이 '조칙문'으로 바뀌었다. 원래 잠정한 공포일을 하루 넘겨 보내진 전보였다. 이 전보를 받고 고무라 외무대신은 같은 날에 어떤 이유에서인지 청국 주재 일본 공사 이쥬우인伊集院에게 병합조약 공포 때 발표할 일본 천황의 '조서'를 보냈다. 29일은 물러설 수 없는 날자가 되었다.(이태진·이상찬, 앞 책, 2010, 266면)

그런데 29일에 공포된 한국 황제의 문건은 '칙유勅諭'란 제목이 붙고 황제의 이름자

'척坼'으로 해야할 친서親署(직접서명)도 가해지지 않았다. '칙유'는 8월 27일에 통감 데라우치가 본국 정부에 전한 '한국황제의 조칙문'과 같은 것이지만 머리에 "황제는 이렇게 말한다皇帝若曰"이란 문구가 새로 들어갔다. 이 칙유가 한국 정부에서 처리된 과정에 관한 문건은 단 3건이다.

① 한국 내각 총리대신의 「통치권양여에 관한 칙유안」 승인 요청에 관한 문서사진11

한국 내각 총리대신 이완용이 한국 황제의 이름으로 발표할 '칙유'를 한국 내각의 각의가 결정하였으니 통감이 이를 승인해 달라는 공문照會을 8월 29일자로 작성하여 통감에게 보냈다. 1907년 7월 「한일협약」(정미조약)으로 생긴 통감의 통섭체제의 결재 라인이다. 칙유 문안은 별지로 첨부되었다. 일본의 경우, 8인 내지 11인의 대신들이 모두 병서竝書한 것과 달리 이 공문에는 내각 총리대신 이완용 외에 다른 대신들의 이름과 서명이 전혀 표시되지 않고 '지급至急'으로 처리되었다. 대한제국 정부의 조회照會 (비秘 제409호) 곧 공문이다.

② 「통치권양여 칙유안」 승인 요청에 대한 통감의 승인사진12

통감 데라우치가 한국 내각총리대신의 요청을 받고 통섭자로서 이를 승인하는 절차가 따랐다. 같은 8월 29일에 처리된 기밀통발機密統發 제1679호(통감부 발행 기밀 문서란 뜻)이다.

③ 한국 황제의 공포 칙유사진13

1910년(융희 4) 8월 29일에 순종황제의 이름으로 나온 병합을 알리는 칙유이다. 8월 22일자의 '전권全權 위임에 관한 조칙'(이 책 38면 사진 13)에 국새(대한국새大韓國璽)가 날인되고 황제의 이름자 척坼이 친서되었던 것과는 달리 여기에는 '칙명지보勅命之寶'가

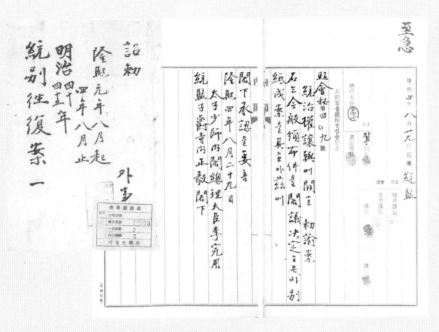

사진 11 한국 내각 총리대신의 「통치권양여에 관한 칙유안」 승인 요청에 관한 문서. 왼쪽은 문서철 「통별왕복안」의 표지이다. 서울대학교 규장각한국학연구원 소장.

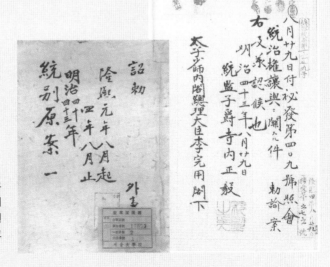

사진 12 「통치권양여 칙유안」 승인 요청에 대한 통감의 승인. 왼쪽은 문서철 「통별원안」의 표지이다. 서울대학교 규장각한국학연구원 소장.

새겨진 어새만 날인되고 황제의 이름자 척坧 서명은 빠졌다. 이 '칙명지보'는 통감부가 1907년 7월 20일에 고종황제의 퇴위를 강제할 때 7월 24일 한일협약(정미조약) 이후 통감이 한국 내정을 감독하는 결제선에서 상용하였던 것이다. 통감부가 빼앗아 가지고 있던 것을 날인한 것이므로 순종황제의 의지를 증빙할 수 없는 것이다.

같은 날, 일본 천황의 「조서」에 11인의 대신들이 병서한 것과는 대조적으로 「칙유」를 받드는 관계 대신의 직함과 이름이 하나도 보이지 않는다. 병합 승인문서로서는 치명적 결함이라고 하지 않을 수 없다.

이와 관련하여 흥미로운 것은 데라우치 마사타케寺內正毅가 1910년 11월 21일자로 천황天皇의 어람御覽을 위해 올린 비밀 보고서 「한국병합시말韓國倂合始末」은 8월 22일에 있었던 일을 끝으로 하고 그 후의 한국 황제의 공포 칙유의 발부 과정에 대해서는 일체 언급을 하고 있지 않다는 점이다.

(2) 순종황제의 유조, "병합 인준은 내가 한 것이 아니다"

순종황제는 1926년 4월 26일 붕어崩御하기 직전에 자신의 곁을 지키고 있던 궁내대신宮內大臣 조정구趙鼎九에게 구술口述로써 병합조약의 인준 문제에 관한 유조遺詔를 남겼다. 앞에서 살폈듯이 유조는 2개월여 뒤 미국 샌프란시스코 한국교민들이 발행하는 『신한민보新韓民報』 1926년 7월 8일자에 보도되었다.(이 책 40~41면)

여기서 순종 황제는 "지난날의 병합 인준은 강포한 이웃이 역신逆臣의 무리와 함께 제멋대로 해서 제멋대로 선포한 것이요 다 내가 한 바가 아니라"고 밝히고, 일본이 자신을 창덕궁 깊숙한 곳에 유폐시켜 놓고 외부와 접촉하지 못하게 했기 때문에 이 사실을 지금까지 밝힐 수 없었다고 하였다. 황제는 이 유조로서 병합 선포의 사건은 파기로 돌아갈 것이라고 말하였다. 내각총리대신 이완용과 통감 데라우치가 기명날인한 병합조

끝나지 않은 역사

勅諭

皇帝若曰朕이否德으로艱大흔業을承
흐야臨御以後로今日에至흐록維新政令에
關흐야亞圖흐고備試흐야用力이未嘗不至
흐되由來로積弱이成痼흐고疲弊가極處
에到흐야時日間에挽回흘施措가無望흐니
中夜憂慮에善後흘策이茫然흐지라此
를任흐야支離益甚흐면終局에收拾흘不得

흐기에自底흘진則無寧히大任을人의게托흐
야完全흘方法과革新흘功效를奏케흠
만不如흔故로朕이於是에瞿然히內省흐고
廓然히自斷흐야玆에韓國의統治權을從前
으로親信依仰흐든隣國大日本皇帝陛下
쎄讓與흐야外으로東洋의平和를鞏固케흐
고內으로八域의民生을保全케흐노니惟爾大小
臣民은國勢와時宜를深察흐야勿爲煩擾

흐고各安其業흐야日本帝國文明新政을服
從흐야幸福을共受흐라朕의今日此擧눈
有眾을忘흠이아니라爾有眾을救活흐자
눈至意에置出흠이니爾臣民等은朕의此意
를克體흐라

隆熙四年八月二十九日

사진 13 한국 황제의 공포 칙유(勅諭). 서울대학교 규장각한국학연구원 소장.

약문에 대한 최종 재가 과정에서 황제가 거부하였던 사실을 유언으로 밝혀 남긴 것이다. 황제는 "여러분들이여 노력하여 광복光復하라. 짐의 혼백이 저승에서 여러분을 도우리라"는 절규로써 끝을 맺었다.

5) 일본의 한국 통치는 명백한 불법행위

「한국병합조약」'체결' 과정에서 한, 일 양국 정부가 수행한 관련 문건 결재 처리과정은 너무나 대조적인 것으로 나타났다. 일본 측에서 이루어진 것은 한 나라의 국사國事로서 온전하게 처리된 것이라고 할 수 있는 반면, 한국 측에 남겨진 문건들은 통감 데라우치의 강요에 의해 생산된 것이라고 밖에 볼 수 없는 것들뿐이었다. 특히 일본 정부가 외무성, 내각의 건의에 따라 추밀원의 심의 의결을 거친 다음에 천황의 최종 재가로 병합을 알리는 공포「조서」가 나오게 한 것은 병합의 건 자체를 그만큼 위중한 사안으로 다루었다는 것을 의미한다. 「러일강화조약」에 대한 일본 천황의 '비준' 처리에 비해서 월등히 높은 격식을 취한 것을 그대로 알 수 있다. 그것은 한국병합 조약에 대한 일본 천황의 공포「조서」가 비준서 이상의 의미를 가지는 것이라고 판정하지 않을 수 없다.

한편, 한국 황제의 조서 곧「칙유」는 이와 대칭선상에서 동일한 조건과 양상을 보여야 하는데도 전혀 그렇지 못하였다. 당시 한국의 외교권은 통감부 통감에게 있기 때문에 일본의 경우처럼 외부外部(1905년 11월 '보호조약'으로 없어짐)에서 내각에 올리는 절차는 있을 수 없다고 하더라도 내각과 황제 사이에 이루어져야 할 절차가 확인되지 않을 뿐더러 내각 총리대신과 통감 사이에서 자의적으로 이루어진 최종 문건인 병합을 알리는 황제의「칙유」에 황제의 서명뿐 아니라 대신들의 병서竝書도 없는 것은 이 조약이 거부되었다는 명백한 증거이다. 일본 정부가 조약의 형식을 취하여 한국 병합을 달성하기로 한 이상, 이러한 문건상의 결함은 치명적인 것으로 이 조약에 근거한 이후의 일본의 한국 통치는 명백한 불법행위라고 하지 않을 수 없다.

3. 「한국병합조약」진행에 관한 일본 신문의 왜곡 보도
 ―『도쿄니치니치신문東京日日新聞』의 기사를 중심으로

한일 양국은 1904년 러일전쟁 이후의 양국 관계 역사, 즉 일본에 의한 한국 국권 탈취에 대한 이해, 인식에서 상반되는 견해를 쉽게 해결짓지 못하고 있다. 1910년 8월에 단행된 '한국병합' 100년을 맞이하는 해, 2010년에 한일 양국 지식인 공동 성명이 '불법성'을 규정하였지만 정치 사회적으로 이후 인식상의 개선이 보이지 않는다. 오히려 일본의 이른바 우파 정권은 일본제국의 한반도 진출과 지배는 정당한 역사였다는 당대의 인식을 그대로 되살리고 있는 느낌을 강하게 준다. 우파이든 좌파이든 정권은 대중적 기반에서 수립된다. 그러므로 우파 정권의 역사 인식에 대해 대중적 지지가 있다는 것을 간과할 수 없다. 지식인의 차원에서는 학문적 성과를 존중하지만 대중적 역사인식은 그와는 별도로 대중 매체로부터 직접적으로 영향을 받기 마련이다. 이런 견지에서 1904년 러일전쟁 이후 1910년의 '한국병합'에 이른 과정에 대한 일본 신문들의 관련 보도는 중요하다. 당시의 대중 매체는 신문과 잡지 두 가지가 전부이다시피 하였다. 신문의 역할이 잡지에 비해 훨씬 컸다는 것은 쉬이 짐작할 수 있다. 일본제국의 '신민臣民'은 바다 건너 한반도에서 일어나는 사건들에 관한 신문 보도 기사를 읽으면서 한국에 대한 인식이 형성되었다. 그 누적이 오늘의 일본 국민의 일반적 인식의 토대

끝나지 않은 역사

가 되고 있다는 것은 쉬이 짐작할 수 있다.

필자는 2005년에 '1905년 보호조약'에 관한 글을 작성하면서 일본신문 보도의 중요성을 처음 식지識知하였다. 보호조약 강제를 주도한 이토 히로부미伊藤博文 특사 측의 복명서復命書만이 아니라 일본 신문들이 정부의 주문에 따라 사실을 반대로 왜곡 보도한 사실에 접하였다. 일본 측이 한국 황제(고종)에게 보호조약을 내놓았을 때 황제는 강하게 거부하였는데도 복명서는 "황제가 이를 받아들이지 않을 수 없는 상황임을 판단하고 대신들에게 '협상'을 지시하였다"고 하였는데, 거의 같은 내용으로 수일 후 일본 신문들이 그대로 이를 기사화한 사실을 알게 되었다.[1]

예컨대 『도쿄니치니치신문』은 협약 강제 직후인 11월 19일자의 「일한신협약日韓新協約」이란 기사에서 "한제韓帝와 요로要路가 두려워하고 주저하여 용이하게 우리 요구에 응할 수 없었던 것은, 우리들이 세인世人과 함께 우려하지 않을 수 없는 바이다. …… 만약 이 신협약新協約에 대한 비판에 이르러서는 타일 그 상세한 보고에 접하게 되어 다시 논하는 바 있을 것이다"라고 보도했다. 이 기사에서는 한국 측의 강렬한 반대를 인정하고 그 귀추를 우려하는 내용이다. 그런데 6일 뒤인 11월 25일자의 「한국어전회의韓國御前會議」란 제목의 기사의 논조는 사뭇 다르다. 즉 "한제韓帝는 절대적으로 동의를 하시고, 처음부터 다른 생각이 있었던 것이 아니며, 때문에 각 대신도 드디어 일치 동의, 박 외상朴濟純 外相은 외부外部로부터 관인官印을 가져와 완전하게 조인을 마치게 되었다"라고 썼다.

12월 16일자의 「한왕의 어 희망韓皇의 (御)希望」이란 기사에서 곡필은 더 심해졌다. 즉 "황제폐하는 이토 대사가 전후 두 차례의 알현에서 장시간 친절히 설명한 것에 의해 이 조약 정결訂結이 중지될 수 없는 것을 잘 이해함과 동시에", "한국 및 황실의 지위와 면

---

1 李泰鎭, 「1905년 '보호조약'에 대한 고종황제 협상지시설 비판」, 『한국병합과 현대 : 역사적 국제법적 재검토』(공편, 태학사, 2009. 3) : 日譯本, 2008年 東京 明石書店.

목에 이익이 있는 수정을 가하고, 또 이를 위해 조인을 수삼일 간 연기하려는 희망을 가졌던 것은 사실이며", "따라서 한 참정韓圭髙 參政의 전면 거절론에 대해 허가를 주지 않았고, 오히려 하야시 공사林權助 公使와의 사이에 화충협상을 다하라는 칙명을 반복해서 각 대신에게 내렸다"고 적었다.

1905년의 보호조약은 한국병합으로 가는 결정적 전기에 해당하는 것이다. 대한제국의 고종황제는 같은 일본 측 사료를 통해서도 복명서 이전 단계에서 상당한 저항을 한 것으로 확인된다. 그러나 이토 특사 측의 사후 보고 과정에서 조작된 '협상 지시설'은 일본인의 대한제국 인식의 근저를 이뤄 오늘날에도 영향력을 발휘하고 있다. 보호조약의 경우가 이렇다면 당연히 5년 뒤의 '병합조약'의 경우도 살필 필요가 있다. 필자의 이런 욕구는 마침 같은 『도쿄니치니치신문東京日日新聞』이 최근 일본 국회 도서관에서 MF 열람이 가능하게 되어 실현될 수 있었다.

1) 신문자료 선정의 조건과 기사 정리의 기준

일본 근대(메이지 시대明治期 ~)에 여러 종류의 신문이 발행되었지만 바로 사료史料로 활용하는 데는 많은 제약이 있다. 여러 종류의 신문이 한 자리에 갖추어 있는 경우도 드물지만, 원본 열람도 쉽지 않았다. 그래서 연구자들은 필요한 경우, 1936년부터 재정경제학회財政經濟學會의 이름으로 간행된 『신문집성메이지편년사新聞集成明治編年史』를 주로 활용하였다. 이 자료는 여러 가지로 편리한 점이 있지만 역사연구에서 가장 중요한 시대 흐름과 분위기를 읽는 데는 큰 한계가 있다. 하나의 사건이 일어났을 때, 여러 신문들이 쏟아낸 많은 기사들 가운데 편찬의 편의성에 적합한 것을 한둘 골라서 제시하는 방식을 취한 자료이기 때문에 사건 당시의 사회적, 정치적 정황을 읽어내기에는

끝나지 않은 역사

한계가 많다. 오히려 한 종류의 신문을 택하여 해당 기간의 기사들을 읽어나가는 것이 더 적의한 방법이겠지만 이것은 신문 원본이 제공되지 않는 한 불가능하다. 이런 제약은 공공 도서관이 신문자료의 영인작업影印作業 결과물 또는 MF를 서비스하게 되면서 비로소 타개되었다. 일본 국회도서관 신문자료실은『도쿄니치니치신문』(1872년 창간)의 영인본을 비치하였다가 최근 이를 MF로 제공함으로써 연구의 애로를 크게 해소해 주었다. 이 글은 이 신문의 관련 기사들을 발췌하고 이를 정리하여 '한국병합'이 일본 국민들에게 어떻게 전해졌던가를 실증적으로 살펴보고자 한다.

시간적으로는 육군대신陸軍大臣 데라우치 마사타케寺內正毅가 1910년 7월 23일 제3대 한국통감韓國統監으로 인천에 도착해서부터 1910년 8월 29일 한일 양국 황제의 이름으로 '병합'이 공포된 때까지를 대상으로 하였다. 발췌, 수집한 기사들은 이 글 끝에 실린 〔부록:「한국병합조약」진행에 관한『도쿄니치니치신문』의 보도 기사 정리〕로 모았다. 이 정리는 부록 표 1 〈데라우치 통감寺內統監 부임(1910. 7. 24)에서 병합조약 '체결' 직전(8. 21)까지〉, 부록 표 2 〈'병합조약' 체결(8. 22)에서 공포(8. 29)까지〉 둘로 나누었다. 즉, 데라우치 마사타케가 육군대신의 현직을 그대로 가지고 한국 통감으로 부임하여 한국 현지의 상황을 점검한 뒤 8월 22일 한국 내각 총리대신 이완용을 상대로 조약 강제를 실행한 시점을 기준으로, 이전과 이후 둘로 나누어 관련 기사들을 정리하였다. 그리고 기사 정리는 (a) 진행관련 기사 (b) 효과·대책 관련 기사 두 부분으로 나누어 알아보기 쉽게 하였다. 비고란에서는 기사의 발신지로 동지同紙가 직접 밝힌〔경성전보京城電報〕와 〔내국전보전화內國電報電話〕를 그대로 옮겨 표시하였다. 전자는 대체로 하루 뒤에 실린 경우가 태반이며, 후자는 발신일이 굳이 표기되지 않았다. 사설류는 비고에서 표시해 두었지만 그 내용이 장문이기 때문에 특별한 부분만 발췌 표기하고 논지는 본문 서술에서 활용하기로 하였다.

2) 8월 22일 이전 보도의 특이성

(1) 한국 황제의 통감 우대 분위기 강조

부록 표 1 가운데 (a) 진행관련 기사들은 데라우치 통감이 부임하여 '병합' 조약 체결이라는 자신의 중대 임무를 실현하기 위해 어떤 일들을 했던가를 보여주는 자료이다. 지금까지 이 과정에 대한 자료로는 데라우치 통감이 1910년 11월 7일자로 작성한「한국병합시말韓國倂合始末」이 거의 유일하다시피 하였다. 이 자료는 '조선총독 자작 데라우치 마사타케寺内正毅'가 어람용御覽用으로 '내각총리대신 후작 가쓰라 다로桂太郎'에게 올린 것이지만,[2] 그간 이에 대한 연구에 따르면 1910년 8월 23일부터 29일까지의 일정에 관한 내용이 전혀 없어 22일까지의 경위에 대한 보고에도 취사선택이 있었을 것이 지적되었다.[3] 이에 반해 부록에 제시된 것과 같은 신문 보도 기사는 최소한 수행한 일정은 대부분 표시한 것으로 간주된다. 다만 그 기사들이 모두 사실을 전하는 것인지는 의문이다. 중요한 일정을 적출하면 다음과 같다.

7월 26일 한국 황제 알현 및 등청, 27일 각국 영사 및 일본 문무관 인견引見, 8월 2일 한국정부 대신회의 소집, 5일 기자단 초치 만찬회 개최, 같은 날 참여관參與官 회의, 12일 고등관 소집 자문 회의, 18일 한국주차군 지휘관에 대한 긴급 훈시, 21일 한국 대신들에 대한 '경고' 등이다. 8월 2일에 소집된 한국 대신회의는 통감이 이후 8월 중 대신회의는 개최하지 않겠다는 것을 전달하기 위한 것이었다.

데라우치 통감이 직접 작성한「한국병합시말」에는 이후 8월 16일의 활동부터 밝혀

---

2 海野福壽編,『韓國倂合始末 關係資料』(不二出版, 1998)에 전문(全文)이 실렸다.

3 尹大遠,「조작된 '朝鮮總督報告韓國倂合始末'」, 尹大遠 저,『데라우치 마사타케 통감의 강제병합 공작과 '한국병합'의 불법성』, 소명출판, 2011.

져 있다.[4] 이를 표로서 제시하고 이 기간에 보도된 연관 신문 기사들을 함께 밝히면 아래 별표 1과 같다.

별표 1 데라우치 통감 의 한국 내각과의 협의에 관한 보고와 신문 보도 비교

날짜	한국병합시말 「韓國併合始末」	도쿄니치니치신문 『東京日日新聞』
8월 16일	- 寺內 統監, 관저에서 李完用 면담. 조약체결에 필요한 사항 제시 및 협조 요망.	
8월 17일	- 李完用, 統監에게 확답 약속 시간 오전 10시에서 오후 8시 변경 요청. - 내각 대신 전원 동의 획득 실패.	
8월 18일	- 統監, 李完用 면담 시 준비한 한국황제 全權委員 임명 勅書 제시. - 李完用 條約案 동의, 內閣會議 개최.	- 中樞院 의장 金允植 등 起草 소문. (19일 보도「重大文書 起草」) - 李 총리 외 5대신, 오전 9시부터 각의 개최. (19일 보도「총리이하의 密議」) - 각 대신 內閣에서 密議 중. (20일 보도「지금도 密議」)
8월 19일	- 李完用, 宮內大臣 閔丙奭, 侍從院長 尹德榮에게 대요 설명.	
8월 20일	- 李完用, 22일의 御前會議 준비 지시.	- 통감, 大臣 간 협의는 좋으나 신중한 태도 필요. (21일 보도「각 大臣에 警告」)

위 별표 1의 정리에 따르면 8월 16일 이후의 통감의 한국 내각과의 본격적인 협의는 비밀에 붙여졌다고 해도 좋을 정도로 관련 기사가 적다. 한국민들을 크게 자극할 수 있

4 윤대원, 앞 책, 2011, 177면.

는 사안이기 때문에 보도 통제가 이루어졌을 가능성도 있다. 8월 5일 오후 5시에 통감이 관저에 신문기자, 통신원 등을 초대하여 "기사상의 주의를 주고" "기자, 통신원 측과 간절한 문답을 나누었다"는 보도는 통감으로부터 취재와 보도에 대한 협조 당부로 보아도 좋을 것이다. 여하튼『도쿄니치니치신문』은 8월 18일에 열렸던 내각회의 하나만을 보도 대상으로 삼아 19, 20일 이틀에 걸쳐 3차례 기사를 내보낸 셈이다. 21일자의「각 대신에 경고」란 기사는 곧 한국 대신 측이 주저하는 것에 대해 데라우치 통감이 최종적으로 압박을 가하여 22일에 어전회의에 붙이도록 한 과정을 읽을 수 있게 해준다.

이보다 앞서, 8월 22일 이전 보도에서 신문이 더 역점을 둔 것은 한국 황제 측의 동향이다. 이에 관한 기사들을 날짜별로 정리하면 별표 2와 같다.[5] 「한국병합시말」은 8월 16일부터 한국 총리와 대신들을 만난 것을 주로 밝혔으므로 아래 표는 그 이전의 일정이 밝혀져 통감의 움직임에 대한 파악에 도움이 되기도 한다.

별표 2의 정리에 따르면, 한국 황제 측은 데라우치 통감이 7월 23일 인천에 도착했을 때 이미 이곳으로 칙사를 보내 예우를 표하였다. 이에 대해 통감 측은 황제가 보낸 칙어를 허례虛禮라고 하여 거두도록 하였다. 그런데도 황제 측은 다시 칙사를 보내온 것으로 보도되었다.

데라우치 통감은 입경하여 25일에 창덕궁의 황제, 덕수궁의 태황제를 알현하고 황제로부터 기념품과 오찬 대접을 받은 것으로 보도되었다. 황제는 이에 대해 28일 오전 10시에 '참내參內'에 대한 답례로 통감 관저를 직접 방문한 것으로 보도되었다. 그런데 이 신문은 이튿날인 29일에 또 황제의 통감 관저 행행行幸이 있었다는 기사를 싣고 있다.

5 이 책의 112면. 〔부록:「한국병합조약」진행에 관한『도쿄니치니치신문』의 보도 기사 정리〕의 부록 표 1 〈데라우치 통감(寺内統監)부임(1910. 7. 24)에서 병합조약 '체결' 직전(8. 21)까지〉 가운데 '진행 관련 기사'를 적출한 것이다.

끝나지 않은 역사

별표 2 한국 황제에 관한 진행進行 관련 기사 일람표

순번	날짜	기사 제목	내용
1	7월 24일	勅語의 虛禮 (칙어의 허례)	
2		統監邸의 칙사 (통감저)	이상 통감 仁川(인천) 도착 시. 25일자 보도.
3	7월 25일	친서봉정과 칙어	창덕궁 황제, 덕수궁 태황제 알현.
4		알현과 御贈品 (어증품)	이상 26일자 보도.
5	7월 26일	통감에 대한 우대[御優遇] (어우우)	25일 알현 후속 보도.
6	7월 28일	統監邸 行幸 (통감저 행행)	오전 10시. 29일자 보도.
7	7월 29일	統監邸 行幸 (통감저 행행)	오전 10시, 통감의 參內(참내)에 대한 답례. 30일자 보도.
8		統監邸 行幸과 韓民 (통감저 행행 한민)	연도의 한국민들, 황제의 還幸(환행)을 보고 안도.
9		行幸 답례 (행행)	有吉장관 대리 參內(아리요시 참내). 30일자 보도.
10	8월 1일	統監婦人 알현 (통감부인)	令嬢(영양) 동반, 황후 황제를 알현. 2일자 보도.
11	8월 5일	통감 부인 敍勳 (서훈)	勳1등 瑞鳳章 下賜 (훈 서봉장 하사).
12	8월 6일	태황제의 御陪食 (어배식)	오는 7일 덕수궁 태황제 초청 만찬회 예정.
13	8월 12일	통감부인 御陪食 (어배식)	황후(嚴妃 전하)(엄비) 초청 예정.

순번 6과 7은 어느 모로나 착오로 인한 중복 보도로 보인다. 8번의 「통감저 행행과 한민」 기사는 이 행행 때 황제의 신변을 걱정하는 연도의 한국인들이 황제가 통감 관저를 나와 창덕궁으로 환행하는 것을 보고 안도했다고 보도하였다. 황제가 통감의 착임着任 알현에 대한 답례로 통감의 관저를 방문한다는 것은 상례가 아니다. 이런 비상례적 행차에 관한 보도가 중복되고 있다는 것은 무언가 석연치 않은 감을 준다.

8월 1일에는 통감 부인이 황후를 알현하고 5일에 훈장을 받은 것이 각각 보도되었다. 6일에는 덕수궁의 태황제가 통감에게 만찬을 베풀 것이라고, 그리고 12일에는 통감의 부인에 대한 황후의 초청이 있을 것이라고 예정 보도가 각각 실렸다. 이 예정이 실제로 이루어졌다는 후속 기사는 보이지 않는다.

이상의 기사들을 읽으면 누구나 한국 황제와 태황제 측이 통감과 그 가족을 극진하게 예우한 것을 느끼게 한다. 황제와 통감 사이의 의례적인 행사는 황제의 공식 기록인 『실록』에 대체로 다 실리기 마련이다. 그런데 『순종황제실록純宗皇帝實錄』에서 통감 측에 대한 황실의 예우에 관한 기사는 위와 다른 점이 많다. 실록에서 확인되는 관련 기사는 아래 별표 3과 같다.

별표 3 『순종황제실록』의 데라우치 통감[寺內統監] 접견, 예우 관련 기록

순번	날짜	구분	내용
1	5월 30일	축전 祝電	데라우치 마사타케 寺內正毅 통감 임명 축하.
2	7월 23일	하사 下賜	금당 좌 금 솥(金鐺) 1座.
3	7월 25일	접견, 오찬 하사	부임 인사 알현, 軍司令官 大久保春野, 副統監 山縣 타 이사부로 伊三郎, 해군중장 島村速雄 등 배석.
4	8월 1일	접견, 훈장 수여, 배식 陪食	통감부인 데라우치 타키코 황후, 統監婦人 寺內多喜子 접견, 훈장 수여, 배식 陪食.

별표 2와 별표 3을 비교하면 별표 2의 1 「칙어의 허례」 「통감저統監邸의 칙사」는 별표 3의 2와 관련이 있어 보인다. 7월 23일 자의 금 솥 1좌 하사는 3대 통감의 한국 도착에 대한 예우로 칙사로 하여금 가져가게 한 것으로 보인다. 별표 3의 3은 곧 별표 2의 같은 날짜 3, 4의 알현 관련 기사와 서로 다르지 않다. 그리고 8월 1일의 통감 부인의 황후 알현에 관한 기사들(별표 2의 10, 11. 별표 3의 4)도 서로 어긋나지 않는다. 별표 2의 기사 가운데 별표 3에 근거를 찾을 수 없는 것은 7월 28일 또는 29일에 있었다고 한 황제의 통감 관저 행행(행차)에 관한 보도(6~9)와 8월 6일, 12일에 예정되었다고 보도된, 태황제의 통감 초정 만찬과 황후의 통감부인 초청 등이다. (12, 13)

별표 3에서 확인되지 않는 것들을 바로 허위 보도라고 단정하기는 어렵다. 이를 확인하기 위해서는 당시의 다른 신문들의 보도 기사들과 비교하는 작업이 필요하다. 그러나 이 경우들이 상례에 벗어나는 것인 동시에 대부분 한국 황제와 황후 측이 통감 측을 극진히 우대한 내용인 것은 주목할 필요가 있다. 아래에서 언급되듯이 당시의 황제 측에 관한 기사들은 합방을 추진하는 사명을 띠고 온 통감에 대해 대단히 우호적이란 느낌을 주는 것들이 많다. 이는 '병합조약' 체결이란 대 사건에 대해 주권자인 한국 황제가 일본 천황에게 능동적으로 통치권을 양여했다는 것을 강조하려는 의도와 무관해 보이지 않는다.

(2) '합방'을 전제로 한 기획 기사

'병합조약' 체결 강제 이전의 보도 기사에서 눈길을 끄는 다른 하나는 조약 체결에 관한 협상이 아직 시작되지도 않았는데 신문에서 '합방'이란 단어가 무수하게 사용되고 있는 점이다. 이는 부록의 표 1의 (b) 효과·대책 관련 기사의 난에 정리된 것들에서 쉬이 살필 수 있다. '합방'이란 단어가 들어간 기사들의 제목을 뽑아 제시하면 아래와 같다.

「합방과 통감부 예산」(7. 25)

「합방과 조약 효력」(7. 16)

「합방과 제문제諸問題」(7. 27)

「합방과 일진회一進會」(위와 같음)

「정우회政友會와 합방문제」(위와 같음)

「합방과 관제개정官制改正」(7. 29)

1904년 2월 러일전쟁을 배경으로 일본제국이 대한제국의 국권 침탈을 본격화 하면서 첫 번째로 강요한 협약이 「의정서」이다. 이 협약은 군사기지 설치의 권한에 초점을 둔 것이지만 일본 측은 이를 두고 한국이 일본의 보호국이 된 것으로 간주하기도 하였다. 제3조의 "대일본제국 정부는 대한제국의 독립 및 영토의 보전을 확실히 보증할 것"이라고 한 것을 두고 일본의 보호국이 된 것으로 해석하였다. 1904년 10월 일본『국제법잡지』(3권 1호)에 실린 한 논설은 다음과 같이 논하였다.

만일 일본이 이번 전쟁에서 승리한다면 일본은 당연히 조선이 보호국으로서 계속될 것이다. 만일 일본이 패한다면 러시아가 일본을 대신하여 그 역할을 할 것이다. 우리는 결국 조선이 조만간 강대한 이웃나라 중 누군가에 의해 합병될 것이라는 점을 의심할 수 없다. 약하고 부패한 제국이 정치 지도상에서 사라지는 것은 필연의 운명이며, 누구도 은둔국(조선)의 독립처럼 '불명예스럽게 오칭되는 독립'의 소멸에 대해 동정의 눈물을 흘리지 않을 것이다.

(타카하시 사쿠에高橋作衛「조선의 지위에 관한 영국학자의 의견」)

이 논설은 당시 일본 지도층의 일반적인 인식을 대표하는 것으로 간주된다. 『도쿄 니치니치신문』에서도 같은 논조의 기사를 발견하기는 어렵지 않다. 러일전쟁 승리 후 1905년 11월에 이토 히로부미伊藤博文가 한국에 와서 보호국을 강제하는 조약을 체결할 때, 일각에서는 '병합'을 주장하는 의견이 있었다. 그러나 일본 정부에서 병합에 관한 의견이 물어진 것은 1907년 7월 헤이그 특사 파견 사건을 계기로 고종황제의 퇴위를 강제할 때였다. 이때 묘의廟議에서 원로와 대신들에게 물어진 '처리요강處理要綱' 가운데 첫 번째가 '한황韓皇 일본황제에 양위', 두 번째가 '한황 황태자에 양위'였다. 야마가타 아리토모山縣有朋, 데라우치 마사타케寺内正毅 등 겐로元老를 비롯한 다수가 아직 첫 번째 방안에 대해 '부否'의 의견을 냄으로써,[6] 두 번째의 황태자에로의 양위가 채택되어 고종황제 퇴위 강제가 이루어지고 통감이 내정의 권한까지 장악하는 체제가 만들어졌던 것이다.

통감부가 대한제국의 내정의 권한을 장악한 것은 실질적으로는 식민지 체제가 발족한 것이나 마찬가지였다. 이런 가운데 점차 '병합' 또는 '합방'이란 용어가 등장하는 것은 시간문제였다. 『국제법잡지』의 경우, 1908년 말에서 1909년 초에 접어들면서 보호와 병합 가운데 어느 것이 최적최량最適最良인지에 대한 검토를 제안하는 논설이 나오던 끝에 1909년 말에 이르면 "지금 병합을 당장에 실현하더라도 우리의 이익을 보호하

6 『日本外交文書』제40권 제1책, 事項12 "日韓協約 締結 一件", 474, 7월 12일 (林外務大臣으로부터 伊藤統監에게 (電報) 韓帝의 密事派遣에 關聯하여 廟議決定의 對韓處理方針通報의 件, 附記 三; 李泰鎭, 「公布 勅諭가 날조된 '日韓併合條約」, 李泰鎭 편, 『일본의 大韓帝國 强占』, 까치, 1995, 182~183면.

기 위해서 불가피하다는 것에 대해 타인이 이의를 가질 이유가 없다고 본다. 원래 타국의 합병에 대해서 제3국이 간섭할 권한이 없다"고 단호하게 주장하는 논설이 실렸다.[7]

통감 이토 히로부미는 1909년 2월 중순에 임지 한국을 떠나 도쿄로 돌아갔다. 1907년 7월 고종황제 강제 퇴위와 군대해산 조치로 전국에서 의병들이 일어났다. 통감부는 그 기세를 제압하는 데 실패하여 통감 이토가 스스로 책임의식을 가지고 통감의 직에서 물러나기로 결심하고 귀국하였던 것이다. 같은 해 4월에 가쓰라 수상桂 首相과 고무라 외상小村 外相이 그를 방문하여 이제는 합방을 단행할 때가 아닌지에 대해 의견을 묻고 이토로부터 찬성 의견을 받은 것으로 알려진다. 그간 국제환경을 이유로 보호국 체제를 주장해온 이토로부터 이렇게 동의를 받아낸 후,[8] 일본 내각은 6월에 '한국통치의 준비'를 위해 '병합준비위원회'를 설치하고 (1909) 7월 6일 비밀리에 '한국 병합의 방침'을 의결하였다.[9]

일본 국내의 한국 '처리'에 대한 정계, 학계의 인식과 현황이 위와 같이 형성된 가운데 1910년 7월 데라우치 통감이 부임할 즈음, 그의 임무가 '합방'의 실행이라는 것은 이제 공공연하게 회자될 정도가 되었던 것이다. 따라서 당시의 신문들이 '합방'이란 용어를 사용한 것은 굳이 이상한 현상이라고 볼 것이 아니다. 그러나 위에 정리된 것과 같이 신문의 보도나 논설이 합방에 따른 통감부 예산, 한국이 타국과 체결한 조약들의 효력문제, 관제 개정, 국제관계 문제, 관세문제, 영사재판, 일본 국회의 임시의회 소집 여부, 통감부의 정비政費 삭감문제, 한국 황실의 처우문제, 외국인의 토지

---

7 「日韓合倂에 關한 林董씨의 談」. 白忠鉉·李泰鎭, 「日本 國際法學會와 大韓帝國 國權侵奪政策」, 『서울국제법연구』제6권 2호, 1999, 596~597면.

8 倉知鐵吉, 『韓國倂合의 經緯』, 外務大臣官房文書課, 1950.

9 倉知鐵吉, 앞 책, 1950. 2~3면; 小松錄, 『韓國倂合之裏面』, 中外新論社, 1920, 98~106면; 海野福壽編, 『韓國倂合始末 關係資料』, 不二出版, 1998, 1~3면, 22면.

소유 배제 문제 등 매우 구체적인 문제들을 선도적으로 취급하고 있는 것은 간과해 버리릴 문제가 아니다.

신문들이 '합방'과 관련한 구체적인 방안들을 언제부터 거론하였는지는 앞으로 복수의 신문들을 대상으로 엄밀하게 검토할 필요가 있다. (1) 신문의 선도인지, (2) 국민적 여망의 반영인지, (3) 정부의 요구에 따른 것인지가 검토될 필요가 있다. 8월 12일자의 보도 기사 〈한국 기밀비 문제〉는 (3)의 가능성을 보여주는 것으로 주목된다. 기사의 전문을 옮기면 아래와 같다.

「한국 기밀비韓國機密費 문제」 (8. 12)

통감부統監府 기밀비는 고故 이토공伊藤公의 통감시대에 한국의 대세 아직 정해지지 않아서 외국 신문기자의 조종, 기타에 거액의 비용을 요하였기 때문에 내각 기밀비機密費의 약 2배여인 22만원万圓(통감부 기밀비 20만원, 사법司法 기밀비 2만원)을 계상하였는데, 그 후한국의 시정施政 점차 단서를 잡아가 소네曾彌가 통감이 되었을 때 통감부 기밀비 삭감 필요성은 점차 대장성大藏省의 일부에서도 제기되었지만 합방문제 해결이라는 조건으로 43년도(1910-필자) 예산에도 의연毅然 전액前額 그대로 계상되었던 것次第인데, 명년도明年度의 기밀액機密額(책정)에서도 의연히 22만원을 계상한 것으로 결정되니 작금昨今 재야당在野黨의일부에서는 합방 후의 한국 기밀비에는 태삭감太削減을 가해야 한다는 설이 나와 점차 세력을더하여 가고 있어서 (의회) 회의장의 한 문제가 되기에 이르렀다고 한다.

위 기사에 따르면 이토 통감시대에 통감부는 "외국신문 기자의 조종"을 비롯해 언론 홍보에 필요한 기밀비로 당시 내각 기밀비의 2배 이상에 해당하는 예산을 책정하여 1910년 현재에까지 이르고 있었다. 일본정부의 열국列國의 언론기관을 대상으로 한 홍보전은 1904년 2월 러일전쟁을 일으키면서 시작된 것으로 알려진다.

가쓰라 다로桂太郞 수상이 청일전쟁 때부터 밀착관계를 가진 도쿠토미 소호德富蘇峰에게 언론 홍보의 총책을 부여하여 한국병합의 시기까지 임무를 수행하여 강제 병합 후에는 조선총독부의 기관지로 『경성일보京城日報』를 창간하여 감독의 지위를 누리게 한 것은 잘 알려진 사실이다.[10] 도쿠토미 소호는 『국민신문』을 창간하여 민권운동의 기수 역할을 하다가 청일전쟁 때부터 조슈長州 군벌세력과 밀착하여 독전督戰에 앞장서고 이때 친분을 쌓은 가쓰라 다로가 수상이 되어 러일전쟁을 수행할 때는 언론 홍보 및 통제라는 특수한 임무를 맡게 되었던 것이다. 드레퓌스 사건 취재로 국제적 명성을 얻은 미국 AP 통신 기자 토머스 밀러드Thomas F. Millard가 『새로운 극동The New Far East』(1906, New York, Charles&Cribner's Sons)에서 일본 정부가 영국의 뉴스 취재망의 절대적 우위에 의탁하여 동아시아에 관한 친일적Pro-Japanese 뉴스를 전 세계에 퍼트린 구조를 밝히고 그 뉴스들의 오류misinformation를 직접 지적한 것은 위 기사의 지적과 관련하여 주목할 만하다.

그는 제1장 「출발점A Starting Point」에서 세계 뉴스망의 현황을 다음과 같이 지적하였다. 즉, 증기선 시대에 세계 각지의 사건 소식은 지구 곳곳을 왕래하던 영국 국적의 선박에 실려 런던으로 향하여 거기서 뉴스로 방출되었으며, 이 런던 중심의 뉴스 공급체계는 전보가 등장한 이후에도 해저 케이블을 통해 그대로 유지되었다. 그러나 러일전쟁 취재에 즈음하여 미국의 AP 통신이 영국 로이터 통신과의 경쟁 속에 일본 두둔 성향의 뉴스에 의심을 품게 되어 다수의 경험많은 유능한 기자들experienced and capable men을 해외 현지로 보내 바른 뉴스를 확보하기 시작하게 되었다고 하였다.[11]

---

10 丁日聲, 『일본 군국주의의 괴벨스 도쿠토미 소호(德富蘇峰)』, 知識産業社, 2005, 160면; 李泰鎭, 「吉田松陰과 德富蘇峰—근대일본에 의한 한국침략의 사상적 基底」, 『韓國史論』60, 서울대학교 國史學科, 2014. 6; 日譯 『都留文科大學研究紀要』 제80집, 2014. 10, 195면.

11 Thomas F. Millard, *The New Far East*, New York, Charles SCribner's Sons, 1906, p. 12.

3) 8월 22일 '체결'에서 29일 '공포'까지의 보도 기사

(1) 한국 '병합' 조약 체결과 공포일 결정 문제

『도쿄니치니치신문』의 '한국 합방' 관련 보도는 8월 22일 '조약 체결'을 거쳐 29일 '공포公布'로 이어진다. 여기에는 「한국병합시말韓國倂合始末」이 전하지 않는 상황이 많이 읽어진다. '효과·대책 관련'의 기획 기사에 해당하는 것은 이 기간에도 계속 보도되었다. 이에 해당하는 기사 제목들을 날짜순으로 옮기면 아래와 같다. 동일한 제목의 기사는 하나로 묶는다.

[8월 24일자]

「일본에 신뢰信賴」(8. 24), 「한국철도 소관所管」(8. 24/28),

「합병과 재정문제」(8. 24/25), 「합병과 세론世論」(8. 24), 「합병과 열국列國」(8. 24)

[8월 25일자]

「합병 후의 재정」(8. 25, 세제稅制 관련), 「금후今後의 한국이민韓國移民」(8. 25),

「합병 후의 한국」(8. 25), 「합병과 교과서教科書 수정」(8. 25)

[8월 26일자]

「일한합병日韓合倂과 영국英國」(8. 26, 로이터 통신), 「일한합병 평론評論」(8. 26, 독일),

「한국공채韓國公債의 발행」(8. 26)

[8월 28일자]

「식민정책植民政策 통일」(8. 28),

「종백宗伯 한국韓國회고담」(쓰시마번對馬藩 당주堂主, 8. 28)

「한국의 군郡 폐합 단행」(8. 28),

「한국 재정문제」(8. 28, 유공자有功者 처우 공채公債 모집),

「한국관세제도韓國關稅制度」(8. 28)

「한국병합과 러시아지露紙」(8. 28, 몽고인종 통일주의),

「영국의 합병 논평」(8. 28)

「합병과 통신사업」(체신성에서 총독부로, 8. 28),

「한국의 연초와 식염」(8. 28, 생산증대, 수입 억제),「일본어日本語 보급의 필요」(8. 28)

[8월 30일]
「합병과 해운계海運界」(8. 30),「하야시 다다스林董伯의 병합관倂合觀」(8. 30)

　먼저 눈에 띠는 것은 이전에 사용된 '합방'이란 용어가 '병합', '합병'으로 바뀐 사실
이다. 8월 22일 '체결'의 조약문이 '병합'이란 용어를 사용함에 따라 일어난 변화이다.
대개 기획 기사의 논제는 8월 22일 이전의 것들과 크게 다르지 않다. '병합'에 대한 외
국의 반응으로 영국, 독일 신문에 보도된 것들이 간략히 소개되었다. 러시아 신문露紙의
경우, '병합'에 대한 논평이 소극적이지만 반대 의견이 표출되지 않은 것을 다행으로
여기는 논조이다. 그리고 러시아 신문이 한국을 병합한 일본이 앞으로 몽고인종 통일
주의로 나갈 것이라고 한 내용에 대해서도 비판적이지 않다. 「합병과 교과서 수정」은
이미 진행 중인 교과서에 병합의 사실을 넣어야 한다는 것이며,「일본어 보급의 필요」
는 한국인의 일본어 교육에 대한 거부 성향을 우려하는 내용이다. 이밖에 이전에 한
국 통치에 경험이 있는 사람들의 '병합'에 대한 소감을 실은 것은 회고보다 징래의
'선정善政'에 도움을 얻기 위한 기획이다. '병합'에 협조한 '조선인'에 대한 경제적 처우

의 수단으로 공채 발행을 하자는 주장은 앞서부터 보이던 것이다. 그 밖의 경제에 관한 방책들은 일본, 일본인이 '조선'에 진출하여 획득할 이원利源에 관한 것이 태반이다.

다음으로 데라우치寺內 통감의 임무인 조약 체결 추진에 관한 기사를 정리하면 아래 별표 4와 같다. 한국 정부 및 통감부 측과 일본 정부 측의 관련 기사를 구분하여 정리했다.

별표 4 '병합조약' 진행(8. 22~29)에 관한 기사 정리

순번	날짜	한국 측 상황	일본 측 상황	내용
1		중요안건 협의		[京城電報] 22일 발 경성전보 李總理·趙農相 22일 오후 3시 30분 통감 이 총리 조 농상 관저 방문, 重大至要 안건 협의, 지극 원만 중대지요 완료. 시국 최후 협의 될 것.
2	8월 23일	궁중과 통감저		[〃] 李總理 이하, 종일 궁중에 있으면서 이 총리 統監邸와 왕복 빈번. 통감저
3		太皇帝에 알현 태황제		[〃] 李總理·趙農相, 덕수궁 太皇帝 알 이 총리 조 농상 태황제 현, 무엇인가 奏上. 주상
4			한국문제 경과	統監의 成案 → 桂首相 → 山縣樞相, 통감 성안 가쓰라 수상 야마가타 추상 小村外相과 擬議 → 樞密院會議, 條約 고무라 외상 의의 추밀원회의 조약 諸法令 등 附議 伏奏. 小村外相, 통감에 제법령 부의 복주 고무라 외상 電訓. 수일 내 발표. 전훈
5	8월 24일	元老大臣 밀의 원로대신		[〃] 22일 발 오전 내각회의부터 2시 40분 御前會議 종 어전회의 료까지 경위. 李총리, 이후 통감저 방문 등 모든 관계자 동향.
6		時局解決 임박 시국해결		[〃] 23일 발. 어젯밤부터의 대회의 내용 알기 위해 日, 韓人 분주.

순번	날짜	한국 측 상황	일본 측 상황	내용
7			合併경과 제시 (합병)	[京城電報] 23일 발. 통감, 오전 10시 (경성전보) 參與官 소집, 경과 제시. (참여관)
8		農相邸의 밀의 (농상저)	[〃] 23일 발. 李총리, 아침부터 趙農相 집 (조 농상) 에서 朴內相, 高度相 불러 밀의. (박 내상)(고 탁상)
9			통감의 최종 알현	[〃] 23일 발. 통감, 27일 韓帝 제4회 즉위 (한제) 기념일에 최종 알현할 것.
10		발표는 27일		[〃] 23일 발. 韓帝의 희망에 따라 즉위 기 (한제) 념일 뒤 협약 발표할 것.
11	8월 24일		外相 參內 (외상)(참내)	23일 오전 11시 30분 小村外相, 首相官邸 (고무라 외상)(수상 관저) 각의 자리에서 마차를 달려 參內, 天皇에 (참내)(천황) 한국문제 중요사항 奏上. 下問 奉答. (주상)(하문 봉답)
12			임시각의	23일 오전 10시부터 수상 관저에서 임시각 의, 전일이어 한국문제 善後策 擬議. (선후책 의의)
13			韓國合併해결 (한국합병)	22일 진행 정리 기사.
14			合邦발표 기일 (합방)	모 소식통, 24일이 韓日協約, 司法權 이양 (한일협약)(사법권) 이루어지는 날로 좋으나 이미 늦었고 26 일은 伊藤 公爵 기일이라서 좋지 않다. (이토)(공작)
14	8월 25일		合併 공포시기 (합병)	29일 발표 결정. 27일은 韓皇 즉위 제4회 (한황) 기념일, 28일은 일요일, 29일로 결정.
16	8월 26일	발표는 29일		[京城電報] 25일 발 29일 결정, 9월 3일 시행.
17			外相伏奏 (외상복주)	27일 오전 10시 40분 參內, 시국문제 奏上, (참내)(주상) 下問 奉答, 11시 반경까지 요담. (하문 봉답)
18	8월 28일		首相邸의 (수상저) 鼎坐협의 (정좌)	27일 小村外相 11시 宮城 나와 桂首相 관 (고무라 외상)(궁성)(가쓰라 수상) 저로 가서 회담, 平田內相 합류, 오후 1시 (히라타 내상) 반까지 요담.

순번	날짜	한국 측 상황	일본 측 상황	내용
19			한국병합조약	明治天皇의 詔書 및 條約 전문 게재.
20			小村外相 성명	29일 외무성에서 경과 보고. 小村 外相, 병합시행취지 및 경과보고.
21			[詔書] 朝鮮王 책립	冊立 詔書 전문.
22			2公族책봉	王族 李堈, 李熹를 公으로.
23			大赦 감세	積年 逋租, 금년 조세 감면 勅令.
24			조선귀족령	皇室令 제14조, 22개조.
25	8월 30일		宗族寮 신설	宮內省 관제 개정.
26		合倂條約 발표		[京城電報] 29일 발. 조약에 관한 韓皇詔勅令 본일 발표, 조약 8개조, 왕 및 태왕 봉하는 조칙 등 소개.
27		寺內總督의 諭告		[〃] 28일 발. 병합과 동시에 발표된 유고 개요.
28		詔書		[〃] 28일 발. 28일 책봉식 앞서 발표된 韓皇 詔書 大要. (14행)
29		李王 책봉식		[〃] 29일 발. 오전 10시 閔宮相등 統監官邸에 와서 거 행. 통감, 부통감, 주차군사령관 등 參列.

앞서 언급했듯이 데라우치 마사타케寺內正毅 총독의 보고서 「한국병합시말」은 8월 22
일 '조약 체결'까지만 취급하였다. 데라우치 통감이 이완용 총리와 준비된 조약문에 기
명날인 하는 것으로 끝냈다. 8월 22일 하루의 그 내역을 옮기면 다음과 같다.[12]

12 尹大遠, 앞 책, 2011, 177면의 표 참조.

8월 22일

오전 10시 통감, 관저로 궁내부宮內府 대신 민병석閔丙奭, 시종원경侍從院卿 윤덕영尹德榮
　　불러 설득.

오전 11시 한국황제皇帝, 오후 1시 어전회의 지시

오후 2시 어전회의: 전권全權 위임장에 친히 서명, 국새를 누르게 함. 조약안 '흔쾌히 받아
　　들여 재가함.

오후 4시 이완용李完用·농상공부대신農商工部大臣 조중응趙重應, 통감 관저 방문

　　통감, 전권위임의 칙서 사열査閱 후 승인

　　통감·이완용, 한·일 양국어兩國語 조약 각 2통에 기명조인

오후 5시 궁내부宮內府 대신大臣과 시종원경侍從院卿, 통감관저統監官邸 방문하여 한국황
　　제皇帝의 선지宣旨 전달.

　별표 4에서 22일의 '조약 체결'에 해당하는 것은 1~2이다. 기사 내용으로 보면 취
재 기자가 이날 진행되고 있는 안건을 '중대지요重大至要'한 것으로 '최초 협의이자 최
후 협의가 될 것이다'라고 한 것으로 보면 병합 조약 체결이란 것은 감지하고 있으나
구체적 내용은 모르는 상태이다. 총리대신 이완용과 농상공부 대신 조중응趙重應이 창
덕궁에서 황제로부터 전권위임장을 받아 통감관저로 가서 조약을 체결한 다음, 덕수궁
의 고종황제를 찾아가 사안을 보고한 것까지가 보도되었다. 덕수궁행은 성격상 「한국
병합시말」에 언급되지 않은 것이다.

　한편, 도쿄에서 진행된 일본 측의 절차는 「한국문제 경과」(4)에서 잘 정리되었다.
이것은 실제로 이루어진 일본 측의 '정상적' 절차에 해당하는 것이다.[13] 그런데 한국 측

13 주 12. 李泰鎭, 앞 논문. 2013. 12. 참조.

　　　　　　　　　　　　　　　　　　　　　　　　　끝나지 않은 역사

의 동향에 대한 미진한 보도는 경성 22일 발의 기사로 24일자에 「원로대신 밀의」란 제목으로 다시 실렸다. 같은 날에 한국에서 통감이 통감부의 참여관參與官 이하의 직원들을 소집하여 이들에게 그간의 경과를 전한 것도 보도되었다.(7. 「합병 경과의 제시」) 그런데 한국 측은 8월 22일 이후에도 대신들이 심상치 않은 분위기를 보인 것이 기사화되었다. 23일 경성 발, 24일자 보도인 「농상저農相邸의 밀의」(8)가 그것이다. 농상공부 대신 조중응의 집에서 총리 이완용, 내무대신 박제순朴齊純, 탁지대신 고영희高永喜 등이 회동하여 '밀의'하였다는 것이다. 이것은 남은 절차, 곧 「각서」에 따라 순종황제로부터 조칙을 받아내는 문제였을 것으로 보인다.

통감 데라우치寺內는 22일 총리 이완용과 준비한 조약문에 기명조인을 마친 뒤, 준비해 둔 다른 하나의 문건으로 「각서」를 내놓았다. 한,일 양측이 병합조약을 공포하기 위해 양국 황제의 조칙을 "쌍방이 정합訂合하여 동시에 공포"한다는 내용이었다. 병합조약은 공포와 동시에 대한제국이 소멸하는 내용을 담고 있어 양국 황제가 비준 절차를 밟을 기회가 없기 때문에 양국 황제의 비준서를 대신하는 것으로 병합조약 성립을 알리는 양국 황제의 조칙詔勅 발부를 구상하게 되었던 것이다.[14] 한국의 순종황제는 8월 22일 어전회의에 임하였지만 통감이 전한 전권위임장을 앞에 놓고 2시간 30분가량 침묵시위를 할 정도로 저항적이었다. 이 광경을 직접 본 내각 총리대신 이완용 등이 그 황제로부터 다시 병합을 알리는 조칙에 서명을 받아낸다는 것은 결코 쉬운 일이 아니었다. 이완용은 22일 오후 통감 관저에서 통감부 측이 미리 준비한 그 조칙문詔勅文을 수령한 상황이었다. 8월 23일의 농상공부 대신 조중응 집에서의 내부대신, 탁지부 대신 등과의 '밀의'는 이의 처리를 위한 것이 분명하다.

일본 측의 동정에 관한 보도도 심상치 않은 것이다. (11) (12)의 기사가 그렇다. 22

---

14 李泰鎭, 앞 논문, 1995, 201~202면.

일의 동정은 (4)의 「한국문제 경과」가 내각, 추밀원, 그리고 천황 간에 있었던 실제의 절차와 크게 다르지 않다.[15] 그런데 23일은 상황이 무언가 급박한 느낌이다. 24일자의 (12)「임시각의臨時閣議」는 23일 오전 10시부터 수상首相 관저에서 임시각의가 열렸는데 회의 중에 11시 30분 고무라小村 외상外相이 급히 마차를 타고 참내參內, 입궐入闕하여 천황에게 한국문제의 중요사항을 주상奏上하고 천황의 하문下問에 봉답奉答하고 정오에 퇴출하였다고 한다.(11. 「외상 참내外相 參內」) 이것은 경성의 통감부에서 공포公布 조칙의 발부가 쉬이 이루어지지 않은데 따른 것으로 보인다. 일본 측 절차에 관한 관련 문서 분석의 결과에 따르면 내각 서기관이 작성하여 총리대신이 결제한 「한국병합에 관한 조약 공포의 건」은 일자를 비워놓은 상태이며, 8월 27일에 통감부로부터 29일로 정했다는 전문電文이 도착한 후에 비로소 공포에 관한 문건에 '8월 29일'이 기입된다.[16]

별표 4의 14「합방발표 기일」(도쿄 취재)은 27일 정도가 합당한데 지연될 수밖에 없는 상황에 대해 초조감을 드러내고 있다. 통감부는 25일에 8월 29일을 공포일로 확정하고 이를 전보로 본국 내각에 통지하였다.(16) 27일 오전 고무라小村 외상이 참내參內하여 이를 천황에게 알리고 11시 30분경 퇴출, 가쓰라 수상桂首相 관저로 가서 대신들을 만나 협의를 가졌다. 기사는 26일 하루를 건너뛰어 27일에 다시 외상이 오전 10시 40분 참내한 것을 보도하였다. 8월 26일의 내각 동정에 관한 기사는 보이지 않는다. 8월 25일에 공포일(29일) 확정을 통보받은 뒤 통감부가 보내온 소식은 한국 황제의 조칙 서명 거부였으며 더 이상 날짜를 늦출 수 없는 상황에서 비상수단을 모색하는 하루였을 것으로 보인다. 양국 황제의 공포 조칙 발표에서 서명을 거부한 한국 황제의 조칙을 어떻게 내보낼 것인가는 큰 숙제가 아닐 수 없었다.

15 李泰鎭, 앞 논문, 2013. 12. 129~135면.
16 李泰鎭, 앞 논문, 2013. 12. 136면.

끝나지 않은 역사

(2) 왜곡의 종착 – 한국 황제의 '만족'과 '안도'

8월 22일 강제 병합 이후의 기사에서 달리 또 주목해야 할 것은 한국 황제의 동향에 관한 보도이다. 이에 관한 것들을 적출하면 별표 5와 같다

데라우치寺內 통감의 '병합 조약' 추진에 대한 한국 황제의 반응에 관한 기사는 앞 별표 2에서 이미 한차례 정리되었다. 그 13개의 기사 중 사실로 보기 어려운 것이 5건이나 되었다. 특히 통감의 알현에 대한 답례로 황제가 직접 통감의 관저로 행차하였다거나, 태황제高宗가 통감에게 만찬회를 베풀 것이라는 기사는 근거가 없거나 태황제의 환영을 '예정'이란 형식을 빌려 의도적으로 드러내기 위한 것이었다. 마치 '1905년 보호조약' 강제 때 황제(고종)의 강한 반대를 황제가 대신들에게 협상을 지시한 것으로 바꾸어 보도하게 했던 것을 연상하게 한다. 실제를 모르고 이런 종류의 신문 기사만 읽으면 병합이 강제적으로 이루어졌다는 것을 알 수 있는 사람은 없을 것이다. 일본 정부는 바로 이런 목적으로 신문 기자들에게 보도 협조를 구하고 있었던 것이다.

별표 5에 정리된 22일 이후의 한국 황제 관련 기사는 앞의 것의 연장이면서도 한국 황제의 능동성이 더 부각된 내용들이다. 22일의 '조약 체결'에 대해 이튿날 보고를 받은 황제는 만족한 모양이었다거나(1), 태황제나 황제가 병합 후에도 왕, 태왕으로 처우 받기로 되었다는 사실을 27일에 통보받으면서 그 "특별한 우대優勝"에 왕, 태왕이 안도, 만족해했다는 것이다.(4) 그리고 29일의 공포 하루 전 28일 경성 발로 실린 기사는 「이왕 도일 희망李王渡日希望」이란 제목 아래 한국 황제純宗가 시국이 해결되면 하루라도 빨리 일본으로 가서 천황 폐하에게 경의를 표하고 내지內地의 문물을 시찰하고 싶다고 하는 내용이다. 이것은 사실일 수 없다. 고종황제는 '1915년 보호조약'이 강요되었을 때 이를 강력하게 거부하고, 다시 이를 국제사회에 알리는 항쟁을 하다가 강제로 퇴위당했다. 그런 그가 일본의 최후 수순인 '병합' 조치에 '안도, 만족'하였다는 것은 누구도 믿을 수 없는 상황이다. 그리고 창덕궁의 순종황제는 1926년 4월 26일 붕

별표 5 8월 22일 '병합 조약' 이후 한국 황제에 관한 기사 정리

순번	날짜	기사제목	내용
1		皇帝의 만족	[京城電報] 23일 발. 李총리 및 趙農相, 어제 오후 5시 參內, 통감 회견 결과 奏上, 황제는 만족한 모양.
2	8월 24일	통감의 최종 알현	[〃] 23일 발. 통감, 27일 韓帝 제4회 즉위기념일에 최종 알현할 것.
3		발표는 27일	[〃] 23일 발. 韓帝 폐하 희망에 따라 27일 제4회 즉위기념일 뒤 협약 발표할 것이라고.
4		兩宮 안도	[〃] 27일 발. 창덕궁·덕수궁도 시국해결 후 지극 정온, 특히 優勝한 대우에 안도 만족.
5		최후의 서훈	[〃] 28일 발. 寺內統監(大勳位金尺大綬章) 山縣副統監(勳1등 太極章) 등에게 있을 예정.
6	8월 29일	양 부인 서훈	[〃] 28일 발. 小松宮內次官, 兒玉비서관, 두 사람의 부인에게 오늘 勳3등 瑞賓章 하사.
7		통감 參內하지 않았다	[〃] 28일 발. 29일 참내했다는 것은 오보.
8		발표와 寺內統監	통감, 29일 발표 후 창덕궁·덕수궁 가서 李王·李太王 전하 알현, 인사 후 관저에서 領事團 축하받고 일장 훈시할 예정.
9	8월 29일	李王 渡日 희망	[京城電報] 28일 발. 韓皇, 어젯밤 時局 해결되면 하루라도 빨리 渡日, 천황 폐하에게 경의 표하고 內地 문물 시찰한다고 말하였다.

어崩御 직전에 남긴 유조遺詔에 자신은 '즉위' 후 17년 간 궁 안에 갇히는 유수幽囚의 신세가 되었다고 밝혔다.(샌프란시스코 발행 『신한민보』 1926. 7. 18일자 보도) 그런 그가 병합과 동시에 일본으로 건너가 천황에게 경의를 표하고 일본의 문물을 시찰하고 싶다고 했다는 것은 상상하기 어려운 일이다.[17]

'병합조약' 추진 중에 황제와 통감 데라우치 마사타케寺內正毅가 만난 것에 대한『순종황제실록』의 기록은 앞에서 제시한 별표 2가 전부이다. 별표 5에서도 해당 기간에 실제로 알현하였다는 내용의 기사는 없다. 모두 알현 예정에 관한 기사이다. (2, 7, 8) 통감과 부통감에 대한 훈장 수여도 사실 여부에 대한 자세한 확인이 필요하다. 당시 한국 황제의 이름으로 주어지는 일본 관리들에 대한 훈장은 거의 통감부가 주도한 것이므로 한국황제와의 관계에서는 서훈敍勳 자체가 의미가 없다. 그러나 이런 서훈에 관한 기사는 독자로 하여금 한국 황제 측이 병합을 크게 환영하는 것으로 인식시키는 데기여했을 것이다.

17 이왕(李王) 곧 순종황제는 1917년 6월에 일본을 방문한 일이 있다. 6월 8일 남대문 역을 출발하여 6월 12일에 도쿄에 도착하여 총리대신(總理大臣), 왕세자〔王世子: 영친왕(英親王)〕, 천왕〔다이쇼(大正)〕 등을 만나는 공식 일정을 마치고 6월 20일에 도쿄를 출발하여 교토〔京都〕, 히로시마〔廣島〕, 야마구치〔山口〕, 시모노세키〔下關〕 등을 경유하여 6월 30일에 서울로 되돌아 왔다.(『純宗皇帝實錄』 附錄 해당 연월일 기사) 방문 목적은 불명하지만 연관 사항으로는 1907년 12월에 '인질'로 도쿄로 간 '왕세자(王世子)'가 이해 6월 5일에 일본육군사관학교를 졸업한 사실이 있다. 제3대 통감으로 부임하여 '한국병합'을 주도하고 초대 총독이 되었던 데라우치 마사타케는 1916년 8월에 본국 내각총리대신(內閣總理大臣)으로 승진, 부임하였다. 그는 수상(首相)으로서 1915년에 취임한 미국 윌슨 대통령이 민족자결주의(民族自決主義) 선언을 준비하고 있다는 사실을 알게 되었다. 1917년 6월에는 그 윤곽이 다 잡히고 있던 시점이었으며, 그것은 실제로 1918년 1월 8일 '14개조(Fourteen Points)'란 이름으로 상원(上院)에서 신년사로 발표되었다. 약소 민족의 독립을 위한 민족자결주의는 곧 개최될 파리평화회의의 대원칙으로 채택될 가능성이 많았다. 데라우치 총리를 수반(首班)으로 하는 일본 정부는 이에 대한 대책을 미리 세울 필요가 있었다. 즉 일본과 '조선(朝鮮)'은 민족자결주의가 적용될 필요가 없을 정도로 돈독한 관계라는 것을 열국(列國)들에 보여 줄 필요가 있었다. 1917년 6월의 순종황제의 갑작스런 일본 방문은 이 관점에서 검토될 필요가 있다. 1918년 가을 영친왕과 일본 황족 출신 마사코〔房子〕와의 약혼 발표는 이 정책의 일환이었던 것으로 볼 때, '이왕(李王)'의 도일(渡日)도 같은 목적 아래 강요되었을 가능성이 높다. 당시 왕복 여행에서 순종황제는 도쿄에서의 12일 간의 공식 일정 외에 교토 등 경유 도시에서 숙박 외에는 다른 일정을 전혀 가지지 않았다. 조선총독부의 통제를 받던『매일신보(每日新報)』는 이 여행에 대해 "병합 당시부터 전하(殿下)

1910년 6월 초에 결성된 일본 내각 내의 한국병합준비위원회는 '병합'에 필요한 모든 문건을 마련하였다. 5월에 임명된 제3대 통감 데라우치寺內는 이를 가지고 7월 23일에 한국에 도착하였다. 그는 한국 현지의 사정을 살핀 다음 준비한 문건 가운데 수정을 가할 것은 가하였다. 조약문의 제8조, 본 조약은 이미 한, 일 양국의 황제의 재가를 거친 것이라는 문구는 수정을 거친 것으로 알려진다. 그리고 한국 황제의 '조칙'도 수정을 거쳐 '칙유勅諭'로 제목부터 바뀌었다. 그 내용은 황제가 된 뒤 유신維新의 신정新政을 도모하였지만 능력이 부족하여 성과를 전혀 내지 못하여 차라리 남에게 대임大任을 맡기는 것만 못할 것으로 판단하여 한국의 통치권을 종전부터 "친신의앙親信依仰하던 인국隣國 대일본황제폐하大日本皇帝陛下에게 양여讓與하여" 밖으로 동양의 평화를 공고케 하고 안으로 팔역八域의 민생을 보전케 하기로 하였다는 것이다. 곧 한국 황제가 스스로 나라를 이끌 능력이 없다고 판단하여 일본 천황에게 통치권을 양여하기로 했다는 것이다. 그간 신문이 '병합' 추진의 순간마다 한국의 황제와 태황제의 능동성이 돋보이는 기사를 낸 것은 최종 단계에서 이처럼 한국 황제가 자발적으로 통치권을 일본 천황에게 양여하는 형식을 갖추기 위한 것이었다. 일본 정부의 이러한 기획에 일본 신문들이 막중한 보조 역할을 수행했던 것이다.

1910년 8월 30일자 『도쿄니치니치신문』의 5개 지면은 29일(월요일)에 서울(경성京城)과 도쿄에서 동시에 발표된 '한국병합'에 관한 기사로만 채워졌다. 첫 면은 「한국병합조약」이란 제목 아래 메이지 천황明治天皇의 '조서'와 조약 전문全文(전문前文과 8개 조관條款) 두 가지로 거의 전면을 채우다시피 하였다. 메이지 천황의 큰 사진 밑에 '이태왕전하李太王殿下'와 '이왕전하李王殿下'의 작은 사진들이 지면 가운데를 차지했다.[사진1] 한, 일 양국

가 원하던 것으로 그간 환후(患候)로 인하여 뜻을 이루지 못하다가 이번에 가능하게 된 것"이라고 보도하였다. 순종이 이 여행에서 '문물시찰(文物視察)'의 일정을 전혀 가지지 않은 점으로 볼 때, 1910년 8월의 '도일 희망'은 어디까지나 일본 당국의 희망 사항일 뿐이다.

끝나지 않은 역사

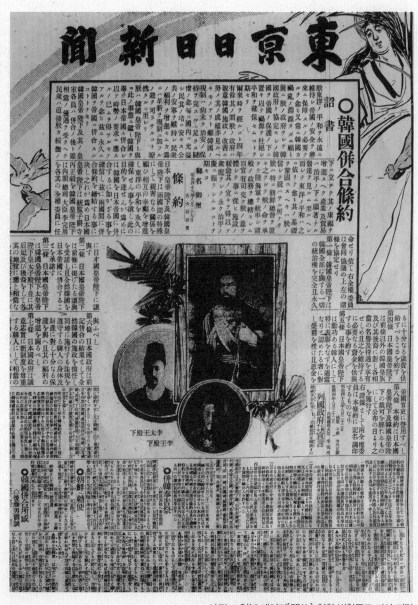

下殿王太李
下殿王李

사진 1 일본 메이지[明治] 천황 병합공포 기사 지면

사진 2 한국황제 '조서(詔書)' 기사 지면

황제의 '조서'는 비준서에 해당하는 것인데도 1면에는 메이지 천황의 조서만이 실리고 한국 황제의 '조서'는 제3면 한 귀퉁이에 요약문으로 작게 실렸다.^{사진2} 전자에는 천황의 어명, 어새 및 각 대신 부서가 모두 표시된 반면, 후자는 이에 해당하는 표시가 전무하다. 「각서」에서 다 같이 '조서'로 요구된 것이 '칙유'로 명칭이 바뀐 것에 대해서는 앞에서 이미 그 비정상성非正常性이 황제의 서명 거부에 따른 것으로 이미 검토되었다. 명칭이 바뀌었을 뿐만 아니라, 전권 위임장에 날인되었던 국새(대한국새大韓國璽)가 찍히지 않고 고종황제 강제 퇴위 때 통감부가 차지한 행정 결재용의 어새(칙명지보勅命之寶)가 날인 되고, 또 일본 천황 조서와는 달리 '봉칙奉勅'의 신하 이름이 하나도 없는 것이 밝혀

끝나지 않은 역사

졌다. 이런 결격은 이왕, 곧 순종황제가 1926년 붕어 직전에 남긴 유조에서 밝힌 사실, 즉 "지난날의 병합 인준은 강한 이웃 나라強隣가 역신逆臣의 무리와 더불어 제멋대로 해서 제멋대로 선포한 것이요, 다 나의 한 바가 아니라"고 밝힌 것과 일치하는 것으로 검증되었다.[18] '조서' 기사 옆의 '이태왕책봉식'도 별표 4의 (29)에 보듯이 궁내대신 민병석이 통감관저에 불려가 형식적으로 치른 것이었다. 결국 1910년 8월 30일 현재 대일본제국의 신민들이 접한 한국병합이란 대사건에 대한 신문 보도는 일본제국 정부가 추구하여 얻은 결과 보고일 뿐 대한제국의 의사는 읽을 수 있는 기회가 주어지지 않았던 것이다. 대한제국은 일진회一進會와 같이 일본의 조종을 받는 소수의 친일단체를 제외하고는 황제나 신민이나 모두 일본의 한반도 진출을 침략행위로 보고 강한 저항, 저항의식을 보이고 있었다. 『도쿄니치니치신문』의 경우, 이 저항의 측면에 대한 보도가 없지 않지만 최소화되어 황제가 있는 수도는 시종 평온한 분위기로 일본인들에게 전달되었다.

4) 반복되는 역사 왜곡의 현실

제3대 통감 데라우치 마사타케寺內正毅가 1910년 7월 23일 인천에 도착한 뒤 8월 29일 '한국병합조약'을 공포할 때까지 그 추이에 대한 『도쿄니치니치신문』의 기사들을 분석한 결과는 다음과 같이 정리된다.

---

18 李泰鎭, 「略式條約으로 어떻게 國權을 移讓하는가?」, 『世界』 2000년 5월호(674), 6월호(675), 岩波書店; 李泰鎭·李相燦 편, 『條約으로 본 韓國併合 - 不法性의 증거들』, 東北亞歷史財團, 2010. 12, 292~295면.

첫째, 신문 기사는 일본정부의 정책 실현을 협조, 지원하는 내용이 태반이며, 실제로 '외국 신문 기자 조종, 기타'를 위한 통감부의 기밀비 예산이 초대 통감 때부터 본국 내각의 기밀비 예산의 2배가 넘는 22만엔이나 매년 책정된 사실이 확인되었다.

둘째, 신문 보도는 통감이 추진하는 조약 체결 및 공포 과정을 추적하는 것을 주된 대상으로 하였지만 한국 황제가 이 조약을 환영하는 자발성을 부각하는 데 역점을 두어 왜곡 기사나 근거가 없는 기사가 적지 않게 실린 것이 확인되었다.

셋째, 통감의 조약 체결 추진은 한국과의 쌍방 합의보다 일본에서 준비해 온 것을 한국 측이 받아들이게 하는 것이었기 때문에 8월 22일의 조약 체결에서도 한국 대신들을 설득하는 것도 쉽지 않았을 뿐더러, 비준서의 성격을 띠는 한국 황제의 '조서'를 받아내는 데는 더 큰 어려움을 겪어야 했다. 한국 황제는 전권위임장에는 강요에 못 이겨 서명했지만, 공포 조서(칙유)에 서명하는 것은 끝내 거부하였다. 공포일이 29일로 늦게 잡힌 데는 이것이 중요한 요인이었던 것으로 보인다. 한국황제의 이 저항은 결국 8월 29일의 공포에 관한 보도에서 『도쿄니치니치신문』이 일본 천황의 조서만을 제1면에 게재하고 한국 천황의 것은 요약 형식으로 3면 한 구석에 배치하는 결과를 가져오기도 하였다. 한국 황제의 조서가 정상적으로 발부되었다면 아마도 제1면에 일본 천황의 것과 나란히 놓였을 것이다. 최종 보도의 이러한 결과는 한국병합이 일본의 뜻에 의해 일방적으로 이루어 진 것이란 중요한 증거이다.

넷째, 일본 측의 일방적 추진은 신문 보도에서 8월 22일 '조약 체결' 이전에 이미 '합방'이란 용어가 거리낌 없이 등장하고, 나아가 '합방' 이후의 대책까지 다각적으로 검토하는 기획 기사를 수없이 내보낼 정도였다. 앞서 병합 조약의 문건에 대한 한국 학계의 연구에서 조약문 원본의 한국어본과 일본어본의 필체, 지면, 묶음 등이 쌍둥이처럼 똑같은 사실이 밝혀졌는데 이는 신문 보도에 나타난 일본인들의 이러한 의식 상태와 무관하지 않다. 즉 병합은 당연히 이루어져야 한다는 의식이 한국어본까지 통감부 담당자들이 스스로 작성하는 사태를 가져왔던 것이다.

다섯째, 한국인의 한반도 내외에서의 저항은 끊임없이 지속되었지만 이에 관한 보도는 경성(서울) 일원에서 발생한 소동으로 최소화되는 한편, 한반도 각지에 배치되었던 일본군 병력의 대부분이 이 기간에 경성으로 이동하여 창덕궁, 덕수궁을 포위한 가운데 조약이 강제된 상황은 거의 보도되지 않았다.[19]

『도쿄니치니치신문』은 해당 기간 중 4개의 사설을 실었다. 8월 16일자의 「합방과 한인」, 25일자의 「한국병합과 축하」, 28일자의 「한국병합 기념」, 30일자의 「한국병합조약」 등이다. 이 글들은 대개 한국 병합의 당위성을 강조하면서 병합 후의 양 국민의 관계를 논하는 것으로서, 당시 일본 관리나 지식인들의 의식을 그대로 드러낸 것들이다. 이 가운데 8월 30일자의 「한국병합조약」의 주요 내용을 간추리면 다음과 같다.

19 앞 海野福壽 編·解說, 『韓國併合始末關係資料』 중 資料 1 「韓國併合始末」(總督 寺內正毅 報告書) 附錄〔韓國併合卜軍事上ノ關係〕資料 2 「韓國併合始末」(陸軍騎兵大尉 吉田源治郎 緖言, 1911) 및 「韓國併合始末附錄」. 편자인 海野福壽 교수는 2의 자료 소개 해설 끝에 병합 조약 체결 당시의 한반도 내의 병력을 서울로 집중 이동시켜 삼엄한 계엄 상태를 편 것을 입증하는 이 자료들을 검토한 다음, "1965년 11월 15일의 중의원 일본조약 특별위원회에서의 사토 에이사쿠〔佐藤榮作〕수상(首相)의 「대등한 입장에서, 또 자유의지로서 이 조약이 체결되었다. 이렇게 생각하고 있다(對等の立場で"また自由意志でこの條約が締結された"かように思つております)」라고 한 발언이, 얼마나 사실(史實)과 동떨어진 역사인식인지 분명하다"고 지적하였다. 21면.

한국병합은 조약 제1조, 제2조에 명기된 것 같이, 양국 황제폐하 사이에서 한국통치권의 양여讓與와 수락에 의해 원만히 또 평화로이 성립한 것으로,…… 일한日韓의 사이는 본래 정복자, 피정복자의 관계가 아니었으니, 하물며 주복主僕의 인연에서랴. 주권을 주고 받은 것讓受은 담소談笑 간에 [대화로: 필자] 성립하였고, 주권 양수의 결과는 조약에 의해서 명확하게 상호적으로 규정되어, 한국 황제 기타는 각기의 지위에 응하는 상당한 존칭, 위엄, 명예를 향유하는 외에, 이를 보지保持하는 데 충분한 왕실비王室費의 공급을 받게 되며, 훈공勳功 있는 한인에 대해서는…… 이들의 대우 은상恩賞 혹은 지권持權은 정자征者, 피정자被征者의 관계를 가지는 나라와 나라 사이에서는 상상할 수 없는 것으로서, 어떤 의미에서는 한국병합은 세계문명사상世界文明史上의 일대영예一大榮譽로서 영구히 인류의 기록에 이를 기념하기에 족하며, …… 이미 자국의 문명을 건설한 일본은 다시 나아가 다른 민족도 동화하는 수완을 시험해 본다고 하는 것은, 한국병합에 대하여 외국에서 가해지는 비평 중 가장 흥미로운 것의 하나이니, 한국병합은 일면에서는 현대 일본민족의 동화력을 시험해야하고, 동시에 다른 일면에서는 현대 일본 문명의 포용력을 시험할만한 절호의 기회가 되어야 하니 …… 한국병합은 시설과 경비와 주의에서 제국정부에 다소의 번민이 되지 않을 수 없으며, 일본 민족의 동화력과 일본문명의 포용력은 이 사이에서 스스로 실제상의 시험을 거쳐야 하므로 정부 국민의 책임 결코 가볍지 않으니, 우리들은 메이지 빛나는 시대明治昭代의 일대사실로서 나타난 한국합방의 결과가 폐하의 성려聖慮에 어긋나지 않기를 기원한다.

오늘날 대다수의 일본인은 한국병합은 합법적으로 이루어졌으며, 일본은 한국을 근대화 즉 문명국으로 발전시키는 데 크게 기여하였다고 생각하거나 주장한다. 위 사설의 논지가 바로 그것이다. 다시 말하면 현대 일본인들의 한국 지배에 대한 인식은 위 사설에서 보는 것과 같이 100년 전 그들의 선조가 가진 생각을 그대로 물려받은 것이다. 그런데 지금까지 살폈듯이 이 사설의 논조는 사실의 왜곡에서 출발한 것이었다.

끝나지 않은 역사

병합조약 제1조, 제2조의 주권 양수는 담소 간에 이루어진 것이 아니라 빼앗아 간 것이다. 그 때문에 한국 황제는 최종 단계에서 친서親書를 거부하였던 것이다. 한국, 일본의 역사적 관계를 주복主僕의 관계로 본 것은 고대사에 대한 일본 측의 황도주의皇道主義의 일방적 해석이며, 양국의 현실적 관계는 일본 측이 군이 피하고자 하는 정복과 피정복의 관계 그것일 뿐이다. 한국병합은 세계문명사상世界文明史上의 일대영예一大榮譽란 미사여구는 침략의 마수를 감추기 위한 것에 불과하다. 서양 문명 수용의 선진국으로 일본이 포용력을 발휘하여 한국병합을 한국의 문명화 기회로 논하는 것도 마찬가지이다. 최근 한국 근대사 연구에서 대한제국의 광무光武 연간의 자력 근대화의 성과는 새롭게 평가되고 있다. 고종황제를 강제로 퇴위시킨 통감 이토伊藤가 대한제국의 전기, 전차, 철도, 병원 시설의 성과를 자신의 자치육성책의 성과로 가로채기를 한 사실도 규명되고 있다. 이런 사실을 직시하면 동화력, 포용력이란 어휘의 동원 또한 침략주의를 은폐하는 수단에 불과하다.

현대 일본인들이 100년 전 선조, 선배들의 역사 인식을 답습하고 있다는 것은 쌍방 간의 불행이다. 이런 역사 인식은 아마도 이 시대에 대한 일본인들의 '소대昭代' 의식이 존속하는 한 계속될 것이다. 메이지 시대明治時代의 해외 팽창 정책은 요시다 쇼인吉田松陰의 아시아 웅비론雄飛論, 정한론征韓論을 실현하는 침략행위이며, 관료파官僚派와 군벌 세력이 그 실천 주체로서 언론 매체의 도움을 받아 만들어 놓은 역사 왜곡의 틀을 버리지 않는 한, 한일 양국의 역사인식을 둘러싼 분쟁은 결코 해소되지 않을 것이다.

부록:「한국병합조약」진행에 관한『도쿄니치니치신문』의 보도 기사 정리

부록 표 1 데라우치 통감(寺內 統監) 부임(1910. 7. 24)에서 병합조약 '체결' 직전(8. 21)까지

날짜	진행 관련 기사 제목	효과·대책 관련 기사 제목	비고
7월 25일	勅語의 虛禮		[京城電報] 寺內統監, 昨日(23일) 仁川 도착 때, 황제와 태황제가 勅使에게 보내는 勅語, 허례로 받지 않겠다고 內奏케 함. (24일 발)
	統監邸에 勅使		[〃] 궁중으로부터 다시 칙사를 보냄. 통감, 明日 參內 인사 예정. (24일 발)
		合邦과 統監府 豫算	[內國電報電話]
7월 26일	親書奉呈과 勅語*		[京城電報] 寺內통감 부임 인사, 창덕궁·덕수궁 參內. (25일 발)
	謁見과 御贈品		[〃] (25일 발)
		拓植局 확장문제	
		合邦과 條約效力	江木書記官 談 (1) 열국과의 조약? (2) 열국의 반응? (3) 관세 전환문제 (4) 日韓 간 관세 (5) 헌법의 효력
7월 27일	통감에 대한 우대[御優遇]		[京城電報] 昨日 參內 때의 厚待. (26일 발)

날짜	진행 관련 기사 제목	효과·대책 관련 기사 제목	비고
7월 27일	통감의 訓諭 _{훈유}		_{경성전보} [京城電報] 개회 중인 일본 소학교 교장 40명 관저 소집. (26일 발)
	통감의 登廳 _{등청}		[〃] (26일 발)
	통감 披露園遊會 _{피로원유회}		[〃] (26일 발)
	統監邸 午餐會 _{통감저 오찬회}		[〃] (26일 발)
	前統監에 御贈品 _{전통감 어증품}		[〃] (26일 발)
		合邦과 諸問題 _{합방 제문제}	한국대 열국의 조약, 한국의 관세, 일한 간 관세, 헌법의 효력 등.
		합방과 一進會 _{일진회}	사회단체 동향 중요, 일진회는 이미 합방 제창.
		政友會와 합방문제 _{정우회}	
		한국관세 조사	
7월 28일		官制改正 부인 _{관제개정}	_{경성전보} [京城電報] 有吉장관, 소문 부인. _{아리요시} (27일 발)
	警備區域秘密 _{경비구역비밀}		[〃] 당분간 발표 보류. (27일 발)
	米司令官 招待 _{미 사령관 초대}		[〃] 함대사령관 이하 10명. (27일 발)

날짜	진행 관련 기사 제목	효과·대책 관련 기사 제목	비고
	통감의 引見		[京城電報] 각국 영사 및 일본문무관. (27일 발)
	李容九의 訪問		[〃] 정치상의 의미는 없다. (27일 발)
	통감 外交團 引見		[〃] 신임인사. (28일 발)
	통감의 訓示		[〃] 高等官 36명여 모아 인사 후 勉勵 훈시. (28일발)
7월 29일	統監邸 行幸		[〃] 한국황제, 28일 오전 10시 李總理·閔宮相·시종원장 등 데리고 行幸, 참내에 대한 답례, 다른 정치적 의미 없다. (28일 발)
	賊魁의 橫行		[〃] (28일 발)
	합방 反對上疏		블라디보스토크의 排日 韓人 300명 연행[連署].
		합방과 관제개정	관리 도태에 초점을 둔 개혁 바람직.
		합방과 국제문제	同盟 및 협약의 효과.
7월 30일	統監邸 行幸		[京城電報] 韓皇 이미 알려진대로 오늘 오전 10시 行幸. (29일 발)

날짜	진행 관련 기사 제목	효과·대책 관련 기사 제목	비고
7월 30일	統監邸(통감저) 행행과 韓民(한민)		[京城電報](경성전보) 합방 임박 소문 속 의혹을 가지고 나와 연도에서 行幸(행행)을 지켜보는 많은 사람들 무사히 還幸(환행)하는 것을 보고 安堵(안도)하는 분위기. (29일 발)
	行幸(행행) 답례		[〃] 有吉(아리요시)장관 대리 參內(참내). (29일 발)
	통감의 시찰		[〃] 한국은행, 東拓(동척). (29일발)
	領事團 招宴(영사단 초연)		[〃] 31일 초대 피로연 예정. (29일 발)
7월 31일		합방후의 관세문제	櫻井(사쿠라이) 關稅局長(관세국장) 談(담).
		時局(시국)과 한국	(최근 歸京者(귀경자) 談(담)) 이완용의 진퇴, 지방의 불온, 양반의 忠義立(충의립) 등.
		합방과 영사재판	열국은 한국과 달리 일본의 재판 신뢰하므로 영사재판 불필요.
		합방과 임시의회	政友會(정우회) 일부의 주장; 합방은 戰捷(전첩)의 결과가 아니라 평시 시국 변천의 결과이므로 임시의회 소집 불필요.
		합방과 政費(정비)	(目賀田男爵(메가타 남작) 談(담))
8월 2일	統監婦人 謁見(통감부인 알현)		[京城電報](경성전보) 통감부인, 令孃(영양) 동반, 본일 오후 궁성에 參內(참내), 韓皇后(한황후) 알현. (1일 발)

날짜	진행 관련 기사 제목	효과·대책 관련 기사 제목	비고
8월 2일	統監邸의 密議 (통감저 밀의)		[京城電報] (경성전보) 山縣(야마가타) 부통감, 통감 着任(착임) 이래 連日(연일) 통감 관저에서 연락 끊고 밀의 집중. (1일 발)
	李總理 以下의 밀회 (이총리 이하)		이총리·趙農相(조농상)·李內相(이내상), 昨日(어제) 정오부터 한양구락부에서 밀회, 7시간 擬議(의의). (1일 발)
	第一回 大臣會議 (제1회 대신회의)		寺內(데라우치) 통감, 明日(내일) 오전 관저로 소집. (1일 발)
		합방과 긴급칙령	현행 제법규를 교체하기 위한 긴급 칙령 필요성.
8월 3일		한국 官制 實査 (관제 실사)	[京城電報] 東京(도쿄)에서 계획된 안, 현지에서 대폭 수정 필요하여 통감·부통감·참여관 등 매일 官制案 附帶(관제안 부대)의 예산 편성으로 다망. (2일 발)
		排日 韓人의 음모 (배일 한인)	[〃] 연해주 韓人(한인), 李範允(이범윤) 무능에 분노, 살해 기도한다고. (2일 발)
	대신회의		[〃] 통감, 이달 중 휴회 통고. (2일 발)
		탄약공급 범인 포박	[〃] 폭도에 탄약 공급 韓人(한인) 3인 포박. (2일 발)

날짜	진행 관련 기사 제목	효과·대책 관련 기사 제목	비고
8월 3일		조약과 관세문제	
		양반의 處分^{처분} 如何^{여하}	
8월 4일		한국폭도와 革命黨^{혁명당}	청국 혁명당과 내통설.
8월 5일	통감과 기자단		[京城電報] 5일 밤 기자회견, 만찬회. (4일 발)
	參與官^{참여관} 회의		본일 12시 임시참여관 회의를 통감관저에서, 12시 산회, 내용은 비밀. (4일 발)
		伊藤公贈位說^{이토공중위설}	[합방발표와 行賞^{행상}] 寺內^{데라우치} 통감, 桂首相^{가쓰라 수상} 이하 각료, 曾彌^{소네} 전통감, 기타 관계자 敍勳^{서훈} 陞爵^{승작} 또는 謝金^{사금} 등 행상. 이와 동시에 최초 통감 伊藤公^{이토 공}의 대공로 추념하여 正1位^{정일위}추증한다고.
		합방후의 韓皇室^{한황실}	당분간 왕족으로서 최고의 명예와 지위 유지하게 한다고.
8월 6일	통감과 연습함		[京城電報] 淺間^{아사마}·笠置^{가사기} 두 군함 인천 도착, 함대 사령과 관저 초치, 만찬회. (4일 발)
	황성신문 발행 정지		[〃] 질서 문란 기사로 정간. (4일 발)
	太皇帝^{태황제} 御陪食^{어배식}		[〃] 7일 정오 寺內統監^{데라우치 통감} 등 덕수궁 초청. (4일 발)

날짜	진행 관련 기사 제목	효과·대책 관련 기사 제목	비고
	李範允과 淸政府		[京城電報] 배일파 巨魁, 청 정부 청국내 거주 허가. (5일 발)
	통감의 기자 초대		5일 오후 5시, 신문기자·통신원 관저 초대, 기사상의 주의, 기자·통신원 측과 간절한 문답. (5일 발)
8월 6일	통감 婦人 敍勳		[〃] 勳1등 瑞鳳章 하사. (5일 발)
		中樞顧問官增員	[〃] 6명에서 7명으로, 공로자 임명. (5일 발)
		時局과 통감	治韓策, 원래 구상 수정에 1개월 소요될 것.
		한국 民性의 도야	(水野神社局長 談)
8월 8일	합방과 폭도처분		귀순자, 도로개수나 철도공사에 定業토록.
8월 9일	한국 稅制의 改廢		(합방 후의 중요문제)
	滿韓統轄機構		關東都督府 폐지, 한국에 總督府 설치하여 통할하자는 주장.
8월 10일	拓植局의 장래		臺灣 업무를 주로 하는 척식국을 한국병합 계기로 省으로 승격하자는 後藤伯의 오랜 숙원, 寺內統監 반대로 어렵게 되었다.

날짜	진행 관련 기사 제목	효과·대책 관련 기사 제목	비고
8월 10일		韓國面長과 대우	토지 조사 등 사업에서 면장의 역할 크므로 待遇法 시급.
		한국문제와 外務省	조약 및 관세 문제 처리를 위한 通商局長의 渡韓.
		京城 近信	5일 발, 天昭生. 통감의 好着眼, 韓紙記者의 隱語 등.
8월 11일		한국문제와 世論	한국황제 渡日, 國書奉呈 소문은 날조.
	통감과 一進會		시국 해결 후는 해산.
8월 12일		한국 機密費 문제	伊藤 통감시대 (본국)內閣 기밀비의 약 2배여인 22만원 計上, 합방 후는 삭감.
		한국경비전화	작년 말일 현재 전화선길이 亘長 776리, 延長 1063리, 접속 우편국 268개소, 경찰관서 202개소, 헌병 분견소 217개소, 수비군대 94개소, 철도정거장 1개소, 합계 782개소.
8월 13일	統監婦人 御陪食		[京城電報] 嚴妃 殿下 초청 예정. (12일 발)
	寺內統監 자문		[〃] 學部 次官 이하 고등관 소집, 자문. (12일 발)
	학생체포		[〃] 專門學校 생도 5명. (12일 발)

날짜	진행 관련 기사 제목	효과·대책 관련 기사 제목	비고
8월 13일	警務廳 投書函 (경무청 투서함)		[京城電報] (경성전보) 警務總監(경무총감), 투서함 각처설치. (12일발)
8월 14일	학생체포 續報 (속보)		[〃] 유학생 등 37명 체포. (13일 발)
		日韓 有識者 (일한 유식자)	[〃] 시국해결 遷延(천연)으로 密謀(밀모), 風說(풍설) 무성하니 하루라도 빨리 시국 해결해야한다고 생각. (13일 발)
		儒生의 入京 (유생 입경)	[〃] 정계 분위기 긴장. (13일 발)
	曾彌子와 金尺章 (소네자 금척장)		[〃] 東京 出張員 事務所(도쿄 출장원 사무소)로 전달.
8월 15일		합방과 임시의회	(정부측의 意響(의향)) 시국 해결은 자연적 결론, 임시의회 不召集(불소집)이 외교상, 治韓(치한) 정책상 유리.
		합방과 韓人 (한인)	사설 (별도).
8월 16일		漢城의 정계 움직임 (한성)	일반 한국민, 통감 착임 초 시국 急轉直下(급전직하)로 해결될 것이라고 豫期(에기), 시국 경과 五里霧中(오리무중) 방황, 진상 포착 어려워지면서 유언비어 무성, 불안의 늪에 깊이 빠짐.
		한국은행 총회	제2회 株主總會(주주총회), 도쿄에서 개최, 한국 경제계 槪況(개황) 보고.

끝나지 않은 역사

날짜	진행 관련 기사 제목	효과·대책 관련 기사 제목	비고
8월 16일		韓國財界 概況 (한국재계 개황)	한국은행 제2회 주주총회에서 보고된 본년 상반기 한국재계 개황.
8월 19일	重大文書 기초 (중대문서)		[京城電報] 中樞院 의장 金允植(김윤식) 등 기초 소문. (18일 발)
	음모자 포박		[〃] 大韓興學會(대한흥학회) 李俊長(이준장)·李昌金(이창금), 불온한 기도. (18일 발)
	통감의 緊急訓諭 (긴급훈유)		[〃] 昨日(어제) 大久保(오쿠보) 司令官(사령관)·榊原(사카키바라) 참모장을 관저로 소집 긴급 훈유, 龍山(용산) 練兵場(연병장)에 將校(장교) 소집 중요명령 전달. (18일 발)
	完興君陞格眞相 (완흥군승격진상)		[〃] 시국해결 후 유리한 대우 위한 조치. (18일 발)
	총리이하의 密議 (밀의)		[〃] 이 총리 외 5대신 9시부터 각의 개최. (18일 발)
		행정조직의 변경	[〃] 각 部(부) 제도에 관한 통감의 구상, 1개월 내 실행. (18일 발)
	見舞金(위로금) 5만원 (견무금)		[〃] 일본 水害(수해), 창덕궁 내의 閣議(각의) 결정.

날짜	진행 관련 기사 제목	효과·대책 관련 기사 제목	비고
8월 19일		京城歸客談 (門司) 경성귀객담 / 모지	[內國電報電話] 내국전보전화 경성에서 온 사람 얘기: 일반 한국민 무관심, 학생들의 교회 집회, 영사관 등 긴장.
8월 20일	宮中은 평정 궁중		[京城電報] 경성전보 兩 폐하, 小宮 차관 따라 본일 秘苑 산책. (18일 발) 양 / 고미야 / 비원
	경과는 양호		[〃] 각 대신도 동요 없음. (18일 발)
	지금도 밀의		[〃] 각 大臣, 內閣에서 밀의중. (18일 발) 대신 / 내각
	宋氏 京城에 들어오다 송씨 / 경성		[〃] 一進會 송병준 天眞樓 투숙, 정치적 목적 아니라 면회 회피. (19일 발) 일진회 / 천진루
	宋氏 입경과 경성 송씨		[〃] 李完用을 비롯한 一進會 외 정객에게 공포를 자아내지만 시국해결에는 오히려 좋은 결과. (19일 발) 이완용 / 일진회
		寺內統監과 인권 데라우치 통감	일본인의 한국인 멸시 풍조 경계.
		합방과 토지소유	외국인, 소유에서 제외.
8월 21일	통감 영식부처 歸朝 귀조		[京城電報] 경성전보 (寺內)壽一氏 부처 20일 당지 출발. (19일 발) (데라우치)히사이치 씨

날짜	진행 관련 기사 제목	효과·대책 관련 기사 제목	비고
8월 21일	대신 大臣 수해 기부	경성전보 [京城電報] 경성일보 京城日報 모금, 이총리 李總理 이하 각부 各部 대신 大臣 기타 다수. (19일 발)	
	독일함장 獨逸艦長 초대	[〃] 전일 前日 방문에 대해 독일 군함 라이프치히 함장 艦長 이하 관저 초대 오찬. (19일 발)	
	체포 7명 逮捕	[〃] 무근 無根의 유언 流言 퍼뜨린 김재순 金在純 등 포박 捕縛. (19일 발)	
	정부통감 기부 正副統監의 寄附	[〃] 데라우치. 야마가타 정부 통감 寺內, 山縣 正副 統監 이하 사령관 司令官, 장관 수해 기부 長官 등 水害 寄附. (19일 발)	
	각 대신에 경고 警告	[〃] 통감, 대신 간 협의는 좋으나 신중한 태도 필요. (20일 발)	
	한인 길 韓人대우의 道	(사설) 정복, 피정복의 관계가 아니라 보호의 실을 얻기 위한 합방, 한인을 위압 경모하지 말아야 한다는 데라우치 통감 寺內統監의 훈계에 동의.	

부록 표 2 '병합조약' 체결(8. 22)에서 공포(8.29)까지

날짜	진행관련 기사 제목	효과·대책관련기사제목	내용	
	유길준 俞吉濬 퇴거 명령		시국 방해 중심으로 지목.	경성전보 [京城電報] (22일 발)
	중요안건 협의		李 총리·趙 農相 오늘(22 일) 오후 3시 30분 통감 관 저 방문, 중대至要 안건 협의, 지극 원만 완료, 내 용은 곧 발표. 시국에 관한 최초 협의이자 최후 협의 될 것.	[〃]
8월 23일	궁중과 統監邸		이 총리 이하, 종일 궁중에 있으면서 통감저와 왕복 빈번, 궁성 내외 경계 최 엄중.	[〃]
	太皇帝에 알현		이총리·조농상, 통감저에 서 歸途에 덕수궁에 들어 가 태황제 알현, 무슨 일 奏上.	[〃]
	李容九와 宋秉濬		20일 인천에서 귀경, 밀의	[〃]
	한국문제 경과		한국문제 해결에 관한 통 감의 구체적 성안 → 桂 首相 → 山縣 樞相 小村 외상과 擬議 → 22일 추 밀원회의, 조약 제법령 및 한황실, 양반 처분안 기타 附議, 伏奏. 小村 외상, 취 지를 寺內 통감에 電訓. 통감의 발표는 수일 안에 있을 것.	[〃]

날짜	진행관련 기사 제목	효과·대책관련기사제목	내용	
8월 24일	원로대신 元老大臣 밀의		22일 오전부터 중요한 내 각회의. 李學部大臣 ^{이학부대신} 제외 한 각 대신 參集, ^{참집} 밀의 끝 에 정오 지나서 李總理· ^{이 총리} 朴內相·기타, 御前會議 ^{박 내상} ^{어전회의} 원해 창덕궁 입궐, 이어서 金允植·李秉武·完興君 ^{김윤식} ^{이병무} ^{완흥군} 등 원로 대표자 입궐. 어전 회의 오후 2시 40분 종료. 國分 ^{고쿠분} 비서관은 統監邸로 ^{통감저} 急歸. ^{급귀} 李完用·趙重應은 ^{이완용} ^{조중응} 內閣에 ^{내각} 들린 후 회의 결과 와 경과 알리고자 통감저 방문. 閔 ^민 궁내부대신, 오후 4시 지나 궁중의 부름으 로 參殿, ^{참전} 小宮 ^{고미야} 궁내부 차 관은 경계 위해 오후 6시 되도록 물러 나오지 않음.	[京城電報] (22일 발)
	시국해결 임박		어젯밤부터 오늘아침까 지 대회의 내용 알기 위해 日韓人 ^{일한인} 분주, 대신 원로 등 일체 면회 사절, 경계 엄중.	[〃] (23일 발)
	일본에 신뢰를			[〃]
	황제의 만족		李總理 ^{이 총리} 및 趙農相, ^{조 농상} 昨日 ^{어제} 오후 5시 參內, ^{참내} 통감 회견 결과 奏上, ^{주상} 황제는 만족한 모양.	[〃] (23일 발)
	원로대신의 의사			[〃]

날짜	진행관련 기사 제목	효과·대책관련기사제목	내용	
8월 24일	합병경과 제시		통감, 오전 10시 참여관 소집, 일한합병 경과 제시.	경성전보 [京城電報] (23일 발)
	農相邸의 밀의 (농상저)		이총리, 이른 아침부터 趙農相(조 농상)집에서 朴內相(박 내상)·高度相(고 탁상) 불러 밀의.	[〃] (23일 발)
	통감의 최종 알현		통감, 27일 韓帝(한제) 제4회 즉위기념일에 최종 알현할 것.	[〃] (23일 발)
	발표는 27일		韓帝(한제) 폐하 희망에 따라 27일 제4회 즉위기념일 뒤 협약 발표할 것이라고.	[〃] (23일 발)
	明石總長 훈령 (아카시 총장)		13도 警務部(경무부)에 경계 엄중	[〃]
	정치상의 집합금지		당분간 정치 집회 및 옥외 다수 집회 금지.	[〃] (23일 발)
	경성 시내 정온		어젯밤 이래 시내 평온.	[〃] (23일 발)
	外相 參內 (외상 참내)		23일 오전 11시 30분, 수상 관저 각의 자리에서 마차를 달려 參內(참내), 천황에 한국문제 중요사항 奏上(주상). 下問(하문) 奉答(봉답). 정오 퇴출.	
	임시각의		23일 오전 10시부터 수상 관저에서 임시각의, 전일이어 한국문제 선후책 擬議(의의).	
	한국합병해결		22일 진행 과정 정리 기사.	

끝나지 않은 역사

날짜	진행관련 기사 제목	효과·대책관련기사제목	내용
8월 24일	합방발표 期日^{기일}		모 소식통은 24일이 한일 협약, 사법권 이양 이루어 지는 날로 좋으나 이미 늦 었고 26일은 이토 공작 기 일이라서 좋지 않다.
		한국철도 소관	병합 후, 철도원에서 통감 부로.
		합병과 재정문제	황실, 대신 비용은 公債^{공채}, 1911년 예산 증가 예상 등.
		합병과 世論^{세론}	松田正九, 犬養毅 氏^{이누카이 쓰요시 씨} 등 의견.
		합병과 列國^{열국}	종시 원만한 경과.
8월 25일		한국병합과 축하	(사설)
	합병 공표 기일		확인한 바 29일 발표 결 정. 27일은 韓皇^{한황} 즉위 제4 회 기념일, 28일은 일요일 이므로 29일로 연기한 것 같다.
	총독 專任^{전임}과 통감		寺內^{데라우치}통감, 이번 근본적 해 결에 혁혁한 공로, 앞으로 총독으로 京城^{경성}에 오래 머 물 것이므로, 10월 초순 한번 歸東^{귀동}할 예정.
		합병 후의 재정	한국의 稅制^{세제} 문제.

날짜	진행관련 기사 제목	효과·대책관련기사제목	내용	
8월 25일		금후의 韓國移民 (한국이민)	러일전쟁 종료 시점에서 30만 이민 계획, 동척 설립 때는 합병 불확실하였지만 앞으로 大阪(오사카) 이서의 인민 적극 도항 유도.	
		합병과 世論(세론)	安達謙藏(아다치 겐죠) 등 4인.	
		합병 후의 한국	目賀田種太郎(메가타 다네타로) 談(담).	
		한국민의 성격	松村普通學務局長(마쓰무라 보통학무국장) 談(담).	
		합병과 교과서수정	내년부터 사용할 소학교 지리 및 역사 교과서에 병합 반영.	
8월 26일		일한합병과 영국	로이터 통신, 영국은 병합에 대해 정치상 관심은 전혀 없고 상업상 영향에 관해 심의 중.	[歐米電報](구미정보) (倫敦(런던)발 25일 上海(상하이) 경유)
		일한합병 평론	독일은 예기하지 않은 일이지만 방해할 이유 없고 상업적 이익 부분만 심의 중.	[〃] (24일 伯林(베를린) 발)
	발표는 29일		29일로 결정, 9월 3일로 시행.	[京城電報](경성정보) (25일 발)
		朝鮮公債(조선공채)의 발행	大藏(오쿠라) 당국자 談(담). 정부는 합병 후 한국 황족이하 원로대신 및 양반 등 유공자, 연금법 형식의 특종 공채 교부로 결정.	

끝나지 않은 역사

날짜	진행관련 기사 제목	효과·대책관련기사제목	내용
8월 28일		한국병합 기념	(사설) 한국은 병합을 文明上(문명상)의 一大事(일대사)로 임하고 기념할 필요성 강조.
	外相伏奏(외상복주)		小村 外相(고무라 외상), 27일 오전 10시 40분 參內(참내), 시국문제 奏上(주상), 하문 奉答(봉답), 11시 반 경까지 요담.
	首相邸(수상저)의 鼎坐(정좌)협의		小村 外相(고무라 외상) 27일 오전 11시 궁성을 나와 桂首相(가쓰라 수상) 관저로 가서 회담, 平田 內相(히라타 내상) 합류, 오후 1시 반까지 요담.
		한국합병조약	29일 공포 조약으로 일어나는 변화, 국호 朝鮮(조선) 등 소개.
		식민정책 통일	拓植局(척식국) 확대안 등.
		한국철도의 소관	한국총독부로 모아져야 한다.
	宗伯(종백) 한국회고담		구 對馬藩 宗家(쓰시마번 종가)의 當主(당주) 重望 伯(시게모치 백작), 宗家(종가)와 한국 등 5개 사항 회고 술회.
	國民黨(국민당)의 결의		의회 협찬을 위해 국민당 임시의회 소집 요구 결의.

날짜	진행관련 기사 제목	효과·대책관련기사제목	내용	
8월 28일	浦港 韓人의 蠢動 (포항 한인 준동)		浦港(블라디보스토크) (포항) 韓人 무뢰배 준동하나 일 (한인) 러협약으로 러시아 정부 측 호의. 하와이·샌프란 시스코 쪽 한인 문명적 교 육과 세계 대세 숙지. 이에 비해 블라디보스토크 한 인은 사려 없는 행동.	
		한국의 郡廢合 단행 (군폐합)	13도 300여 군의 폐합, 伊藤統監시대부터 조사, (이토 통감) 반드시 실행해야.	
	京城 特信 (경성 특신)		8월 22일의 병합과 관련 하여 어전회의 또는 사회 대표 개인의 동향 상세 보 도.	(23일 발)
8월 29일		합병과 英紙 (영지)	데일리 텔레그라프: 일본 의 현명한 처치로 세계 평 화에 기여.	[歐米電報] (구미전보) (倫敦발 27일 (런던) 上海 경유) (상하이)
	兩宮안도 (양궁)		창덕궁·덕수궁도 시국 해결 후 지극 정온, 특히 優勝한 대우에 안도 만족. (우승)	[京城電報] (경성전보) (27일 발)
	최후의 서훈		寺內統監 - 大勳位金尺 (데라우치 통감 대훈위금척대수장) 大綬章, 山縣副統監 - 훈 (야마가타 부통감) 1등 태극장, 기타 관리 서 훈 있을 예정.	[〃] (28일 발)
	권력의 이전		한국의 권력, 법리상 28일 밤 12시 일본에.	[〃] (28일 발)

날짜	진행관련 기사 제목	효과·대책관련기사제목	내용	
	조선총독의 諭告(유고)		통감, 내일 朝鮮總督(조선총독)으로서 諭告(유고) 발표 예정	[京城電報](경성전보)
	양 부인 서훈		小松(고마츠) 宮內(궁내) 차관, 兒玉(고다마) 비서관, 양 부인에 오늘 훈 3등 瑞寶章(서빈장) 하사.	[〃]
	통감 參內(참내)하지 않았다		29일 참내했다고 하는 것은 오보.	[〃] (28일 발)
	50년 후에 독립		배일파 소굴 평안도, 의외로 평온, 50년후 독립한다고 말하고 있다.	[〃] (28일 발)
8월 29일		韓國歸客談(한국귀객담)	한국에서 門司(모지)에 도착한 일본인이 전하는 한국 상황.	[內國電報電話](내국전보전화)
	조선 왕족 宣下(선하)		합병과 동시에 한국 황실은 조선 왕족으로, 李王(이왕)(현 황제), 李太王(이태왕)(태황제), 王世嗣(왕세사)(현 황태자) 등의 칭호 사용. 29일 조서로서 宣示(선시) 예정.	[〃]
	부대 칙령 100여건		합병에 따른 변화에 관한 칙령.	[〃]
	伊藤公(이토 공)의 공적		일본의 한국병합은 어디까지나 한국인민의 행복 위한 것. 伊藤公(이토 공)의 한국개발 점진주의, 합병의 원만 해결 밑거름 되었다.	[〃]

날짜	진행관련 기사 제목	효과·대책관련기사제목	내용	
8월 29일		합병과 海運界^{해운계}	합병 후 개발로 경제계 전반 활기, 한국해 연안운수업 융성 전망.	[內國電報電話]^{내국전보전화}
	일본 국민의 참된 광영		합방 기념의 최선하는 방법. 기념 축하 사업, 대국민이 소국민으로 하여금 기념의 이유를 정당하게 알 수 있게 해야.	(사설)
	일요일의 수상과 외상		휴일인데도 출근하여 시국문제 처리.	
	발표와 寺內統監^{데라우치 통감}		통감, 29일 합병조약 발표 후 창덕궁·덕수궁으로 가서 이왕·이태왕 양 전하 알현, 인사하고 관저에서 領事團^{영사단} 축하받고 일장 훈시할 예정.	
		한국재정문제	한국유공자 처우 공채건 등 병합후 재정문제.	
		한국관세제도	병합 후라도 관세는 현행대로.	
		한국합병과 露紙^{노지}	浦潮^{포조}(블라디보스토크) 발간 한국 신문, 병합으로 일본은 인구 6, 7천만의 정치적 대강국, 장래 몽고인종 통일주의 선도자로서 곧 이를 실행할 것을 알아야 한다고 논하여 본국 및 서구 일부 인사에 감동. 그러나 병합 실행 후는 논평 삼가, 평온.	

끝나지 않은 역사

날짜	진행관련 기사 제목	효과·대책관련기사제목	내용
8월 29일		영국의 합병 논평	런던 타임즈를 비롯한 영국 내 여러 신문의 보도 경향 소개. 한국 편을 드는 논조도 부분 소개.
		합병과 통신사업	체신성 소관에서 총독부로 이관.
		한국의 연초와 식염	한국내 생산을 늘려 수입 억제할 필요성.
		일본어 보급의 필요	(鶴原定吉 씨 談)^{쓰루하라 사다키치} 경찰과 국어, 일본어와 韓人^{한인}, 합병과 국어를 논하되 특히 한인의 일본어 교육 거부 성향 강조.
8월 30일	한국병합조약		메이지 천황의 詔書^{조서}, 조약 全文^{전문}.
	列國^{열국}정부에 대한 선언		병합에 따른 열국과의 관계 원칙 4개 조항 제시.
	併韓 奉告祭^{병한 봉고제}		병합 발표에 따라 9월 1일 宮中 賢所大前^{궁중 현소대전}에서의 奉告祭^{봉고제} 거행. 주요 신궁에는 칙사 파견.
	조선에 칙사		이왕·이태왕에게 式部官^{식부관} 子爵 稻葉正繩^{자작 이나바 마사나와} 파견하여 위로할 것.
	한국병합소감		(後藤新平남작 談)^{고토 신페이 담}
	한국병합조약		별도 (사설)

날짜	진행관련 기사 제목	효과·대책관련기사제목	내용
8월 30일	小村外相의 성명 고무라 외상		(29일 외무성에서) 동양평화를 위해 취해진 병합 조치. 한국이 항상 화란의 진원이어서 보호국은 적합지 않아서 합병하기에 이른 것이란 취지아래 寺內 통감이 착임하여 취한 제반의 조치 경과를 요약. 데라우치
	[조서] 조선왕 책립		메이지 천황의 책립 조서 전문.
	2公族 책봉 공족		왕족 李堈·李熹를 公으로. 이강 이희 공
	大赦減税 대사감세		수년간 쌓인 逋租, 금년의 조세 감면 칙령. 포조
	[조선귀족령]		皇室令 제14조, 22개조. 황실령
	[宗族寮신설] 종족요		궁내성 관제개정.
		林董伯의 병합관 하야시 다다스 백작	지론으로서의 합방론 술회.
	합병조약 발표		병합 조약에 관한 詔勅令 본일 발표. 조약을 8개조로 구성, 왕 및 태왕으로 봉하는 조칙 등 반포. 조칙령 [京城電報] 경성전보 (29일 발)
	寺內總督의 諭告 데라우치 총독 유고		병합과 동시에 발표된 유고의 개요. [〃] (28일 발)

끝나지 않은 역사

날짜	진행관련 기사 제목	효과·대책관련기사제목	내용
8월 30일	李王 도일 희망 (이왕)		韓皇(한황), 어젯밤 시국 해결되면 하루라도 빨리 渡日(도일), 천황 폐하에게 경의 표하고 內地(내지) 문물 시찰한다고 말하였다.	[京城電報](경성전보) (28일 발)
	친위병 폭행		병합에 관계 없는 폭행.	[〃] (28일 발)
	祝賀會(축하회)는 원려		거류지에서 축하회 금지의 警務總長(경무총장) 명령.	[〃] (28일 발)
	詔書(조서)		28일 창덕궁에서 책봉식에 앞서 발표된 韓皇(한황)의 조서 대요. (14행)	[〃]
	李王 책봉식 (이왕)		오전 10시 閔 宮相(민 궁상), 李王 殿下(이왕 전하) 御使(어사)로서 統監邸(통감저)에 와서 책봉식 거행. 寺內(데라우치) 통감, 山縣(야마가타) 부통감, 大久保(오쿠보) 주차군사령관, 松永(마쓰나가) 제2사단장 등 참렬, 11시 30분에 퇴출.	[〃] (29일 발)
	市中(시중) 평온		京城(경성) 시중 극히 평온, 민심 동요의 조짐 더 없다.	[〃] (29일 발)

2부

무엇이 일본을

오도 했는가?

4. 요시다 쇼인吉田松陰과 도쿠토미 소호德富蘇峰
— 근대 일본 한국 침략의 사상적 기저基底

2013년 8월 13일 일본의 아베 신조安倍晉三 총리대신이 하기萩에 있는 요시다 쇼인吉田松陰의 묘소를 참배하였다. 일본 패전일인 8월 15일을 앞두고 새 총리가 야스쿠니靖國 신사를 참배할 것인지 이목이 집중되던 중이어서 많은 언론들이 관심을 가지고 이를 보도하였다. 야스쿠니 대신 택한 요시다 쇼인의 묘소는 어떤 곳인가? 한국인에게 요시다 쇼인은 잘 알려지지 않은 인물이기 때문에 그 뉴스는 한국 독자들에게는 생소한 느낌을 주었다. 한국 언론들도 요시다 쇼인에 대한 지식 부족으로 보도 기사에 많은 오류를 내기까지 하였다.

요시다 쇼인은 1830년에 출생하여 1859년에 30세 나이로 막부의 금령을 어긴 죄로 참형을 받고 옥사하였다. 한국 언론의 보도 기사 가운데 그를 '대동아공영권 이론가'라고 한다던가, '제국주의 침략 이론가'라고 소개한 것은 잘못이다. 그가 생존했을 때는 제국주의, 대동아 공영권이란 용어는 아직 등장하지 않았다. 참배 장소도 '쇼인신사松陰神社'라고 하였지만, 사진만으로 봐서도 그곳은 요시다 쇼인의 묘소 앞이었다. 쇼인 신사는 요시다 쇼인이 제자들을 가르친 쇼카 손주쿠松下村塾에 세워진 것으로 묘소와는 조금 떨어져 있다.[1] 이렇게 오류가 많은 기사가 제공되는 상황에서 아베 총리의 묘소 참배가 가지는 의미가 독자들에게 제대로 전달되기는 어려웠다. 한국의 어떤 매체도 그의 참배를 비판하는 논평이나 사설을 내지 않았다. 아베 총리는 이전에 가장 존경하는 인물이 요시다 쇼인이라고 밝힌 적이 있다. 그래서 그의 참배는 정치적 의도보다 개인적 취향에 따른 것으로 간주하는 분위기도 없지 않았다.

요시다 쇼인은 메이지유신을 주도한 조슈長州 번벌藩閥 세력의 스승이다. 기도 다카요시木戸孝允, 가쓰라 고고로桂小五郎, 다카스키 신사쿠高杉晋作, 이토 히로부미伊藤博文, 야마가타 아리토모山縣有朋, 야마다 아키요시山田顯義 등 메이지유신明治維新을 성공시키고 한국 침략에 '수훈'을 세운 인물들이 다수 그의 문하에서 배출되었다.[2] 그는 쇼카 손주쿠에서 하기의 하급무사 출신의 제자들에게 존왕양이尊王攘夷와 정한론征韓論 두 가지를 일본이 나아갈 길로 가르쳤다. 전자는 막부를 타도하고 천황제 중앙집권국가 수립을 이끈 노선으로서, 이에 대해서는 이웃 나라가 잘잘못을 따질 문제가 아닐지도 모른다. 서양 근대 자본주의 세력의 출현 앞에 힘의 결집을 위해 분권적인 막부를 버린 것은 현명한 선택이라고 할 수 있다. 그러나 후자의 대외 침략주의는 동아시아, 나아가

---

1 아베 신조 총리는 쇼인의 묘소을 거쳐 쇼카 손주쿠, 쇼인 신사 쪽으로 이동하여 신사도 참배한 것으로 알려지지만 보도 기사와 함께 실린 사진은 요시다 쇼인 묘소 앞 참배 장면이었다.

2 메이지유신을 주도한 세력은 하기〔萩〕를 중심으로 한 조슈〔長州〕 세력과 가고시마〔種子島〕의 사쓰마〔薩摩〕 세력이다. 조슈 세력은 요시다 쇼인의 문하생들이 중심이기도 하지만, 한편 번(藩)의 무사 집안 출신으로서 번교(藩校)인 명륜관(明倫館) 출신도 있었다. 이노우에 가오루〔井上馨〕, 가쓰라 다로〔桂太郎〕등이 이 예이다. 출신 학교는 다르지만 조슈 번이 막부 타도를 외치면서 번주(藩主) 모리가(毛利家) 아래 하나로 뭉쳐 여러 전투, 전쟁을 주도하면서 조슈 세력이 형성되었고, 이런 가운데 이념적 지향은 모두 요시다 쇼인의 노선을 따르게 되었다. 3대 한국 통감으로 부임하여 1910년 한국병합을 주도한 데라우치 마사타케〔寺内正毅〕는 조슈 번의 하급 무사 출신으로 보신전쟁〔戊辰戰爭〕, 세이난전쟁〔西南戰爭〕에 세운 공으로 야마가타 아리토모 – 가쓰라 다로 계열에서 유력해 지지만 출신 학교는 불명하다. 海原徹, 『吉田松陰と松下村塾』, ミネルバ, 2003, 120~123면, 『朝日日本歷史人物事典』, 朝日新聞社, 1994 등 참조.

서는 세계사의 비극을 가져온 것이므로 결코 찬양의 대상이 될 수 없다. 현 일본 총리가 그의 묘소를 찾은 것도 문제이지만 침략정책의 가장 큰 피해국인 한국이 참배 대상에 대한 지식이 부족하여 참배의 의미를 제대로 읽지 못한 것은 비극이 아니라 희극이라 하지 않을 수 없다. 아베 총리의 요시다 쇼인 묘소 참배는 자신이 '제국 일본'의 옛 영광을 되찾는 역할을 해내겠다는 신호로 보여 매우 우려스럽다.

아베 총리는 내각 출범 1주년이 되는 지난 2013년 12월 2월에 야스쿠니 신사를 기습적으로 참배하였다. 야스쿠니 신사는 메이지 정부가 들어선 이듬해 1869년에 도쿄 쇼콘샤東京招魂社로 창건되었다. 당초에는 막부세력과 유신세력 간의 내전에서 전사한 자들의 혼령을 위로하기 위해 세운 신사였다. 1871년 '대만 출병'을 시발로 메이지 정부가 대외 팽창정책을 펴면서 그 정책 속에 희생된 자들의 혼령을 합사하면서 애국 관념이 작용하여 1879년에 특별[別格] 간페이샤官幣社가 되면서 현재의 이름으로 바뀌었다.[3] 그 뒤, 1895년 청일전쟁 전사자 1,500명이 합사되면서 이 신사는 일본제국 팽창주의의 상징이 되어갔다. 1895년 12월에 초혼식이 거행되면서 3일 간 임시대제가 거행되어 메이지 천황이 '대원수'로 직접 참배하여 격을 크게 높이고, 10년 뒤의 러일전쟁 때도 같은 의식이 되풀이되어 이 신사는 일본 국가교 시설로 자리매김하였다.[4]

이런 경위로 보면 야스쿠니는 요시다 쇼인의 제자들이 선생의 가르침대로 대외 침략정책을 수행하면서 '나라를 위해' 희생된 자들의 영령을 위로하는 장소로서, 쇼인의 묘소나 신사(쇼인 신사)와 연계 관계를 가지고 있다. 아베 총리의 행보는 그 길을 정확하

---

3 간페이샤[官幣社]는 1871년(明治 4) 5월에 제정된 신사(神社) 규칙에 따라 진기칸[神祇官]이 직접 지배하는 신사로서, 대·중·소의 구분이 있었다. 즉 이는 번(藩)에서 관리하는 고쿠헤이샤[國幣社]와 구분하는 것으로 천황 관하의 의미를 가지는 것으로 국가 신사라는 뜻이다. 야스쿠니[靖國]는 나라를 편안하게 한다는 뜻으로 전사(戰死)의 공을 기리는 말이다.
4 다카하시 데쓰야(高橋哲哉) 지음, 현대송 옮김, 『결코 피할 수 없는 야스쿠니 문제』, 역사비평사, 2005, 45~46면.

끝나지 않은 역사

게 순서대로 따라간 것이다.

도쿠토미 소호(1863~1957, 본명 도쿠토미 이이치로德富猪一郎)는 메이지(1867)에서 쇼와(1989)에 이르는 기간에 일본제국의 대표적 언론인, 평론가로서 요시다 쇼인의 팽창주의에 대한 국민적 공감대를 만들어간 주역이었다. 그는 1880년대에『국민지우國民之友』(이하『國民의 벗』으로 함)『국민신문國民新聞』등과 같은 매체를 창설하여 평민주의 민권운동을 열렬하게 벌였다.[5] 그러나 1890년대에 들어와 청일전쟁(1894. 7)을 앞두고 국수주의로 '전향'하여 이 전쟁을 문명(일본)이 야만(청, 조선)을 격멸하는 성전聖戰이라는 후쿠자와 유키치福澤諭吉의 규정에 동조하면서 일본 국민이 세계를 상대로 자부심을 키우는 기회로 미화하는 데 앞장섰다. 당시 전쟁에 관한 보도에서『국민신문』은 가장 선동적이었다. 그리고 1904년의 러일전쟁 때는 총리대신 가쓰라 다로桂太郎 정파의 일원이 되어 러일전쟁을 미화하는 국제 언론 활동을 주관하였다. 그는 한국인들은 일본의 보호국이 된 것을 환영한다는 논조의 기사를 전 세계에 거리낌 없이 퍼트렸다. 1905년 '보호조약'에 따라 1906년 초 통감부가 들어선 뒤, 1908년에는 대한제국 언론통제의 권한을 부여받아 한국 신문들을 폐간하는 탄압정책에 간여하였다. 그 공로로 그는 1910년 8월 '한국병합'이 강제된 후 총독 데라우치 마사타케寺內正毅로부터 조선총독부 기관지인『경성일보京城日報』를 창설하여 '감독'의 지위로 이를 이끄는 임무를 부여받아 1918년 8월까지 8년 간 한국에 대한 '무단정치' 확립에 크게 기여하였다.[6] 데라우치 마사타케가 총리대신으로 재직하던 기간(1916. 10 ~ 1918. 9)에 그의 한국에서의 지위와 권한에는 변동이 없었다. 데라우치가 총리에서 물러나면서 도쿠토미도 '식민지 조선'에서 손을 떼었다.

---

5 이에 관해서는 일본 역사학계에 많은 논저가 있다. 최근의 논문으로는 和田 守,「德富蘇峰と平民主義」(『聖學院大學總合研究所紀要』제49호, 2011년 3월)이 있다.

6 丁日聲,『일본군국주의의 괴벨스 도쿠토미 소호』, 지식산업사, 2005 참조.

요시다 쇼인과 도쿠토미 소호는 일본 제국의 한국 침략의 정신적 기둥 역할을 한 존재이다. 그렇다면 일본의 한국 침략을 비판하는 연구나 언설에서 이들은 반드시 중요하게 다루어져야 할 인물들이다. 한국 역사학계에서 이들에 관한 연구가 거의 없다시피 한 것은 믿기 어려운 일이다.[7] 이 상황을 그대로 방치하는 것은 가장 큰 피해국인 한국이 그 팽창주의의 재현이라고 할 오늘의 일본의 우경화, 국수화를 방조하는 행위가 된다. 뒤늦게나마 두 인물에 관한 일본 학계의 연구 성과를 한국 침략사와의 관계에 초점을 맞추어 소개함으로써 앞으로의 연구 활성화의 계기 마련에 이바지하고자 한다.

1) 요시다 쇼인의 국제 정세관과 팽창주의: 정한론의 기원

요시다 쇼인은 1830년 8월에 조슈 번의 하기萩에서 무사 스기 유리노스케杉百合之助의 차남으로 태어났다. 1834년에 조슈 번 야마가류山鹿流의 병학兵學 사범이던 숙부 요시다 다이스케吉田大助의 양자가 되었다. 이듬해 다른 한 숙부가 운영하던 쇼카 손주쿠에서 지도를 받았다. 그러나 아편 전쟁에서 청나라가 서양 나라에 크게 패한 것을 알고 야마가 유파의 병학이 시대에 뒤진 것을 통감하여 서양 병학을 공부하기로 하고, 1850년에 규슈를 거쳐 에도로 가서 사쿠마 쇼잔佐久間象山을 사사師事하였다. 사쿠마는 서양의 병기가 앞선 것을 알고 병학자로서 처음으로 서양식 포술을 활용하는 방법을 연구하고 있었다. 1852년, 도호쿠東北 지방 여행 때, 친구와의 출발일 약속을 지키기 위해 조슈 번으로부터 통행증 발행을 기다리지 못하고 번을 이탈[脫藩]하였다. 도호쿠 지방 여행에서 견문을 넓히는 기회를 가졌지만 에도로 돌아와 번을 이탈한 죄로 사적士籍

---

7 丁日聲의 앞 저서가 도쿠토미 소호를 서명에 올린 국내 유일의 저술이다.

끝나지 않은 역사

을 박탈당하고 세록世祿 몰수 처분을 받았다.

1853년 미국의 페리Matthew Calbraith Perry 제독이 우라가浦賀에 오자 스승 사쿠마 쇼잔과 함께 흑선黑船 구경에 나섰다. 이 때 그는 서양의 선진 문명에 큰 충격을 받고 서양으로 가서 그 기술을 직접 배워 오기로 결심하였다. 단순히 일본의 사업을 발전시키는 데 이바지하기 위한 것이 아니라 신성한 천황의 땅 일본을 서양의 무력으로부터 지키기 위한 방어력 구축을 의식한 결심이었다. 그래서 이후 나가사키항에 기착한 러시아 군함(푸차친 호)에 몰래 승선하기로 하였지만, 크림 전쟁으로 이 군함이 날을 당겨 출항함으로써 실패하였다. 이듬해(1854) 페리 제독이 일미화친조약 체결을 위해 다시 왔을 때, 이 배에 승선하여 밀항을 요청하였지만 거절당했다. 이 사실이 막부에 알려지면서 취조를 받고 구금된 다음, 고향인 죠슈로 압송되어 노야마野山 옥에 갇혔다. 이 때 옥중에서 밀항의 동기와 사상적 동기를 적은『유수록幽囚錄』을 지었다. 1855년에 출옥이 허가되었지만 생부의 집(스기가杉家)에 유폐되는 처분을 받았다.

1857년에 숙부가 운영하던 쇼카 손주쿠의 명의를 인계받아 생부의 집 부지에 같은 이름의 학교를 열었다. 이 쇼카 손주쿠에서 요시다 쇼인은 다카스키 신사쿠 등 수십 명의 제자들을 키웠다.[8] 토론식 교육 방식, 등산, 수영 교육까지 행하여 오늘날 '살아 있는 학문'을 지향한 것으로 평가받고 있다.

1858년 막부가 천황의 칙허를 받지 않고 미국과의 수호통상조약을 체결한 것으로 알려지자, 요시다 쇼인은 이에 대해 강한 항변의 자세를 취하였다. 이때 그는 일본 발전의 최대 장애는 곧 막부라고 생각하고 막부 타도를 강력하게 주장하여 다시 체포되어 옥에 갇히었다. 이어 막부의 대로大老인 이이 나오스케井伊直弼가 안세이 대옥安政の 大獄을 일으켜 그는 사죄死罪를 언도받고 1859년 참형斬刑에 처해졌다. '사죄' 3명 중

8 현재 쇼카 손주쿠에서 내놓은 자료에 따르면 이 학교에 적을 올린 당시 문하생의 수는 92명이다. 주 2 참조.

한 사람이었다. 옥중에서 제자들에게 남긴 『유혼록留魂録』의 서두에 "몸은 죽어서 무사시武蔵 들판에서 썩지 않고 대화혼大和魂으로 남을 것이라"는 문구를 남겼다. 고대 야마토大和 조정의 천황제 재현만이 일본이 살 길이란 의지를 강하게 보인 문구였다. 정한론으로 표현되는 그의 대외 팽창주의는 첫 번째 투옥 때 쓴 『유수록幽囚録』의 전편을 덮다시피 하였다. 『유수록』은 서양세력이 증기선을 타고 동아시아에 출현한 상황에 대한 엄청난 위기의식에서 출발하고 있다. 그 주요한 부분을 요약하여 옮기면 아래와 같다.[9]

황화皇和의 나라(일본)는 대해의 가운데 대륙과 멀리 떨어져 있어서 외세가 쉽게 범할 수 없었지만, 지금 증기선[火輪船]이 만들어져 해외 만리도 이웃이 되어 바다가 오히려 더 큰 위험이 되었다. 서쪽의 중국에 양적洋敵이 번성하게 되면 그 환해患害는 말로 다할 수 없으며, 본국〔神州〕의 동쪽이 아메리카彌利堅, 캄차카加摸察加, 오호츠크奧都加가 됨으로써 아메리카와 러시아가 심대한 걱정거리〔患害〕가 되었다. 근래 듣기로는 러시아가 캄차카, 오호츠크에 병사를 두어 큰 요새〔大鎮〕를 만들었다고 하고, 캘리포니아葛利火爾尼亞 같은 곳은 바로 우리와 마주하여 바다를 격해 있는데 수년래 화륜선을 타고 자주 우리에게 다가오고 있다. 광대한 땅을 가지고 있는 그 나라가 우리나라〔神洲〕의 토지를 탐하고, 우리 신주의 재화를 노린다면 그 화가 장차 러시아보다 덜하지 않을 것이니 살피지 않을 수 없다. 우리나라(신주)의 남쪽, 오스트레일리아濠斯多辣利는 천도天度 (위도)의 중간지대로서 초목이 무성하고 인민이 번성하여 사람들이 서로 차지하려 다투는 곳이 되었다. 지금 영국〔英夷〕이 개척하고 있지만 10분의 1에 불과하니, 우리가 이를 먼저 얻는다면 큰 이득이 될 것이다. 우리나라(신주)의 서북에는 조선과 만주가 이어져 있는데, 조선은 옛날 우리에게 신속臣屬되었는데 지금은 그렇지 않으니 먼저 그 풍교風敎를 상세하게 파악하여 이를 다시 회복해야만 한다. 만국萬國이 일본을 둘

9 『吉田松陰全集』제1권(山口縣敎育會 편), 岩波書店, 1940, 347~350면.

끝나지 않은 역사

러싸고 있는 형세가 바로 이러한데 손만 잡고 서 있을 수 없지 않은가. 구라파의 땅은 대단히 멀리 떨어져 있어서 예부터 우리와 통한 적이 없지만, 선함船艦이 발달하여 포르투갈葡萄牙, 스페인西班雅, 영국英吉利, 프랑스拂郞察와 같이 이미 우리와 머리를 맞대어 우리의 걱정거리가 되었다. 근래 화륜선을 가지지 않는 나라가 없어 먼 곳 구라파도 오히려 이웃같이 되었다.

요시다 쇼인은 오늘의 세계정세를 이와 같이 살피고 이런 상황에서 앞으로 일본이 나라를 잘 보전하기 위해 해야 할 과제를 다음과 같이 제시하였다.[10]

해는 뜨면 지고, 달은 차면 기울고, 나라는 융성하였다가 바뀌게替 된다. 그러므로 나라를 잘 보전하려면 오로지 가진 것을 잃지 않게 해야 할뿐더러 없던 것을 차지하여 늘려야 한다. 지금 서둘러 무비武備를 닦고, 함선 계획[艦略]을 세우고 총포 계획[礮略]을 충분히 하면, 곧 하이蝦夷(지금의 홋카이도)를 개척[開墾]하여 제후諸侯를 봉건封建하고, 기회를 봐서 캄차카, 오츠크를 탈취하고, 류큐를 타일러論 조근회동朝覲會同하게 하여 내제후內諸侯와 나란히比 하고, 조선朝鮮을 꾸짖어責 인질을 보내고[納質] 조공을 바치게[奉貢]하여 옛 성시盛時와 같게 하고, 북쪽 만주의 땅을 빼앗고割, 남으로는 타이완臺灣, 필리핀呂宋의 여러 섬을 거두어, 점진적으로 진취의 세를 보여야 한다. 그런 뒤에 민民을 사랑하고愛 무사士를 양성하고, 신중히 변방 주위[邊圍]를 지키면 곧 나라를 잘 보전한다고 할 수 있다. (그렇게 하면) 얼마 안 되어 많은 오랑캐[群夷]가 다투어 모인 가운데 앉아서, 능히 다리를 들거나 손을 흔들지 않고서도 나라가 오랫동안 바뀌지 않을 것이다.

요시다 쇼인은 서양의 여러 나라가 당장에 일본을 집어삼킬 듯이 긴장된 정세관을 가

---

10 같은 책, 350~351면: 吉野誠, 『明治維新と征韓論 −吉田松陰から西郷隆盛へ−』, 明石書店, 2002, 56~57면.

지고 있었다. 무사武士 사회 특유의 긴장감을 느끼게 한다. 그는 실제로 『유수록』에서 손자병법의 '지피지기'를 여러 차례 언급하였다. 흥미로운 것은 위기 극복의 길을 타국, 타지의 탈취에서 찾고 있는 점이다. 러시아의 캄차카와 오호츠크Okhotsk, 오스트레일리아, 조선과 만주 등이 그 대상으로 거론되었다. 홋카이도北海島의 개척은 곧 캄차카, 오호츠크로의 진출을 위한 전진 기지 확보의 의미로 보이며, 오스트레일리아로의 진출은 영국과의 경쟁 관계에서 설정되어 흥미롭다. 조선과 만주 진출은 역사 속에서 근거를 찾고 있다. 즉, 조선은 본래 고대 일본의 성대盛代에 '신속臣屬'되었던 땅이니 이를 다시 회복하여 이를 발판으로 삼아 만주로 진출해야 한다는 것이다. 진구 황후神功皇后의 신라정벌, 곧 정한征韓의 역사가 엄밀하게 거론되었다.

『유수록』은 고대 한일관계의 역사에 대해 3분의 1의 지면을 할애하였다. 『일본서기』의 한일관계 기록을 53개나 열거하였다. 두 가지 관점에서였다. 하나는 선진 문화 수용의 역사적 경험으로서였다. 이른바 병린사법炳隣師法의 역사읽기이다. 고대에 한반도로부터 선진문물을 수용하여 황화皇和의 성세盛世가 이루어진 역사는 곧 오늘의 위기를 극복하는 길을 읽게 한다는 것이다. 즉, 서양 열강과의 기술문명의 현격한 차이는 결국 그들의 문명을 수용하는 것에서 해결될 수 있으며 그것을 기반으로 다시 '황화의 성세'를 재현할 수 있다는 것이었다. 그가 러시아, 미국의 군함에 승선하여 서양 나라로 가고자 한 것도 서양의 문명을 직접 접하고 그것을 배워오기 위한 것이었다. 막부 타도의 절대적인 필요성, 천황 중심 국가의 수립의 이유가 여기에서 나온 것은 더 말할 것도 없다. 다른 하나로는 대륙, 반도의 선진 문화를 수용하여 수립된 야마토 조정이 조선반도의 여러 나라의 무례를 꾸짖어 조공을 바치는 나라로 만든 역사를 일본 장래의 청사진으로 제시하였다. 그것이 사실인지 여부에 대한 관심은 전혀 없다. 메이지 일본의 정치 지도자들과 역사학자들이 수없이 강조한 '정한론'은 곧 『유수록』에서 비롯한 것으로, 이 저술이 메이지 일본 정치지도자들에게는 바이블과 같은 것이었기 때문에 그

끝나지 않은 역사

입론이 그렇게 강고했던 것이다.[11] 옥중에서 쓴 저술이면서도 『일본서기』의 관련 기사를 53개나 제시하였기 때문에 후배들이 금과옥조로 여기게 되기까지 하였던 것이다.

요시다 쇼인은 미국을 비롯한 서양 열강과의 우열 비교에서 일본은 함선이나 총포 어느 쪽에서나 승산이 거의 없다시피 하다. 그러므로 굴욕을 당하지 않기 위해서는 그 기술을 배우기를 서둘러야 한다. 미국과의 조약 체결에서 굴복을 거듭 당한 것은 막부의 탓으로 나라의 권위가 잃어졌으므로 막부는 존속할 이유가 없어졌다. 앞으로 일본은 천하군신天下君臣이 상하 일체가 되어 군대를 강화하고, 내란을 막기 위해 인심을 꽉 잡지 않으면 안 된다. 피동적인 개국은 일본이란 나라를 죽음에 이르게 하는 것이다. 러시아와 미국과는 조약 장정章程을 엄격히 하여 신의를 두터이 하면서 그 사이에 국력을 길러, 무역에서 잃은 몫은 조선, 만주 등 다른 곳의 토지를 빼앗아 채워 나가야 한다고 주장하였다.

이상과 같은 요시다 쇼인의 침략적인 정세관은 흔히 정한론이라 표현되지만 그것은 결코 한반도 하나를 대상으로 하는 것은 아니다. 놀라운 것은 그가 제시한 미래 일본의 진로가 실제로 그의 제자들에 의해 천황제 국가체제 아래 그대로 침략전쟁의 형태로 실천에 옮겨졌다는 사실이다. 그는 제국 일본의 사종師宗이 되었던 것이 틀림없다. 그가 하기의 쇼카 손주쿠에서 가르친 제자들이 메이지 정부에서 사쓰마 계와 함께 이른바 번벌세력을 형성하여 정권을 시종 장악하면서 동조세력을 확대하고 후계세력을 양성한 결과로 그의 구상은 메이지明治에서 쇼와昭和까지 일본제국의 명운과 진로를 결정지어 놓았다.

11 요시다 쇼인에 앞서 사토 노부히로〔佐藤信淵:1769~1850〕의 『우내혼동비책(宇内混同秘策)』에 『일본서기』 진무천황〔神武天皇〕 즉위년에 나오는 일본 열도 바깥의 영향권 표현인 '팔굉일우(八紘一宇)' 사상의 실현을 위한 세계 제패의 일환으로 조선 침략의 방안이 구체적으로 제시되었지만, 그 자체가 정치세력 형성에 영향을 주었는지는 불명하여 여기서는 논외로 한다. 韓桂玉, 『征韓論の系譜』, 三一書房, 1996, 36~37면.

2) 1890년대 초 요시다 쇼인吉田松陰 현양 사업과

　　사료집『요시다 쇼인전吉田松陰傳』(전 5권) 간행

　요시다 쇼인 사후, 조슈 번의 하급 무사들은 그의 가르침을 받들어 '양이攘夷'와 '도막倒幕'에 온 힘을 쏟았다. 사쓰마薩摩, 도사土佐, 히고肥後 번 등과 제휴하여 1867년 12월에 막부를 무너뜨리고 이듬해 천황제 국가 수립에 성공하였다. 그러나 반대세력과의 투쟁으로 보신 전쟁戊辰戰爭을 치르고 제휴세력 간의 알력으로 세이난 전쟁西南戰爭 (1877)을 치르기까지 내정은 혼란을 거듭하였다. 새로운 체제 구축 과정에서 기득권을 잃은 사족(무사)들과, 징병제, 세제[地租] 개혁 등에서 부담을 크게 느낀 농민들의 반발도 만만치 않았다.

　조슈, 사쓰마 등의 한바쓰藩閥 세력이 정부를 장악하였지만 여타의 사회세력은 의회 개설을 목표로 민권운동을 벌여 전자에 대항하거나 비판하는 활동이 격렬하게 일어났다. 1881년 재지 사족, 지주, 자작농을 기반으로 하는 자유당이 결성되고 이듬해에는 도시 지식인과 상공인 계층을 대변하는 입헌개진당立憲改進黨이 창당되어 집권을 향해 각축을 벌였다. 그러나 의회정치는 어디까지나 하나의 목표로서 아직 사회적 기반이 약하였기 때문에 집권 번벌 세력과 겨루기에는 한계가 많았다. 집권 세력은 군인칙유軍人勅諭(1882), 징병령 개정(1883), 내각제도 발족(1885), 제국헌법 발포(1889) 등을 통해 천황제 국가의 정치적 기반을 확고히 다져 갔다. 조슈 출신은 집권 번벌 세력 가운데서도 중심이었다. 조슈 번벌은 집권 기반이 잡히는 가운데 스승 요시다 쇼인에 관한 추숭 사업을 소규모로나마 착수하기 시작하였다. 군인칙유를 반포한 1882년(메이지 15)에 스승이 처형된 에도江戸(도쿄東京) 근처 조슈 한슈藩主 모리毛利(당시는 大勝大夫)가의 가가에야시키抱屋敷(현 東京都 世田谷区 若林 四丁目 27-2)에 작은 규모로 쇼인松蔭 신사를 처음 세웠다.

1880년대에 막부 말기의 혼돈 속에서 메이지 유신에 이바지한 인물들에 대한 전기가 나오기 시작하였다. 1886년 5월에 출판된 『근고강개가열전近古慷慨家列傳』(東京 春陽堂)이 대표적인 예이다.[12] 요시다 쇼인은 35명의 대상 중에 6번째로 올라 있다.[13] 할당된 지면은 13면이다.(106~109면) 편찬자 지산거사芝山居士는 시마네현島根縣의 '평민' 신분인 니시무라 산료西村三郎였고, 발행자는 기후현岐阜縣의 '평민' 와다 두타로和田篤太郎였다.[14] 이 책에 붙어있는 4개의 서문[15]을 통해서도 유신 공로자의 현양顯揚이란 의도 외에 '평민'의 입장과 관련된 특별한 편찬 의도를 발견하기 어렵다.[16] 어쨌든 1884년

12　田中彰, 『吉田松陰 – 變轉する人物像–』(中公新書 1621, 2001)에서는 이 책이 1884년 11월에 처음 간행된 것으로 소개되었다.(8면) 그런데 필자가 본 서울대학교 중앙도서관 소장본 제7판의 판권에 명시된 것에 따르면 제1판은 메이지[明治] 19년(1886) 5월 27일로 되어 있다. 그리고 매년 판을 거듭하다시피 하여 메이지 24년(1891) 2월의 제6판에 이어 9월에 제7판을 출간한 것으로 되어 있다.

13　田中彰은 앞 책에서 1884년 간행본에 요시다 쇼인을 비롯해 10명이 대상이 되었다고 하여 다른 9명의 이름을 다음과 같이 열거하였다. 즉, 라이 산요[賴山陽], 라이 미끼사부로[賴三樹三郎], 미도 나리아끼[水戸齊昭], 게츠 쇼우[月照], 와다나베 가잔[渡辺崋山], 히라노 구니오미[平野國臣], 호 리오리베[堀織部, 利熙], 다께다 고우운사이[武田耕雲齋], 구모이 다츠오[雲井龍雄] 등이다. 그런데 필자가 본 제7판 목차에는 이 10명 앞에 사쿠마 쇼잔[佐久間象山] 등 5명, 그리고 뒤로 다카스키 신사쿠[高杉晉作] 등 20명이 열거되어 있다. 제7판에서는 총 35명의 전기(傳記)가 수록되었다.

14　田中彰, 앞 책, 2001, 8면. 평민이란 메이지정부가 1871년에 '사민평등(四民平等)'의 기치 아래 내세운 신분 구분, 즉 황족(皇族), 화족[華族:공경(公卿), 대명(大名)], 사족[士族:가신(家臣)], 평민(농공상인)의 평민을 드러내서 표시한 것이다.

15　초편 序(1882, 雲潭 大野太衛 撰), 2편 서(1884, 一筆生 磊磊 識), 3편 서(1885, 三樹生), 4편 서(1886, 武陽 楊洲生).

16　이에 대해서는 앞 田中彰의 저술에서 1884년에 자유민권운동이 이른바 '호농민권(豪農民權)'으로부터 '농민민권(農民民權)'으로 그 주체가 내려가고 있었던 것과 연관이 있을 것이라고 하였지만(23~24면) 좀 더 자세한 분석이 필요하다. 이 『열전』의 요시다 쇼인 전기는 (1) 시대의 아들 (2) 야마가류[山鹿流] 병학가(兵學家) (3)나가사키행[長崎行], 도호쿠행[東北行] (4) 흑선내항과 「시모다 밀항기도[下田踏海]」 (5)노야마옥[野山獄], 그리고 쇼카 손주쿠[松下村塾] 주재(主宰) (6) 「초망굴기

11월 또는 1886년 5월에 초판이 나온 이래 1891년 5년~7년 차에 제7판을 낼 정도였다면 많은 독자층을 확보했던 것은 분명하다.

1890년 요시다 쇼인의 고향에도 소규모의 신사가 세워졌다. 쇼인의 본가인 스기가杉家 자리에 친형(스기 민지杉民治)이 소규모 사당(도조즈쿠리土藏造 구조)을 짓고 쇼인의 유언에 따라 애용하던 벼루赤間硯와 서간書簡을 신체神体로 삼아 '쇼인사松陰社'를 창건하였다. 이어 1891년(메이지 24) 8월에 요시다 쇼인에 관한 단독 저술이 처음 나왔다. 노구치 마사루野口勝一, 도미오카 마사노부富岡政信 편차編次의 『요시다 쇼인전吉田松陰傳』 전 5권(야사대장판野史臺藏版)이 그것이다. 그러나 이 책도 조슈 출신의 인사들이 직접 편찬자가 된 것은 아니었다. 편차자 2인은 구 미도水戸 번의 사족 출신으로서, 『유신사료維新史料』 편찬 사업을 하던 중에 요시다 쇼인의 사료가 많이 나와서 그의 전기를 별도로 편찬하게 된 것이라고 하였다.[17]

미도 번은 막부시대에서도 역사 편찬의 전통이 있고, 또 주자학적인 정통론, 명분론에 강한 지향성을 보여 막부 말기에는 존왕양이尊王攘夷의 깃발 아래 강한 국수 성향을 발휘한 특징이 있다. 1890~91년은 번벌정부가 민권운동을 억압하면서 정권의 안정성이 확보되던 시기였다. 이런 시점에서 미도 번 출신의 사족 인사들이 유신 관련 사료를 수집하다가 요시다 쇼인의 전기를 단독으로 출판하게 된 것은 우연이라고 할 수 없다. 1890년에 쇼인의 고향에 신사가 세워진 것에 이어 이듬해 『요시다 쇼인전』이 출간된 것은 이 시기 천황의 「교육칙어」가 나온 것을 비롯해 국가주의 교육제도가 추진된 것과 맥락을 같이 하는 것으로 주목할 필요가 있다.

요시다 쇼인을 다룬 최초의 저술인 『요시다 쇼인전』은 그러나 본격적인 전기라고

(草莽崛起)의 인(人)」 (7) 단죄 - 쇼인[松陰]의 죽음 등으로 장을 세웠는데, 이는 이후에도 많이 답습되어 하나의 정형(定型)을 제시한 것으로 평가된다고 하였다.

17 田中彰, 앞 책, 2001, 4~7면.

할 수 없는 것이다. 〈범례〉에 "종래 문사文士의 저작과 같은 취사取捨 삭윤削潤하여 편장을 만들었다"고 하였듯이 유가儒家 문집의 "연보" 형식으로 자료를 정리한 것이다. 편찬자들은 이를 '편년적 송음 사료집'이라고 표현하였고[18] 각 편차의 두주頭註 자리에 '연보年譜'라고 명시하였다.[19] 요컨대 이는 요시다 쇼인에 관련되는 최초의 규모 있는 자료집 편찬이었다. 이런 자료 편찬사업은 물론 조슈 출신의 문하생, 사손嗣孫의 도움 없이는 불가능한 것이다. 이에 크게 기여한 사람들이 안 표지에 아래와 같이 명시되어 있다. (분류는 필자)

> 제자題字: 공작 모리 모토노리公爵 毛利元德, 백작 이토 히로부미伯爵 伊藤博文,
>
> 　　　　백작 야마가타 아리모토伯爵 山縣有朋
>
> 제사題辭: 백작 야마다 아키요시伯爵 山田顯義
>
> 서문序文: 자작 시나가와 야지로子爵 品川彌二郎, 자작 노무라 야스시子爵 野村靖
>
> 서한書翰: 남작 가토리 모토히코男爵 楫取素彦
>
> 발문跋文: 후사 요시다 구라조後嗣 吉田庫三

모리 모토노리毛利元德는 조슈 번의 번주 후예이다. 1882년 에도 근처 모리가의 소유지에 쇼인신사를 세운 것과 마찬가지로 번주와 조슈 출신 유신세력의 유대관계를 보여주는 것이다.[20] 백작 이토 히로부미와 야마가타 아리토모는 요시다 제자 가운데 메이

---

18 田中彰, 앞 책, 2001, 7면.

19 필자는 서울대학교 중앙도서관 수장본을 활용하였다.

20 이것은 막부말기 조슈가 주도한 막부타도가 1600년 세키가하라〔關ケ原〕전투에서 모리 데루모토〔毛利輝元〕가 지휘한 서군이 도쿠가와 이에야스〔德川家康〕의 동조에 패배한 것에 대한 복수의 측면이 있는 것을 의미할 수 있지만, 일본학계에서는 메이지 유신의 역사적 가치를 의식해서인지 조슈세력의 배후로서 모리가의 존재를 다룬 연구를 찾아보기 어렵다.

지 정권의 관부와 군부를 각각 대표하는 인물들이다. 야마다 아키요시山田顯義도 쇼인의 제자로서 육군 장성 출신으로 사법대신을 역임하였다. 시나가와 야지로品川彌二郎도 같은 죠슈 출신 하급무사로서 손슈크 문하로서 독일 주재 공사, 내무대신을 역임하였다. 그는 특히 스승 요시다 쇼인 관계의 자료를 많이 수집하여 이 책 편찬에 가장 큰 기여를 하였다. 가토리 모도히코楫取素彦는 조슈번의 사족士族 출신으로 번교藩校에 다녔지만 요시다 쇼인의 누이와 결혼하여 쇼인 생전에 그의 활동을 직접 원조하였고 관리로서 의관議官, 고문관顧問官, 귀족원 의원貴族院 議員 등을 역임하였다.

이렇게 조슈 번벌의 실세가 모두 편찬사업 지원에 나선 것은 조슈 세력 안에서 이제 그만큼 여유가 생겼다는 것을 의미한다. 동시에 자신들이 실천에 옮겨온 스승의 가르침의 세계를 현창하는 것이 정치적으로도 유리하다는 판단을 가지기 시작한 것으로 볼 수 있다. 그 시기는 곧 청국과의 일전을 목표로 1890년 7월의 총선을 통해 개원한 의회에서 군비 예산 확보를 위해 정부가 정당들과 투쟁하던 때였다. 청국과의 전쟁은 일본 제국이 살 길로서 대륙진출을 꾀하라는 스승 쇼인의 가르침을 실천하는 것이었다. 이런 상황과 관련하여, 이 편찬사업에 대해 "쇼인전松陰傳의 서술에서의 신중한 분위기가 문하생을 비롯한 쇼인의 주변에 떠 돈 것이 분명하다. 이 이상하기까지 한 신중한 분위기가, 점차 쇼인을 절대적인 성역으로 떠받들어 가는 하나의 복선이 되었다고도 말할 수 있을 것이다"라는 논평은 주목된다.[21]

편찬자 노구치 마사루野口勝一는 후기에서, 쇼인에 대한 공감이 컸던 것이 편찬에 나서게 된 동기였으며, 그의 전기를 쓴다는 것이 어렵다는 것을 알아서 모든 것을 쇼인 자신의 저작이나 수기, 의견서 그 자체로 말하는 사료집의 수법을 취했다고 하였다. 야마가타 아키요시의 수집 자료 외에 가토리 모토히코와 사손嗣孫인 요시다 구라조吉田庫三의 장서도 최대로 활용하였다고 하였다. 사료집 『요시다 쇼인전』 전 5권의 출간은 이

21 田中彰, 앞 책, 2001, 6면.

끝나지 않은 역사

제 본격적인 요시다 쇼인의 전기가 나올 수 있는 길을 만들어 놓았다. 이 길을 제일 먼저 달린 사람이 바로 도쿠토미 소호였다.

3) 도쿠토미 소호의 초판본 『요시다 쇼인吉田松陰』(1893)과 청일전쟁

(1) 도쿠토미 소호德富蘇峰의 평민주의 민권운동과 혁명가 '요시다 쇼인'

도쿠토미 소호는 앞에서 언급하였듯이 1880년대 메이지 일본의 대표적인 평민주의 민권운동가의 한 사람이었다. 규슈 히고肥後현 구마모토雄本 출신인 그는 구마모토 양학교洋學校, 도쿄 양학교, 도시샤 영학교同志社 英學校를 다니면서 영국을 모델로 한 일본의 근대화의 꿈을 키웠다. 1881년 구마모토로 귀향한 상태에서 자유 민권운동 결사인 상애사相愛社 회원이 되어 민권운동에 직접 뛰어 들었다. 이듬해 3월에 구마모토에 오오에 기주쿠人江義塾를 열어 민권운동을 겨냥한 교육활동을 펴면서 저술활동에 정열을 쏟았다. 1885년 6월에 『제19세기 일본의 청년 및 그 교육』을 자비로 출판하고, 이듬해 7월에 다시 『일본의 장래』를 탈고하여 원고를 들고 고치高知에 있던 이타가키 다이스케板垣退助를 찾아갔다. 이타가키는 자유당을 이끌던 주요 민권운동가였다. 그러나 그로부터는 좋은 반응을 얻지 못하고 도쿄로 가서 다구치 우키치田口卯吉의 경제잡지사를 찾았다. 다구치는 20대 초반에 『일본개화소사日本開化小史』를 출판하여 명성을 얻어 출판사를 세워 민권운동의 한 자리를 차지하고 있었다. 다구치는 소호의 원고를 받아 출판해 주었다.[22]

도쿠토미 소호는 귀향하여 오오에 의숙을 폐교 정리하고 가족을 데리고 도쿄로 다

---

22 도쿠토미 소호의 전기적(傳記的) 서술은 대개 米原 謙, 『德富蘇峰 -日本ナショナリズムの軌跡-』(中公新書 1711, 2003)에 근거한다.

시 갔다. 1887년 2월 민우사民友社란 이름의 출판사를 설립하여 월간잡지『국민의 벗』을 창간하였다. 일본 최초의 종합 월간지였다. 당시 그는 24세의 청년이었다. 소호는 3년 뒤 1890년에 일간지『국민신문國民新聞』을 창간하면서 민권운동에 박차를 가하였다. 그의 민권운동은 '인민 전체의 행복과 이익'을 추구하는 평민주의를 내걸어 국회개설운동을 목표로 격동을 겪던 1880년대의 일본 사상계, 언론계에 큰 영향을 끼쳤다.[23] 평민주의는 '평민적 구화주의歐化主義'를 추구하는 것으로서『국민의 벗』을 통해 다음과 같이 그 지향성을 규정하였다. 즉 '무비武備의 기관'에 대하여 '생산의 기관'을 중시하고, '생산의 기관'을 중심으로 하는 자유로운 생활사회, 경제생활을 기반으로 하면서, 개인에게 부여된 고유한 천부인권의 존중과 평등주의가 넘치는 사회의 실현을 목표로 하였다. '완력 세계'에 대한 비판과 생산력의 강조를 포함하여, 자유주의, 평등주의, 그리고 평화주의를 특징적으로 추구하였다.

『국민의 벗』은 서양 여러 나라를 모범으로 한 일본 근대화의 필요성을 강하게 설명하면서 정부가 추진하는 '구화주의'에 대해서는 '귀족적 구화주의'라고 비판하고, 미야케 세츠레이三宅雪嶺, 쿠카 가츠난陸羯南 등의 정교사政敎社가 내건 국수(보존)주의에 대해서도 국민의 자유 확대와 생활향상을 위해서는 위로부터가 아니라 아래로부터의 서양화(개화)가 필요하다고 반박하면서 평민적 급진주의 주장을 폈다. 이런 태도는 당시의 번벌 정부뿐만 아니라 민권론자 중에서 종종 나타나는 국권주의나 군비확장주의에 대해서도 비판적인 것이었다.

그의 매체는 자유당의 이타가키 다이스케板垣退助, 고토 쇼지로後藤象二郎, 입헌개진당의 오쿠마 시게노부大隈重信 3인을 '개진改進정치가'로 평가하고 이들이 민간당으로서 연합하기를 촉구하였다. 1889년 '대일본제국헌법'이 반포되고 이듬해 총선거를 통한

---

23 이하 소호의 민권운동에 관한 서술은 주로 米原 謙의 앞 저서에 근거한다.

제국의회의 개설이 예고되었다. 오쿠마, 고토 등은 구로다 기요타카黑田淸隆 내각(1888. 4~1889. 12)에 입각하였지만 모두 별 성과를 거두지 못하였다. 이런 가운데 제1회 총선거가 예고되어 그는 총선거에 민권운동 측이 승리하도록 '진보당 연합'을 열렬히 부르짖었다. 그러나 지도자들 간의 연합도 어려웠지만, 중의원 선거법이 납세액 기준으로 선거권이 주어졌기 때문에 유권자의 98퍼센트가 지주였고, 소득세에 의한 유권자는 2퍼센트 밖에 되지 않았다. 영국을 모델로 도시 상공업자에 대한 기대를 가지고 같은 노선의 오쿠마를 가장 지지했던 소호에게는 충격적인 현실이었다.

제1회 총선거(1890. 7)의 결과는 입헌자유당 130석, 입헌개진당 41석, 대성회 79석, 국민자유당 5석, 무소속 45석으로 나타났다. 입헌 자유당과 입헌개진당은 민당民黨으로 간주되었고, 나머지는 정부가 내세운 세력으로서 이당吏黨이라고 불렸다. 민당 171석, 이당 129석의 비율로서 민당이 우세한 형세였다. 제1의회, 제2의회 두 차례 소집된 의회의 주요 의사는 정부 예산심의였다. 군사비 증강, 특히 군함 건조비 예산을 놓고 민당과 정부 간의 대립이 심각하였다. 1891년 12월 말에 의회가 해산되고 이듬해 2월에 제2회 총선거가 실시되었다.

결과는 민당 132석(자유당 94, 입헌개진당 38), 이당 137석(중앙교섭부 95, 무소속 42), 독립구락부 31석으로 이당(여당) 우세로 형국이 바뀌었다. 1892년 5월 ~6월에 제3의회, 1892년 11월 ~1893년 2월에 제4 의회가 각각 열리고 군함 건조비 예산 심의가 여전히 주요 사안이었다. 도쿠토미 소호가 요시다 쇼인을 주목한 것은 바로 이런 정치적 상황에서였다.

소호는 이 해(1892) 봄에 혼고本鄕 회당에서 요시다 쇼인을 주제로 한 강연회를 가졌다. 그리고 그 강연 원고를 고쳐 같은 해 5월 ~ 9월 발간의 『국민의 벗』에 10회에 걸쳐 연재하였다. 강연과 연재의 목차를 비교하면 표 1에서 보는 것과 같다.

표 1 도쿠도미 소호德富蘇峰의 초판 『요시다 쇼인吉田松陰』의 목차 유래 일람표

「강연필기」(1891. 봄)	국민의 벗 『國民之友』연재 (1892. 5~9)	요시다 쇼인 초판『吉田松陰』(1893. 12)
쇼인신사 1. 松陰神社	일촌 사 1. 一寸의 蛇	요시다 쇼인 1. 吉田松陰은 누구인가?
쇼인 사우 2. 松陰과 그 師友	여행 2. 旅行	가정 아 2. 家庭의 兒
탈번 3. 脫藩하여 여행	양이 3. 攘夷	도쿠가와 제도 3. 德川制度
답해원유 계기 4. 踏海遠遊의 計企	존왕 4. 尊王	쇄국적 정책 4. 鎖國的 政策
쇼인 국방의견 5. 松陰의 國防意見	쇼카 손주쿠 5. 松下村塾	텐포시대 5. 天保時代
쇼카 기주쿠 교육법 6. 松下義塾의 教育法	타격적 운동 6. 打擊的 運動	미즈노 에치젠 노카이 개혁 6. 水野越前守의 改革
외 교 내 우 7. 外의 交는 內의 憂	혁명가 7. 革命家	조슈·보슈 이주 7. 長防二州
쇼인 양이 8. 松陰과 攘夷	최후 8. 最後	여행 8. 旅行
세기 소진장의 9. 19世紀의 蘇秦張儀	쇼인 9. 松陰과 마치니	쇼잔 쇼인 9. 象山과 松陰
국면타파 급선봉 10. 局面打破의 急先鋒	결론 10. 結論	양이 10. 攘夷
혁명가 11. 革命家의 자격		존왕 11. 尊王
쇼인 12. 松陰과 마치니		막정 변국 12. 幕政의 變局
쇼인 13. 松陰의 최후		쇼카 손주쿠 13. 松下村塾
		타격적 운동 14. 打擊的 運動
		혁명가 쇼인 15. 革命家로서의 松陰
		최후 16. 最後
		쇼인 17. 松陰과 마치니
		가정 쇼인 18. 家庭에 있어서 松陰
		인물 19. 人物
		사업 교훈 20. 事業과 教訓

「강연필기講演筆記」의 목차는 요시다 쇼인의 30 평생의 일대기에 적합한 것이다. 앞에서 언급한 1880년대의 『근고강개가열전近古慷慨家列傳』에 실린 「요시다 쇼인」의 전기의 내용도 정리하면 이와 비슷하다. 『열전』에 실린 「요시다 쇼인」에 대해 다나카 아키

끝나지 않은 역사

라田中 彰는 내용 목차를 다음과 같이 나누었다.[24]

(1) 시대의 아들 (2) 야마가류山鹿類 병학가兵學家 (3) 나가사키행長崎行, 도호쿠행東北行

(4) 흑선내항黑船來港과 「시모다 밀항기도下田踏海」

(5) 노야마 옥野山獄, 그리고 쇼카 손주쿠松下村塾 주재主宰

(6) 「초망굴기草莽崛起의 인人」 (7) 단죄斷罪 – 쇼인松陰의 죽음死

표 1의 「강연필기」를 이와 비교하면 (8) 쇼인松陰과 양이攘夷 (11)혁명가의 자격 (12) 쇼인松陰과 마치니 등 셋이 위 목차에서는 내용적으로 해당사항을 찾을 수 없는 항목이다. 이는 곧 도쿠토미 소호가 강연에서 요시다 쇼인을 새롭게 주목하려는 역점이었다. 양이攘夷 곧 신주神洲를 침범하는 서양오랑캐를 물리치려 한 요시다 쇼인 정신을 새롭게 평가하고, 또 '국면타파의 급선봉'으로 혁명가로서의 모습을 요시다 쇼인의 행적에서 주목하고자 한 것이다. 이탈리아의 마치니Guisippe Mazzini를 혁명가로서 비교 대상으로 삼은 점도 주목된다. 마치니는 혁명 목표지인 마르세이유에서 '청년 이탈리아La giovine Italia'를 조직하여 왕정 타도에 의한 이탈리아의 통일과 국민국가의 형성을 설파한 혁명가이다. 마치니가 공화주의, 쇼인이 존왕론을 주장한 차이가 있지만, 모두 국가통일을 제1목표로 하고, 그 목적에는 수단을 가리지 않은 점에서 양자가 일치한다고 소호는 주장한다.[25] 도쿠토미 소호가 요시다 쇼인을 이런 관점에서 조명하고자 한 것은, 메이지 번벌 정부에 대한 비판과 '제2의 유신'에 대한 기대 때문이라고 지적되고 있다.[26] 강연을 하고 잡지 연재가 이루어지던 시기, 곧 1891년 봄에서 이듬해 5~9월의 기간에는

24 田中彰, 앞 책, 2001, 10~22면.

25 米原 謙, 앞 책, 2003, 107면.

26 田中彰, 앞 책, 2001, 32면.

앞에서 보았듯이 민권운동의 정당들이 의회를 통해 번벌 정부와 치열한 싸움을 벌였지만 번벌 정부를 이길 전망은 밝지 않았다. 도쿠토미 소호는 이런 상황에서 요시다 쇼인 같은 인물의 등장이 필요하다는 것을 절감하고 있었던 것이다.

(2) 도쿠토미 소호의 대일본주의로의 '전향'과 초판본 『요시다 쇼인』(1893)

『국민의 벗』의 「요시다 쇼인」 연재는 1892년 9월에 10회로 끝났다. 도쿠토미 소호는 이를 다시 대폭 고쳐 1893년 12월에 단행본 『요시다 쇼인』을 출판하게 된다. 약 15개월의 시간을 소요하여 책이 나온 것이다. 그런데 도쿠토미 소호는 이 기간에 팽창주의에 대한 글을 발표하여 민권운동에서 벗어나는 모습을 보였다.

『국민의 벗』 1893년 1월호(179호)에 논설 '큰 일본大たる日本'이 실렸다. '큰 일본'은 곧 '대일본주의'를 의미하는 것으로 이후로 이 용어는 그의 글에서 자주 등장하게 된다.[27] 이 글에서 그는 동양에서의 '큰 일본'의 건설 필요성, 조선 문제나 무역식민 문제의 중요성을 강조하면서, 일본이 열강들의 압박 속에서 살아남기 위해 밖으로 팽창하는 것을 잊지 말아야 한다는 요시다 쇼인의 유훈遺訓에 대해 지지를 보냈다. 번벌 정부가 곧 청국에 대해 전쟁을 일으킬 것을 예단한 듯한 글이다. 그는 청일전쟁이 일어나기 직전에 『자주적 외교』(1894. 5)라는 소책자에 '일본인의 일본'이란 조어造語를 통해 '큰 일본'을 만드는 데 일본 국민이 나서야 한다는 것을 역설하였다.[28] 그는, 지금까지의 평민주의를 대외 팽창주의로 전환하는 논리를 찾고 있었다. 그새 무슨 일이 일어나고 있었던가?

제4의회가 개회 중인 1893년 2월 28일에 천황의 「화협和協의 조직詔勅」이 내려졌다.

27 米原 謙, 앞 책, 2003, 98면.
28 같은 책, 98~101면.

끝나지 않은 역사

건함建艦 예산을 놓고 의회에서 민당과 정부 사이에 벌어진 알력이 타결될 전망이 보이지 않자 천황이 나섰다. 조칙은 궁정비宮廷費를 절약하고 문무 관리 봉급의 일부를 건함 예산에 돌릴 것이니 의회가 협조해 달라는 내용이었다. 천황의 조칙에 맞서 싸울 정당은 없었다. 이 무렵 의회와 정부 사이에 긴장관계를 불러일으킨 다른 문제가 하나 더 있었다. 조약개정 문제가 바로 그것이다.

1892년 11월 치시마 함千島艦이 영국 군함과 충돌하는 사건이 발생하였다. 이 사건 처리에서 영사재판에 관한 조약 내용 문제를 놓고 정당 간에 벌어진 조약개정안 논란에 대해 국민적 관심이 높았다. 쟁점은 내지잡거內地雜居였다. 내지잡거는 외국인의 거주, 여행, 영업 등을 거류지에 제한하지 않는다는 것을 의미한다. 정부의 불평등 조약의 개정 초점은 관세율 조정에 더 비중을 두고 있었기 때문에 내지잡거는 허용하는 쪽으로 기울어 있었다. 그러나 민간에서는 주거 제한이 없으면 외국인에 의해 경제적으로 지배될 것이라는 위구심이 높았다. 이에 정부안과는 반대되는 '내지잡거(시기)상조론內地雜居尙早論'이 큰 힘을 받았다. 도쿠토미 소호는 조약의 호혜 정신으로나 일본의 역사적 경험으로 내지잡거는 일본인의 자존심으로 두려울 것이 못되며 일본사회의 발전에도 유리하다고 생각하였다.[29]

여기서 도쿠토미 소호는 일본이 나아갈 길에 대한 자신의 지금까지의 생각을 점검해 보기 시작한 것 같다. 초판『요시다 쇼인』의 서문은 '제5 제국의회의 개회일' 곧 1893년 11월 28일에 쓴 것으로 명기되어 있다. 이름하여 '요시다 쇼인'이라고 하였지만 쇼인을 중심으로 전후의 대세, '암잠묵이暗潛默移'(어둠에 잠긴 가운데 소리 없이 흘러감)의 현상을 관찰한 데 지나지 않다. 만약 내용상 명실이 상부相副하지 않다면「유신혁명전사론維新革命前史論」으로 함도 불가하지 않다고 하였다. 예산과 조약 문제를 둘러싼 그

29 같은 책, 93~98면.

간의 의회(정당)와 정부 간의 교착 상태, 특히 천황이 특별 조칙을 내리는 상황을 돌파하는 길이 무엇인지를 요시다 쇼인의 시대를 귀감삼아 다시 성찰해 보고자 한 것이다. 결론적으로 소호는 여기서 민권운동 곧 정당에 대한 기대를 접고 요시다 쇼인이 주장한 것처럼 천황 중심의 국가주의가 우선해야 한다고 판단하게 된 것으로 보인다. 조약개정 문제를 통해 '국가적 자주'가 평민사회에서 크게 의식되는 것을 살피면서 평민주의 민권운동을 더 지속시키기보다는 대외 진출의 국민팽창이 오늘의 일본을 발전시키는 데 더 쉽고 필요한 일이라고 판단했던 것이다. 이것이 곧 '연재'와 초판『요시다 쇼인』간에 목차의 대폭적 수정을 가져왔던 것이다.[30]

소호가 초판 서문을 쓴 그날부터 열린 제5의회(1893. 11. 28~ 12. 30)의 의사 진행은 조금도 호전되지 않았다. 정당 인사들 가운데 민간의 위구심을 의식하여 정부안을 반대하기 위한 방안을 따로 준비하는 사람들이 있었다. 경육파硬六派라고 불린 이 세력은 이미 주거 제한을 규정한 현행 조약이 제대로 시행되고 있지 못한 점에 착안하여 이를 제대로 시행하라는 '현행조약여행건의안現行條約勵行建議案'을 상정하였다.[31] 제5의회는 이처럼 조약개정 문제를 놓고 정당 안에서 뜻을 달리 한 부류가 생기는 상황에 직면하였다. 지금까지의 민당民黨 대 이당吏黨의 구도가 붕괴되고 있었다. 정부와 의회는 끝내 해결의 실마리를 찾지 못하고 제5국회는 그해 12월 30일 해산되었다.

1894년에 들어와 3월 1일에 제3회 총선거가 실시되고 5월 15일에 제6의회가 열렸다. 의회는 내각 탄핵안을 가결시켰지만, 궁내성宮內省은 이를 채택하지 않는다는 뜻을 의회에 전달하고, 6월 2일에 '조선출병' 결정을 내리고 다시 의회는 해산되었다. 도쿠토미 소호가 초판『요시다 쇼인』을 출간하면서 내린 판단은 틀리지 않았다. 1893년 1월에 쓴 '큰 일본'의 취지는 그래서 이후 지속적으로 표명되어 제6의회가 열린 시기,

30 주 33 참조.
31 米原 謙, 앞 책, 2003, 94면.

곧 청일전쟁 발발 직전에는 『자주적 외교』(1894. 5)를 내어 소신을 확실히 표명하기에 이르렀다.[32]

　초판본 『요시다 쇼인』은 표 1에서 보듯이 『국민의 벗』에 연재되던 것에 비해 항목이 10개에서 20개로 크게 늘었다. 1, 2절에서 요시다 쇼인의 가계와 어린 시절의 교육을 다룬 것, 3절에서 7절까지 메이지유신 전의 막부의 개혁 의지와 능력의 부재, 그에 비해 외교적 '굴욕'을 척결하려는 조슈번(나가토국長門國, 스오우 국周防國) 무사들의 동향이 5개 절에 걸쳐 들어간 것은 요시다 쇼인의 업적을 막말 유신기의 역사 속에서 드러낼 의도였다. 대의大義로서 '양이'(10절) '존왕'(11절)에 이어 '막정幕政의 변국變局'(12절)을 삽입한 것도 그 추이를 드러내기 위한 것이다. 이 역사적 대전환을 이끌 인재를 양성한 과정을 '쇼카 손주쿠松下村塾'(13절)에서 다룬 다음, '타격적打擊的 운동'(14절)에 나선 요시다 쇼인을 '작은小 마치니'로[33] 간주한 것은 「연재」에서와 같다. 다만 「연재」에서 절의 이름을 '혁명가'로 한 것을 '혁명가로서의 쇼인松陰'이라고 수식적 표현으로 바꾸었다. 종반에서 '가정에 있어서의 쇼인松陰'(18절) '인물'(19절) '사업과 교훈'(20절) 등의 절을 세워 인물에 대한 평가를 늘인 것은 그를 '일본 남아男兒의 좋은好 표본'으로 규정하여 국민의 스승으로 삼아 '새로운 일본新日本'의 '국민적 팽창'의 원동력으로 삼고자 한 것이다. 이런 관점에서 보면, 초판본 『요시다 쇼인』을 혁명가 쇼인이 강조된 점을 중시하여 민권운동의 '제2유신'을 달성하기 위한 것이었다고 평가하는 것에는 동의가 선뜻 가지 않는다.[34] 일본인의 '국민'으로서의 거듭나기에 대한 기대로 민권

32　같은 책, 99면.

33　'小 마치니'는 도쿠토미 소호의 표현이다. 岩波文庫 33-154-1 『吉田松陰』(복간본, 1981) 217면.

34　앞 岩波文庫 수록 「付錄 吉田松陰演說草稿」, 植手通有 「解說」, 272~273면 및 田中彰, 앞 책, 2001, 33면. 植手通有는 앞 해설에서 '국민적 팽창'으로의 '변조(變調)의 싹〔萌〕'이 동시에 나타난 점을 지적하고 있지만, 개정판에 비하면 아직 차이가 있다고 하였다.(273~274면) 植手通有는 岩波文庫 출판에서 초판본이 개정판(1908)보다 소호 사상의 면모로서 더 중요하다는, 개정판에 대해 소호 자신도 전

운동적 효과도 일면 견지되었지만, '큰 일본' 형성에 기여할 수 있는 역사적 표본 인물 찾기가 그 저술의 의도였던 것으로 보아야 옳다. 「연재」 이후, 앞에서 살핀 것과 같은 1892년 후반에서 1893년에 이르는 시기의 정국의 새로운 흐름이 이런 적극적 해석을 가능하게 한다. 제20절 「사업과 교훈」의 아래 구절이 도쿠토미 소호의 그런 저술 의도를 여실하게 보여준다.

> 그의 사업은 짧았어도, 그의 교훈은 길다. 한 바는 많지 않아도 가르친 바는 크다. 유신 건아維新 健兒로서의 그의 사업은, 혹 역사의 조그마한 그림자[片影]로 묻힐 수도 있다. 하지만 혁신자의 모범으로서, 일본 남아의 전형으로서, 우리 국민의 마음을 태울 것이다. 그의 생애는 피가 있는 국민적 시가이다. (중략) 쇼인은 죽었어도 죽지 않았다. 그가 순난자殉難者로서의 피를 흘린지 30여 년, 유신의 대업의 반은 황폐하여, 다시 제2의 유신을 요하는 시절이 다가왔다. 제2의 요시다 쇼인을 필요로 하는 시절이 왔다. 그의 쓸쓸한 무덤[孤墳]이 이미 움직이고 있음을 보라.

도쿠토미 소호는 1893년의 시점에서 메이지유신이 원래 목표한 바를 제대로 이루지 못하고 있다고 평가하고 그 이루지 못한 반半을 새롭게 달성하기 위해 제2의 요시다 쇼인이 필요하다고 하였다. 이루지 못한 반, 제2의 요시다 쇼인이 이루어야 할 남은 과제는 한계에 부닥친 평민주의 민권운동이 아니라 일본인을 국민적 팽창의 주체로 키워 동양의 '큰 일본'을 이룩하는 일이었다. 그것은 바로 요시다 쇼인이 『유수록幽囚錄』에서 일본인이 앞으로 살길, 곧 대외 팽창론으로 후세에 남겼던 것이다. '굴욕'의 예방

후(戰後)에 불만을 표한 점에서 초판본을 선정하였다고 밝혔다.(해설 275~276면) 이런 관점이 초판본에 이미 나타난 팽창주의를 과소평가한 것으로 보인다. 그러나 그 팽창주의가 청일전쟁 당시 강한 선동으로 나타난 사실을 직시하면 초판에서 이미 나타난 '국민적 팽창' 성향은 결코 과소평가할 대상이 아니다.

끝나지 않은 역사

을 위한 과감한 '타격적 운동'을 요시다 쇼인으로부터 배워야 한다는 것이 『요시다 쇼인』 출간의 목적이었던 것이다.

소호는 초판 서문에서 "사실의 골자는 대개 「유실문고幽室文稿」『요시다 쇼인전』 (1891, 사료집)에서 얻었다"고 하였다. 1891년 미토水戸의 역사 편찬자들과 조슈의 요시다 쇼인 제자 출신의 번벌세력의 중심인물, 후손 사이에 형성된 요시다 쇼인 현창의식 및 그 성과에 도쿠토미 소호 자신이 발을 적시고 있었다. 어쨌든 이 출간을 신호로 도쿠토미 소호는 이미 '내셔널리즘'의 길에 들어섰다.[35]

(3) 청일전쟁과 도쿠토미 소호의 전쟁 홍보

도쿠토미 소호는 1893년 12월 초판본 『요시다 쇼인』 출간 후, 여러 편의 논설을 통해, 전쟁을 통해 이루어져야 할 영토 확장의 정당성을 논하였다. 영토 확장과 식민지 획득은 불평등조약으로 상처받은 명예를 회복하는 것이며, 국민적 자존심을 되찾는 것이라고 하였다.[36] 국가의 팽창은 개인의 활동에 의거하여 이루어지는 것으로, 개인팽창의 결과가 국가팽창이라고 하였다. 이것은 이토 히로부미나 야마가타 아리토모가 유럽을 방문하여 가르침을 받은 로렌츠 폰 슈타인Lorenz von Stein의 국가론에 해당하는 것이기도 하다. 국민 개개인은 잠재적 병사이며, 국가의 명예와 위신을 확충하는 것은 개개 국민에게 부과된 의무라고 하였다. 후쿠자와 유키치福澤諭吉가 청국과의 전쟁을 문명과 야만의 전쟁이라고 표현한 것은 잘 알려져 있다. 즉, 타자 곧 서양 열강의 눈을 의식하여 서구화한 일본이 아직도 야만 상태인 청국, 그 영향 아래의 조선을 문명의 세계로 이끌기 위한 전쟁이 곧 이 전쟁이라고 정당화 논리를 폈다. 이 전쟁의 승리는 서구로부

---

35 米原 謙, 앞 책, 2003, 101면.
36 같은 책, 116~121면.

터 문명국의 지위를 공인받는 기회라고도 하였다. 우치무라 간조内村鑑三는 「일청日淸 전쟁의 의義」란 글에서 이 전쟁은 곧 일본을 야만시하는 서양 열강의 편견을 불식하는 계기라고 그 의미를 부여하면서 청국에 이기는 것은 동시에 세계에 대해서도 이기는 것이라고 하였다. 구미에 대한 설욕과 명예회복을 목표로 한 것이었다.[37] 도쿠토미 소호는 우치무라 간조의 영문판 글을 『국민의 벗』에 전재하였다. 우치무라는 "지나(중국)는 사교율社交律의 파괴자요, 인정仁情의 해적害敵이며, 야만주의의 보호자라"고 지적하기까지 하였다.[38] 소호는 이에 근거하여 "조선을 개혁하고 청국을 토벌하는 것은 문명의 권리"라고 주장하였다.

도쿠토미 소호는 전쟁 직전에 요시다 쇼인의 글들을 모두 검토한 상황이었으므로 자연히 그의 언설에서도 전쟁 정당화의 논리를 구하고자 하였다. 소호는 이 전쟁을 한마디로 "일본제국 통일 자위自衛의 길을 다하고, 바깥으로 팽창시킴이라"고 하였다. 쇼인의 『유수록』의 논조를 그대로 느끼게 하는 표현이다. 「청국 정벌의 참 의의〔征淸의 眞意義〕」에서는 "자위와 웅비라 함은, 유신 대정신大精神을 호두 껍질 속〔殼中〕에 끼워넣는 핵심 용어〔要語〕이다"(『국민신문』 1894년 12월)라고 하고, 나아가 존왕양이(메이지 유신) – 자유민권 – 국민적 팽창(일청전쟁)으로 유신과 청일전쟁을 한 선상에 연결시켜, "팽창이란 다른 나라〔他邦〕를 침략하는 것의 이름이 아니라, 일본국민이 세계에 웅비하고, 세계에 향하여 대의를 펴는 것일 뿐"이라고 전쟁을 정당화 하였다.(『국민의 벗』 제263호의 「일본의 活題目」 1895. 9. 23)[39]

청일전쟁 발발 전후의 도쿠토미 소호의 팽창주의 논설은 당시 번벌 정부의 핵심 인물들의 발언과 다를 바 없는 것이었다. 내각 총리대신으로서 이 전쟁 수행의 중심에 있었

37 米原 謙, 앞 책, 2003, 120~121면.
38 같은 책, 121면. 우치무라 간조는 나중에 자신의 글을 반성하여 사과를 표하였다.
39 田中 彰, 앞 책, 2001, 36~37면.

던 이토 히로부미는 말할 것도 없고, 군부파의 대표인 야마가타 아리토모는 '교육칙어'의 이데올로기로서 '충효忠孝'의 '충'은, 전쟁에서 '의용봉공義勇奉公'으로 현현顯現하는 것이라고 명시하였다. 그리고 그는 내각총리대신(1889. 12~1891. 5) 자격으로 1890년 제1회 제국의회에서 '주권선' (국경)뿐 아니라, '이익선' (조선) 확보의 시정 방침을 발표한 적이 있다. 이는 곧 총리대신이 되기 전에 가진 두 번째 유럽 방문 때, 독일의 로렌츠 폰 슈타인으로부터 배운 외교론이었다.[40] 번벌 세력의 중심에서 나타나고 있는 대외 지향 구상 언설들로 보면, 도쿠토미 소호의 '큰 일본' (1893. 1)은 조슈 번벌 핵심인물들의 '대국주의'를 그대로 받아들인 것이나 마찬가지다.[41]

도쿠토미 소호는 전쟁이 일어나자 취재를 명분으로 조슈 출신의 군인, 관료들에게 다가갔다. 메이지 국가는 천황을 대원수로 하는 대본영大本營을 설치하고 개전開戰과 동시에 그 위치를 도쿄에서 히로시마廣島로 옮겨 천황의 출진出陣의 형식을 갖추었다. 현역 군인으로서는 가와카미 소로쿠川上操六가 대본영 참모차장으로 최고위에 임명되었다. 가와카미 소로쿠는 사쓰마 번 출신으로 세이난 전쟁 때부터 조슈 번 출신과 함께 국민군 창설 발전에 공로가 많았다. 도쿠토미 소호는 이전부터 그와 친교가 있어 그로부터 전쟁 취재의 편의를 최대로 제공받았다. 히로시마에 『국민신문』의 임시 지국을 설치하여 취재 경쟁에서 우위를 확보하였다. 처음 천황의 히로시마 출진 때, 그는 참모차장의 주선으로 수행원[從者] 이름으로 같은 열차에 편승하는 편의를 누렸다. 이듬해 4월까지 히로시마를 근거지로 도쿄 간을 7회 왕복하면서 취재하였다. 그 사이 가와카미 참모차장 외에 운수통신장관運輸通信長官 데라우치 마사타케(후에 한국 통감, 초대 조선 총독), 가바야마 스케노리樺山資紀(사쓰마 출신 해군대장, 1895년 초대 타이완 총독), 야마모토 곤노효에山本權兵衛(해군대신 부관, 1898년 이후 해군대신으로 러일전쟁 시 해군 출

40 伊藤之雄, 『山縣有朋―愚直な權力者の生涯』, 文藝新書, 2009, 233면.
41 米原謙, 앞 책, 2003, 128면.

진 명령, 1913년 내각총리대신) 등을 자주 방문하여 정보를 얻었다.[42] 1895년 5월 전승을 눈앞에 두고 요동반도를 방문하였을 때 만난 사단장 가쓰라 다로桂太郞는 1900년부터 깊은 정치적 관계를 가져 러일전쟁 취재 때는 어떤 신문보다도 우위를 누렸다. 소호의 『국민신문』은 전쟁에 관한 보도에서 가장 선동적이었다. 청일전쟁의 승리는 일본의 팽창이자, 『국민신문』의 팽창이었다. 발행 부수가 발간 당초 겨우 7천부이던 것이 전쟁 중에 2만부를 돌파하였다.

4) 도쿠토미 소호의 제국주의로의 전향과 개정판『요시다 쇼인』(1908)

(1) 삼국간섭三國干涉의 '굴욕'과 도쿠토미 소호

청국과의 전쟁에서 일본은 승리하였다. 시모노세키 강화 조약을 통해 일본은 전승국으로서 타이완을 얻고, 요동반도를 할양받았다. 요시다 쇼인이 『유수록』에서 밝힌 천황제 국가 일본이 해외에서 이루어야 할 과제가 처음으로 실현되는 순간이었다. 그러나 곧 요동반도 할양에 대한 3국(러시아, 독일, 프랑스)의 '간섭'이 들어왔다. 내각총리대신 이토 히로부미는 이를 즉각 받아들여 '요동 포기' 조치가 내려졌다. 군부는 크게 반발하였다. 도쿠토미 소호는 이 소식을 요동 시찰 중에 들었다. 대총독부가 기획한 요동 시찰에 참여하여 가쓰라 다로桂太郞가 사단장으로 주둔하고 있던 가이핑蓋平(현 가이저

---

42 植手通有編,『德富蘇峰集』(『明治文學全集』제34권, 筑摩書房, 1974. 4) 부록「年譜」. 도쿠토미 소호의 경력에 관한 서술 가운데 이 연보에 근거한 것이 많지만, 이하에서는 일일이 근거로 명시하지 않는다. 가쓰라 다로〔桂太郎〕, 고다마 겐타로〔児玉源太郎〕 등과 함께, '메이지육군〔明治陸軍〕의 삼총사〔三羽烏〕'로 불렸다. 그러나 가와카미는 1899년에 사망함으로써 러일전쟁과 무관하여 한국에는 역사적으로 덜 알려진 인물이 되었다.

우 시)에 머물고 있을 때였다. 그는 이 조치에 분노하면서 현지의 작은 돌을 손수건에 싸서 가져왔다. 이토 히로부미는 그가 가장 멀리하는 조슈 출신 정치인이었다. 반면에 이 때 만난 가쓰라와는 1900년 이후 러시아에 대한 복수에 뜻을 같이 하여 깊은 공조관계를 가지게 되었다.[43] 가쓰라는 육군 창설을 주도하여 이른바 조슈 군벌의 핵심이면서 '야마가타 관료파山縣係官僚派'를 만들어간 야마가타 아리토모의 심복이었다.[44]

삼국간섭은 예기치 않은 굴욕이었다. 도쿠토미는 이를 놓고 "전쟁에 의해 하룻밤에 거인이 된 국민이 평화담판 때문에 하룻밤에 난쟁이[侏儒]가 되었다"고 표현하였다. 그는 와신상담하면서 러시아에 대한 복수의 논리를 만들었다. 청일전쟁에서는 야만을 박멸하기 위한 문명의 권리로 전쟁을 정당화했지만, 러시아는 '문명'의 지위에서 일본보다 우위에 있었기 때문에 새로운 논리 개발이 필요하였다. 그는 일본에 대한 '세계의 동정'에 호소하기로 하고, 일본 국민을 '세계의 인정을 살려내는[活現] 국민'으로 미화하면서 '천하를 동포로 삼는 기개를 가진' 일본 민족은 '일시동인一視同仁'으로 주위 나라에 대한 시정施政 기회를 가지고자 영토 확장에 임한다고 하였다. 삼국간섭 수락 후 약 4개월 후에 도쿠토미 소호가 도달한 전략이었다. 그는 "세계는 국민의 세계만이 아니라, 인간의 세계이며, 국가의 생존은 큰 요구이지만, 인정人情은 이것보다 더 큰 요구이다. 우리가 오늘에서 이루어야 할 대계는 일본제국으로 하여금 인정과 문명의 방위자가 되게 하는 데 있다"고 하였다. 러시아를 '무도한 강국'으로 규정하고, 일본을 이 강국에 도전하는 '진보'와 '문명'과 '인정'의 나라라고 하고, 그 일본은 조선 독립의 대의 실현을 이미 세계에 공언한 만큼 그 사명은 포기될 수 없다고 하였다.[45]

43 米原 謙, 앞 책, 2003, 128면.
44 伊藤之雄,『山縣有朋 -愚直な權力者の生涯-』, 文春新書 684, 文藝春秋, 2009.
45 米原 謙, 앞 책, 2003, 130~131면.

(2) '정치가' 도쿠토미 소호와 『국민신문』의 정부 기관지화

도쿠토미 소호는 1896년 5월에서 1897년 6월까지 무려 13개월 동안 유럽 전역과 미국을 여행한다.[46] 도시샤 영학교 후배로 『국민신문』에서 근무 중인 후카이 에이고深井英五가 동행하였다. 민권운동 때부터 유대관계를 가졌던 오쿠마 시게노부大隈重信의 소개로 은행으로부터 6,300여 엔을 빌려 여행비로 썼다.[47] 그는 1896년 9월에 여행 중에 이른바 쇼와이 내각松·隈内閣(수상 마쓰카타 마사요시松方正義, 외상 오쿠마 시게노부) 성립의 소식을 들었다. 여행 중에 러시아에 대한 설욕을 위해서는 영국과 제휴할 필요성을 느껴 '일영동맹日英同盟의 구상'을 오쿠마에게 보내었다. 이토 히로부미나 야마가타는 이때 러시아와의 협상을 중시하였기 때문에 소호는 이들과는 거리를 두었다. 오쿠마가 외무대신이 된 상황에서 자신의 뜻을 정책으로 실현시켜보려고 한 것이다.[48]

도쿠토미 소호는 귀국 직후 마쓰카타 수상과 오쿠마 외상을 차례로 만났다. 그리고 1897년 8월에 신설된 내무성 칙임참사관勅任参事官에 취임하였다. 소호는 귀국 직후 이들과의 면담에서 『국민신문』의 역할에 대한 사전 약속을 가졌고, 이에 이어 칙임참사관에 취임하게 되었다고 한다. 그는 『국민신문』을 쇼와이 내각의 '정통한 유일 기관'으로 한다는 각서에 서명하여 내각의 주요 멤버에게 이를 교부하였다. 각서는, 『국민신

46 같은 책, 132~140면. 5월 21일 요코하마를 출발하여 홍콩, 수에즈 운하를 경유하여 마르세유, 런던, 암스테르담, 베를린, 바르샤바, 상트페테르부르크, 모스크바, 키예프, 오데사, 콘스탄티노플, 부쿠레슈티, 부다페스트, 비엔나, 베니스, 피렌체, 로마, 나폴리, 제네바, 리옹, 파리, 런던, 뉴욕, 보스턴, 시카고, 샌프란시스코 등지를 순력하였다.

47 같은 책, 133면. 당시 『국민신문』 사원의 1개월 월급 평균이 10엔(円)이었다고 한다. 후카이는 1901년에 마쓰카타 마사요시(松方正義)의 추천으로 일본은행(日本銀行)에 입사하여 1935년에 13대 총재가 된다. 1904년 2월 러일전쟁이 일어나서부터 1907년 5월까지 여러 번 출국하여 부총재 다카하시 고레키요(高橋是淸)의 외채(外債) 모집을 위한 출장에 동행하였다.

48 같은 책, 140면.

문』은 "일본국민에 대하여 현 내각을 대표하고, 세계에 향하여서는 대일본제국을 대표한다"고 규정하고, 이에 더하여 정부로부터 자금과 정보제공을 받아 다른 신문을 조종하는 역할이 명기되었다.[49] 이는 곧 완전한 정부 기관지화를 의미하는 것이었다. 번벌 비판의 민당 합동론을 사시社是로 내건 때로부터 5년밖에 경과하지 않은 시점이었다. '변절'에 대한 비난의 소리가 높아『국민신문』은 발행부수가 25,000부에서 5∼6,000부로 급감하였다.

마쓰카타松方 내각은 단명하였다.(1896. 9 ∼1898. 1) 지조 증징地租 增徵과 군비확장 문제를 놓고 마쓰카타파와 오쿠마파가 대립하여 지지 정당이던 진보당이 마쓰카타내각과의 단절을 선언하여 내각 총사퇴를 가져왔다. 제3차 이토 히로부미 내각이 뒤를 이었다.『국민신문』은 어용 신문이 된 뒤로 인기가 떨어져 경영 위기에 빠져 방향 전환도 할 수 없었다. 1898년 1월 소호는 총리대신 이토와 관저에서 만나 지조 증징과 군비확장에 대해 의견일치로 협력을 약속하였다. 그러나 이 시기에 내각은 연속적으로 단명으로 잦게 교체되었다.[50] 정치에 발을 들여 놓은 소호는 이런 상황에서 여러 정치인을 찾을 수밖에 없었다. 그는 "나의 위치는 이토파伊藤派도 아니고, 야마가타파山縣派도 아니고, 일개 애국 광자一個 愛國 狂者"라고 스스로 변호하였다. 1898년 5월, 발행 부수 감소로『국민의 벗』,『가정잡지』,『극동』3지를 폐간하여『국민신문』하나로 합쳤다. 소호는 고향 구마모토에서 중의원으로 입후보할 생각을 가질 정도로 정치에 빠져들었다. '삼국간섭'의 설욕이라는 국가목표 달성이 언론인으로서의 자신의 사명이라고 믿는 가

---

49 같은 책, 141면.

50 제3차 이토 히로부미〔伊藤博文〕 내각(1898. 1∼1898. 6), 제1차 오쿠마 시게노부〔大隈重信〕 내각 (1898. 6∼1898. 11), 제2차 야마가타 아리토모〔山縣有朋〕 내각(1898. 11 ∼ 1900. 10), 제4차 이토 히로부미〔伊藤博文〕 내각(1900. 10 ∼ 1901. 6)으로 이어졌다.

운데 "정치 저널리스트가 정치가의 사냥개走狗로" 변해가는 상황이었다.[51]

1901년 6월 제1차 가쓰라 다로 내각이 성립하였다. 가쓰라 내각은 이후 1906년 1월까지 근 5년을 존속한다. 가쓰라 내각은 러일전쟁을 일으키고 또 승리하였다. 도쿠토미 소호에게 전쟁은 와신상담해 온 러시아에 대한 설욕을 이룰 수 있는 절호의 기회였다. 가쓰라는 이토 히로부미와는 달리 러시아와의 협상이 아니라 대결을 주장하여 요동반도를 일본이 되찾는 정책을 펴는 데 적극적이었다. 그는 집권하자마자 영국과의 동맹을 추진하여 1902년 1월에 영일동맹을 성립시켰다. 도쿠토미 소호는 가쓰라와 아직 친밀한 사이가 아니었지만, 수상이 된 뒤 가쓰라 측의 요청을 마쓰카타가 중개하여 회견을 가졌다. 소호는 밖에서 가쓰라 내각을 원조할 것을 약속하였다. 이후 특히 영일동맹으로 두 사람의 관계는 '밀착'으로 급진전하였다. 도쿠토미 스스로 표현하였듯이 이를 계기로 "몸도 혼도 가쓰라 내각이라기보다도 가쓰라 수상과 일치한" 상태가 되었다. 1913년에 가쓰라가 사망할 때까지 10년 간, 소호는 "거의 내가 가진 모든 것"을 가쓰라를 중심으로 하는 현실정치에 바치는 사태로 발전하였다.[52] 가쓰라와의 이런 밀착은 곧 한국의 보호국화, 통감부 설치를 통한 식민지 체제 확립에 그가 직접 뛰어들었다는 것을 의미한다.

도쿠토미 소호는 가쓰라 수상과 일심동체가 되고, 『국민일보』는 곧 정부의 대변인역할을 하는 신문이 되었다. 가쓰라 수상은 소호에게 언론으로서 국민을 이끌어 거국일치擧國一致의 열매實를 거두고, 제3국에 대하여 일본의 입장을 설명하여 이해를 얻고, 외국 외교관이나 특파기자를 조종할 것 등의 임무를 위촉하여 국론 통일과 국제여론 활용에 진력하였다. 『국민일보』는 정부의 내부 정보망을 이용하면서 이 역할을 수행하

---

51 米原 謙, 앞 책, 2003, 144면.

52 같은 책, 152~153면.

였다.[53] 러일전쟁은 일본이 한국을 차지하고 나아가 만주, 요동반도를 러시아로부터 빼앗아 만주 지배의 발판으로 삼는 것을 목표로 하였다.[54] 이런 야망 아래 군사적으로나 경제적으로 한국의 보전은 일본의 생존에 관계되어 러시아가 그 국민적 생존권을 침해하는 이상, 국민은 분기할 수밖에 없다고 국민들을 선동하였다. 구미의 언론을 상대로 한 선전에서는 한국인들이 일본의 보호국이 되는 것을 환영한다고 왜곡하기도 하였다.

(3) 개정판『요시다 쇼인』의 출간(1908)

초판『요시다 쇼인』은 1908년까지 13판을 거듭하였다. 근 14년간 13판이면 매년 한 번씩 인쇄한 셈으로 베스트셀러라고 할 만하다. 왜 개정판을 낸 것일까? 1904년 2월 초부터 시작한 러일전쟁의 승리, 이를 계기로 한 일본제국의 국제적 위상의 상승과 관련이 있을 것은 짐작하기 어렵지 않다. 러시아와의 전쟁에서 일본이 승리한 것에 대해 세계가 놀란 것은 사실이다. 개정판은 〈예언例言〉(1908년 9월 24일자)을 서문으로 대신하였는데 여기서 밝힌 개정판을 낸 사정은 다음과 같다.

먼저, 이 책은 '수선'이라기보다 '신축'에 가까운 '대수선'이라고 하여 내용을 크게 고친 것을 스스로 밝혔다. 이 점은 초판과 개정판의 목차를 비교한 표 2를 보더라도 확인이 된다. 〈예언〉은 1년 전부터 개정 작업을 생각하고 있었는데 이해 5월에 노기 마레스케乃木希典 대장군의 '개절凱切한 종용慫慂'을 받고, 또 쇼인 문하의 노무라 야스시野村靖 자작[55]이 구 저서(초판)에 대한 '가장 엄밀한, 정세精細한 비평', 그리고 여러 차례의 '수

---

53 같은 책, 154면.

54 和田春樹,『日露戰爭』(岩波書店, 2010) 第10章 日露戰爭はこうして起こった 참조.

55 노무라 야스시〔野村靖〕는 제2차 이토 히로부미〔伊藤博文〕 내각에서 내무대신, 제2차 마스가타〔松方〕 내각에서 체신대신을 역임하고 1909년 사거(死去) 때, 유언으로 스승 요시다 쇼인〔吉田松陰〕의 묘

시垂示'를 준 것에 자극을 받아 개정에 나서게 되었다고 하였다. 그리고 쇼인의 상속자인 요시다 구라조吉田庫三가[56] 가보를 포함한 풍부한 자료를 제공해 주었고, 가쓰라 다로, 데라우치 마사타케, 시바타 카몬柴田家門[57]도 자료를 제공해 주었다고 밝혔다. 초판을 낸 후, '정치가'로의 변신에 깊은 관련을 가진 가쓰라 다로, 데라우치 마사타케 등으로부터 자료를 건네받고 있는 점은 주목된다. 이는 개정판이 정치적 기여에 큰 비중을 두고 있다는 반증이다. 그리고 문학박사 이노우에 데쓰지로井上哲次郎, 문학박사 오츠끼 후미히코大槻文彦, 무라다 미네지로村田峯次郎 등 학계의 인물들을 거론한 것은 전에 보지 못하던 사례이다. 세 사람은 저자 곧 자신의 질문에 대해 '회시誨示'를 아끼지 않아 사의를 표한다고 하였다. 이 가운데 철학자 이노우에 데쓰지로는 황국주의 창출에 깊이 관련된 인물이다.[58]

역 안에 매장되었다.

56 요시다 쇼인의 조카(누이의 아들)로서 상속자가 되어 주로 교육계에 종사하였다.

57 제2차, 제2차 가쓰라 내각에서 관방장관(官房長官)을 역임하고 나중에 문부대신이 되었다.

58 이노우에 데쓰지로[井上哲次郎]는 서양철학과 동양철학의 종합에 노력하였지만, 천황의 의지와 권위에 대한 복종을 요구하는「교육칙어(敎育勅語)」가 발표되었을 때, 이를 지지하는「제실과 종교의 관계」를 발표하여 여론에 큰 영향을 끼쳤다. 그는 이 글에서 그리스도교를 공격하면서 일본의 독특한 전통 유지를 주장하였다. 오츠키 후미히코는 일본 최초의 근대적 국어사전인『언해(言海)』의 편찬자로서 교육 칙어가 반포될 때 미리 문법의 오류를 지적한 것으로 유명해졌다. 1891년『언해(言海)』의 출판 기념회 때는 총리대신 이토 히로부미를 비롯해 많은 명사들이 참가하였다. 도쿠토미가『요시다 쇼인[吉田松陰]』을 개정하면서 두 사람에게 질문을 굳이 보낸 것은 각기의 전문성을 빌려 책의 권위를 높이려는 의도였을 것이다. 무라다 미네지로[村田峯次郎]는 조슈 출신의 역사가로서 조슈 번의 번주 모리가(毛利家)에 들어가 조슈번사[長州藩史] 편수(編修)를 주재한 경력을 가지고 다이쇼[大正] 연간에는 유신사료편찬회에도 관계하였다. 소호가 요시다 쇼인의 전기를 쓰는 위치에서는 마땅히 도움을 받아야 할 사람이다.『朝日日本歷史人物事典』(朝日新聞社, 1994) 참조.

표 2 도쿠토미 소호德富蘇峰의『요시다 쇼인吉田松陰』의 초판, 개정판 목차 비교

초판 요시다 쇼인 初版『吉田松陰』(1893. 12)	개정판 요시다 쇼인 改訂版『吉田松陰』(1908. 10)
서언 緒言	예언 例言
	서론 緒論 一~四
요시다 쇼인 1.吉田松陰은 누구인가?	좌와 같음
가정 아 2.家庭의 兒	〃
도쿠가와 제도 3.德川制度	〃
쇄국적정책 4.鎖國的政策	〃
텐포시대 5.天保時代	〃
미즈노 에치젠노카미 개혁 6.水野越前守의 改革	〃
조슈·보슈 이주 7.長防二州	〃
	수양시대 修養時代(2~7 부분 계승관계)
	진제이여행 鎭西旅行
여행 8.旅行	망명 亡命
	동서상하 東西上下
	답해 실패 踏海의 失敗
쇼잔 쇼인 9.象山과 松陰	좌와 같음
양이 10.攘夷	〃
존왕 11.尊王	〃
막정 변국 12.幕政의 變局	〃
쇼카 손주쿠 13.松下村塾	〃
타격적 운동 14.打擊的 運動	〃
혁명가 쇼인 15.革命家로서의 松陰	삭제
최후 16.最後	좌와 같음

초판 요시다 쇼인 初版『吉田松陰』(1893.12)	개정판 요시다 쇼인 改訂版『吉田松陰』(1908.10)
	쇼인 국체론 松陰과 國体論
	쇼인 제국주의 松陰과 帝國主義
쇼인 17. 松陰과 마치니	쇼인 무사도 松陰과 武士道
	교우 쇼인 交友에서의 松陰
	서생 쇼인 書生으로서의 松陰(19부분 반영)
가정 쇼인 18. 家庭에 있어서 松陰	좌와 같음
인물 19. 人物	화룡점정 畵龍點睛 (15, 19 부분반영)
사업 교훈 20. 事業과 敎訓	삭제
	결론 結論 一 ~ 十

표 2에서 보듯이 개정판은 초판과는 달리 서론과 결론을 여러 절로 넣었다. 서론은 4개 절, 결론은 무려 10개 절로 구성했다. 그리고 초판의 〈8. 여행〉을 4개 절(진세이鎭西여행, 망명, 동서상하, 답해踏海의 실패)로 분화 증보시켰다. 반면에 초판의 〈17. 쇼인과 마치니〉는 5개 절로 늘이되 마치니는 아예 목차에서 없애버리고, 대신에 '쇼인과 국체론國体論' '쇼인과 제국주의' '쇼인과 무사도' '교우(관계)에서의 쇼인' '서생으로서의 쇼인' 등이 들어갔다. 개정에 착수한 직접적인 동기로 〈예언〉이 밝힌 노기 대장군과 노무라 자작의 권유는 이 부분을 대상으로 한 것이 아닐까 추측된다. 이태리의 영웅을 빌려, 요시다 쇼인을 '작은 마치니'라고 표현한 것에 대한 이들의 불만은 컸으리라 짐작된다. 마치니는 소호 자신이 민권운동 차원에서 주목했던 인물이었던 만큼 이를 권유에 따라 삭제하였다면 이것은 큰 변화라고 하지 않을 수 없다. 개정판이 극도의 황실중심주의를 지향하고 있는 사실이 이런 추정을 뒷받침한다. 4개 절에 걸친 서론에서 밝힌 개정의 취지와 방향을 정리하면 아래와 같다.

끝나지 않은 역사

〈서론 1〉은 국가와 국민의 관계를 논하였다. 즉, 국가생존 문제는 국민의 조국에 대한 사랑﹝愛﹞, 공경﹝敬﹞, 믿음﹝信﹞에 달린 것이라고 하였다. 그런데 그 정도에 관해, 조국을 위해서는 재산, 생명 및 이에 부속하는 일체의 사물을 모두 국가에 바치기를 불사하는 정신이 있어야 한다고 하였다. 이런 정신이 있으면 국가가 생존하고, 없으면 쇠퇴, 멸망한다고 하였다. 이렇게 국가에 대한 일방적 헌신이 강조되는 이유로 "지금의 세계 대세가 안으로는 인종적 통일을 기하고, 밖으로는 국민적 팽창을 기하는 상황이기 때문이라고 하였다. 세계는 하나의 경기장이며 열강은 그 경주자로서, 경주의 목적은 세계 그 자체, 곧 누가 더 많은 땅을 차지하느냐라는 것이다. 개인이 국가의 온정의 나래 아래 보호되려면 국가에 대한 이러한 정신적 무장은 필수라고 하였다.

〈서론 2〉는 동양과 서양이 만난 이후 지금까지 백석白晳 인종 우위 인식으로 다른 인종﹝異人種﹞은 지배받고, 백석인종은 지배하는 것이 마치 선천적 약속처럼 단정되다시피 하였지만, 일본의 흥륭이 이 단정의 오류를 고쳐 놓게 된 점을 강조하였다. 일본이 40년이 걸려 세계무대에서 구미열강과 대등한 지위에 오른 경위를 밝히고, 세계가 경탄해 마지않는 이 역사는 곧 거국일치, 군국君國을 위해 몸을 다 바치는 정신으로 이루어진 것이라고 하고, 세계는 실로 애국적 정신의 권화權化를 일본 국민에게서 보았다고 자부하였다. 세계의 역사에 위대한 인상을 남긴 이 큰 역사役事는 메이지 천황과 그 신민의 힘에 의한 것이지만, 한편 유신개혁의 대업을 이룬 많은 선진자先進者의 공덕을 망각해서는 안 된다고 하였다.

〈서론 3〉은 러일전쟁으로 세계열강의 대열에 선 일본을 스스로 제국주의로 규정하는 내용이다. 소호는 제국주의의 이름은 새로운 것이라도, 그 바탕﹝實﹞은 오래된 것으로 일본의 고대 황실 역사, 황조皇祖 황종皇宗의 상대上代에 있다고 하면서 「기년제 축사新年祭祝詞」를 인용하기까지 하였다. 일본제국은 가족적 국가 구성으로, 황실은 야마토大和 민족의 줄기﹝本幹﹞이며, 우리 야마토 민족은 그 가지와 잎﹝枝葉﹞이며, 일본 국가는 이 가족이 팽창한 것이라고 하였다. 또 우리 천황은 일본국민의 원수元首이며, 야마토 민족의 가장이라고 하였다. 이런 역사적 사실에 비추어 황실중심주의는 이론으로부터 연역한 사실이 아니라, 사실로부터 귀납한 이론이라고 자평하였다. 애국심은 국사에서, 국사는 황실에서 구해지는 것이므로, 황실을 중심으로 하여, 야마토 민족의 활동, 발달, 팽창을 구하는 근본적 견해를 확립할 필요가 있다고 하였다.

〈서론 4〉는 자신의 저술 『요시다 쇼인』을 위와 같은 황실중심주의에 연결시키는 내용이다. 서두에 '대인大人'을 논하여, 대인은 국가의 특정한 대표자를 뜻하는 것으로 야마토 민족이 무엇인지를 설명하려면 시대의 대표적 인물을 드는 것이 첩경으로, 대인이 대인인 까닭을 국민으로 하여금 알게 하면 국민적 자각심을 떨쳐 일으키고, 국민 개개인에게 영웅적 심사를 고조시킬 수 있다고 하였다. 일본 국사에서 가장 중요한 부분으로는 진무神武 천황의 개국사 다음으로 유신 개혁사를 들어야 한다는 것이 자신의 견해라고 하고, 이 유신개혁의 최선봉인 요시다 쇼인, 하시모토 사나이橋本左内(호號 게이카쿠景岳)[59] 등이 존왕애국尊王愛國의 푸른 피碧血를 단두장斷頭場에 흘린 지 50년을 경과한 지금, 자신은 그들에 대해 얘기함으로써, 오늘의 새로운 시대의 새로운 요구에 응하고자 한다고 하였다. 쇼인은 곧 일본 남아로서 많은 점에서 대표적 인물이라고 믿어짐과 동시에 많은 점에서 유신개혁시대의 대표적 인물로 인정된다고 하였다.

10개 절에 걸친 〈결론〉은 〈서론〉의 황실중심주의의 뜻을 반복하는 느낌을 주는 내용이 많다. 특별히 눈에 띄는 것은 '죽음'을 불사하는 헌신을 되풀이하여 강조한 점이다.

〈결론 1〉에서 요시다 쇼인은 개혁자의 모범으로서, 일본 남아의 전형으로서, 오랫동안 국민의 마음을 태울 수 있는, 그의 생애는 피 있는 국민적 시가로서 "쇼인은 죽어

---

59 1859년 안세이[安政]의 옥(獄)에서 요시다 쇼인과 마찬가지로 참수형(斬首形)을 받았다. 당시 26세였지만 15세 때 쓴 『계발록(啓発録)』이 있다. 도쿄의 미나미센쥬[南千住]의 에코인[回向院: 모리번주의 가가에야시키(抱屋敷)]에 요시다 쇼인과 함께 묘가 있다. 이 책 148면 참조.

끝나지 않은 역사

서도 죽지 않았다"고 하였다. 초판의 결론 부분의 표현을 그대로 옮겨놓은 것이다. 〈결론 4〉에서는 천황의 절대성을 감상적으로 표현하였다. 즉, "존왕심尊王心이 가는 곳은 들불이 타는 것과 같다"고 하고, "천황의 아래에는 막부도 없고, 제번諸藩도 없고, 오직 일본제국만이 있으며, 천황의 아래에는 쇼군將軍도 제후도, 무사도, 평민도 없고 오직 일본국민만이 있다"고 하여 천황과 국민을 한 선상에 직결시켜 천황에 대한 국민의 충성심을 자극한다. 이어 〈결론 5〉에서 "그들은(쇼인 등) 단순히 죽기 위해 죽는 것이 아니라 목적을 달성하기 위해 죽음을 불사하였다. 그 목적이 무엇인가, 왕정복고 바로 그 것이었다"고 하였다.

〈결론 7〉에서는 "야마토족은 결코, 결코, 세계의 경장競場에서 제이류第二流로 떨어지는 것을 허용할 수 없다"고 한 다음, 〈결론 8〉에서 "이런 확신과 희망은, 어떤 경우에서도 사람들로 하여금 염세적이게 할 수 없다. 우리들吾人은 유신의 지사志士에게서 그들이 대단히 죽음을 가벼이 하고 때로는 죽음을 기다린, 태절太切함을 본다"고 하였다. 〈결론 9〉에서도 또한 "그들이 죽음과 삶의 사이에서, 이미 한 각오의 앞에서, 죽음을 두려워하지 않은 것은 유신 지사의 전형이다"라고 하여 순국, 순절을 거듭 찬미하였다.

마지막 〈결론 10〉은 "개개인의 헌신적 정신이 아니라 일본국민으로서의 헌신적 정신만이 작은 나라를 큰 나라가 되게 하고, 가난한 나라가 부유한 나라가 되게 하였으며, 세계에서 고독한 국민으로 하여금 세계에서 가장 우방이 많은 나라가 되게 하였다"고 하여 다시 나라를 위한 희생 불사를 촉구하였다. 천황을 향한 국민의 충애忠愛의 단성丹誠을 통일종합하는 것만이 쇼인 선생으로 하여금 금일에 있게 하는 것이라고 하였다. 이것이 곧 "쇼인이 몸을 바쳐〔殉身〕 후세사람에게 남긴 유훈이라"고 하였다.

개정판 『요시다 쇼인』은 곧 러일전쟁의 전승국으로서 일본이 세계열강의 대열에 오른 것을 스스로 찬양하면서, 집권 조슈 번벌 세력의 요청에 따라 이 시점에 이미 형성된 황실중심주의에 대한 교본으로 새로 꾸며진 것이었다. 그래서 이 책은 1942년에 무려 27판을 낼 정도로 '일본제국 신민'에게 널리 읽혀지는 '국민독본'의 하나였다. 저자 소호는 1909년에 쓴 서문에서 책을 낸 지 아직 1년이 차지 않았는데 10판을 거듭하여 뜻밖의 흔쾌를 느낀다고 하면서 초판[舊著] 13판을 합하면 23판이나 되는 점을 지적하였다. 1917년, 제1차 세계대전이 계속 중인 시기에 쓴 서문에서는 많은 결함이 있는데도 불구하고 최근 24년 간에 전후 33판을 내게 된 것은 오로지 요시다 쇼인의 인격이, 메이지明治, 다이쇼大正의 사회에 높은 추앙을 받고 있음을 알 수 있는 것으로, 그러므로 쇼인 선생 그는 죽었어도 현 시대에서 생생한 감화를 널리 비추고 있으니 이 어찌 구구한 저자의 영광이 아니겠느냐고 감사를 표하였다. 이어서 다시 "정령적精靈的 쇼인"의 "군주와 나라君國에 목숨을 바친 대절청조大節淸操"를 찬양하였다. 그 후 1930년, 1933년, 1934년의 출간본에도 서문을 잇달아 붙였다.[60]

일본제국의 황실중심주의는 군국주의를 강화하여 1930년대에 만주사변(1931), 중일전쟁(1937), 태평양전쟁(1941)을 잇따라 일으킨다. 도쿠토미 소호의 필력은 전쟁의 시대에 전의를 거듭 새롭게 한 듯 쉬지 않고 움직였다. 그는 1939년에 『쇼와 국민 독본昭和國民讀本』(도쿄니치니치신문)을 내고, 1940년에는 『만주 건국 독본滿洲建國讀本』(일본전보통신사)을 냈다. 전자에서 그는 1919년 제1차 세계대전이 끝난 뒤에 열국列國은 영토할거 경쟁을 벌여 이웃 나라들을 구렁에 빠트리는 정책을 계속하고 있는 것이 세계 현금의 추세라고 하여 일본이 일으키는 전쟁을 두둔하면서 "원정 장병遠征將兵의 노고를 생각하고, 후방[銃後] 동포의 열성에 감동하여" 한 노병一老兵이 전장에서 달리는馳驅 마음으로, 작으나마 군국君國에 보답하고자 쓴다고 하였다.

---

60 이상은 서울대 중앙도서관 소장의 1934년 판에 실린 서문들에 따른 것이다.

끝나지 않은 역사

5) 패전 후에도 살아있는 요시다 쇼인과 도쿠토미 소호

필자는 수년 전 「한국 근현대사 인식과 착란錯亂」이란 글에서 한국 역사학계가 도쿠토미 소호의 존재를 모르거나 도외시하고 있는 상황을 지적하였다. 당시 도쿠토미 소호에 대한 국내 정보가 너무나 희소하여 한국병합 후 그가 식민지 언론 통제에 끼친 영향을 개요적으로 고찰하면서 앞으로 그에 관한 연구가 필요하다고 지적하였다.[61] 요시다 쇼인의 중요성에 대해서는 2010년에 '한국병합' 100년에 즈음한 국제학술회의에 제출한 「근대 일본 조슈 번벌의 한국 침략 –법과 윤리의 실종」[62]에서 잠시 언급하였다. 이번의 논고를 통해 파악된 두 인물의 한국 침략사에 끼친 영향은 예상보다 훨씬 큰 것으로 나타났다.

요시다 쇼인은 정한론의 원조에 해당하는 인물인 것이 거듭 확인되었다. 이번의 고찰에서 요시다 쇼인의 일본이 처한 새로운 국제적 형세 파악, 이에 대처하기 위한 대책의 모색이 모두 과민한 반응이라고 해야 할 수준에서 기론起論된 느낌을 떨칠 수 없다. 이를 메이지정부의 집권 세력이 금과옥조로 여겨 '대한정책對韓政策'의 기조로 삼았다는 데 대해서는 놀라움을 금치 못하였다. 나아가 그것이 평민주의 민권운동에 실패한 한 저널리스트의 '편의주의적' 변신의 도구로 이용되어, 현란한 필체로 재구성되어 일본 전 국민이 그에 의해 '황국신민'으로 변해간 과정은 분노가 아니라 연민을 금치 못하게 하는 것이었다.

61　日本『都留文科大學研究紀要』73輯 (2011년 3월). 앞에 소개한 정일성의 『일본 군국주의의 괴벨스, 도쿠토미 소호』(지식산업사, 2005)를 주로 활용하면서 일본의 몇 저술을 이용하였다.

62　도시환 외 지음, 『한일강제병합 100년의 역사와 과제』(동북아역사재단, 2013) 수록. 같은 제목의 일본어판이 아카시 쇼텐〔明石書店〕에서 2012년 12월 간기(刊記)로 출판되었다. 이 책의 3부 7로 증수하여 실었다.

일본 역사학계에서 도쿠토미 소호에 관한 연구가 많이 이루어져 있는 것은 말할 필요도 없다. 하지만 그가 한국사에 끼친 악영향에 대한 연구는 적은 비중을 차지하고 있다. 청일전쟁, 러일전쟁이 근현대 한국사에 치명상을 입힌 것이라면 도쿠토미 소호와 그의 『국민신문』에 대한 연구는 학술적으로 진지하게 다루어져야 한다. 러일전쟁 후, 아니 개정판 『요시다 쇼인』을 낸 후, 소호는 대한제국의 언론에 대한 통감부, 총독부의 탄압정책의 입안자 역할을 한다. 정일성이 이미 밝혔듯이 그는 『경성일보京城日報』의 감독으로서 도쿄-서울을 왕래하면서 총독 데라우치 마사타케의 식민통치 정책에 깊고 큰 영향을 끼쳤다. 이 신문에 실린 그의 글들이 얼마나 무단정치 체제 형성에 영향을 끼쳤는가는 반드시 살펴야 할 대상이다.[63] 그는 『경성일보』에서 물러나기 한 달 전부터 『근세일본국민사近世日本國民史』를 연재하기 시작하여 패전 후에도 계속하여 1952년에 제100권째를 탈고하였다. 이 거질의 '국민사'는 도요토미 히데요시의 등장에서부터 시작하여 일본 국민의 역사인식에 끼친 영향이 지대하였다. 그는 한국인의 역사의식에 이순신의 임진왜란 격퇴가 민족 자긍심으로 깊게 자리한 것을 보고 이를 파쇄하기 위해 도요토미 '조선정벌'을 저술의 첫 순번으로 삼았다. 저널리스트로서 독특한 사관과 필체로 일반 독서층에게 큰 영향을 끼친 그를 논외로 하고 과연 일제 식민주의 역사의 극복을 말할 수 있을 것인가?

근래 일본에서 '새로운 역사 교과서를 만드는 모임'이 등장하여 한일 양국 역사문제의 심각성을 더하고 있다. 최근 일본역사학계에서 이 모임의 역사인식이 도쿠토미 소호로부터 받은 영향이 크다는 지적이 나와 있다. 지바千葉 대학의 야스다 히로시安田浩 교수는 도쿠토미 소호의 내셔널리즘의 변천을 추적해 보면, "1990년대 이후에 나타난

---

63 앞 植手通有 작성의 「연보(年譜)」에 따르면, 1918년 8월 쌀[米] 소동으로 후견인 데라우치 마사타케가 총리에서 물러나면서 소호도 『경성일보』 감독에서 물러나게 되는데, 이때까지 그가 경성(京城) 곧 서울에 체류한 날수는 1,800여 일로 집계된다. 1년의 반 이상을 서울에 체류한 셈이다.

끝나지 않은 역사

'내셔널리즘'의 주장, '새로운 역사교과서를 만드는 모임'이나 니시오 간지西尾幹二의 『국민의 역사』(扶桑社, 1999) 등의 일본 근대사관이 조금도 '새로운' 것이 아니란 것, 이미 당시에 '어용기자'란 지칭을 받았던, 청일전쟁 이후에서의 체제파 언론인 도쿠토 미 소호의 언설의 재탕이란 것이 분명하다"고 지적하였다.[64]

요시다 쇼인과 도쿠토미 소호의 팽창주의 역사관에 대한 지금까지의 고찰로서 2013 년 8월 13일 아베 신조 현 일본총리의 요시다 쇼인 묘소 참배가 어떤 의도인가는 분명 하게 헤아려졌다고 믿는다. 그리고 같은 해 12월에 아베 총리가 취임 1주년을 맞아 야 스쿠니 신사를 참배한 것이 전쟁 전戰前의 황도주의皇道主義 의식에 연관되어 있다는 것 도 알 수 있다. 아베 총리의 발길은 도쿠토미 소호의 역사관을 따라가고 있는 것이다. 그가 중국과의 '우발적 전쟁 충돌'의 가능성을 군이 부인하지 않는 발언을 서슴지 않는 것도 도쿠토미 소호의 팽창주의 사관에서 보면 하등 이상할 것이 없다.

도쿠토미 소호는 1945년 12월 2일 도쿄재판(극동국제군사재판)에서 'A급 전범용의 자'로 지명되어 자택 구금의 징벌 상태였지만, 1947년 9월 기소 대상에서 제외되어 풀 려났다. 이후 구술로『패전학교, 국사의 건鍵』원고를 작성하여 1948년 7월에 이를 출 간하였다.[65]

이 책은 현 일본국민의 처지를 패전학교 1학년으로 비유하면서 '일본국민'의 낭패한 심사가 헤쳐 나아갈 길에 대한 소견을 피력한 것이다. 그간 자신이 데마고그로서 저질 러 놓은 일들의 무게를 의식하여 표한 최소한의 성의로 읽어진다. 그런데 내용적으로

---

64 安田浩, 「日露戰爭の歷史的位置 - 德富蘇峰のナシオナリズムの變遷より-」, 安田常雄·趙景達 編, 『戰爭の時代と社會 -日露戰爭と現代-』, 靑木書店, 2005, 22면
65 필자는 다음의 한국어 번역본만 볼 수 있었다. 『敗戰學校』(德富蘇峰 著, 朴順來 譯, 創人社, 1950) 번역자의 말에 원서는 전편(패전학교), 후편(일본 역사의 열쇠)으로 되어 있지만, 번역본에서는 후편 34 항목 중 12항목만 발역(拔譯)한다고 하였다.

진정한 반성이 읽어지지 않는 소회所懷이다. 결론은 일본의 신국사상神國思想을 중심으로 마무리되었다. 역사적으로 중국과의 관계는 중국 의존으로 일방적인데 이를 방치하면 일본은 정신적으로나 물질적으로 중국의 예속이 될밖에 없고, 이는 일본인이 참을 수 없는 것인 관계로 일본의 신국사상이 형성된 것이라고 하였다. 그는 이 신국사상의 도취가 곧 일본 패망의 결과를 가져온 것을 인정하면서도 "신국사상의 죄라기보다는 그 사상에 대한 조절을 잘못한 때문이라고 말하는 것이 적당하다"고 끝을 맺었다.

그는 신국사상의 최선봉의 데마고그로서 패전의 시점에서도 그 사상을 버리지 않았다. 패전 전후의 일본 지도층의 이런 자세가 오늘의 일본의 우경화의 바탕이 되어 있는 것은 누구나 알고 있다. 이렇게 보면, 점령국 미국이 도쿠토미 소호와 같은 황실중심주의 데마고그들에 대해 '독전督戰'의 정신적 범죄 행위를 제대로 묻지 않은 것을 문제시하지 않을 수 없다. 이 부면에서 중심적 인물인 소호마저 '용의자'로 2년 미만의 자택 구금의 처벌로 그친 것이 과연 타당한지를 묻게 된다. 동아시아 3국의 역사문제의 진정한 해결을 위한 관련 학계의 심층적인 연구의 필요성을 절감한다.

끝나지 않은 역사

1. 도쿄부 세타야 구에 위치한 쇼인 신사[松陰神社](저자가 2016년 11월 7일 방문, 촬영)

사진 1-1 쇼인 신사 입구.

사진 1-2 신사 안 왼쪽에 있는 요시다 쇼인 묘소.

사진 1-3 하기[萩]의 것을 본 따 세운 쇼카손주쿠 [松下村塾].

사진 1-4 신사와 촌숙 사이에 세운 요시다 동상의 설명판. 명치시대에 유럽 조각가들을 사사하여 일류 조각가가 된 오쿠마 우지히로[大熊氏廣]가 1890년에 제작한 석고상을 본 따 2013년에 130주기 기념으로 동경예술대학에 의뢰하여 만들었다고 한다. 요시다 쇼인 숭배의 열기를 느끼게 한다.

사진 1-5 방문객이 신사를 참배하는 광경.

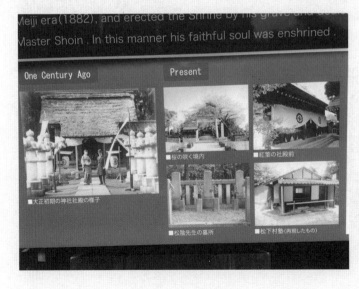

사진 1-6 신사 입구의 안내판에 보이는 1910년대의 세타야 쇼인 신사의 모습(왼쪽끝). 1882년에 문하생들이 건립했을 때 것으로, 현재의 건물과 판이하다.

사진 2-1 현창 전의 모습으로 보이는 하기의 쇼카 손주크[松下村塾].

사진 2-2 하기의 신사가 소장한 요시다 쇼인 초상화.

3. 도쿠도미 소호 관련 이미지 자료[*]

사진 3-1 1896년 7월부터 10개월 간 유럽 여행 중 콘스탄티노플에서 촬영한 사진. 옆은 동행한 후카이 에이고[深井英五].

사진 3-2 조선총독부 기관지 『경성일보(京城日報)』 1915년 10월 19일자의 도쿠토미 소호의 글 「조선통치의 성적」(연재).

사진 3-3 관동대진재 후에 재건된 도쿄 국민신문(國民新聞) 사옥.

사진 3-4 91세의 도쿠토미 소호.

*米原謙, 『德富蘇峰－日本ナショナリズムの軌跡－』, 中公新書 1711, 中央公論社, 2003에서.

186

4. 근대일본 한국침략의 주체 조슈 번벌 관련 이미지 자료

사진 4-1 1893년 교토[京都]의 호코지[方廣寺] 자리에 도요토미 히데요시를 기리기 위해 세운 도요쿠니[豊國] 신사.

사진 4-2 교토의 귀무덤[耳塚]. 멀리 도요쿠니 신사의 도리이가 보인다. 귀무덤을 둘러 싼 석주에 가부키 연희 주역들이 대사 연습을 한 사실이 새겨져 있다.

사진 4-3 왕비 살해의 중심인 대본영 참모차장 가와카미 소로쿠(출전: 金文子, 『朝鮮王妃殺害と日本人』, 高文研, 2009).

사진 4-4 1904년 참모총장 시절의 야마가타 아리토모(출전: 伊藤之雄, 『山縣有朋-愚直な權力者の生涯-』, 文春新書 684, 文藝春秋, 2009).

사진 4-5 1904년 러일전쟁 중 총리대신이었던 가쓰라 다로(출전: 米原謙, 『德富蘇峰-日本ナショナリズムの軌跡-』, 中公新書 1711, 中央公論社, 2003).

사진 4-6 일본 육군대신 겸 한국 통감으로 한국병합 강제를 주도하고 초대 조선총독이 된 데라우치 마사타케.

5. 근대 일본 한국 침략의 주체 조슈長州 번벌
— 명성황후와 고종황제 살해

일본은 서양 근대 문명 수용의 우등생인 반면, 조선·대한제국은 열등생이어서 일본의 통치를 받을 수밖에 없었다는 인식은 한, 일 양국에서 아직도 살아 있다. 일본에서 견지되고 있는 한국병합 합법설은 기본적으로 이런 역사인식에 근거하고 있으며, 한국 안에서도 객관적 역사인식이란 미명으로 식민지 근대화론이 근자에 되살아나고 있다.

일본이 메이지유신을 계기로 서양문명 수용에 적극적으로 나서 한국보다 앞서간 것은 사실이다. 그리고 조선에서 뒤늦게 서양 근대의 문물을 수용하기 시작했을 때 일본의 도움을 받으려 한 것도 사실이다. 그런데 일본발 조선 문명 낙후설은 조선 내의 개화는 어디까지나 일본인 또는 일본 정부의 알선으로 시작된 것이라고 하여 조선인의 개화 의지 자체를 부정하는 특징을 가지고 있다. 최초의 근대적 국제관계인 「조일수호조규」의 체결조차 일본의 시혜의 산물이라 하였고, 청일전쟁도 문명(일본)이 조선에서 야만(청나라)을 내쫓기 위한 전쟁이라고 선전하였다. 일본이 이 전쟁과 동시에 조선정부에 요구한 '내정개혁'은 엄연한 내정간섭인데도 야만으로부터 벗어나게 하려는 의거로 미화되었다. 이런 문명 차등론은 일본이 대한제국의 국권을 탈취하는 과정에서 저질러진 불법과 반인륜적 행위를 가리는 덮개 기능을 하였다는 데 더 큰 문제가 있다. 이에 대한 엄정한 지적과 비판이 없다면 한국병합 합법설은 극복되기가 어려운 면이 없지 않다.

일본이 서양 문명 수용에서 앞섰기 때문에 한국을 지배하게 되었다는 인식은 제국주의 일반론으로 지원받기도 하였다. 즉 일본의 대한제국 국권 탈취는 제국주의 시대의 일반적인 현상의 하나이며, 따라서 일본이 군이 법적 책임을 져야 할 이유는 없다는 인식이 광범하게 퍼져 있다. 그러나 이런 인식은 근대 한일관계사에 대한 무지의 소산이다. 일본은 메이지유신 출범 초기부터 '정한론征韓論'이란 이름으로 조선 침략을 국가적 과제로 내세우고 있었다. 메이지유신 찬양론자라고 하더라도 메이지유신과 함께 일본의 제국주의가 시작되었다고 주장하지는 않는다. 일본 제국주의는 한국의 국권 탈취를 통해서 비로소 구축되기 시작하였던 것이다. 일본의 한국에 대한 침략과 지배는 근대 이전부터 있어온 일본 특유의 무사사회의 대외 침략주의의 선상에서 이루어진 것으로 제국주의와는 무관한 것이다. 일본이 서양 열강들과는 달리 지금껏 피해 국가에 대한 진정한 사과를 하지 않는 이유도 바로 여기에 있을지 모른다.

1) 전근대적 침략주의 '정한론'의 실체

1600년의 세키가하라關ヶ原 전투에서 도요토미 히데요시豊臣秀吉 가문을 지지하던 서군이 패하면서 동군의 총사령관 도쿠가와 이에야스德川家康의 시대가 열렸다. 서군의 총사령관은 히로시마廣島 일대에 본거를 둔 모리 데루모토毛利輝元였다. 이 전투의 승리로 제1인자가 된 이에야스는 막부의 통치체제 구성에서 200여를 헤아리는 다이묘大名들을 세 부류로 나누었다. 도쿠가와 씨 일족은 신반親藩, 동군 편에 선 다이묘들은 후다이譜代, 서군 편에 속했던 다이묘들은 도자마外様로 구분하였다. 쇼군將軍은 신반과 후다이를 중심으로 막부의 정치를 이끌면서 도자마는 징벌 차원에서 막부 정치에 관여할 기회를 주지 않았다. 서군의 총수이던 모리씨毛利氏는 본거인 히로시마 일대에서 벽지인 하기萩로 쫓겨났다. 다카고쿠石高 130만석의 경제 기반도 37만석으로 축소 당하였다. 이것이 도쿠가와 시대의 조슈長州 번의 출발이었다. 같은 서군에 속했던 사쓰마薩摩의 시마즈씨島津氏는 다카고쿠 73만석에 본거지 가고시마를 유지하여 나은 편이었다. 도자마 번들의 정치적 소외는 적개심으로 발전할 소지가 많았다. 250여 년이 지난 뒤 1853년 페리 제독의 '흑선黑船'의 도래로 정치적 동요가 일어났을 때, 조슈·사쓰마·토사土佐(高知) 등 도자마 세력이 도쿠가와 막부 타도에 앞장선 것은 우연이 아니었다.

막부 말기의 가장 중요한 과제는 에도江戶 만에 도착한 페리 제독의 개국 요청에 대한 대책이었다. 이에 대해서는 지금까지 막부 지도부[幕閣]의 '무대책無代策'이 일반론으로 되어 있었다. 즉 막부 지도부는 페리 제독의 함대가 도착하여 조약 체결을 요구하였을 때 준비가 전혀 없어서 스스로 도자마를 포함한 모든 다이묘들에게 의견을 묻게 되었다는 것이다. 이 문의는 막부가 처음으로 '도쿠가와의 사私'에서 벗어나서 '천하의 공公'을 물은 것으로 평가되었다. 그런데 최근에 페리 제독의 내항과 개국 요청에 대한 막부의 대응에 대한 새로운 연구가 나와 이 평가가 반막부反幕府의 입장에서 가해진 역사 왜곡일 가능성이 높아졌다. 이 연구에 따르면, 막부 지도부는 1842년부터 네덜란드로부터 매년 「오란다 별단풍설서別段風說書」를 제공받아 서양에서 일어나는 주요한 사건들에 대한 정보를 얻고 있었으며, 1850년에 페리의 함대가 미국 노폭Norfolk을 출발하여 홍콩―상하이―오키나와를 거쳐 에도 만에 이르는 일정도 미리 알고 있었다고 한다. 막부 지도부는 이런 중요한 정보를 입수하면서 체제 유지 차원에서 미국이 요청하는 조약 체결에 능동적으로 임하기로 결정하고, 이에 필요한 만반의 준비를 갖춘 뒤, 함대가 도착하였을 때, 우라가浦賀에 영접단을 내보낼 정도로 적극적이었다는 것이 새로 밝혀졌다.[1]

1 井上勝生, 『幕末·維新』, 第一章 江戶灣の外交, 시리즈 **일본근현대사** ①, 岩波書店, 2006.

끝나지 않은 역사

다 알듯이 조슈 번을 중심으로 한 막부 타도세력은 '존왕양이尊王攘夷'의 슬로건을 내걸었다. '존왕'은 천황 받들기, '양이'는 서양 오랑캐 배격을 각각 뜻한다. 서양 오랑캐를 배격한다는 것은 일종의 쇄국으로 서양 기계문명 수용과는 반대되는 것이다. 이 주의는 새로운 침입자에 대한 국력 결속이란 명분이 붙을 수 있는 것이지만, 초기에는 반 막부세력의 막부 타도의 명분으로 이용되었을 가능성도 없지 않다. 반 막부세력은 당초 서양과의 국교는 '신국' 천황 가의 권위에 대한 오욕으로 간주하여 '양이'에 나섰고, 이 세력이 '개화'로 돌아선 것은 외국군과 싸워 본 뒤였다. 즉, 1864년에 조슈 세력이 시모노세키下關에서 4국 함대에 포격을 가하는 사건이 일어난 뒤였다. '양이'의 차원에서 서양 함대를 공격하였지만 엄청난 힘의 차이를 느끼고 힘겨루기를 일단 정지시키고 상대방의 기술 습득으로 방향을 급선회시켰던 것이다. 쇼부勝負의 무사정신에서 패배는 하라키리腹切り를 동반하는 것이었기 때문에 불가피한 방향 전환이었다. 메이지유신은 이처럼 서양 문명에 대한 심도 있는 음미에서 출발한 것이라기보다 군사적 열등을 만회하려는 무사사회 특유의 판단에 따라 착수된 것이었다.

메이지유신의 주도세력으로 알려지는 조슈 번 출신의 무사들은 요시다 쇼인吉田松陰, 1830~1859의 문인들이 주류를 이루었다. 이들은 요시다 쇼인이 1856년(안세이 3) 8월부터 쇼카 손주쿠松下村塾란 소규모 학교를 열어 1858년 12월까지 2년 4개월 사이에 가르친 10~20대의 문하생들이다. 조선·대한제국에 대해 침략 정책을 주도한 인물들도 대부분 그 문인들이거나 이에 동조한 자들이었다. 그런데 바로 그 선생이 '정한론'이란 조선 침략론을 제자들에게 가르치고 있었다. 따라서 그들에 의해 강제된 '한국병합'은 정한론의 실현에 해당하는 것일 수 있다.

메이지 정부의 한국 국권 탈취가 정한론의 차원에서 이루어졌다는 것은 다음과 같은 일화로서도 입증이 된다. 첫째, 이토 히로부미伊藤博文가 천황의 특사로서 서울로 직접 와서 「제2차 일한협약」(을사늑약)을 강제한 뒤, 귀국 길에 시모노세키에 도착하여 굳이

하기萩의 '스승' 요시다 쇼인의 무덤 앞墓前으로 사람을 보내 '협약체결의 보고'를 올리게 한 사실이 확인된다.[2] 그리고 제3대 통감으로 '한국병합' 실행의 총책을 맡은 육군대신 데라우치 마사타케寺內正毅가 "한국병합은 히데요시가 이루지 못한 꿈을 이룬 것으로 3인의 무장(코바야카와 타카카게小早川隆景, 가토 기요마사加藤淸正, 고니시 유키나가小西行長)이 생존하였다면 기뻐했을 것이라"고 하였다.[3]

최근, 스다 쓰토무須田努 교수는 요시다 쇼인의 정한론의 등장 과정에 대한 검토와 함께, 그 배경으로서 일본 '근세인近世人'의 조선관朝鮮觀을 살펴 다음과 같은 사실을 지적하였다. 즉 서민 대중의 연예물인 조루리淨琉璃(반주가 있는 인형극)와 가부키歌舞技의 내용 가운데 진구 황후神功皇后의 삼한정벌三韓征伐이나 도요토미 히데요시의 조선출병(임진왜란) 등을 소재로 한 것들에는 일본의 무위武威가 조선을 압도하는 장면이 많이 그려져 있다. 그래서 이런 연예물을 통해 '근세인'들은 '약한 조선'을 멸시의 대상으로 인식하기에 이르렀다. 도쿠가와시대 일본인들에게 조선은 국왕조차 일본군 앞에서 목숨을 빌어 구하는 비굴한 집단의 나라로 인식되었으며, 요시다 쇼인의 정한론은 이런 민중들의 의식을 배경으로 등장한 것이라고 파악하였다.[4] 조루리와 가부키에 나타나는 조선 멸시관은 '조선출병'에서 돌아온 무사들의 무용담에서 비롯한 것이다. 그 무용담은 타국에 대한 제압을 소재로 한 것이기 때문에 일반 민중에게도 쾌감과 흥미를 자극하여 상호 재생산의 관계를 가졌다. 요시다 쇼인의 정한론의 성립 기반이 이런 것이라면

2 吉野誠, 『吉田松陰と征韓論』, 明石書店, 2002, 53면.

3 吉岡吉田, 『「韓國倂合」100年과 日本』, 新日本出版社, 2009, 69면.

4 須田努, 「征韓論への系譜」, 安田常雄·趙景達 編, 『近代日本のなかの「韓國倂合」』, 東京堂出版, 2010. 3. 스다는 요시다의 초망굴기론(草莽崛起論)이 나온 안세이〔安政〕5년(1858)을 문인들이 쇼카손주쿠를 떠나는, 학통의 아이덴티티가 붕괴하는 시기로 간주하면서 문인들에게서는 조선에 대한 의식을 확인하기 어렵다고 하였다. 필자는 이 마무리 견해에 대해서는 동의할 수 없다. 스승으로부터의 영향은 아래 조슈 출신 관료, 군부 인사들의 한국 침략 정책이 그대로 입증해 주는 것이다.

그 문하생들이 실현한 '정한'은 결코 근대적인 것이라고 할 수 없다.

조루리와 가부키는 도요토미 군의 무위武威의 증거로 교토에 있는 미미즈카耳塚, 곧 귀무덤을 제시하는 경우가 많다고 한다. 귀무덤은 본래 도요토미 히데요시가 자신의 권력의 상징으로 당대 최대 규모로 지었던 호코지方廣寺 바로 앞에 출병의 무위를 과시하기 위해 세웠던 것이다. 그러나 도쿠가와 이에야스가 막부를 열면서 이 대찰을 파괴하여 호코지는 폐사지가 되고 귀무덤만 남아 민중 연예물의 소재가 되었다. 그런데 메이지 정부는 1898년에 도요토미 히데요시 서거 300주년을 기념하여 그 폐사지에 도요쿠니豊國 신사를 세우고 각지에 그 분사分社를 두어 도요토미 숭배를 국가적으로 조장하였다. 이 사실은 조슈 세력의 '한국병합'에 이른 대한정책對韓政策이 처음부터 도요토미의 '조선출병'의 무위의 재현을 추구하고 있었다는 한 증거이다.

2) 왕비 살해의 반인륜 행위

1895년 10월 8일의 명성황후 시해는 한국 근대사에서 가장 충격적인 사건이었다. 시해 사건의 주범이 일본인들이라는 것은 사건 당시에 이미 드러나서 일본 정부는 쏟아지는 국제사회의 비난으로 입지가 크게 위축되기도 하였다. 현장의 총 지휘는 조선 주재 공사로 새로 부임한 미우라 고로三浦梧樓로 알려졌지만 그가 왜, 누구의 지시를 받고 한 것인지는 최근까지도 명확하게 밝혀지지 못하였다.

그간에는 조선왕실의 친러 정책이 원인이었다는 설명이 가장 유력하였다. 그러나 이를 깊이 천착한 연구는 1990년대에서야 비로소 나왔다. 최문형崔文衡 교수는 국제정치사적 관점에서 청일전쟁 중에 일본이 기도했던 보호국화 정책을 왕비가 러시아를 끌어 들여 좌절시킴으로써 일본 정부 차원에서 이에 대한 보복으로 살해가 감행되었다

는 해석을 내놓았다. 이를 주동한 인물은 미우라 공사의 전임자인 이노우에 가오루井上馨라고 밝혔다.[5]

그런데 2009년 2월 재일교포 사학자 김문자金文子 씨가 이 사건의 본질에 대해 획기적인 연구 성과를 내놓았다.[6] 저자는 지금까지 활용되지 않았던 일본 군부의 관련 자료들을 활용하여 당시 대본영의 현역 총수인 참모차장이 주관한 사건으로 규명하였다. 대본영은 천황의 출진을 위해 전시에 설립하는 기구로서 참모총장은 정청대총독征淸大總督 쇼히도 친왕彰仁 親王이었고, 군인으로서는 육군중장 가와카미 소로쿠川上操六가 참모차장으로서 최고위였다. 이 연구가 밝힌 사건의 배경과 경위는 다음과 같다.

일본 군부는 1887년에 제1차 이토 히로부미 내각 아래서 30만 양병을 목표로 제2차 징병령을 시행하였다. 100만으로 일컫는 청국 군과 대결하기 위해서였다. 일본 정부는 이후 7년 간 국가 예산의 60~70퍼센트를 군사비에 배정하여 군비확장에 매진한 끝에 1894년 7월에 청국과의 전쟁을 일으켰다. 이때 일본 대본영을 비롯한 육군 수뇌부는 1880년대에 한반도에 시설된 전신선電信線[7]을 장악하여 통신 수단 확보에서 우위를 점하는 작전 계획을 세웠다. 동학농민군의 봉기가 일어나 청국이 이의 진압을 명목으로 조선 정부에 청병請兵을 강요하여 '동시 출병'의 기회[8]가 오자 8,000여 명의 병력 (오시마大島 여단)을 인천을 통해 서울로 진입시켰다.

일본 육군 참모부는 7월 23일 0시 30분에 1개 대대 병력을 경복궁에 투입하여 왕을

---

5 崔文衡 외, 『明成皇后 殺害事件』(민음사, 1992), 최문형, 『명성황후 시해의 진실을 밝힌다-선전포고 없는 일본의 對러 개전-』(지식산업사, 2001), 이민원, 『명성황후 시해와 아관파천』(국학자료원, 2002) 도 친러정책을 원인으로 들었다.

6 『朝鮮王妃殺害と日本人』, 東京 高文研. 2009. 2.

7 서로전선(西路電線:의주 ~ 서울), 1885년 시설. 남로전선(南路電線:서울 ~ 부산), 1887년 시설. 한국. 체신부. 전기통신공사 編, 『韓國 電氣通信 100年史 : 1885-1985』上·下, 1985 참조.

8 1885년 텐진조약〔天津條約〕에서 청. 일 양국이 약속한 사항이었다.

궁 안에 감금하다시피 하고 궁 바로 앞에 있는 전신총국電信總局을 장악하였다. 일본군은 즉각 남쪽으로 내려가 7월 25일에 성환과 풍도의 청군을 공격하여 전쟁을 시작하였다. 통신 수단을 장악한 일본군은 승승장구 끝에 전쟁을 7개월 만에 끝내었다.

전쟁이 끝난 뒤가 문제였다. 1895년 4월 17일에 조인된 시모노세키下關 조약에서 일본은 청국으로부터 배상금 3억 엔에 요동반도와 타이완을 할양받게 되었다. 그러나 6일 뒤 '삼국간섭'이 나와 요동반도는 반환하게 되었다. 일본정부는 아직 서양 열강들을 상대로 실현해야 할 조약개정의 과제가 남아 있었기 때문에 이 간섭을 거부할 수가 없었다. 요동반도의 획득은 만주로의 진출 교두보이자 한반도에 대한 청국의 영향을 차단하는 효과가 기대되는 것이었다. 이를 반환하는 것은 이 기회의 상실일뿐더러 전쟁의 가장 큰 목표였던 한반도에 대한 영향력 상실을 동시에 가져오는 것이었다. 전쟁을 수행한 군부로서는 물러설 수 없는 일이었다.[9]

조슈 군벌의 최고 실력자인 감군監軍(천황직속) 야마가타 아리토모山縣有朋가 육군대신 대리로서 5월 12일자로 조선 국내의 전신선로의 수비와 거류민 보호를 위해 한반도에 1개 대대 병력을 주둔시키겠다는 군부의 의견을 외무대신에게 전달하였다. 5월 26일에 열린 어전회의는 요동 '방기放棄'를 결정하면서 군부의 요청을 수용하는 쪽으로 기울었다. 어전회의의 결정은 6월 29일에서 7월 1일 사이에 조선 국왕에게 전달되었다. 조선 군주는 이를 받아들일 수 없다고 회답하였다. 이 무렵 본국으로 일시 귀국 중이던 이노우에 공사가 7월 1일자로 조선에 300만 엔을 제공하는 것을 내용으로 하는 「의견서」를 제출하였다. 그는 기본적으로 조선 영토 내에 시설된 전신선은 조선 소유이므로 일본군이 이를 사용한 데 대한 사례 표시가 필요하다는 뜻으로 300만 엔 기부금 제공을 제안하였다. 사례금으로 왕실과 정부에 각각 50만 엔씩 제공하는 한편 200

---

9 이하의 서술은 金文子, 『朝鮮王妃殺害と日本人』(高文硏: 東京, 2009. 2) 제1장에 의거함.

만 엔은 경인선 철도 부설에 사용하도록 하여 이를 매개로 일본이 계속 영향력을 행사하자는 방안이었다.

한편, 일본 외무성 측은 군부의 주장을 외교적으로 처리해 보기 위해 조선 외부대신 김윤식金允植의 명의로 된 「주병의뢰서駐兵依賴書」를 등장시켜 이에 대한 「주병승낙서駐兵承諾書」를 발부하여 일본군 주둔을 기정사실화시키는 술책을 써보려 하였다. 그러나 이 무렵 조선 국왕은 일본 공사관 측에 현재 6,000명 이상이 남아 있는 일본군이 조만간 전면 철수해야 한다는 뜻을 통보하였다. 이노우에가 구상한 기부금 안에 대해서도 조선 왕실은 받을 수 없다는 거절의 뜻을 보냈다. 7월 11일 외무성은 기부금 안을 낸 이노우에 공사를 교체하고 육군 중장 출신의 미우라 고로三浦梧樓를 후임으로 발령하였다. 천황이 군부의 의견을 따른 것을 의미하는 인사 조치였다. 대본영의 참모차장 가와카미 소로쿠川上操六는 그에게 왕비 살해의 사명을 주었다. 그것은 일본군의 주둔을 강하게 거부하는 조선 군주를 위협하면서 굴복을 기대하는 음모였다. 거사에 대원군을 동원하여 함께 입궐하여 그가 왕비를 살해한 것처럼 꾸미고 왕비 피살이라는 비상사태 속에 친일 정권을 세워 한반도에서 일본의 영향력을 계속 유지한다는 음모도 이에 개재되어 있었다. 이 계획은 본래 일본인이 주체란 것을 드러나지 않게 하기 위해 새벽 4시에 완료하도록 짜여져 있었지만, 대원군 동원에서부터 시간계획에 차질이 생겨 아침 5시 30분에서 6시 사이에 왕비 살해의 본무를 끝내게 되어 일본인들이 현장에서 날뛰는 모습이 백일하에 드러났다.

김문자씨의 연구는 가와카미 참모차장과 미우라 공사의 지시아래 '장사패' 50여 명과 일본군 수비대 병력을 현장에서 지휘한 8인의 장교의 명단을 밝힐 정도로 군부 주도를 명확하게 실증하였다.[10] 그리고 왕비에게 최초의 일도一刀를 가하여 치명상을 입

---

10 시해사건 후 군법회의 회부 8인(전원 무죄 석방)은 다음과 같다. (1) 조선국 공사관付 武官겸조선국 군부 고문 쿠스노세 유키히코[楠瀨幸彦], 육군포병중좌 36세 (2) 後備보병독립제18대대장 바야바라 츠

힌 자는 미야모토 다케타로宮本竹太郎 육군소위인 것으로 밝혔다.[11] 대본영은 사건 후 8명의 장교들을 히로시마 군법회의에 회부하였지만 해당 장교들에게 함구령을 내려 사실 자체를 은폐하였다.

이후 종범從犯에 해당하는 신문기자나 외교관 측에서 수기手記를 통해 왕비에게 첫 칼을 내려친 사람이 자신이라는 언설을 늘어놓은 것도 모두 연막용煙幕用에 불과한 것으로 지적되었다. 사후에는 대본영이 살해의 주범이란 것을 막는 것이 가장 중대한 과제였던 것이다. 일본 군부가 한반도 지배를 목적으로 조선 군주를 위협하고자 왕비를 살해하였다는 것은 인류 역사상 유례를 찾아 볼 수 없는 대사건이다. 이 반인륜적 행위를 범하게 한 정신적 기반으로 현재 헤아릴 수 있는 것은 조슈 번 출신들이 공유하고 있던 정한론밖에 없다. 가와카미 소로쿠(1848~1899)는 본래 사쓰마 번 출신이었지만 메이지유신 초기에 육군 창설 과정에서 이미 조슈 번 출신 군벌과 행보를 같이 하여 동류가 된 인물이었다.[12]

토모토〔馬玉原務本〕육군보병 소좌 47세 (3) 後備보병독립제18대대 중대장 이시모리 요시나오〔石森吉猶〕육군보병 대위 37세 (4) 같은 대대 중대장 高松鐵太郎 육군보병 대위 41세 (5) 같은 대대 중대장 鯉登行文 육군보병 대위 34세 (6) 같은 대대 제3중대 馬來政輔 예비육군보병대위 47세 (7) 같은 대대 제2중대 村井右宗 예비육군보병대위 46세 (8)같은 대대 제1중대 藤戸与三 後備육군보병대위 46세 등이다.
11 미야모토 소위는 後備보병독립제18대대장 바야바라 츠토모토〔馬玉原務本〕의 부하로서 바야바라 소좌로부터 직접 명령을 받고 행동하였다.
12 가와카미 소로쿠〔川上操六〕는 메이지유신 2년 전인 1866년에 처음 군인의 길로 들어서서 1871년에 최초의 육군 상비군이면서 근위사단의 기원이기도 한 어친병대(御親兵隊)의 중위가 되고 1876년에는 소좌로 승진하여 근위 대대장이 되었고 이어서 육군의 요직인 참모국으로 영전하였다. 1877년에 세이난 전쟁〔西南戰爭〕이 일어났을 때, 그는 참모본부를 대표하여 사이고 다카모리〔西鄕隆盛〕군에 대한 정토(征討)의 칙명을 전하기 위해 구마모토〔熊本〕성으로 가서 보병 제13연대를 지휘하여, 형제, 동향(同鄕)의 우인(友人)들을 상대로 싸웠다. 1884년에는 육군경(陸軍卿) 오오야마 이와오〔大山巖〕를 따라 미우라 고로, 가쓰라 다로〔桂太郎〕등과 함께 유럽으로 가서 각국의 병제나 군비를 시찰하고 이듬

3) 국권 탈취의 무법지대

(1) 한반도 진출 초기의 '온전한' 조약들

조약 체결에 임하는 일본 정부의 태도는 청일전쟁 이전과 이후 사이에 큰 차이가 있다. 이전에는 어떤 조약이든지 법적 요건을 다 갖추어 놓으려는 일종의 준법 태도를 보였다. 이는 조선에 대한 청국의 영향력을 밀어내는 것을 목적으로 하여 조선과 조약을 통해 새로 가지게 된 관계의 법적 근거를 확실히 해두기 위해 보인 태도였다.[13]

표 1에서 보듯이, 일본은 청일전쟁 전까지 조선과 주요한 조약 4개를 체결하였다. 첫 국교 수립 조약인 「조일수호조규」는 전권위임과 비준에 관한 요건을 쌍방이 모두 갖추었다. 1882년 7월 17일의 「제물포 조약」은 임오군란으로 일본인 교관이 피살되고 일본 공사관이 불타는 사태에 대한 조선 정부의 책임을 묻는 것으로, 일본 측에서 비준을 넘어 조선 국왕에게 사죄의 국서國書까지 요구하였다.[14] 조선 정부는 일본 측

해에 돌아와 소장으로 승진하여 참모본부 차장이 되어 육군 수뇌의 한 사람이 되었다. 유럽 여행을 함께 한 위 3인 중, 오오야마 이와오는 가와카미와 마찬가지로 사쓰마 출신이면서 세이난전쟁에서는 신정부군에 충성을 맹서하여 조슈 세력의 노선을 따랐으며, 미우라 고로와 가쓰라 다로 등은 본래 조슈 출신이었다. 1887년에는 다시 조슈 출신의 노기마레스께〔乃木希典〕를 따라 1년 반 독일에 유학하여 군사사상을 공부하고 귀국 후 참모본부의 조례를 개정하고 1889년부터 1898년까지 참모차장에 취임하여 황실(皇室) 참모총장 아래서 참모본부의 독립과 강화를 주도하면서 청일전쟁에 대비한 군비 강화에 노력하였다. 참모본부가 육군성과 맞먹는 기구로 성장한 것은 전적으로 그의 노력의 성과였으며, 청일전쟁에서 세운 공로로 1895년 8월 5일에 자작(子爵)이 되고 1898년 1월에 참모총장에 취임하였다. (『朝日日本歷史人物事典』上)

13 笹川紀勝, 「征韓論に對應する國際法體系の問題」(『法學論叢』 82-4, 5合倂, 2010. 3)는 조일수호조규 체결 직후에 일본측에서 정한론(征韓論)을 실현하는 국제법체계의 모색으로 이미 보호국론이 외무권소승(外務權小丞) 미야모토 고이치〔宮本小一〕에 의해 제시된 것을 밝혔다.
14 제물포 조약의 제6조에 이에 관한 내용을 담았다.

표 1 근대 한일 간에 이루어진 조약의 비준 유무 일람표

연월일	조약명칭	비준유무 (한/일)	연월일	조약명칭	비준유무 (한/일)
1876.2	조일수호조규	○/○	1904.2	의정서	×/×
1882.8.30	제물포조약	國書(2회)/國書	1904.8	'제1차 일한협약'	×/×
1882.8.30	수호조규속약	○/○	1905.11	'제2차 일한협약'	×/×
1885.1.	한성조약	國書(2회)/?	1907.7	한일협약	×/×
1894.7.25	대일본대조선동맹	×/×	1910.8	한국병합조약	×/○
1894.8.20	잠정합동조관	×/×			

이 입은 피해를 부정할 수 없었으므로 국서에 관한 요구를 거부할 수 없었다.[15] 일본에 보내진 문건들을 살피면, '임오년 8월' 일자로 예조판서 이회정李會正이 외무경 이노우에 가오루井上馨에게 일본 측 인명 피해를 막지 못한 것에 대한 사죄를 표하는 공한이 보내졌다.(일본 측 접수 일자 메이지 15년 10월 20일, 기록국 접수)[16] 사진1-1 일본 측은 이를 사죄장에 해당하는 국서로 간주하고 사진1-2, 이에 대한 일본 황제의 답신(조선 측에서는 '내서來書'라고 표현)이 공사 하나부사 요시모토花房義質를 통해 조선 정부에 보내졌다. 조선 정부는 다시 양국이 우호의 뜻으로 협력하여 국교를 정상화하자는 뜻의 국서

---

15 일본 공사관 주재 무관인 육군보병 대위 미즈노 마사루이〔水野勝義〕의 보고는 "불을 공당(空堂)에 지르고 사가와 아키라〔佐川晃〕가 석탄유(石炭油)를 가져와 여기에 붓고 발〔簾〕을 거두어 여기에 던져 화염이 병풍으로 옮겨 붙으니 이에 무리가 결사적으로 고함을 지르면서 나왔다"고 하였다. 金正明, 『朝鮮駐箚軍歷史 — 日韓外交史料集成 別冊 1—』, 巖南堂書店, 1986, 解題 3면. 이에 따르면 공사관 방화는 조선인이 한 것이 아니라 일본인들이 스스로 놓은 것이지만, 당시 조선정부는 이 사실을 알 수가 없었다.

16 이태진·이상찬 저, 『조약으로 본 한국병합—불법성의 증거들—』, 동북아역사재단, 2010, 96~81면.

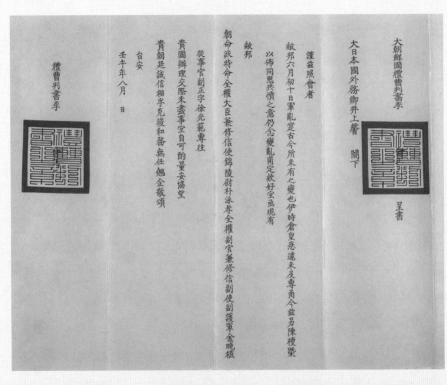

大朝鮮國禮曹判書李

大日本國外務卿井上馨　閣下

呈書

謹玆照會者

敝邦六月初十日軍亂定古今所未有之變也伊時倉皇惡遽未及專商今玆另陳梗槪

以佈同惡共憤之意仍念變亂甫定欵好空亟現有

敝邦

朝命派特命全權大臣兼修信使錦陵尉朴泳孝全權副官兼修信副使副護軍金晩植

從事官副正字徐光範專往

貴國辦理交際之際未盡事宜自可酌量安協堂

貴朝廷誠信相孚克竣和諮無任翹企敬頌

台安

壬午年八月　日

禮曹判書李

사진 1-1 임오군란 사후 처리로 「제물포 조약」 체결 때, 조선의 예조판서(李會正)가 일본의 외무경 이노우에 가오루[井上馨]에게 보낸 정서(呈書). 사건에 대한 잘못보다 앞으로의 화호(和好)를 강조하였다. 일본외교사료관 소장.

사진 1-2 사진 1-1의 정서를 받아 보관한 봉투(좌). '조선국 국서'라고 명기하였다. 봉투의 앞면(우). '조선 사죄장'이라고 명기하였다. 일본외교사료관 소장.

를 8월 7일(음력)자로 수신사修信使 조병호趙秉鎬와 종사관從事官 이조연李祖淵 편에 보냈다. 양국 군주의 이러한 국서 왕래는 비준서를 능가하는 수준의 사실 인증 문서였다. (이태진·이상찬, 2010, 77~79면)

일본정부는「제물포 조약」에 붙여「조일수호조규속약朝日修好條規續約」을 함께 처리하였다. 개항지(원산, 부산, 인천)의 왕래 이정里程을 50리에서 100리로 늘이는 것, 외교관의 내지內地 유력遊歷을 허용하는 것 등을 내용으로 하는「속약」을 이때 함께 처리하였는데 이 조약에 대해서는 별도로 비준의 절차를 밟았다.

1885년 1월의「한성조약」은 갑신정변에서 일본 공사관이 다시 불타고 사람이 다친 것에 대한 조약이었다. 이번에는 조선 측에서 공사관 화재가 조선인들에 의한 것이 아니라 일본인들이 스스로 방화하고 도주한 사실에 대한 증거를 잡아 그 비행을 강하게 규탄하여 한때 일본 다케조에 신이치로竹添進一郎 공사가 궁지에 몰렸다.[17] 일본은 이런 수세를 타개하기 위해 외무대신 이노우에 가오루井上馨를 전권대사로 파견하였다. 이노우에는 배상금 액수를 최소화하는 대신「제물포조약」때처럼 국서로 사의謝意 표명하는 것을 관철시키고자 하였다.

조선 정부는 이에 대해 다음과 같이 응대하였다.[18] 공사관이 불타고 사람이 다친 것은 창졸간에 일어난 것이어서 미리 헤아리지逆料 못한 점을 인정하되, 국서는 일본 천황이 전권대사를 먼저 보내온 것을 중하게 평가하여 이에 대한 답으로 보내는 것으로 처리하였다.(〈국서 1〉로 칭함(사진 1-1, 1-2)) 그리고 조선 측의 전권대신(좌의정 김굉집金宏集)을 임명하는 것도 국왕이 영의정 심순택沈舜澤에게 내린 유지諭旨에 근거하는 것으로 하여 국왕이 직접 나서는 것을 피하였다. 협상이 타결된 뒤에 도쿄에 사절(예조참판 서상우徐相雨와 병조참판 묄렌도르프Paul Georg von Möllendorff, 穆麟德)을 보내면서 다시 국서

17 李泰鎭,「1884년 갑신정변의 허위성」,『고종시대의 재조명』, 태학사, 2000, 174~175면.
18 이태진·이상찬 저, 앞 책, 2010, 84~107면 참조.

끝나지 않은 역사

를 보냈는데 이는 사죄가 아니라 '징비懲毖의 뜻'을 보이는展 것이라고 하였다.(〈국서 2〉
로 칭함(사진 2-1, 2-2))

그러나 두 가지 국서는 모두 고본稿本으로서 국왕의 어새가 직접 날인되지 않
았다. 「한성조약」과 관련한 조선 측의 문건에서 날인이 된 것은 조선독판교섭통상
사의朝鮮督辦交涉通商事宜(김윤식)가 일본 외무경(이노우에 가오루)에게 보내는 조회서照
會書가 유일하다. 이 문건에만 「통리교섭통상사무아문지인統理交涉通商事務衙門之印」
이라고 새겨진 관인이 사용되었다. 이 조회문은 예조 참판과 병조 참판에게 「국서」
(〈국서 2〉) 전달의 임무를 부여한다는 사실을 적은 것이다. 이 「국서」가 나온 경위를 알
수 있게 하기 위함인지 유지와 〈국서 1〉 등도 함께 보냈지만 모두 고본稿本으로 국왕의
어새가 날인되지 않았다. 문건의 이런 상태는 곧 일본 측이 요구한 사의의 수준을 최
저화시키려는 의도였다.

「한성조약」에서도 조약의 내용에 대한 두 나라 군주의 의사는 분명하게 표시되었다.
일본 전권대신 이노우에 가오루는 첫 협상 자리(1885. 1. 7. 양력)에 조선 측 전권대신
(좌의정 김굉집)이 위임장(유지에 근거하여 영의정이 발부한 것)을 잊고 회담장에 오자 이를
가져올 때까지 협상에 임하지 않는 엄밀한 태도를 보이기까지 하였다. 다만, 조선 수신
사가 도쿄로 가서 비준서에 해당하는 〈국서 2〉를 올린 뒤에 일본 황제가 상응하는 비
준서를 발부했는지 여부는 확인되지 않는다. 일본 황제가 전권위임의 행위로서 전권
대신을 보내어 협상을 요구한 것이 곧 이 조약의 출발점이란 것을 조선 측의 두 국서가
다 같이 강조한 점을 유의하면, 협상 결과에 대한 조선 군주의 비준서(〈국서 2〉)를 일본
천황이 받는 것으로 일본 측의 비준이 이루어진 것으로 간주될 수도 있다. 최소한 이후
에 일본 황제가 「한성조약」의 내용을 문제 삼은 적은 없었다.

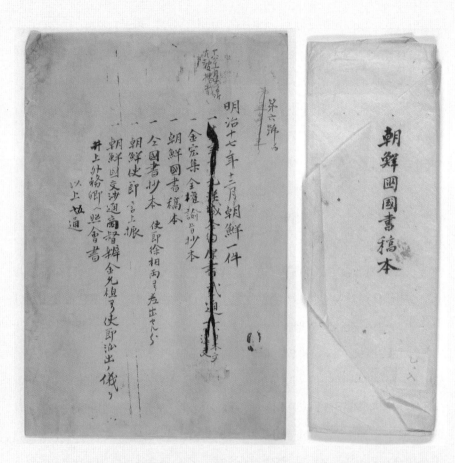

사진 2-1 「한성조약」 관련 일괄문서의 봉투 표면(좌)과 「한성조약」 국서 고본 표면(우). 한성조약에 붙여 보낸 조선국 대군주의 국서 고본(稿本)을 싸서 표면에 '국서고본'이라고 표기하였다(우). 일본외교사료관 소장.

大朝鮮國
大君主敬白朕之良友
大日本國
大皇帝朕深惜朝有逆臣致有十月十七日之第一時
變亂延及于隣國官商幾使兩國失和乃承
大皇帝惠顧邦交不忘素好　簡派全權大使伯爵井
上馨前来會議現已一切妥協朕以纇躬涼德化
導無方重貽友邦之戚曷勝悅懼謹遣禮曹參判
徐相雨兵曹參判穆麟德充出使正副大臣前往東京覩見
大皇帝親呈國書以展懇愁之意恭稔
大皇帝政治益隆
純蝦無疆深願後此兩國官商相安無事庶萬民
無不平之心以後兩國上下和洽不致再啓紛爭此
我兩國朝廷之福士民之幸也
大朝鮮開國四百九十三年朕即位二十一年十一月　日
御名
奉
於漢城昌德宮親署名鈐國寶

사진 2-2 「한성조약」에 붙여 보낸 조선국 대군주 국서의 본문. '사죄'란 문구는 쓰지 않았다. 일본외교사료관 소장.

(2) 청일전쟁에서 달라진 일본의 조약 체결 자세 - 국왕 배제의 약식조약 등장

앞에서 살폈듯이 「한성조약」에 이르기까지 한일 양국 간에 체결된 조약에서 형식에 문제는 없었다. 그런데 1894년 7월에 일본이 청일전쟁을 일으키면서 상황은 달라지기 시작하였다.

일본은 청일전쟁을 일으킨 당일, 곧 7월 25일자로 조선 정부에 대해 「대조선국대일본양국맹약大朝鮮國大日本兩國盟約」(이 책 20면 사진 3)의 체결을 요구하였다. 일본군이 청나라의 군사를 격퇴하는 데 양국이 "공수攻守를 상조한다"는 것을 요지로 하는 조약으로서, 그 유효기간은 청국과의 화약和約이 이루어질 때까지라고 하였다. 조선 측의 외무대신 김윤식과 일본 측의 특명전권공사 오토리 게이스케大鳥圭介가 나란히 기명 날인한 것으로 되어 있다. 일본은 이 전쟁에서 일본군이 한반도에서 군사작전을 벌인 것이 국제법적으로 문제가 될 것을 우려하여 이 조약을 준비하였던 것이다. 그러나 이 조약은 조선의 군주가 완전히 배제된 상태에서 체결된 것이었다.

일본은 앞에서 언급했듯이 1894년 7월 23일 새벽에 한반도에 시설된 전신선을 장악하기 위해 군주가 있는 경복궁에 침입한 뒤 그날 아침부터 내정개혁을 요구하고 이틀 뒤에 전쟁을 일으켰다. 일본 측은 내정개혁을 추진할 주체로서 군국기무처軍國機務處를 내놓았지만, 조선의 관리들이 이를 기피하여 7월 말에서야 겨우 위원 10여 인을 채울 수 있었다. 일본은 개혁의 우선 과제로 궁중宮中과 부중府中의 분리 원칙을 내세워 군주권을 무력화시키고, 부중의 대표 기구로 내각을 세워 국정 주도권을 여기로 옮기고자 하였다. 이런 계획은 8월 20일에서야 이루어질 수 있었다. 「대조선국대일본양국맹약」이 이루어진 7월 25일 현재로 조약에 관한 권한은 군주에게 있었는데도 이 조약에는 군주의 의사가 표시될 기회를 전혀 두지 않았다. 국권 관련 조약에서 군주가 배제된 최초의 약식 조약이었다.

일본은 내각 구성에 관한 군주의 조칙이 나온 8월 20일자로 다시 외부대신 김윤식과

끝나지 않은 역사

특명전권공사 오토리 게이스케大鳥圭介 명의로 「잠정합동조관暫定合同條款」을 처리하였다. 조선의 내정 개혁을 양국이 동의한다는 것, 철도시설, 전신선 관리 등에 대해서는 시기를 보아 조관條款을 가급적 빨리 세운다는 것, 전라도 지역에 1개 통상 항을 연다는 것 등을 규정하면서 "7월 23일 왕궁 근방에서 일어난 양국 병원兵員의 우연한 충돌 사건은 피차 모두 이를 추구하지 않는다"는 규정을 넣었다.(제5조) 일본군의 경복궁 침입사건은 국제법적으로 크게 문제될 소지가 있는 것이었다. 일본정부는 이에 대한 대비를 이 조약에서 이렇게 강구하고자 하였던 것이다. 이 밖에 조선의 독립자주의 과업을 성취하는 문제를 담당할 위원회를 구성한다는 조항도 넣었다.

「잠정합동조관」은 조선의 왕권을 크게 위협하는 것이었지만 궁극적으로 조선 군주 측이 근시직近侍職의 보좌를 견지하면서 러시아, 미국의 힘을 빌려 일본의 기도를 좌절시킬 수 있었다.[19] 특히 전신선 관리를 위한 일본 군부의 병력 잔류 문제를 놓고 일어난 대립은 왕비 살해의 참극으로 이어졌지만, 궁극적으로 청일전쟁을 통해 기도한 일본의 목표는 저지되었다. 이런 흐름에서 볼 때, 「잠정합동조관」도 군주의 개입을 배제한 부당한 침략 조약이었던 것이 분명하다.

별표에서 보듯이 이 전쟁은 조슈의 대표적 정치인인 이토 히로부미伊藤博文 제2차 내각 아래서 진행되어 조슈 세력의 정한론 실현의 제1차 시도였다고 규정할 수 있다. 「잠정합동조관」 이후 조선 군주와의 마찰을 해결하기 위해 10월 15일자로 조선 문제에 정통한 조슈 출신의 이노우에 가오루(당시 내부대신)가 특명전권공사로 투입된 것도 이 전쟁의 성격을 드러낸 한 국면이었다. 이 전쟁은 조슈 출신의 민간 정치인으로 콤비를 이루었던 거물 이토 히로부미와 이노우에 가오루, 천황의 대본영의 군부 총수, 감군監軍, 육군대신 등을 모두 장악한 조슈 군벌이 마침내 정한론 실현으로서 조선 보호국화란 목표 달성을 위해 한반도로 발맞추어 나아갔던 것이다.

19 홍문기, 「甲午改革 이후 秘書機關의 변천과 君主權」, 서울대 碩士論文, 2004, 26면.

별표 일본 메이지 정부의 조슈번 출신 총리대신 및 재임 중 주요 사건 일람표

대수	총리대신의 이름	기간	한국 관련 주요 사건
1	이토 히로부미 伊藤博文(1차)	1885.12~1888.4	텐진조약 (1885. 4) 제2차 징병제 시행 (1887)
3	야마가타 아리모토 山縣有朋(1차)	1889.12~1891.5	군비증강. 방곡령 손해배상
5	伊藤博文 (2차)	1892.8~1896.9	조선반도 출병(1895. 6), 경복궁침입사건 (1894. 7), 청일전쟁, 을미개혁(1895. 2), 下關 시모노세키 조약 條約(1895. 4), 명성왕후 시해사건(1895. 10)
7	伊藤博文 (3차)	1898.1~1898.6	독립협회 반정부 시위 러일전쟁을 위한 군비증강
9	山縣有朋 (2차)	1898.11~1900.10	타이완 식민지배체제 구축 완료, 의화단사건 출병, 러일전쟁 준비
10	伊藤博文 (4차)	1900.10~1901.6	고무라 노선 小村路線 등 한국 재진출 계획 수립, 러일전 쟁 준비
11	가쓰라 다로 桂太郎 (1차)	1901.6~1906.1	러일전쟁 개전(1904. 2), 의정서, 제1·2차 일 한협약 요구, 통감부 설치. 이토 히로부미 통감 부임(1906. 1~1909. 5), 고종황제 퇴위강제, 「한일협약」으로 내정권 박탈.
13	桂太郎 (2차)	1908.7~1911.8	寺內正毅를 3대 통감으로 임명하여 한국병 합 강제(1910. 8) 주도하게 함.
16	데라우치 마사타케 寺內正毅 (1차)	1916.10~1918.9	윌슨 대통령의 민족자결주의(1918. 1) 선언에 따른 고종황제 독살 혐의

(3) 10년 뒤, 러일전쟁에서 다시 등장하는 파행 약식 조약들

1895년 10월 8일의 조선왕비 살해사건으로 국제적으로 궁지에 몰린 일본은 타이완 식민지배 체제 구축에 열중하여 한국에 대한 간여는 상대적으로 크게 줄었다. 그러나 군부는 러시아와의 결전을 위해 임시 특별예산 제도를 도입하여 국가 예산의 거액을 군비 증강에 투입하였다. 조선반도를 거쳐 요동반도로 진출해야 한다는 '정한론'에 뿌리를 둔 팽창주의 강박 관념은 조금도 식지 않았다.[20]

1900년 청국에서 의화단 사건이 일어났을 때, 일본은 8개국 연합군의 일원으로 파병의 기회를 얻었다. 1년 전 일본은 오랜 기간의 숙제였던 '조약개정'에도 성공하여 국제적 입지가 크게 상승한 것을 배경으로 가장 많은 인원을 보내는 행운을 얻었다. 일본군에게 내려진 엄정한 규율 생활은 국제법 이행의 모범국이란 이미지를 남기는 데 성공하였다. 그러나 그것이 겉치레에 불과하다는 것이 러일전쟁을 일으키면서 그대로 드러났다.

일본 정부는 주도면밀한 준비 끝에 1904년 2월 8일에 인천항과 뤼순항의 러시아 군함을 기습적으로 공격하고 이어 2월 10일에 「선전宣傳의 조칙詔勅」을 내렸다. 한국에는 한국임시파견대가 들어와 서울에 주둔하였는데 1개 사단 규모의 이 병력은 전시 편제의 제1군 가운데서도 제일 앞서 동원된 것이었다. 곧 한국주차군韓國駐箚軍으로 이름을 바꾼 이 부대는 서울에 장기 주둔하면서 국권 관련 조약 강제의 무력적 배경을 이루었다. 일본이 러일전쟁을 계기로 대한제국에 강요한 조약들은 아래와 같다.

(1) 1904. 2. 23. 의정서

(2) 1904. 8. 22. '제1차 일한협약'

(3) 1905. 11. 17(18). '제2차 일한협약'

(4) 1907. 7. 24. 한일협약

---

[20] 和田春樹 교수는 일본 조슈세력이 정한론(征韓論)의 당위성 확보를 위해 강조한 러시아 위협론이 조작된 것임을 실증적으로 밝혔다. 和田春樹, 「日露戰爭と韓國倂合」, 安田常雄·趙景達 編, 앞 책, 2010. 3; 和田春樹, 『日露戰爭-起源と開戰-』上·下, 岩波書店, 2009. 2010.

(5) 1910. 8. 29. 한국병합조약

위 조약들이 가지는 형식상의 문제점에 대해서는 지금까지 많은 논의와 지적이 있었다.[21] 그 가운데 중요한 것을 간추리면 다음과 같다.

첫째로 이 조약들은 대한제국의 국권에 저촉되는 사항을 다룬 것이면서도 대부분 약식조약의 형식을 취하였고 따라서 비준서가 발부된 것이 없었다. (표 1 참조) 조약 체결을 강요한 일본 측도 천황의 비준서를 갖춘 것은 최종의 「한국병합조약」 하나뿐이다. 일본 측은 (1)~(4)의 조약에서 내각이 '대한정책對韓政策'의 차원에서 조약안을 준비하여 어전회의를 통해 천황의 동의를 구하는 절차를 밟았을 뿐으로, 한국 측으로부터 '기명날인'을 받아낸 것에 대한 천황의 비준 절차는 특별히 구하지 않았다. 이런 처결방식은 침략행위에 대한 국가원수의 재가를 받는 것에 지나지 않는 것으로서 메이지 일본 국가의 일방적 침략성을 여실히 드러낸 것이다. 두 나라 원수의 비준이 없는 조약으로 국권이 이양된다는 것은 국제조약 역사상 유례가 없는 것이다. 마지막 「한국병합조약」에서는 앞에서 살폈듯이 정식조약의 요건을 다 갖추고자 하였지만 한국 황제가 비준서에 해당하는 '칙유'에 이름자 서명을 하지 않은 사실이 확인되었다.

별표에서 보듯이 조슈 세력은 청일전쟁 때와 마찬가지로 러일전쟁 때도 국가 권력을 거의 다 장악하고 있었다. 다 알듯이 메이지시대의 실질적인 지배자는 천황 전제정치의 고문격인 겐로元老 그룹이었다. 이들이 천황에게 총리대신을 추천하는 주체였다. 러일전쟁 당시에는 이토 히로부미伊藤博文(1889~1909), 야마가타 아리토모山縣有朋(1891~1922), 이노우에 가오루井上馨(1904~1915) 등 3인의 조슈 출신이 중심을 이루고 사쓰마 출신의 마쓰카타 마사요시松方正義(1898~1924)가 이에 들었다. 마쓰카타는

---

21 이 책 제1부 첫째 글.

끝나지 않은 역사

재정 전문가로서 조슈 출신과 정치적으로 대립하는 입장은 아니었다.[22] 당시 내각의 총리대신은 군인 출신으로 야마가타의 지원 아래 독일 군사학을 공부하고 육군 참모부의 독립을 추진했던 가쓰라 다로桂太郎였다. 그리고 데라우치 마사타케寺內正毅 역시 야마가타 계열로서 육군대신의 지위에 있으면서 대본영의 전쟁 계획을 주도적으로 추진하였다. 제1차 가쓰라 내각(1901. 6~1906. 1)은 하버드 법대 출신으로 청일전쟁 때부터 강성 개전론자로 나서 야마가타, 가쓰라 등과 지우 관계를 가지게 된 고무라 주타로小村壽太郎를 기용하였다. 이런 인적 구성 관계로 볼 때, 러일전쟁은 조슈 세력이 두 번째로 시도하는 정한론 실천운동이라고 해도 과언이 아니다. 군부 세력이 주도하는 이런 팽창정책에서 법적 요건은 안중에 있을 리 만무하였다.

조슈 세력의 조약 강제에서는 문서 변조 행위가 반복되었다. 「제1차 일한협약」(용빙조약)은 각서에 불과한 것인데 영어번역에서 'Agreement'란 단어를 임의적으로 사용하여 제목으로 넣어 약식조약처럼 보이게 하였다. 그리고 「제2차 일한협약」의 경우도 원문에는 비어 있는 제목 난에 'Convention'이란 단어를 집어넣어 정식 조약처럼 보이게 하였다. 전자의 경우, 이것이 영국, 미국 정부에 전달된 뒤, 이 나라 정부로부터 한반도에 대한 배타적 지배권을 묵인 받는 '제2차 영일동맹', '가쓰라-태프트 밀약'을 각각 성립시키고 있어 주목을 요한다.

일본 측은 억지를 부리던 중에 결정적인 강제의 물증을 스스로 남기고 있는 것을 몰랐다. 한국 측의 손으로 작성되고 철해져야 할 한국어본의 조약문이 일본 공사관 측에 의해 처리된 증거가 남겨졌다. 1904년 2월의 「의정서」만해도 조약문은 양측이 각기 외교업무를 주관하는 기관이 주관하여 처리되었다. 즉 한국은 '대한국외부大韓國外部',

---

22 겐로로는 구로다 기요타카〔黑田淸隆, 재임기간: 1889~1900〕, 사이고 쯔구미찌〔西鄉從道, ?~1902〕 등 사쓰마 출신이 더 있었지만 모두 러일전쟁 전에 사망하였다. 러일전쟁 중의 총리대신 가쓰라 다로는 1911~1913년 간에 겐로가 되었다.

일본은 '재한국일본공사관在韓國日本公使館'이란 글자가 인쇄된 용지를 사용하고, 각기 서로 다른 끈으로 문건들을 철하여 교환하였다. 한국 측은 황색, 일본 측은 청색의 끈을 사용하였다. 그런데 「제2차 일한협약」에서는 일본어본은 「의정서」때와 같은 용지와 끈을 사용했지만, 한국어본은 기관명이 인쇄되지 않은 적색선 괘지에 , 일본 측에서 사용한 청색 끈으로 묶어졌다. 이것은 일본 공사관 측이 한국어본까지 직접 챙겼다는 명백한 증거이다.[23]

일본 측의 문서 변조 행위는 1907년 7월의 「한일협약」(정미조약) 후, 내정권을 장악하는 가운데서도 자행되었다. 1907년 6월에 고종황제가 제2차 헤이그 만국평화회의에 「제2차 일한협약」의 무효를 알리기 위해 특사를 파견한 사실이 드러나면서 통감부의 이토 히로부미는 1907년 7월 20일에 황제(고종)를 강제로 퇴위시켰다. 황제뿐만 아니라 황태자(순종)조차 양위에 응하지 않자 영친왕을 순종의 뒤를 이을 황태자로 책봉하여 일본으로 데려가는 압박을 가하여 11월 18일에 마침내 순종으로 하여금 즉위에 임하게 만들었다. 통감부는 이날 순종이 태묘에서 읽을 서고문誓告文에 손수 성명[이척李坧]을 쓸 난을 세 곳에 마련해 두었다. 이날부터 이듬해 1월 18일까지 2개월간 61건의 중요 문건에 대한 황제의 결재란에 여섯 개의 서로 다른 필체로 황제의 이름자坧 서명이 가해졌다. 법령은 모두 대한제국의 정부 조직, 재판소 구성, 감옥제도 등을 통감부의 관할, 감시 아래로 편입시키는 것들이었다. 통감부 관리들은 신 황제가 서고문에 써넣은 이름자를 친서제도의 서명으로 간주하고 제멋대로 대리 서명을 하고 61건의 법령을 황제 모르게 처리했던 것이다.[24] 한마디로 조슈 세력 주도 하의 대한제국 국권

23 이 책 제1부 첫째 글 참조.

24 이태진, 「통감부의 대한제국 宝印탈취와 순종황제 서명위조」, 『일본의 대한제국 강점』, 까치, 1995; 〈日訳〉「統監府の大韓帝国宝印奪取と皇帝署名偽造」, 海野壽福編, 『日韓協約と韓國併合』, 明石書店, 1995.

끝나지 않은 역사

탈취의 현장은 무법의 지대 바로 그것이었다.

(4) 순종황제, 「한국병합조약」에 서명 거부

최종 「한국병합조약」은 조슈 출신으로 육군대신의 직에 있던 데라우치 마사타케寺內
正毅가 1910년 7월에 제3대 통감으로 임명되어 '한국병합준비위원회'[25]가 최종적으로
정리하여 내각의 결의를 거친 문건들을 가지고 와서 한국 내각 총리대신 이완용을 통
감관저로 초치하여 하나씩 내놓고 실행시켰다. 병합준비위원회가 최종정리한 한국병
합의 방안들은 실은 자신의 육군성陸軍省에서 기초한 것이 태반이었다. 데라우치 마사
타케는 이때 이완용에게 이번에도 이전처럼 일본이 일방적으로 조약문을 낭독해 버릴
수도 있지만, 양국의 영원한 우의友誼와 안녕을 위해 모든 요건을 갖추고자 하니 협력
하라고 요구하였다. 통감 데라우치는 8월 22일 오전 궁내부대신 민병석閔丙奭, 시종원
경 윤덕영尹德榮을 불러 한국황제가 총리대신 이완용을 전권위원으로 임명한다는 내용
의 위임장을 내놓고 이를 오늘 중에 황제의 재가를 받아내라고 지시하였다.

이날 오후 황제(순종)는 어전회의에 임하여 2시간 이상 침묵하다가 전권위임장 위에
국새('대한국새')를 찍고 그 위에 이름자(척坧) 서명을 하였다. 황제의 모든 권한을 이미
박탈당한 그로서는 긴 시간의 침묵 외에는 표시할 것이 없었다.

이완용은 그 전권위임장을 받아들고 통감의 관저로 가서 데라우치가 내놓은 조약문

---

25 1910년 6월에 설치되었다. 외무성 정무국장 구라치 데쓰기치〔倉知鐵吉〕, 통감부 참사관 겸 외무부
장 고마쓰 미도리〔小松綠〕, 내각 서기관장 시바타 가몬〔柴田家門〕(의장역할), 법제국장관 야쓰히로 도
모이치로〔安廣伴一郎〕, 척식국 부총재(拓植局 副總裁) 고토 신페이〔後藤新平〕, 대장차관(大藏次官)
와카스키 레이지로〔若機禮次郎〕, 법제국서기관(法制局書記官) 에기 다스쿠〔江木翼〕가 참가하고, 통
감부로부터는 통감부 관방회계과장(官房會計課長) 고마다 히데오〔兒玉秀雄〕, 서기관 나카야마 세타로
〔中山成太郎〕가 출석하였다. 海野壽福, 『韓國倂合始末關係資料』, 不二出版, 1998, 3~4면.

4통(한국어본, 일본어본 각 2통)에 직함과 성명을 쓰고 날인하였다. 이때 데라우치는 두 나라의 황제가 신민들에게 병합을 알리는 조칙을 미리 준비하여 함께 반포하도록 한다는 내용의 「각서」를 또 내놓았다. 이 조약은 반포와 동시에 한 나라가 없어져 비준의 절차를 따로 밟을 시간이 없으므로 병합을 알리는 조칙의 반포로 비준에 대신한다는 의미를 가진 문건이었다.

8월 29일, 한국 황제의 반포조칙(칙유)문안 처리를 놓고 총리대신 이완용과 통감 데라우치 사이에 기이한 요식행위가 치루어졌다. 통감 데라우치가 건네준 「통치권 양여에 관한 조칙안」을 내각 총리대신인 자신이 통감 데라우치에게 승인을 요청하고, 통감이 이를 승인하는 절차를 진행시켰다. (이 책 72면)

그런데 이렇게 해서 반포된 두 나라 황제의 조칙에 대한 결재 형태는 차이가 있었다. 일본 황제의 것은 "짐 추밀고문의 자문諮詢을 거친 한국병합에 관한 조약을 재가裁可하여 이에 이를 공포한다"고 밝히고 '천황어새天皇御璽'를 날인하고 그 위에 메이지 천황의 이름자(무쓰히토睦仁)의 친서가 선명하게 되어 있다. 이에 반해 한국황제의 조칙은 '칙유勅諭'라고 명칭이 바뀐 상태에서 전권위임의 조칙에 사용했던 '대한국새'의 국새가 아니라 '칙명지보勅命之寶'라고 새겨진 어새가 사용되었다. 그리고 그 위에 있어야 할 황제의 이름자 서명의 친서親署가 빠져있었다.

'칙명지보'의 어새는 고종황제가 대한제국을 출범시키면서 행정업무 결재용으로 새로 만든 어새였다. 이 어새는 통감 이토 히로부미가 고종황제를 강제 퇴위시킬 때 통감부 측에서 빼앗아 간 것이었다. 그 후 통감이 내정까지 감독하는 체제가 구축되면서 통감부가 이를 장악하여 사용하고 있었다. 따라서 순종황제의 병합 공포 조칙인 '칙유'에 이 어새가 날인되었다고 해도 그것은 순종황제의 뜻과는 무관한 것이었다.

순종황제는 1926년에 4월에 운명하기 전에 곁을 지키고 있던 조정구趙鼎九에게 양국讓國의 조칙은 모두 "강린强隣(일본을 뜻함)과 역신의 무리가 제멋대로 한 것으로 내가

한 것이 아니라"는 유조遺詔를 구술로 남겼다. 이 유언의 내용은 위 '칙유'의 상태와 완전히 일치하는 것이었다. 이 유조는 약 2개월여 뒤 샌프란시스코의 한인회에서 발행하던 『신한민보』에 보도되었다.

「한국병합조약」의 경우도, 조약문에 강제의 물증이 남겨졌다. 이 조약은 한, 일 양국어본이 똑같은 용지에 똑같은 필체로 작성되고 똑같은 끈으로 묶여져 있다. 조약이 한쪽 의사로 강제되었다는 명백한 증거이다. 세계 조약사상 이런 예는 찾아 볼 수 없는 것이다.

4) 최후의 가격加擊 ― 고종황제 독살

이토 히로부미는 조슈 세력의 대표적 정치인으로서 이른바 조슈 번벌 관료세력을 형성하여 조선·대한제국의 국권 탈취를 주도하였다. 그는 서구 열강을 의식하여 조슈 군벌의 공격적인 대한정책對韓政策에 제동을 걸기도 하였지만 궁극적으로 한반도 점령을 목표로 하기는 마찬가지였다. 그는 고종황제 강제 퇴위(1907년 7월) 이후 날로 치성하는 한국 의병들의 저항 기세를 꺾는 데 실패하여 1909년 2월에 사임을 결심하고 귀국하여 6월 초에 정식으로 통감의 직에서 물러났다. 그리고 그해 10월에 추밀원 의장 자격으로 러시아 대장대신大藏大臣 코코프체프와 모종의 밀약을 위해 뤼순, 다롄을 거쳐 26일 아침 하얼빈에 도착하였다가 여기서 대한의군 참모중장 안중근의 특파대에 의해 저격당하여 일생을 마쳤다.

일본 정부는 이 사건에 큰 충격을 받고 외무대신 고무라 주타로小村壽太郎를 본부장으로 하는 긴급 대책 기구를 구성하여 사건의 배후 조사에 착수하였다. 외무성 산하의 관련 지역(도시)의 총영사관, 한국주차군 사령부의 헌병대, 통감부의 경시청, 관동도독부의 육군참모부 등이 나서 밀정을 투입하여 배후관계를 조사하였다. 이를 통해 일본 정부는 만주, 러시아령 연해주의 한국 항일 독립운동 조직의 실황에 관한 많은 정보를 확보하였다. 그 정보들 가운데 가장 주목할 만한 것은 '배일의 근체根蔕' 곧 근원이 경성의 한국 황제라는 것이었다.[26]

한국 황제는 1907년 7월 강제 퇴위 당한 직후부터 이 지역의 독립운동 세력에게 지원금을 보내고 있었고, 이 사건이 일어나기 직전에도 황제로부터 지원금이 내려와 거사가 추진되었다는 탐문도 보고되었다.[27] 외무성에 수집된 정보를 판독하고 이를 근거로 대한정책을 수립하는 중심 역할을 한 것은 육군대신 데라우치 마사타케를 중심으로 한 육군 수뇌부 곧 조슈 군벌이었다. 일본 정부는 1910년 3월 26일에 안중근을 극형에 처한 뒤 바로 육군대신 데라우치 마사타케가 제3대 통감으로 임명되어 한국 병합을 단행하는 순서를 밟았다. 조슈의 군부 지도자들은 이토 히로부미가 통감에서 물러나기 직전에 이미 한국병합에 동의한 것을 기억하고 있었다. 육군대신인 데라우치 마사타케가 직접 나서서 한국 통감부의 통감을 겸하여 강제 병합에 필요한 조치를 주관하였다. 그리고 그는 강제 병합 후 조선총독부의 초대 총독이 되었다. 그는 조선에 대해 헌병을 앞세운 군사 통치체제를 구축하였다. 조선 총독부의 지배체제는 곧 '정한'을 실현한 군사 점령 통치체제였다.

한국병합은 제2차 가쓰라 내각(1908. 7~1911. 8) 아래서 강제되었다. 조슈 세력은 이토 히로부미 사거 후, 이토와 함께 입헌정우회立憲政友會를 세운 사이온지 긴모치西園寺公望와 협력관계로 조슈의 지위를 유지하였다. 이 집단은 이른바 조슈 번벌 관료세력

---

26 李泰鎭, 「안중근의 하얼빈 의거와 高宗皇帝」, 『영원히 타오르는 불꽃 – 안중근의 하얼빈 의거와 동양 평화론』, 지식산업사, 2010. 12, 73면.
27 위와 같음.

을 배경으로 하는 정치 집단이었다. 제2차 사이온지 내각(1911. 8~1912. 12)[28]에 이어 조슈 군벌의 지원을 받는 제3차 가쓰라 내각(1912. 12~1913. 2)이 다시 들어섰다. 그러나 제3차 가쓰라 내각은 입헌 호헌운동의 도전을 받아 53일 만에 물러났다. 뒤를 이은 제1차 야마모토 곤베에山本權兵衛 내각(1913. 2~1914. 3)이 들어서 호헌운동의 새로운 정치 기운이 돌았지만, 이 내각도 독일, 영국으로부터의 병기구입 뇌물 사건으로 1년여 만에 끝났다. 야마모토는 사쓰마 해군 출신의 정치가로서 조슈 군벌과는 동질적이지 않았지만 가쓰라와 협력관계를 적절히 유지해 온 인물이었다. 야마모토 실각 후, 겐로(원로)회의에서 가장 강한 발언권을 행사하던 야마가타는 후배 데라우치를 바로 천거하고 싶었지만 같은 조슈계의 가쓰라 내각이 무너진 지 1년도 되지 않아 그를 천거하는 대신 제3의 선택으로 오쿠마 시게노부大隈重信를 선택하였다. 조슈 출신의 겐로(원로) 이노우에 가오루와 합의한 추천이었다. 오쿠마는 자유민권운동가로서 명성을 누려 헌정당憲政黨을 세워 제3차 이토 내각에 이어 내각 총리대신(1898. 6~1898. 11)이 되었지만, 그 후 조슈 세력의 우세 속에 고령으로 은퇴하였다. 야마가타, 이노우에 두 사람은 이미 정당 기반을 상실했으면서도 아직 대중적인 인기를 유지하고 있는 오쿠마를 새로운 협력자 관계로 선택하였던 것이다.[29]

오쿠마 내각은 출범 초기에 제1차 세계대전을 맞았다. 일본은 개전 한 달 뒤인 1914년 8월에 독일에 선전을 포고하여 적도 이북의 남양 제도南洋 諸島를 점령하는 한편, 독일 조차지租借地인 중국의 칭다오靑島를 점령하고 중국에 21개조를 요구하였다. 이것은 조슈 세력이 한반도에 이어 중국으로 진출하는 꿈을 실현하려는 것이었다.[30] 조슈 군

28 제1차 사이온지 내각은 1906년 1월부터 1908년 7월까지로서, 통감부가 설치, 초대 통감 이토 히로부미의 헤이그 특사 파견을 구실로 한 고종황제 강제 퇴위 등이 이 기간에 이루어졌다.

29 川田 稔, 『原敬と山縣有朋』, 中公新書 1445, 1998, 4~6면.

30 荒井信一, 「對華21か條問題の予備的考察」, 2007년 8월, 제7차 「한국병합」에 관한 역사적, 국제

벌은 오쿠마를 이용하여 그 꿈을 진행시키고 있었던 것이다. 제2차 오쿠마 내각은 2년 이상 장수하였지만, 21개조 실현문제, 육군증사陸軍增師 문제,[31] 정우회政友會 세력 타파 문제, 러시아와의 제휴 강화 문제 등 여러 사안에 얽히다가 야마가타의 인도아래 1916년 10월에 총사퇴 하였다.[32] 여기서 야마가타는 조선총독 데라우치를 내각총리대신으로 천거하는 방안을 실현시켰다. 전시 중에 중국, 러시아와의 관계를 조슈 군벌의 중심이 더 직접적으로 처리해 나가려는 의도였던 것으로 보인다. 이즈음 입헌정우회 출신으로 정우회를 결성하여 내각의 대외정책에 대해 하나하나 비판적이던 하라 다카시原敬의 도전[33]이 만만치 않았기 때문에 대열의 정비가 필요했던 것이다.

데라우치 마사타케는 1916년 10월에 조각組閣의 임무를 받고 일본으로 떠나고 조슈 군벌의 후배인 한국주차군 사령관 하세가와 요시미치長谷川好道가 제2대 총독으로 그 뒤를 이었다. 조선은 여전히 조슈 세력이 장악한 상태였다. 조슈 군벌의 가쓰라 다로는 1913년, 이노우에 가오루는 1915년에 각각 사거하였으므로 1916년 현재로는 야마가타와 데라우치 두 사람이 조슈 번벌의 명맥을 유지하고 있었다. 데라우치는 총리대신이 되었지만 재임 중의 국제관계는 일본제국 특히 조슈 세력의 전통적인 대외 팽창주의에 불리한 쪽으로 흘러가고 있었다.

1917년 러시아 혁명으로 일로협약(제4차)은 효력을 상실하여 사실상 유력한 동맹국을 잃었고, 더욱이 시베리아출병(1918. 8)으로 소비에트·러시아 정부와 대립하게 되었

법적 재조명' 국제학술회의.

31 한반도 주둔군을 1개 사단에서 2개 사단으로 늘리는 문제.

32 川田 稔, 앞 책, 1998, 54면.

33 川田 稔, 앞 책, 1998은 하라 다카시의 의회 정당정치와 국제주의가 야마가타 아리토모의 번벌 과두정치의 팽창주의와 대립 전개한 것을 심도있게 논하였다. 하라 다카시는 이토 히로부미, 사이온지 긴모치의 입헌정우회 출신이지만 관료주의에서 한걸음 더 나아간 의회주의자로서 대외정책에서도 제1차 세계대전 참전에 반대하는 등 일본의 국제적 안정 확보에 역점을 두었던 자유민주적 정치가라고 논하였다.

을 뿐더러, 이 문제를 둘러싸고 미국과도 알력이 커졌다. 특히 중국에 대한 21개조 요구와, 소비에트 정부에 의하여 공표된 제4차 「일로협약」 비밀협정에 나타난 중국 전토로 향한 일본의 세력 확대 기도는 미국, 영국과의 관계에 큰 타격을 가져왔다. 미·영 양국은 이로써 일본에 대한 강한 경계심을 가지게 되었다. 대전大戰 중이기 때문에 직접으로 표면화되지는 않았지만, 일본은 실질적으로는 국제적으로 고립상태에 빠져들고 있었다.[34]

이런 가운데 1918년 1월 8일 미국 대통령 우드로 윌슨은 상원 연두 연설에서 「14개조Fourteen Points」를 발표하여 약소민족의 민족자결주의를 선언하였다. 이 선언은 한국을 강제 병합하여 식민지로 통치해온 일본정부 특히 조슈 군벌 세력에게는 큰 우려를 자아내게 하였다. 일본 정부는 이 발표가 나온 직후인 1월 13일 도쿄에 체류하던 영친왕英親王에게 6년 만에 고국을 방문하게 했다. 윌슨 대통령의 선언은 1915년 1월부터 '평화의 방책'에 관한 연구로 시작된 것이었으므로 총리대신 데라우치 마사타케는 조선 통치의 실질적인 주관자로서 이 프로젝트의 진행을 살피면서 미리 대책을 세우고 있었을 것이 틀림없다.[35] 영친왕에 대한 일본 정부의 우호적 처우는 8월 고종황제의 생일 때도 그를 귀국시켜 주는 것으로 이어졌다. 그리고 그해 가을에는 일본 황족 출신인 마사코方子와의 약혼을 결정하고 이를 발표하였다.[36] 인질인 영친왕에 대한 이런 이례적 대우는 윌슨 대통령이 선언한 민족자결주의에 대한 대응책이 아니고서는 납득하기 어렵다. 일본 정부는 일본 천황가와 조선 왕가는 민족자결주의가 적용될 필요가

---

34 川田 稔, 앞 책, 1998, iv 면.

35 李泰鎭, 「고종황제의 毒殺과 일본정부 首腦部」, 『歷史學報』 204집, 2009. 12, 436~437면. 이 책의 제2부 6.

36 일본 정부는 11월 28일에 헌법 중의 「황실전범(皇室典範)」에 황족 여자는 왕족 또는 공족과 결혼할 수 있다는 조항을 신설하여 영친왕과의 결혼을 성사시켰다. 결혼일은 1919년 1월 25일로 예정되었다.

없을 정도로 돈독한 관계라는 것을 서방세계에 보여주기 위해 이런 책략을 쓰고 있었던 것이다.

데라우치 총리대신이 윌슨 대통령의 14개조 발표에 대해 이렇게 민감한 반응을 보인 데는 까닭이 있었다. 9년 전 육군대신으로서 '하얼빈 사건'에 대한 배후 정탐 보고들을 총괄할 때 그는 한국황제(고종)가 해외 독립운동 세력을 직접 양성하면서 항일 투쟁을 고취하고 있었던 사실을 직접 확인하였다. 심지어 하얼빈 거사 자체가 황제의 지시로 이루어진 것이라는 보고까지 받았던 그였다. 그때의 정황에 비추어 볼 때 미국 대통령의 파격적 선언 앞에 '덕수궁의 이태왕(고종황제)'이 조용히 있을리 만무하다고 판단하였던 것이다. 만약 그가 움직인다면 이미 국제 관계에서 여러 가지로 불리한 여건에 처해 있는 일본의 앞날을 더욱 어렵게 하는 결과가 빚어지리라는 판단을 내리고 있었던 것이다.[37] 그는 실제로 조선총독 하세가와에게 중대한 밀명을 내렸다. '이태왕'에게 1905년 11월의 보호조약에 대해 지금이라도 추인하는 문서를 요구하고 이를 거부할 경우에는 독살하라는 것이었다. 1919년 1월 19일 윤덕영을 비롯한 조선인 사회대표 십수 명이 '이태왕'의 처소인 덕수궁 함녕전咸寧殿을 찾았다. 이들은 조선총독으로부터 받은 요구사항을 '이태왕'에게 전하였다. '이태왕'은 크게 노하면서 이들을 내쫓았고, 1월 21일 '이태왕'은 부푼 시신으로 발견되었다.

1895년 10월 8일의 왕비살해 사건에 비추어 본다면 고종황제 독살은 조슈 군벌이 얼마든지 자행할 수 있는 일이었다. 이것은 주권 수호를 위해 가장 저항적이었던 대한제국 황제에게 일본제국 침략주의의 중심인 조슈세력이 가한 최후의 가격加擊이었다.

---

37 메이지 정부의 외교관으로 한국병합 강제 과정에도 직접 참여한 고마츠 미도리〔小松錄, 櫻雲閣主人〕는 『明治史實外交秘史』(中外商業新報社, 1927) 430면에서 제3대 통감 데라우치가 '한국병합'에 불필요할 정도로 많은 문건을 준비하게 한 것에 대해 그가 매우 세심한 성격의 소유자라고 하였다.

6. 고종황제의 독살과 일본정부 수뇌부

1) 『구라토미 유자부로 일기倉富勇三郎日記』와의 만남

1919년 3월 1일에 서울 경운궁慶運宮(덕수궁의 옛 이름) 대한문 앞에서 시작된 만세시위운동은 한국 현대사의 문을 힘차게 연 대사건이었다. 이 운동을 계기로 대한민국 상하이 임시정부가 발족하여 현대 대한민국사의 서장을 열었다. 3·1 운동은 일본이 러일전쟁(1904)을 일으켜 그 군사력을 배경으로 한국에 대해 가한 모든 불법과 폭력에 대한 전 민족적인 항거였다. 이 만세시위운동에 대해서는 지금까지 여러 각도에서 조명되었지만, 정작 당시의 각종 기록에 전하는 고종황제의 독살 소문에 대한 검증은 제대로 된 것이 없다. 당시 서울 곳곳에는 황제가 일본에 의해 독살되었다는 벽보가 나붙었고, 온 국민은 이를 사실로 믿고 장례(인산因山)에 참여하기 위해 서울로 모여들어 시위를 벌였다. 서울에서의 시위 소식을 듣고 각지에서 수개월 간 시위가 번져간 것도 독살설이 크게 작용했을 것은 충분히 짐작이 간다. 그런데 정작 누가 독살을 했는지는 아직까지 명확히 검증되지 않았다. 당시 소문으로는 민병석閔丙奭, 윤덕영尹德榮, 송병준宋秉畯 등이 주범이란 얘기가 있는가 하면 황제 자살설도 나돌았다. 전자가 사실이더라도 그들이 '친일 매국노'였다면 배후에 일본이 있을 가능성이 높은데도 이에 대한 검증은 시도조차 되지 않았다. 그리고 후자는 전자의 사실을 은폐하기 위해 일본을 포함한 가해자 측에서 퍼뜨렸을 가능성이 없지 않다. 그러나 국내 학계에서는 자살설 자체에 대해 무지한 실정이다.[1]

앞 글에서 필자는 일본제국의 한국 침략의 주체인 조슈 군벌세력이 한국에 대한 최후의 가격으로 1919년 1월에 고종황제를 독살한 사실을 언급하였다. 이와 관련하여 필자는 1918년 1월 8일에 미국 윌슨 대통령이 연두교서로 발표한 민족자결주의와 고종황제의 죽음의 관계를 추적하던 중[2] 일본의 어느 학자로부터 교토대학교 나가이 가즈永井和 교수의 홈페이지에 『구라토미 유자부로 일기倉富勇三郎日記』에 관한 연구 보고에 고종황제의 독살에 관한 중요한 자료가 소개되어 있다는 정보를 얻었다. 필자는 곧 나가이 교수의 홈페이지의 "구라모토 유자부로 일기에 보이는 고종황제 독살설에 대하여倉富日記にみる李太王毒殺說について" 난을 방문하여 관련 기록을 검토하였다. 그 결과, 이 일기에 제시된 대로 이 사건은 일본 정부의 수뇌부가 윌슨의 민족자결주의로 고종황제가 다시 국권회복을 위해 움직일 가능성을 우려하여 이를 차단할 방책을 여러 가지로 모색하던 끝에 제거가 최선이라는 판단 아래 독살을 지시하게 된 것으로 판단하게 되었다. 이 글은 곧 현재까지 파악할 수 있었던 정황을 정리한 것이다. 고종황제의 죽음은 러일전쟁 전후부터 시작된 그의 국권 수호운동의 종착점이기 때문에 일본제국의 한국 국권 침탈의 역사에서 반드시 살펴야 할 과제이다.

---

1 자살설에 대해서는 주 9의 나가이 가즈[永井和] 교수의 홈페이지에 실린 李承燁의 「李太王의 薨去를 둘러싼 所聞」 참조.
2 2007년 8월 '한국병합에 관한 역사적 국제법적 재조명'의 서울회의에 필자가 제출한 발표문 「1907년 일본의 한국황제 퇴위 강제와 통감 섭정체제의 수립 - 그 불법성과 폭력성을 논함 -」

2) 『윤치호일기尹致昊日記』가 전하는 독살된 시신의 참상

고종황제의 독살에 대한 기록으로는 『윤치호일기』(1916~1943. 김상태 편역, 역사비평사, 2001)가 가장 신빙성이 있고 구체적이다. 윤치호는 일기에서 이 사실에 관해 자신이 들은 것을 두 차례 자세하게 기록했다.

첫 번째는 1919년 2월 11일(화요일)로 홍건洪楗이 민영휘閔泳徽에게 들은 것을 자신에게 알려준 것을 적었다. 즉 고종황제가 한약養胃湯을 한 사발 먹고 난 후 한 시간도 못되어 현기증과 위통을 호소하고, 잠시 후 육신이 심하게 마비되어서, 민씨가 도착했을 때 황제는 입도 뻥긋하지 못했다고 한다. 황제가 죽어가면서 민씨의 두 손을 어찌나 세게 움켜쥐었던지 환관인 나세환羅世煥이 두 사람의 손을 푸느라 무척 애를 먹었다고 하였다.

두 번째는 1년 10개월이나 지난 시점인 1920년 10월 13일(수요일)의 일기로 한진창韓鎭昌(윤치소尹致韶, 윤치영尹致暎의 외삼촌, 병합 후 중추원 참의)이 황제가 독살된 게 틀림없다고 믿는 근거를 다음과 같이 소개하였다.

> (1) 이상적이라 할 만큼 건강하던 고종황제가 식혜를 마신 지 30분도 채 안되어 심한 경련을 일으키며 죽어갔다.
>
> (2) 고종황제의 팔다리가 1~2일 만에 엄청나게 부어올라서, 사람들이 황제의 통 넓은 한복 바지를 벗기기 위해 바지를 찢어야만 했다.
>
> (3) 민영달閔泳達(명성후明成后의 종형제, 내부대신 역임. 왕비 시해사건 후 퇴직)과 몇몇 인사는 약용 솜으로 황제의 입안을 닦아 내다가, 황제의 이가 모두 구강 안에 빠져 있고 혀는 닳아 없어져 버렸다는 사실을 발견했다.

(4) 30센티미터 가량 되는 검은 줄이 목 부위에서부터 복부까지 길게 나 있었다.

(5) 고종황제가 승하한 직후에 2명의 궁녀가 의문사 당했다.

시신에 대한 이상과 같은 정황은 한 씨가 민영휘, 나세환, 강석호(황제의 신임이 두터웠던 내관) 등과 함께 염斂을 행한 민영달 씨로부터 직접 들은 얘기라고 하였다. 다시 말하면 시신을 직접 접한 사람들이 전하는 목격담이므로 이보다 더 확실한 정황 정보는 있을 수가 없다. 다만 첫 번째 일기는 한약 한 사발, 두 번째 기록은 식혜를 각각 마신것으로 되어 있지만 어느 쪽이든 독살 자체를 부정할 근거가 될 사항은 아니다.

윤치호(1865~1945)는 1881년에 17세의 나이로 조사시찰단의 일원으로 일본에 갔다가 임무를 마치고 미국으로 건너가 1883년 푸트Lucius Harwood Foote 미국 공사의 통역관으로 귀국하였다가 1885년 갑신정변의 실패로 다시 미국으로 건너갔다. 1895년에 귀국하여 다시 국가기관(官界)에서 활동하다가 대한제국기에는 독립협회 조직의 주역으로 활약하였고, 이 협회의 관민공동회 개최를 둘러싸고 이견이 대립했을 때는 황제를 중심으로 한 결속 편에 섰다. 그러다가 러일전쟁이 일어나자 일본군의 강세에 충격을 받아서인지 외부대신 서리의 직함으로「의정서」의 대한제국 측의 서명자가 된 이후 관직에 나아가지 않다가 나중에는 친일적 성향을 보였다.[3] 미국 남감리회 소속의 기독교 신자로서 1910년 8월 병합 후에 기독교청년회YMCA를 이끌었다.

그는 고종황제에 대해 1883년 봄에 처음으로 군주를 알현했다고 하면서 군주는 홍룡포紅龍袍를 입고 익선관翼善冠을 쓰고 있었는데 용모가 상당히 출중했다고 기억하면서 "개인적으로는 상당히 매력적이지만 공인으로서는 신망을 얻지 못한 점에서 영국의

---

3 「의정서」 강제 때 윤치호는 외부(外部) 조약국에 근무하고 있었지만, 자신을 서명자로 만든 것은 외부대신 조병세(趙秉世)로 본의가 아니었다고 하며, 이 일로 이후 관직에 나아가지 않았다고 하였다.

찰스 1세Charles I와 비슷하다"고 하였듯이 다소 비판적이었다.[4] 그는 군주의 죽음이 공식적으로 발표된 다음 날인 1919년 1월 23일(사망일은 21일)의 일기에서 "조선인들은 일반적으로 10퍼센트의 이성과 90퍼센트의 감정을 가지고 있다. 서울의 조선인들은 고종황제의 승하에 대해 야단법석을 떨고 있다"고 다소 냉소적이었다. 그는 3월 1일에 일어난 만세시위에 반대하는 입장이었다. 3월 2일자 일기에 이날 오후에 '오사카 마이니치每日 신문'의 한 기자에게 밝힌 자신의 견해를 다음과 같이 적었다.

(1) 조선의 독립문제는 파리평화회의에 상정되지 못할 것이다.

(2) 유럽의 열강이나 미국은 일본의 심기를 건드릴 만큼 어리석지 않다.

(3) 설령 독립이 주어지더라도 우리는 그것으로 이득을 볼 준비가 되어 있지 않다.

(4) 약소민족이 강성 민족과 함께 살아야 한다면 자기보호를 위해 그들의 호감을 사야한다.

(5) 학생들의 어리석은 소요는 무단통치를 연장시킬 뿐이다.

(6) 천도교 인사들 같은 음모꾼들에게 속아서는 안 된다.

1919년 3월 4일자 일기에는 선동가들이 다음과 같은 소문을 퍼뜨리고 있다고 적었다. 즉 윤덕영, 한상학韓相鶴(전의典醫)등이 식혜에 뭔가를 타서 고종황제를 독살했으며, 윤덕영, 이완용, 한상룡韓相龍(이완용의 조카로 친일파 중 최고의 실세), 조중응趙重應(왕비 폐비조칙, 고종황제 강제퇴위, 강제병합 등에 앞장 선 이완용 추종자), 신흥우申興雨 등 조선인들이 일본의 통치에 만족해하고 있다는 것을 증명하려고 어떤 서한에 서명하기를 종용했다는 소문을 적었다. 윤치호는 이런 소문을 전한 사람이 정화기, 변훈 두 사람이라고 밝히고 이들의 말이 사실이라면 학생들이 신흥우(당시 배재고등보통학교 교장)에 대해

---

4 1919년 1월 22일자 일기. 찰스 1세는 왕권신수설의 신봉자로서 의회와 자주 충돌하다가 청교도 혁명의 반발로 처형되었다. 내성적인 성격에 말수가 적은 편이었다고 한다.

이를 갈고 있을 것이라고 하였다. 그리고 이 정, 변 두사람은 윤치호 자신이 이번 거사에 참여하지 않아 선동가들로부터 욕을 당할지 모른다고 귀뜸 해 주었는데, 그래서 자신은 "지금 진퇴양난에 빠져있다"고 적기도 했다. 이튿날의 일기에서는 경찰이 시위에 참가한 소년 소녀들을 끌고 가는 광경을 보고서도 흐느껴 울지 않을 수 없다고 적기도 했다. 그래서 일본인 목사를 찾아가 "난 이번 소요에 반대하고 있으며, 일본은 조선인들의 불만이 어디에 있는지 철저히 규명해야 한다"고 말한 것도 적었다. 그리고 고종황제의 갑작스런 승하가 "이번 대소요의 실마리를 제공"했다고 직설하는 한편, 3월 3일의 장례행렬을 보면서 "형언할 수 없는 슬픔 속에 고종황제의 유해가 담긴 관대棺臺를 향해 경건하게 모자를 벗었다"고 소감을 피력했다. 어떻든 윤치호는 3·1 독립만세시위운동에 부닥쳐 '방외자'가 되어 번민에 싸였던 처지였기 때문인지 황제의 주검의 상황에 대한 전언을 듣고 하나도 놓치지 않고 기록했다. 따라서 그의 기록은 신빙성이 높은 것이라고 판단해도 좋겠다.

3) 윌슨 대통령의 민족자결주의 선언과 일본 정부의 조선정책

미국의 윌슨 대통령은 세계대전의 종료를 앞두고 전후의 처리문제에 민족자결주의의 원칙을 적용할 것을 선언하였다. 1918년 1월 8일에 미국 의회의 합동 위원회에서「14개조Fourteen Points」의 이름으로 그 주의가 전 세계를 상대로 표명되었다. 윌슨 대통령의 14개조 선언은 1915년부터 모색되었다. 즉 1915년 1월 윌슨 대통령은 평화 방책fomula of peace을 구하기 위해 개인 고문인 하우스Edward M. House(이하 하우스 대령Colonel House)를 런던, 파리, 베를린으로 보냈다. 그리고 1917년 1월 22일에 상원에서 "승리없는 평화Peace without Victory"의 연설을 통해「14개조」를 이미 예고했다. 이해 4월에 미국은 독일과 전쟁 상태에 들어감으로써 월슨 대통령의 모색은 더 적극적으로 될 수밖에 없었다. 1917년 10월에 러시아에서 볼셰비키 혁명(10월혁명十月革命)이 성공하여 레닌의 공산정권이 등장하고, 공산주의의 세계 혁명을 달성하는 형태로 약소민족의 독립 지원을 선언하자 이에 대한 대응의 형식으로 1918년 1월 8일 의회에서 「14개조」를 발표하게 되었던 것이다.[5]

일본정부는 이 발표가 있은 지 5일 만인 1월 13일에 도쿄에 체류하던 영친왕英親王을 귀국시켰다. 영친왕이 처음 일본으로 간 것은 1907년 11월이었다. 이해 7월에 일본은 고종황제가 제2차 헤이그 만국평화회의에 대표를 파견한 것을 구실로 강제 퇴위시키고 황태자(나중의 융희隆熙 순종황제)를 억지로 황제의 위에 오르게 하였다. 그러나 황제와 황태자가 전혀 움직이지 않자 11월에 일본의 황태자(나중의 다이쇼 황제大正帝)가 대한제국 경성을 방문하여 고종황제의 실질적인 퇴위를 압박하였다. 고종황제는 부득이 11월 15일에 종묘를 방문하였고 돌아오는 길에 황태자가 있는 창덕궁을 들림으로써 3일 뒤에 황태자가 종묘에 가서 제위에 오르겠다는 서고식誓告式을 올렸다. 이때 일본정부는 통감 이토 히로부미를 사부師傅로 삼아 새로운 황제의 이복동생인 영친왕을 도쿄로 데려갔던 것이다. 그 후 1911년 7월에 생모인 엄비嚴妃가 사망하여 일시 귀국한 뒤, 1918년 1월까지 한 차례도 영친왕은 모국을 방문하지 못한다. 일본정부는 월슨 대통령의 14개조 발표가 있은 직후 그를 갑자기 귀국시켰다. 월슨 대통령의 14개조가 약 3년 간의 준비를 거쳐 이루어진 것이라면, 일본 정부는 이를 주시하면서 대책을 강구하여 이를 실현하는 차원에서 영친왕의 모국 방문을 허용했던 것이다.

근 7년 만에 귀국한 영친왕은 총독부의 주관 아래 용산의 총독 관저를 먼저 방문하고 이어 '태왕'(고종황제)과 '왕'(순종황제)을 차례로 방문하여 문안하고 선원전璿源殿,

---

5 Joel S. Poetker, *The Fourteen Points*, Charles E. Merrill Publishing Co., 1969, Chapter II, III.

종묘, 소학교 등을 방문하는 바쁜 일정을 마치고 26일에 일본으로 돌아갔다.[6] 그는 같은 해 8월에도 '태왕'의 탄생일을 맞아 환국이 허용되었다. 이런 갑작스런 우대는 말할 것도 없이 조선 왕실의 불만을 달래려는 동시에 국제사회에 대해서도 두 왕가는 민족자결주의가 적용될 필요가 없을 정도로 돈독한 관계라는 것을 보여주려는 의도였다. 일본 정부의 거짓 홍보작전은 21세가 된 영친왕을 일본 천황가의 여성과 결혼시키는 것으로 발전하였다. 일본의 황족 나시모토노미야梨本宮의 장녀 마사코方子와 결혼시키는 것이었다. 일본 정부는 이 결혼을 위해 같은 해 11월 28일에 황실전범皇室典範에 "황족여자는 왕족 또는 공족과 결혼할 수 있다"는 조항을 신설하기까지 하였다. 이들의 결혼식은 1919년 1월 25일로 예정되었는데 그것은 이 무렵으로 잡힌 파리 평화회의를 의식한 것이었다. 즉 이들이 결혼식을 대대적으로 올린 뒤, 신혼여행을 평화회의가 열리는 파리로 가서 일본 천황가와 조선왕가의 돈독한 관계를 과시하게 하려는 것이 목적이었다.[7]

일본정부는 이 결혼정책만으로 안심하지 못했다. 고종황제로부터 민족자결주의를 쫓아 어떤 행동도 취하지 않는다는 것을 보증 받아야 안심할 수 있었다. 박은식은『한국독립운동지혈사韓國獨立運動之血史』에서 고종황제의 죽음을 '독립운동의 희생'으로 규정하면서 다음과 같이 서술하였다. 즉 총독부는 위의 결혼정책과 함께 한일합병은 양국의 협의로 된 것이란 문서를 만들어 여기에 고종황제의 어새 날인을 받아내려고 하였다. 윤덕영 등 매국노들로 하여금 황제에게 가서 그 문서에 어새를 받아오게 했지만 황제가 이들을 준열히 꾸짖어 내쫓다시피 하여 이 일은 실패하였다고 적었다.[8] 이 대목은 앞의『윤치호일기』의 3월 4일자 일기의 내용과 일치한다. 박은식에 따르면 일본

6 이태진,「웃음기 없는 황실사람들」,『마지막 황실, 잊혀진 대한제국』, 2006년 5월.

7 위와 같음.

8 朴殷植,『韓國獨立運動之血史』第4장, 太皇帝之於獨立運動.

끝나지 않은 역사

은 이렇게 어떤 문서에 대해 황제의 서명을 요구하는 한편으로 같은 문서에 대한 각 귀족들과 전국 면장들의 서명 날인을 받는 일을 추진했다고 한다. 이런 일로 인심이 흉흉한 가운데 황제의 부음이 알려졌다고 하였다.[9] 요컨대 일본정부는 조선의 경우, 면장급 이상, 작위를 받은 귀족들, 그리고 '태왕'이 모두 일본의 통치를 만족해하고 있다는 것을 문서로 만들어 세계에 알리는 한편, 돈독한 우호관계의 증빙으로 영친왕과 마사코 여왕의 결혼까지 보여주고자 하였던 것이다.

　고종황제의 독살은 이처럼 민족자결주의 후폭풍에 대한 일본 측의 지나친 경계 속에 음모적으로 자행되었던 것이다.

4) 『구라토미 유자부로 일기倉富勇三郎日記』에 보이는 고종황제 독살설

(1) 자료의 출처와 일기를 쓴 구라토미 유자부로倉富勇三郎

　앞에서 언급하였듯이 구라토미 유자부로의 일기는 일본 국회의 헌정자료실憲政資料室의 「구라토미 유자부로 문서倉富勇三郎文書」에 포함되어 있다. 일본 쿄토대학 대학원 문학연구과 현대사학 전공의 나가이 가즈永井和 교수는 이 자료를 정리하여 자신의 홈페이지에 올려놓았다.[10] 이를 이용하면서 중요 관련 부분은 헌정자료실에서 원문 상태를 확인하였다. 나가이 교수는 홈페이지에 올린 「구라토미 유자부로 일기에 보이는 고종황제 독살설에 대하여」(2005년 6월 6일 갱신)란 글에서 다이쇼大正 8년(1919) 10월 26일부터 11월 3일까지의 일기 중 해당 부분을 소개하였지만, 독살설 자체에 대해서는

---

9 앞과 같음.

10 http://www.bun.kyoto-u.ac.jp/~knagai/index.html, 「倉富勇三郎日記研究」. 그러나 현재는 삭제되어 있다.

후술하듯이 회의적인 언급으로 끝을 맺었다. 그는 이 일기에서 지적된 조선총독부 총독의 경력을 가진 두 인물 곧 데라우치 마사타케寺內正毅와 하세가와 요시미치長谷川好道가 한국의 국권 탈취를 주도한 역할에 대한 연구 기회를 가진 적이 없기 때문에 그들에 의한 독살의 가능성을 거의 상정할 수 없었던 것 같다. 그러나 일본의 대한제국 국권침탈의 긴 과정에서 볼 때, 이에 저항해온 고종황제에 대한 두 사람의 결단에 의한 '독살'은 불가능한 것이 아니다.

구라토미 유자부로는 1907년에 한국 통감부로 와서 대한제국 법부 차관, 통감부와 총독부의 사법부의 책임자로 활약하였다. 형사법의 일류 전문가로서 한국의 사법제도를 일본식으로 바꾸는 데 중요한 역할을 하였다. 1912년 12월, 제3차 가쓰라 다로桂太郎 내각 성립 때, 총독 데라우치가 그를 법제국 장관으로 추천하였지만 그는 가쓰라 총리의 제안을 받아들이지 않았다. 그 뒤, 가쓰라 내각이 제1차 호헌운동護憲運動으로 3개월의 단명으로 끝나고 1913년 2월에 호헌파의 야마모토 곤베에山本權兵衛 내각이 설 때 법제국 장관으로 취임하였다. 그는 정우회政友會의 호헌파에 가까운 성향으로 군부(번벌세력)를 배경으로 한 가쓰라 수상과 데라우치 총독의 노선에 대해 호의적이지 않았던 것으로 파악된다.[11]

한국 근무 때 번벌세력의 대표격인 데라우치 마사타케와 불협화음을 일으킨 사례로 다음과 같은 것들이 거론된다. 한국병합 때, 통감 데라우치 측에서 준비한 메이지 천황의 조서에 대해 불만을 가지고 따로 기안한 일이 있었다. 그리고 총독부 출범기(1910. 9)에는 치안 경찰령의 제정을 놓고 총독 데라우치와 대립한 적이 있었다. 야마모토 내각의 법제국 장관시절에는 조선 총독부의 총독의 권한을 대폭적으로 축소한 '조선총독부 관제개혁'에 관계하였다. 그러나 1916년 10월 시멘스 사건(해국 수뇌부가

---

11 구라토미 유자부로의 경력에 대해서는 위 사이트 중「倉富勇三郎の経歴について」참조.

끝나지 않은 역사

독일 시멘스사로부터 뇌물 받은 사건)으로 야마모토 내각이 총사퇴하면서 조선총독 데라우치가 총리로 부임하여 구라토미 유자부로도 법제국 장관에서 물러났다. 이어서 곧바로 궁내성의 제실회계심사국 장관으로 부임하였다. 과거 사법성 근무 때의 상사였던 하타노 요시나오波多野敬直가 궁내대신으로 그를 불렀던 것으로 보인다. 그는 1925년까지 이 직위에 있게 되는데, 문제의 고종황제 독살설의 일기(1919년 10월)는 이때 기록한 것이다.

그는 이 직임에 있으면서 조선 왕실 일족의 처우문제를 포함한 제실제도 심의회 사업을 취급한 적이 있고, 1920년부터는 조선 왕세자 이은李垠(영친왕)과 마사코의 혼인의 고문으로 선정되는 등 조선 왕가와의 인연이 깊어졌다. 1922년에 두 사람의 결혼이 이루어진 뒤 한국을 방문할 때, 구라토미 유자부로도 고문 자격으로 서울에 왔다.[12] 그가 1919년 10월에 고종황제의 독살설에 관한 전언傳言을 듣고 깊은 관심을 가지고 진위를 추적하려고 애쓴 것은 궁내성의 제실회계 심사국 장관이라는 직분을 넘어 한국과의 깊은 인연, 그리고 데라우치 계열과의 정치적 갈등 등이 복합적으로 작용한 것으로 보인다.

(2) 독살설 관련 일기의 내용과 해석

1919년 10월 26일부터 11월 3일까지 관련 기술이 있는 일기는 참고와 같다.

참고

〈1〉 10월 26일

오후 영시 후零時後부터 오이 정大井町(가나가와 현) 이토 히로구니가伊藤博邦家에 가서 고

12 앞과 같음.

이토의 영령靈靈에 절하다. … 돌아오는 길歸途 기차汽車에서 송병준宋秉畯을 만났다. 송, 조선에서 최근에 일어난 일近事을 얘기하고 병합倂合이라고 한 이상 내선인內鮮人(내지인과 조선인)을 혼용混用함이 마땅한데 조선인을 쓰지 않음用舛은 불가하다. 내지의 내무부장 지위로 근무한 자를 국장으로 함도 해서는 안 된다. 민병석閔丙奭, 윤덕영尹德榮의 사직辭職에 대해서는 민, 윤 모두 대단히 분노하고 있는데 이것이 원인이 되어 무슨 일이 일어날 것으로 생각된다고 하더라.

〈2〉 10월 27일
내가 제1회 종질료宗秩寮(조선시대 종친부에 해당)에 갔을 때 고희경高羲敬(유명한 친일파인 고영희의 아들)과 선 자리에서 얘기하였다. 조선 근황의 정황을 얘기하고 또 어제 송병준을 기차간에서 만난 것을 얘기했다.

〈3〉 10월 29일
오전 11시 후 고희경이 다나카 우쯔루田中遷를 데리고 왔다. 다나카와 이왕가의 최근일近事을 4~5분 정도 얘기하고 고희경 등 돌아갔다.

〈4〉 10월 30일
오후 3시 후에 종질료宗秩寮에 도착하여 센고쿠 마사유키仙石政敬를 만나, 민병석閔丙奭, 윤덕영尹德榮이 사직한 것에 대해, 데라우치 마사타케寺內正毅가 하세가와 요시미치長谷川好道에게 뜻意을 전하여, 하세가와長谷川로 하여금 이태왕李太王에게 설명하게 하였지만, 태왕이 이를 수락하지 않았기 때문에 그 일을 감추기 위해 윤덕영尹德榮, 민병석閔丙奭 등이 태왕을 독살했다는 풍설風說이 있다는 얘기를 들었지만, 데라우치가 하세가와에게 얘기했다고 하는 일事柄(이 무엇인지)을 듣지 못했다. 군君은 이를 들은 것이 없는가라고 했다. 센

끝나지 않은 역사

고쿠는 이를 듣지 못했으며 내일明後日 다나카 우쓰루田中遷가 오기로 되어 있으므로 이를 물어보겠다고 했다. 센고쿠仙石의 얘기에 민閔 등은 사직원서를 내는 동시에 작위를 받을 때 하사받은 10만 엔의 공채증서公債證書와 그 이후의 이자 등도 함께 반환返上하는 것을 신청申出하고 있다고 한다.

〈5〉 11월 1일
– 오후 3시 후에 이시하라 겐조石原健三가 내 사무실에 왔다.
나予: 윤덕영도 사직과 동시에 은사의 공채를 반납하는 것을 신청申出해 있다고 한다.
이시하라石原: 신출해 있다고 한다.
나: 조선에서는 데라우치 마사타케가 하세가와 요시미치로 하여금 이태왕에게 얘기한 것이 있었는데 태왕이 이를 승낙하지 않았기 때문에 그 입을 막는 수단으로서 태왕을 독살한 것으로 얘기가 되고 있는 듯한데, 데라우치가 얘기했다고 하는 사항은 분명치 않다고 한다.
이시하라: 위와 같은 풍설이 있다고 한다.
나: 민 등은 독살운운의 풍설이 무근無根함을 명확히 하는 것을 바라고, 사직은 그 본의가 아니었는데, 예기치 않게 면관免官이 되었기 때문에 대단히 불만을 품고 있는 느낌이라고 한다.
이시하라: 그럴 수도 있겠다. 하지만 민閔 등을 면관한 것은 아주 잘되었다. 사이토 마코도齋藤實도 민閔 등의 술책術計에 빠질 정도로 어리석지는 않다고 했다.
얘기하기 10분여에 이시하라가 돌아갔다.

〈6〉 11월 3일
오후 1시경 이시하라 겐조石原健三의 사무실에서 다나카 우쓰루田中遷를 만나다.
나: (다나카에게) 조선에서는 윤덕영 등이 이태왕을 독살했다는 풍문이 있다고 하는데, 그

원인에 대해서는 어떤 것이 말해지고 있다고 하는지.

다나카: 어떤 사람이 이태왕이 서명 날인한 문서를 얻어서 파리의 평화회의에 가서, 독립을 도모하려고 하여 민병석, 윤덕영, 송병준 등이 태왕으로 하여금 서명 날인하지 못하게 했지만, 아주 독립이 될 듯이 되면, 민 등이 입장이 곤란해 질 것이기 때문에 이를 살해했다는 풍설이 있다고 한다.

그 줄거리와 핵심 부분을 중심으로 기술하면 아래와 같다.

구라토미 유자부로는 10월 26일 오후 0시부터 도쿄 오이 정大井町의 이토 히로쿠니가伊藤博邦家에서 열린 이토 히로부미의 10주기 제례에 갔다가 돌아오는 기차에서 조선에서 추도를 위해 온 송병준宋秉畯(조선총독부 중추원 고문)을 만났다. 송병준은 조선의 최근 일〔近事〕을 얘기하면서 '병합'이라면 내선인內鮮人 곧 내지인과 조선인을 함께 써야 마땅한데 조선인은 등용하지 않는 점은 옳지 않다는 말과 함께, 총독부가 민병석(이왕직장관, 자작) 윤덕영(이왕직 찬시贊侍, 장시사장掌侍司長, 자작)의 사직을 수리한 데 대해 민, 윤 두 사람이 모두 대단히 분노하고 있으며, 이것이 원인이 되어 앞으로 무슨 일이 일어날지도 모른다는 말을 했다고 적었다.

구라토미는 10월 27일에 궁내성 안에 있는 종질료宗秩寮(조선시대 종친부宗親府에 해당)에서 만난 고희경高羲敬(유명한 친일파인 고영희高永喜의 아들로 조선 이왕가 담당 사무관[13])에게 송에게서 들은 것을 처음 얘기하였다. 이튿날(29일) 오전 11시 경에 고희경이 다나카 우쓰루田中遷를 데리고 와서 그와 함께 이왕가의 최근 일을 4~5분 정도 얘기하였다고 했다. 송에게 들은 얘기의 내용은 10월 30일자 일기에 다음과 같이 비로소 구체적으로 기술되었다.

---

[13] 『순종황제실록』 부록 권 10, 1919년 11월 4일자, 데라우치 마사타케 조문(弔問) 기사.

끝나지 않은 역사

오후 3시 후에 종질료宗秩寮에 도착하여 센고쿠 마사유키仙石政敬(종질료의 책임자로 보임-필자)를 만나, 민병석, 윤덕영이 사직한 것에 대해, 데라우치 마사타케가 하세가와 요시미치에게 뜻意을 전하여, 하세가와으로 하여금 이태왕에게 설명하게 하였지만, 태왕이 이를 수락하지 않았기 때문에 그 일을 감추기 위해 윤덕영, 민병석 등이 태왕을 독살했다는 풍설風說이 있다는 얘기를 들었지만, 데라우치가 하세가와에게 얘기했다고 하는 일事柄(이 무엇인지)를 듣지 못했다. 자넨君 이에 관해 들은 것이 없는가라고 물었다. 센고쿠는 이를 듣지 못했으며 모레明後日 다나카 우쓰루田中遷가 오기로 되어 있으므로 이를 물어보겠다고 했다. 센고쿠의 얘기에 민병석閣 등은 사직원서를 내는 동시에 작위를 받을 때 하사받은 10만 엔의 공채증서와 그 이후의 이자 등도 함께 반납[返上]하는 것을 신청[申出]하고 있다고 하였다.

구라토미가 송병준으로부터 들은 얘기는 다음과 같이 정리된다. 즉 총리대신이었던 데라우치 마사타케[14]가 현 조선 총독인 하세가와 요시미치[15]에게 무엇인가 의사를 전했고, 하세가와는 이태왕 곧 고종황제를 찾아가 그것을 전했다. 그러나 고종황제가 이를 수락하지 않자 이를 감추기 위해 윤덕영, 민병석 등이 독살을 하게 되었다는 것이다. 구라토미는 센고쿠에게 데라우치가 하세가와에게 전한 말이 무엇인지 들은 적이 있는가를 물었지만 자신은 모르겠으며 내일 오기로 한 다나카 우쓰루에게 물어보겠다고 하면서 윤, 민 두 사람이 사직서와 함께 (한국병합 때) 일본 천황으로부터 받은 은사금 10만 엔의 증서와 이자 등도 모두 반납하는 절차를 밟고 있는 것으로 알고 있다고 했다.

구라토미는 11월 1일자 일기에서 오후 3시 이후에 이시하라 겐조石原健三(문답 내용으

---

14 생몰 1852~1919. 한국관련주요관직: 1919. 7~1910. 8 통감부 통감, 1910. 8~1916. 10 조선총독부 총독, 1916. 10~1918. 9 내각 총리대신.

15 생몰 1850~1924. 한국관련주요관직: 1904. 10~1916. 9 한국주차군 사령관. 1916. 10~1919. 8. 조선총독부 총독.

로 보아 은사금 처리 담당인 것으로 보인다)가 자신의 사무실에 왔을 때, 그에게 윤덕영의 사직과 은사 공채 반납에 관해 얘기하자 그도 알고 있다고 하여, 다시 10월 30일에 센고쿠 마사유키에게 한 얘기를 하고 데라우치가 하세가와에게 한 얘기가 무엇인지 분명하지 않다고 말했다. 이에 이사하라는 그런 풍설이 있느냐고 하였고, 이에 구라토미는 "민병석 등은 독살 운운의 풍설이 터무니 없음(無根)을 명확히 하는 것을 바라면서, 사직은 본의가 아니었는데, 예기치 않게 (수리受理하여) 면관免官이 되었기 때문에 크게 불만을 품고 있는 것"이라고 말했다. 여기서 10월 26일에 구라토미가 송병준을 만나 처음 들은 얘기의 전모가 드러난다.

즉 윤덕영, 민병준은 자신들은 총독 하세가와 요시미치의 지시에 따라 고종황제를 독살하는 일을 몰래 추진했을 뿐인데 한국인들 사이에 황제 독살 소문이 심하게 퍼지고 만세시위운동으로까지 일어나자 뒷수습에서 윤, 민 두 사람에게도 일단의 책임을 물어 작위에 대한 사표를 내게 하자 윤, 민은 반려를 기대하였는데 도리어 이를 수리하여 자신들을 독살의 주범처럼 만들어 버린 것에 대해 분노하게 된 것이다. 구라토미의 마지막 말, 즉 윤과 민 두 사람의 분노에 대해 이시하라는 "그럴 수도 있겠다. 하지만 민 등의 면관 조치는 아주 잘 되었다. (신임 총독인) 사이토 마코도齋藤實도 민 등의 술계術計에 빠질 정도로 어리석지는 않다"고 했다.

구라토미가 궁내성 안에서 만나 문의를 한 사람들은 모두 조선 이왕직 관계 직무에 종사하는 사람들이었다. 구라토미는 송병준이 전한 말의 내용을 일본 궁내성의 이왕직 관계자들로부터 확인해보고자 했던 것이다. 그러나 모두 아는 바가 없다고 하여 확인 의도는 실패하였다. 확인하려는 대상이 전 총리대신과 조선총독 사이에 극비로 오간 것이기 때문에 외부로 흘러나갔을 가능성도 희박하지만 설령 누가 들은 것이 있다 하더라도 워낙 중대한 사안이기 때문에 응답을 기피했을 가능성도 있다.

구라토미는 11월 3일 다나카 우쓰루田中遷를 이시하라 겐조의 사무실에서 만나 다시

끝나지 않은 역사

물었다. 다나카는 10월 29일에 고희경이 데리고 와서 한번 얘기를 나눈 적이 있고, 30일에 이시하라가 내일 자신에게 오기로 되어 있다고 한 인물이다. 구라토미는 그에게 "조선에서 윤덕영 등이 이태왕을 독살했다는 풍문이 있다고 하는데, 그 원인에 대해서는 어떤 것이 말해지고 있다고 하는지"라고 물었다. 즉 이미 윤덕영, 민병석 등이 독살의 주범으로 몰린 상황에서, 그렇다면 그 원인은 무엇으로 거론되고 있는지를 알고자 한 것이다. 이에 대한 다나카의 답은 다음과 같았다. 즉 어떤 사람이 이태왕이 서명 날인한 문서를 얻어서 파리의 평화회의에 가서 독립을 도모하려고 하여,[16] 민병석, 윤덕영, 송병준 등이 태왕으로 하여금 서명 날인하지 못하게 했지만, (나중에) 아주 독립이 되는 상황이 되면, 민 등이 입장이 곤란해질 것이기 때문에 이를 살해했다는 풍설이 있다고 했다. 답변 내용으로 보아 다나카는 궁내성 내에서 조선 왕가의 정무를 담당하는 직책을 맡고 있었던 것으로 보인다. 그의 응답은 독살문제를 전적으로 조선 내의 것으로 돌리는 내용이다. 독살의 경위에 대한 소문의 구도가 이렇게 잡히지면 민, 윤 등이 주범으로 몰릴 수밖에 없다. 이들은 이런 전도된 상황이 너무나 억울하여 공범 관계의 송병준으로 하여금 조문사弔問使로 도쿄에 가서 구라토미에게 전하게 했던 것이다.

송병준이 구라토미 유자부로에게 전한 얘기는 일본 국가의 최고 수뇌부의 인물들이 관련되어 있는 것이기 때문에 근거 없이 쉽게 발설될 수 없는 사항이다. 그 내용은 독살을 지시한 데라우치, 이의 현지 지휘자인 하세가와, 실행을 관장한 민병석, 윤덕영, 그리고 민, 윤의 얘기를 전달한 송병준 외에는 알 수가 없는 극비사항이다. 송병준이 구라토미 유자부로에게 이 극비 사항을 전한 것은 그가 궁내성에서 제실회계심사국 장관으로 궁내대신 하타노 요시나오波多野敬直와 가까운 사이였기 때문이었다. 자신들의 고충을 풀어줄 수 있는 유일한 통로라고 생각했던 것이다.

16 崔惠圭, 「파리강화회의(1919)와 김규식의 한국독립외교」(『서양사연구』35, 2015)에서는 고종황제가 김규식을 평화회의에 보낸 것으로 논증하고 있다.

『순종황제실록』은 1910년 8월 29일 '한국병합' 후의 왕과 관련된 주요한 일들을 소략하게나마「부록附錄」(권 10)에 수록하였다. 위 구라토미의 일기에 언급된 상황을 이「부록」에 적힌 관련 사항으로 다시 정리하면 다음과 같다. 조선 총독이 하세가와에서 사이토 마코도齋藤實로 바뀐 날자는 1919년 8월 13일이다. 그리고 신임 총독이 서울에 온 것은 같은 해 9월 2일이었다. 이때 순종(이왕李王)은 찬시贊侍 자작 윤덕영을 남대문역에 보내 그를 맞이하게 하였다. 이때 신임 총독을 노린 폭탄투척사건이 있었다. 5일에 신임 총독이 이왕을 알현하였다. 그리고 9월 19일에 이왕은 일본 천황과 황후가 닛코日光를 다녀온 것에 대해 문후問候하는 주문奏文을 보내게 했는데 '본직장관本職長官 민병석閔丙奭'이 이 일을 담당한 것으로 기록되었다. 그런데 10월 20일에 본직장관은 남작 이재극李載克, 본직 찬시贊侍는 남작 한창수韓昌洙로 각각 바뀌었다. 새로 부임한 총독이 취한 최대의 인사 조치였다. 9월 19일에서 10월 20일 사이 곧 한 달 사이에 이 인사가 진행되었던 것이다. 10월 26일 도쿄에서 거행된 이토 히로부미伊藤博文 10년제十年祭에 온 송병준은 이 인사 조치를 본 직후에 서울京城을 떠났던 셈이다. 은사금과 그 이자까지 모두 반납한 민병석과 윤덕영에게는 10월 23일자로 퇴직금 명목으로 각각 10,000원, 8,000원이 내려졌다.「부록」에는 또 10월 26일에는 고故 공작 이토히로부미의 10년제에 과자요금菓子料金 100원을 내린 것도 기록하였다. 이를 전달하는 것이 송병준의 도쿄행 임무였던 것으로 보인다.

(3) 독살사건 전후의 데라우치 마사타케寺內正毅와 하세가와 요시미치長谷川好道의 동정

데라우치 마사타케는 1918년 9월에 쌀 폭동米騷動으로 총리에서 사임하므로 1919년 1월 20일에 일어나는 이 사건과 무관하다는 변호가 나올 수 있다. 그러나 이 관계는 월슨 미국 대통령의 민족자결주의의 준비 과정에 대한 이해를 앞세워야 한다. 앞에서 밝

끝나지 않은 역사

했듯이 윌슨 대통령의 민족자결주의는 1915년 봄부터 준비되기 시작하여 1917년 1월 22일에 이미 미국 상원에서 "승리없는 평화 Peace without Victory"의 연설을 통해 원칙과 대강을 밝히고, 1917년 9월에 그간에 활동한 연구단체로부터 보고서를 받아 1918년 1월 8일에 공표를 하게 되었던 것이다. 일본 정부는 늦어도 1917년 9월에는 그 내용을 확인할 수 있었는데 이때는 데라우치가 총리로 재임하고 있던 중이다. 그가 1918년 9월 총리직에서 물러났을 때는 이미 그 계획은 확정되어 있었기 때문에 자신의 심복이다시피 한 하세가와 요시미치의 총독직을 통해 실행에 옮겨졌을 가능성은 얼마든지 있다.

일본 국회 헌정 자료실의 데라우치 문서 중「데라우치 마사타케 일기寺內正毅日記」를 조사한 결과, 1919년(다이쇼 8) 4월 12일자로 데라우치 마사타케가 하세가와 총독에게 소요사건(3·1만세시위)에 대한 '선후책善後策' 9가지를 전하는 서신을 보내고 있으며, 이 서신에는 그새 3월 29일 등 두 차례에 걸쳐 소요사건에 관련한 서신을 교환한 사실을 밝히고 그 내용을 기입해 놓고 있다. 데라우치는 1919년 3월 현재 총리대신에서 물러난 위치인데도 3·1만세시위에 대해 대단히 민감한 반응을 보이고 있다. 4월 12일자로 하세가와 총독에게 보낸 '선후책'에서 데라우치는 "파리평화회의에 관련하는 민족자결문제의 비말飛沫은 까닭없이無端も 조선민소요[朝鮮民擾]를 자생慈生시켰다"고 하고, 자신은 조선과 인연이 적지 않아, 이번 소요 사건에 대한 여러 가지 보고를 종합하여 진상을 파악하여 사건이 진정되는 데 기요하고자 한다는 뜻을 서두에 밝히면서 대책 9가지를 제시하였다. 9개의 요지는 아래와 같다.

1. 이번의 소요는 도쿄 유학생의 소요에 기인한 돌발적 사태이다.
2. 앞으로의 치안 유지를 위해 헌병과 경찰을 통일하여 방대한 기관을 설립할 필요가 있다.
3. 통감시대에 한국의 각료로서 정기政機[정치의 주도권—필자]를 장악하여 병합 협약에 서명한 사람들은 국가의 공신으로서 시세의 추이를 자각할 수 있었던 인물이므로 이완용 등

의 의견을 듣는 것이 정치상 이익이다.

4. 구미歐美 선교사宣教師들의 정치적 활동을 금지해야 한다.

5. 관계官界와 은행 및 회사에 조선인의 등용을 고려해 볼 일이다.

6. 내지인과 조선인의 경제를 조화하는 방향에서 조선인의 부력을 증진하는 뜻으로 각도의 금융조합(농공은행農工銀行)에 더하여 식산은행殖産銀行을 창설하도록 한다.

7. 조선의 내우는 항상 국외로부터 들어오니 특히 러시아 영토露嶺 및 간도間島 지방에 이주한 조선인 등의 침투 및 사상적 영향을 단호하게 막아야 한다.

8. 이번 소요의 동기는 비정치적인 것이지만, 소요가 일어난 이상 통치기관의 요로要路에 있는 자는 각기 책임의식을 엄하게 가져 민심을 안정시키는 데 노력해야 한다.

9. 조선에는 본래 1개 사단 반(1.5)의 병력과 1만 수천의 헌병 경관이 있다. 이번 소요로 2개 사단을 신설한 것은 총독의 위신상 애석한 일이다. 앞으로 소요의 화근을 절멸하여 위력을 보임과 동시에 선정善政을 베풀어 양민에게 신뢰를 줄 수 있게 되기를 바란다.

데라우치는 9개 선후책 제시에 앞서 만세시위의 원인으로 미국 윌슨 대통령의 민족자결주의 선포가 된 것을 언급하였다. 도쿄 한국유학생들의 2·8선언도 직접적인 원인으로 간주하였지만 유학생들의 선언이 민족자결주의에 영향받는 것이란 전제 아래 3·1 소요와의 관계를 민족자결주의의 '비말飛沫' 곧 불똥이 날아든 것이라고 표현하였다. 앞으로 러시아 영토와 간도 지역의 한인 이주자들의 침투, 국내 선교사들의 영향 등을 경계할 것을 당부한 것도 미국을 비롯한 국제사회의 추이를 경계한 것이다. 이런 파악은 곧 고종황제가 민족자결주의 선언에 따라 재외 독립운동세력과 연결될 가능성을 높게 설정하고 있었던 것을 의미한다. 이렇게 형세를 파악했다면 고종황제의 협조 여부의 의사를 먼저 타진해 본 뒤, 부정적 반응을 받았을 때 제거의 결단을 내렸을 상황은 얼마든지 상정된다. 또, 그(데라우치)가 3월초부터 만세시위가 일어난 가운데, 병중인데도 불구하고 수차례에 걸쳐 하세가와 총독과 서신을 교환하여 대책을 모색하고 있었다는 것은 독살의 범행이 표면화되지 않았다 하더라도 민족자결주의 선언 후, 조선대책은 자신이 총리로 있을 때부터 조선총독과 함께 진행해 온 일에 대한 완수 의식을 가지고 있었다는 것을 의미한다.

이 서한의 끝에 첨부된 이완용과 교환한 서신의 요지는 다음과 같다. 3월 29일자 이완용의 제1신은 소요의 근인根因은 재외 조선인의 선동 및 타방면의 암조暗助라고 보고 앞으로의 대책은 내선인 동화內鮮人同化 곧 국어(일본어) 보급을 통한 국민교육으로 외부로부터의 영향을 차단하는 것이라고 하였다. 그리고 자작子爵 김윤식金允植, 자작 이용직李容稙 두 사람이 연명으로 총독부에 조선독립을 인정할 것을 요청한 사실은 은혜를 저버린 것[背恩]이라고 하였다. 이에 대해 데라우치는 4월 8일자 답신에서 전적으로 동의하면서 성균관經學院 대제학大提學 자작 김윤식과 부제학副提學 이용직의 행위는 용서할 수 없는 것으로 읍참마직泣斬馬稷의 조치가 내려져야 할 것이라고 하였다.

『순종황제실록』「부록」은 1919년 10월 23일자에 원수元帥 백작 데라우치 마사타케가 병이 생겨 '순종(이왕李王)'이 포도주 1다스打를 내렸다고 기록하였다. 위의 서신 교환이 있은 뒤, 8월 13일에 하세가와는 총독에서 물러났고, 10월 23일 데라우치는 병을 얻었다. 구라토미 유자부로가 송병준으로부터 민병석과 윤덕영의 불만 소식을 듣고 궁내성의 관계 직책들을 상대로 사실 확인을 벌인 것은 데라우치가 와병한 기간이었다. 그리고 11월 4일에 데라우치가 서거逝去(위「부록」은 홍거薨去란 표현을 썼다)하여 이왕이 그 아들 데라우치 히사이치寺內壽一에게 조전을 보낸 것이 기록되어 있다.

하세가와 요시미치 총독은 1904년 10월 이래 한국주차군韓國駐箚軍 사령관으로서 제1차 일한협약日韓協約, 제2차 일한협약(보호조약, 을사늑약) 등을 직접 군사적으로 강제한 인물이며, 1910년 8월의 한국 병합의 강제가 성공한 뒤에는 스스로 1등 공신을 자처했다. 다만 일본 정부로서는 그에게 어떤 특별한 우대를 내릴 경우, 국제적으로 한국 병합에 무력이 개입했다는 것을 스스로 알리는 짓이 되므로 이를 표면화시키지 않았다. 그는 강제 병합 후, 데라우치 총독 아래서 줄곧 한국주차군 사령관으로 활약하면서 서로 손발을 맞추었다. 그들은 고종황제가 한국병합의 합법성을 추인하는 응답을 하지 않을 인물이라는 것도 잘 알고 있었다. 1905년 11월 보호조약의 강제 이후 고종황제의 줄기찬 주권 수호운동을 잘 알고 있는 그들로서는 윌슨 대통령의 민족자결주의 선언이 고종황제를 다시 움직이게 하는 계기가 되리라고 판단하지 않을 수 없었다.

구라토미의 일기에 따르면, 조선 총독 하세가와 요시미치는 1919년 1월 8일에 윌슨대통령의 민족자결주의를 담은 「14개조」가 발표된 뒤, "데라우치의 뜻"을 이태왕(고종)에게 설명하기 위해 덕수궁을 방문한 것으로 되어야 한다. 『순종황제실록』 「부록」은 '이왕'에 관한 기록이므로 '이태왕' 관련은 수록 대상 밖이다. 따라서 이에 관한 직접적 기록을 얻기는 어렵다. 다만 총독이 '이왕'을 찾은 기록은 「부록」에 실려 있다. 1월 6일과 13일에 이왕(순종)이 총독 백작 하세가와 요시미치를 선정전宣政殿에서 접견한 것으로 기록되어 있다. 1월 6일은 신년 인사로 보이고 1주일 만인 13일의 재방문에 대해서는 관련지워 볼 만한 사안이 없다. 이때, 총독은 '이태왕'에게 요구하는 것을 이왕(순종)에게도 비추었을 가능성은 없을까. 어쨌든 1주 만의 재방문은 이례적인 것임은 틀림없다. '이태왕'은 곧 이 시점으로부터 1주일 뒤인 21일에 독살되어 붕어하였다.

「부록」은 1919년 1월 20일자에 "태왕이 병환〔不豫〕이 생겨, 전의典醫 김형배金瀅培와 총독부 의원장醫院長 하가 에이지로芳賀榮次郎가 입진入診하였다"고 적고, 이어서 왕과 왕비가 덕수궁으로 온 뒤, 종척과 귀족 등을 인견引見하고 "태왕전하의 환후가 침중沈重하여. 자작子爵 이기李埼, 이완용에게 별입직別入直을 명하였다"고 기록하였다. 그리고 "태왕전하의 환후가 위독〔大漸〕하여 도쿄의 왕세자의 별저別邸에 전보를 쳤다"고 기록하였다. 그리고 21일 "묘시(오전 5~7시)에 태왕전하께서 덕수궁 함녕전에서 훙거하였다"고 하였다. 흥미로운 것은 21일 훙거가 있기 직전에 "(일본) 천황폐하가 태왕전하에게 국화장의 경식顆飾을 내렸다"고 적혀 있는 점이다.

고종황제의 홍거 후, 22일에 일본 천황과 황후는 총독부 소속의 무관 무라다 마코도村田信를 어사御使로 보냈다. 그리고 총독부에서는 정무총감 야마가타 이사부로山縣伊三郎가 제일 먼저 함녕전에서 (이왕을) 알현하고 조사弔詞를 올린 다음, 총독부 각부의 국, 장관도 조사를 올렸다고 기록되어 있다. 그런데 천황에 직예直隸하는 직책인 조선총독 하세가와의 움직임은 보이지 않는다. 같은 날, 일본 도쿄에서 "황족 각궁各宮, 내각총리대신 이하 칙勅, 주임관奏任官, 각 학교 은행회사 단체 민간 유지자들의 조전弔電이 왔다"고 적혀 있다. 1월 24일 왕세자(영친왕英親王)가 도쿄로부터 돌아오고, 27일에 일본 천황의 칙령 제9호 "대훈위大勳位 이태왕李太王 홍거薨去에 대하여 특히 국장을 행함"이 하달되고, 총독부령 제10호로 "대훈위 이태왕 홍거에 대하여 오늘부터 3일간 가무음곡歌舞音曲을 정지함"이 선포되었다. 국장에서 "고故 대훈위 이태왕 장례사무소를 도쿄 궁내성 내 내각에 설치하고, 분실分室을 조선총독부 중추원 안에 두어 서로 연락하여 그 사무를 진행하고" 이어 국장國葬관계직원을 임명하였다. 그런데 장의葬儀의 총책임자인 '고 대훈위이태왕 장의 괘장掛長'은 조선총독부 정무총감 야마가타 이사부로山縣伊三郎, '차장'은 식부式部 차장 공작 이토 히로쿠니伊藤博邦, 중추원 부의장 백작 이완용이 각각 맡았다. 괘장으로는 총독이 되어야 마땅한데 총독 하세가와의 이름은 장의에서 일체 보이지 않는다. 그는 홍거 8일 만인 29일에서야 덕수궁德壽宮 덕홍전德弘殿에서 '이왕'(순종)을 알현하였다. 이 늦은 문상은 결코 정상이 아니었다.

5) 독살 진상을 희석하려는 소문들

1919년 1월 21일에 있었던 고종황제의 갑작스런 죽음에 대해서는 지금까지 조선의 대표적 친일분자인 민병석, 윤덕영 등에 의해 자행된 것으로 알려졌다. 그러나『구라토미 유자부로 일기倉富勇三郞日記』에 1919년 10월 26일 이토 히로부미伊藤博文 10년 제祭에서 궁내성 제실회계심사국 장관 구라토미 유자부로가 조선에서 조문사로 온 송병준宋秉畯으로부터 듣고 일기에 남긴 기록은 그 배후를 밝혀주는 것이었다. 즉 고종황제의 죽음은 내각 총리대신 데라우치 마사타케寺內正毅가 지시하고 조선총독 하세가와 요시미치長谷川好道가 지휘하여 감행된 독살에 의한 것으로 드러났다.

총리대신 데라우치 마사타케의 독살 지시는 1918년 1월 8일에 발표된 윌슨 미국대통령의「14개조」에 반영된 민족자결주의에 대한 대책 차원에서 나온 것이었다. 총리대신 데라우치는 1905년 11월 보호조약 강제 이후로 고종황제가 열강국을 상대로 벌인 외교전, 특히 1907년 6월의 제2차 만국평화회의에 특사를 비밀리에 파견한 사실 등으로 볼 때 민족자결주의 선포를 계기로 그가 다시 움직일 것으로 판단하였다. 이제는 간도, 블라디보스토크, 도쿄, 상하이 등지에 한국의 항일독립운동 세력이 여러 형태로 구성되어 있었기 때문에 황제가 이를 규합하는 구심으로 역할하게 될 것이 우려되었던 것이다. 이에 그는 먼저 조선총독 하세가와 요시미치에게 고종황제에게 어떤 제안을 해보고 이를 수락하지 않을 경우 독살 처리하라는 지시를 내렸던 것으로 보인다. 데라우치가 고종황제에게 제안해 보도록 하게 한 것은 현재 추정해볼만한 단서가 아무 것도 없지만, 박은식의『한국독립운동지혈사』에서 전하는 정황이 유력하다. 즉 총독부가 한일합병은 양국의 협의로 된 것이란 문서를 만들어 여기에 고종황제의 어새 날인을 받아내려고 하였지만, 고종황제가 그 문서를 들고 온 윤덕영 등 매국노들을 준열히 꾸짖어 내쫓다시피 하자 독살이 자행되었다는 것이다. 고종황제의 독살은 결국 한국 국권 탈취에서 저질러진 불법이 최대의 인륜적 범죄로까지 분출된 야만적 행위였다.

나가이 가즈 교수는 홈페이지에서『구라토미 유자부로 일기倉富勇三郞日記』가운데 '이태왕' 독살에 관한 부분을 탈초 작업을 거쳐 정자正字로 소개하고「구라토미 일기倉

富日記에 보이는 고종(이태왕李太王) 독살설毒殺說에 대하여」(2005년 6월 6일 갱신)라는 소개글(2면짜리)을 실었지만, 어디까지나 관련 자료를 소개하는 선에서 그쳤다. 이 글은 "구라토미倉富가 들은 소문의 진부眞否는 어떻든 간에 과연 당시 그러한 소문이 정말로 수군거리고 있었던가? 흥미 깊은 문제이다. 쿄토대학 인문과학연구소의 이승엽李承燁 조수가 당시 퍼져있던 소문에 대해 조사한 것을 소개한다"고 하는 것으로 끝을 맺었다. 그리고 이승엽의 "이태왕의 훙거를 둘러싼 소문"(3면)도 내용적으로 구라토미 유자부로 일기의 송병준 진술의 독살설 진상을 희석시키는 결과를 가져오고 있다. 그가 조사 소개한 소문은 아래와 같다.

(1) 일본의 통치 또는 영친왕과 일본 황족출신 마사코方子 여사의 결혼에 대한 불만의 자살설.

(2) 근신近臣에 의한 독살설. 즉 왕세자의 결혼에 반대하는 "우국憂國의 장거壯擧"라는 소문.

(3) 조선 굴지의 지식인 윤치호의 일기. 왕세자의 결혼식 4일 전에 훙거했기 때문에 자살이라는 소문이 퍼졌다.

(4) 윤치호의 일기. 윤덕영 등이 식혜에 무엇인가 넣어 황제를 독살, 윤덕영 등은 조선인이 일본의 통치에 만족하고 있다는 것을 증명하기 위해 …

이승엽의 글은 "민, 윤 양인에 의한 독살설은 당시 조선사회에 널리 퍼져 있었던 것으로, 그 동기에 대해서는 여러 가지 소문이 돌고 있었다고 보여진다"고 하고, "'이태왕 독립운동 관련설'은 구라토미 유자부로 일기 외에서는 보이지 않는 기술이라고 해도 좋을까?"라고 하여 일기의 데라우치 지시설이 근거가 약한 것처럼 맺었다.

자살설은 왕세자와 나시모토 노미야의 마사코 여왕과의 결혼에 대해 불만을 가지고 다량의 금을 복용하여 자살했다는 것이다. 일종의 분사설憤死說이다. 독살설은 왕세자의 결혼에 반대하는 '우국憂國의 장거壯擧'로서 근신近臣이 독살하였다는 설, 고종황제의 서명 거부 후 윤덕영, 한상학 등이 식혜에 무엇을 넣어 독살했다는 설 두 가지가 있다고 했다. 자살설은 결혼정책을 추진해온 일본 측이 꾸며낸 것일 가능성이 많다. 고종황제는 퇴위를 강요당했어도 사직과 종묘에 대한 책임 의식으로 일본제국이 패망할 날을 기다리고 있었다. 그의 평소의 이런 자세로 볼 때 이 결혼에 대한 불만으로 자결했을 가능성은 거의 없다. 그리고 근신에 의한 독살설도 자살설에 가까운 것으로 결혼정책을 추진한 쪽에서 지어냈을 가능성이 많다. 마지막 윤덕영, 한상학 등에 의한 독살설은 『윤치호일기』에서는 한국인들이 대부분 이를 믿고 만세시위를 일으킨 직접적 동기가 된 것이라고 하였다. 이 독살설의 경우, 배후에 일본 당국이 있었을 개연성은 상정하고 있지만 구체적으로 그려진 상황은 전혀 없었다. 『구라토미 유자부로 일기』의 관련 기록은 이 오랜 의문을 풀어주는 것이었다.

끝나지 않은 역사

3부

국제 사회를 상대로 한
병합 무효화 운동

— 성과와 왜곡의 뒤안길

7. 한국병합 무효화 운동과 구미歐美의 언론과 학계: 1907~1936

일본제국의 한국에 대한 영토적 야욕은 1894년의 청일전쟁 때 이미 시작되었다. 무쓰 무네미쓰陸奧宗光 외상과 이토 히로부미伊藤博文 수상을 중심으로 이때 이미 조선을 보호국으로 만들려고 하였다.[1] 이에 대해 조선 군주 고종이 '감금' 상태 속에서도 미국 클리블랜드 대통령에게 조미수호통상조약에 근거한 간섭 지원을 요청하여 클리블랜드 대통령이 일본 정부에 친서를 보냄으로써 보호국화 방침은 철회되었다. 당시 일본이 조약개정에 묶여 첫 수교국인 미국 정부의 요구를 외면할 수 없었기 때문에 철회가 쉽게 이루어졌다.

일본의 영토 침략의 야욕은 10년 뒤, 러일전쟁을 일으켜 다시 발동되었다. 오랜 숙제였던 조약개정이 1899년에 해결되었기 때문에 이제는 스스로 열강의 하나가 되고자 전시 군사력을 배경으로 소기의 목적을 달성하고자 하였다. 1904년 2월 6일 시작된 러일전쟁 때 한반도는 일본군의 작전지역이 되어 대한제국의 국권은 이미 짓밟힌 상태가 되었다. 이에 대해 고종황제는 수교국 국가원수들을 상대로 '친서외교'를 펼쳐 이를 극복하고자 하였다. 1903년 8월 15일자로 일본의 도발을 예견하여 러시아 황제에게 유

---

1 柳永益,『甲午更張 研究』, 일조각, 1990, 24~28면, 56~57면.

사시 공동 전선을 펴기를 요청하는 친서를 비밀리에 보낸 것을 필두로, 1904년 1월 중립국 선언 통지, 1905년 11월 17일 '보호조약'이 강제된 후 그 폭력성을 알리면서 외교 관계의 지속을 호소하였다. 1907년 6월 제2차 헤이그 만국평화회의에 특사를 보냄으로써 무효화 운동은 정점을 이루었다.

황제를 중심으로 펼쳐진 투쟁은 국제법적 무효화 운동이었다. 이러한 노력에 대해 국제사회가 과연 어떤 반응을 보였는지는 중요한 문제이다. 황제의 무효화 운동 자체는 많은 연구가 이루어졌지만 구미 사회의 반응에 관한 것은 찾아보기 쉽지 않다. 이러한 연구 부진에는 제국주의 힘의 세계에서 황제의 투쟁은 사실상 무용한 것이라는 선입견으로 말미암은 점이 없지 않다. 과연 국제사회는 실제로 한국의 무효화 운동에 대해 눈길을 주지 않을 정도로 냉혹하였던가? 아니면 우리의 선입견이 주요한 국제적 반응을 놓치고 있는 것은 아닐까?

이 글은 후자의 입장에서 1907년 6월에 헤이그에서 열린 제2차 만국평화회의 3특사의 활동, 1919년 파리 평화회의를 계기로 한 대한민국 임시정부의 파리위원부 및 구미위원부의 활약, 1936년의 브뤼셀 국제평화회의 참가 등을 중심으로 구미의 언론계 및 학계의 반응을 살펴보고자 한다. 궁극적으로는, 1935년에 발표된 하버드 대학교의 법대 교수단이 제출한 조약법에 관한 보고서가 1905년 '보호조약'을 '효력을 발생할 수 없는 조약' 3가지 사례 가운데 하나로 든 배경에 대한 이해가 될 수 있기를 기대한다.

1) 대한제국의 무효화 운동에 대한 국제 언론, 학계의 반응

(1) 프란시스 레이의 1905년 '보호조약'에 대한 연구

1905년 11월에 '보호조약'이 강제된 후 프랑스의 국제법 학자 프란시스 레이Francis

Rey가 이에 대한 논문을 바로 발표하였다. 「대한제국의 국제법적 지위La Situation Internationale de la Corée」란 논문이 1906년에 프랑스의 『국제공법 논문집Revue générale de droit international public(RGDIP)』(13호. paris)에 실렸다.[2] 레이는 이 논문에서 1904년 2월 23일의 「의정서」와 1905년 11월의 「보호조약」의 관계를 다루어 후자를 완전히 무효로 판단해야 한다는 견해를 밝혔다.

먼저, 1904년 2월 23일의 「의정서」를 통해 일본이 한 약속을 1905년 보호조약을 통해 지키지 않은 점을 다음과 같이 지적하였다.

(1) 다른 강대국과의 관계에서 일본은 한국에 대하여 체결한 약정을 존중하지 않았다.

(2) 일본이 대한제국에 대해 한 약속engagement을 위반하였다.

(1)에 관해서는 1904년 2월 23일자로 한·일 간에 체결된 「의정서」 제5조에 일본 또는 한국은 앞으로 제3국과 협정 취지에 반하는 어떤 조약도 상호 동의 없이는 체결하지 못한다고 선언하였다. 이 약정에 따르면 1905년 8월 23일부터 9월 5일 사이에 러시아와 서명한 조약(포츠머스 강화조약)은 한국 측의 동의를 받지 않은 것이므로 위법이라고 하였다. 한국의 동의를 미리 받지도 않고 일본이 유익하다고 판단하는 보호 또는 통제 조치를 취할 권리를 강대국으로부터 인정받는 것은 한국과 한 약속을 어기는 것이라고 하였다. 그는 어떤 조약이든 조문의 내용은 상호적이다. 약소국과 계약을 체결한 강대국이 적극적 제제를 받지 않고 마음대로a savolonte 약정에서 벗어날 수 있다면 조약을 왜 체결하는가라고 반문하였다.

(2)에 관해서는 1895년 4월의 시모노세키 조약과 위 「의정서」에서 한국의 독립을

---

2 이 잡지는 1894년에 창간된 것으로 그 경위에 대해서는 이 책 258면 참조. 이 논문은 南孝順, 崔鍾庫 번역으로 이태진 편저, 『일본의 대한제국 강점』(까치, 1995)에 실렸다.

끝나지 않은 역사

보장한다는 것을 약속하였는데 1년 9개월 만인 1905년 11월에 보호관계를 만든 것은 모순이라고 지적하였다. 보호관계는 독립과 양립할 수 없는 절대적 모순이라고 하였다.

다음으로 1905년 11월 17일의 「보호조약」 자체가 가지는 문제점을 두 가지로 들어 이를 무효 원인cause de nullité으로 간주하였다.

(1) 한국정부 측의 동의 표시의 결함
(2) 일본 측의 한국에 대해서 확약하였던 보장 의무의 위반

특파대사 이토 히로부미伊藤博文는 한국 황제를 폐현한 자리에서 4시간 동안 황제의 동의를 강요하였고, 11월 17일의 '궁정 회의'(조약 강제 현장)에서 한국 측으로부터 거부되자, 하세가와 요시미치長谷川好道 사령관이 거느리는 병력을 이끌고 회의장에 나타나 조약에 서명하도록 강압한 사실을 지적하였다. 이런 일본국과 같은 문명국으로서는 부끄러운 정신적, 육체적 폭력une violence에 의하여 한국정부를 강압하여 체결한 사실을 지적하였다. 이런 강제 행위를 받은 뒤, 황제가 즉시 강대국, 특히 워싱턴에 대표를 보내 그동안 가해진 강박에 대하여 맹렬히 이의를 제기한 사실도 중시하였다.

레이는 이상과 같은 사실을 지적한 뒤, 조약에 대한 서명이 행해진 특수한 상황을 이유로 우리는 1905년 조약이 무효라고 주장하는 데에 주저하지 않는다고 하였다. 공법에도 사법상私法上의 원칙이 적용되는 결과, 전권대사에 대하여 폭력이 행사되는 경우에는 폭력은 조약을 무효로 하는 의사 표시의 결함에 해당한다는 것이 일반적으로 인정되고 있다고 하였다. 그는 이 조약은 무엇보다도 일본 측의 정치적 과오라고 비판하면서 다음과 같은 충고를 곁들였다.

타민족에게 그들이 원하지 않는 체제를 폭력을 행사하여 강요함으로써 만인 공통

의 양심을 저버리는 국가들에게는 고난이 끝났다고 믿는 바로 그 순간에 고난의 시대가 시작된다는 사실은 역사가 우리에게 가르쳐 주는 바이다. 일본은 여러 가지 이유로 문명국들의 호의를 받고 있지만 너무 일찍 이를 경험하지 않게 되기를 바랄뿐이라고 맺었다.

프란시스 레이의 논문은 후술하듯이 1920년대 중반 이래 국제연맹의 국제법 위원회의 필요에 따라 하버드 법대의 교수단에 의해 이루어진 '조약법Law of Treaties' 연구에서 효력을 발생할 수 없는 조약의 사례 검토에서 직접 활용되었다. 프란시스 레이의 이 논문은 국내 학계에 이미 소개되었지만, 그의 국제법 연구의 세계는 별로 연구되거나 알려진 것이 없다. 참고로 현재 확인되는 그의 논저를 제시하면 아래와 같다. (발표 연도 순)

1) 근동과 미개국의 척도에서의 외교(관), 영사의 보호; 외무성 문서관의 미간행 문서철에서 (La protection diplomatique et consulaire dans les èchelles du Levant et de Barbarie: avec des documents inĕdits tires des Archives du Ministère des Affaires étrangères), Paris : Larose, 1899.

2) 국제법적 관점에서 본 러일전쟁 (La guerre Russo-Japonaise au point de vue du droit international, Paris : A. Pedone, 1907-)

3) 한국에서의 외국인의 법률적 조건 (La condition juridique des étrangers en Corée), 1908

4) 헤이그 회의 후의 국제사법 (Le droit international privé d'après les Conventions de La Haye.) I, 1902년 회의 후의 연합 (Le mariage, d'après la Convention du 12 juin 1902) 공저: G C Buzzati; Francis Rey, Paris : Sirey, 1911. 시리즈: Bibliothèque étrangère de droit international privé.[3]

3 G C Buzzati와의 분담 관계 및 후속 간행 상황은 다음과 같이 밝혀져 있다. 〔Trattato di diritto internazionale privato secondo le convenzioni dell'Aja.〕 Le Droit international privé d'après les conventions de La Haye. I. Le Mar-

5) 1939년 전쟁에서의 프랑스에 대한 독일의 국제법 위원회의 위반 (Violations du droit international commises par les Allemands en France dans la guerre de 1939)

(2) 1907년 헤이그 특사 활동에 대한 윌리엄 스테드의 지원

대한제국은 1905년 '보호조약'이 강제되자 바로 수교국을 상대로 그 불법성을 알리고 규탄하는 무효화 운동을 폈다. 고종 황제 스스로 나서서 수교국인 러시아, 미국, 영국, 프랑스, 독일, 이태리, 벨기에, 덴마크 등 서구 열강의 국가 원수들을 상대로 이른바 친서외교 활동을 폈다. 황제는 미국주재 공사관을 통해 미국 대통령에게 이 사실을 알리게 하고, 이어 독일 황제에게 친서를 보내는 한편 영국인 기자 스토리Douglas Storey를 통해 일본에 의한 보호통치보다 구미 열강들에 의한 5년 시한부 보호통치를 (역)제안하기도 하였다. 이어 1906년 6월 22일자로 러시아 황제 등 수교국 국가원수 앞으로 친서를 보내면서 더 적극적인 활동상을 보였다.[4]

1906년 4~6월의 수교국 원수들을 상대로 한 '친서외교'는 사실은 제2차 헤이그 만국평화회의를 겨냥한 것이었다. 1899년의 제1차 헤이그 만국평화회의에 이어 제2차 회의는 본래 1906년 8월 초에 개최하기로 예정되었고, '보호조약'이 강제되기 직전인 1905년 8월경에 대한제국 황제는 초청 권한을 가진 러시아 황제로부터 대표를 보내 달라는 초청장을 받고 있었다.[5] 그래서 이듬해 6월에 미국인 고문 호머 헐버트Homer B.

iage, d'après la Convention du 12 juin 1902. Traduction française ... par Francis Rey. - Le droit international privé d'après les conventions de La Haye ... Traduction française du texte italien rev. et cor. par l'auteur par Francis Rey. by Buzzati, G. C. 1862-1920. Rey, Francis. Conférence de La Haye de droit international privé. Published 1911.

4 金基赫,「光武帝의 주권수호 외교, 1905~1907: 乙巳勒約의 무효선언을 중심으로」, 李泰鎭 편저, 『일본의 대한제국 강점』, 까치, 1995.

5 金庚姬,「ハグ '密使' と 國際紛爭平和的 處理條約」, 『文學研究論集』 12, 明治大學 人文學部, 2000. 2.

Hulbert를 전권위원으로 임명하여 자신의 친서를 각국 원수들에게 전달하게 하였던 것이다. 그러나 일본 측은 이 사실을 '보호조약' 직후인 그해 12월에 알게 되어 회의연기 운동을 펼쳤고, 그것이 성공하여 실제로 제2차 만국평화회의는 1907년 6월에 열렸다. 광무제 고종의 '친서외교'는 이로써 적지 않은 타격을 입었지만 황제는 여기서 주저앉지 않았다. 최근 1906년 8월 22일자로 광무제가 러시아 니콜라이 2세에게 보낸 친서가 발견되어 주목을 받고 있다.[6] 필자가 보기에 이 친서는 헐버트 편에 보낸 친서들이 무용한 것이 되어버린 뒤, 제2차 만국평화회의의 참석 초청장을 보내 준 러시아 황제 니콜라이 2세에게 다시 일본에 의한 한국의 침략상을 자세히 담은 서한을 보내 새로이 날짜가 잡힐 회의에도 참석할 수 있게 되기를 바라는 뜻을 전했던 것으로 보인다.

대한제국 광무 황제의 주권 수호를 위한 투쟁은 1907년 6월에 열린 제2차 헤이그 만국평화회의에 3인의 특사를 파견하는 형태로 이어졌다.[7] 러시아 황제로부터 답이 오지 않았지만 이상설李相卨, 이준李儁, 이위종李瑋鍾 등 3인의 특사를 비밀리에 파견하였다. 이들은 처음부터 회의장에 정식으로 입장할 수 있으리라고 믿고 간 것은 아니었다. 러시아 페테스부르크에 도착하여 공사관을 통해 러시아 황제에게 다시 정식으로 입장할 수 있도록 교섭을 벌였지만 황제의 반응을 받지 못한 상태에서 헤이그로 향하였다. 3특사는 6월 27일 헤이그 현지에서 준비한 「공고사控告詞」를 기자회견을 통해 발표하였다. 그때 영국의 유명 언론인 윌리엄 스테드William Thomas. Stead가 뜨거운 반응을 보였다. 헤이그 평화회의 현장에서 4개월 간 발행한 『평화회의 소식Courrier de la Conférence de la paix』에 「공고사」의 전문이 실렸다.[8]

---

6 崔惠圭, 「파리강화회의(1919)와 김규식의 한국독립외교」, 『서양사연구』 35, 2015.

7 尹炳奭, 『이상설전-헤아특사 이상설의 독립운동론-』, 一潮閣, 1984.

8 스테드는 1899년의 제1차 회의 때 뛰어난 취재 활동으로 명성을 얻었을 뿐더러 타블로이드 판 신문을 통해 언론이 정치에 영향을 끼칠 것을 추구한 당대에 가장 명성이 높은 언론인이었다. 1912년 타이타닉 호에

윌리엄 스테드는 이름난 평화 운동가였다. 그는 "유럽의 통합국가United States of Europe" "국가들 간의 최고법정High Court of Justice among the nations" 등에 대해 많은 관심을 가졌다. 이것은 국제연맹의 초기 버전에 해당하는 것으로 그는 심지어 정의에 대한 법적 방어를 위해 무력을 사용하는 것에 대해 지지를 보냈다. 이런 강렬한 평화주의 사상으로 그는 1899년, 1907년의 헤이그 평화회의를 적극적으로 취재하였다. 1차 회의 때의 뛰어난 취재로 그는 국제적으로 명성을 떨쳤고, 이어 1907년의 제2차 회의 때도 회의가 열린 4개월 간 매일 회의 취재 신문을 발행하는 열정을 보였다.[9] 그는 대한제국 3특사가 발표한 「공고사」에 큰 감명을 받고 자신의 일간지 『평화회의 소식』에 그 전문을 실었던 것이다.

언론인들의 반응은 이에 그치지 않았다. 2주 정도 지나 7월 9일에는 각국 신문기자단의 언론 국제화추진협회The Foundation for the Promotion of Internationalism, Hague에 이상설과 이위종 두 특사가 귀빈으로 초청 받아서 이위종이 유창한 프랑스어로 '한국의 호소A Plea for Korea'를 연설하였다. 이 모임도 윌리엄 스테드의 사회로 진행되었고, 회의 내용은 잘 알려졌듯이 『헤이그의 동정Haagsche Courant』지에 보도되었다. 이어서 이상설과 이위종은 영국, 미국, 프랑스 등지를 다니면서 독립운동을 지지해 줄 것을 호소하였다. 누가 그

승선하였다가 사망한 그는 이해 노벨평화상의 유력한 후보로 알려졌다. 이하 그에 관한 서술은 Wikipedia The Free Encyclopedia에 의존함. 주요자료 : Mooney, Bel (25 May 2012). "High morals and low life of the first tabloid hack: Muckraker: the Scandalous Life and Times of W.T. Stead by W. Sydney Robinson". London: Mail Online. Retrieved 4 November 2012. British Library - Press and Policy Centre - The newspaper giant who went down with the Titanic - Conference at the British Library to mark centenary of the death of W.T. Stead.

9 그는 미국의 앤드류 카네기와 절친한 사이로 카네기가 평화기금으로 4천만 파운드를 내게 하는데 영향을 주었고 스스로 『Mr. Carnegie's Conundrum : £40,000,000 : What Shall I Do with It?』이란 책을 썼다. 헤이그 평화회의 궁(The Peace Palace in The Hague)은 이 기금의 일부로 지어졌고, 이 건물 안에 스테드의 흉상이 있다. 카네기와의 관계에 대해서는 별도의 논고를 쓰고자 한다.

들을 지원해 주었는지는 앞으로 밝혀야 할 과제이지만, 특사들은 이 무렵부터 구미 지식인들이 벌이던 도덕주의적 국제 평화운동의 기운에 닿아 있었던 것이다.

윌리엄 스테드는 영국의 언론의 "부정과 독직을 철저하게 파헤치는 저널리즘의 개척자pioneer of investigative journalism"로서 전환기인 빅토리아 시대의 가장 논쟁적인 인물이었다. 그의 새로운 저널리즘은 대영제국에 전단지형 신문broad sheet을 손에 쉽게 잡히는 타블로이드 판으로 바꾸고, 신문이 여론과 정부의 정책에 어떻게 사용될 수 있는지를 보여주는, 곧 "저널리즘에 의한 정부Government by Journalism"를 창도하였다. 1880년대에는 『폴몰the Pall Mall』 지, 1890년 이후에는 『비평들의 비평the Review of Reviews』을 통해 필명을 날리면서 "신사들을 위해 신사들에 의해 쓰여지는written by gentlemen for gentlemen" 전통적인 보수신문에서 대중을 위한 정치를 이끄는 민주주의 신문으로 영국 신문들을 새롭게 탄생시키는 데 크게 기여하였다. 그의 유려한 필치는 선진적인 인도주의humanitarian 언론으로 높이 평가받아서 여러 차례 노벨평화상 수상 후보에 올랐다.

그는 1912년 4월 15일 타이타닉 호의 승객으로 일생을 마쳤다. 이때도 자신의 구명조끼를 다른 사람에게 넘겨주고 스스로 죽음을 택하여 세기적인 뉴스의 주인공이 되었다. 그는 미국 언론과도 관계를 가져 1920년에 뉴욕시의 센트럴 파크에 기념 동판이 세워졌다. 미국의 친구들과 숭배자들은 국제연맹이 탄생한 해에 런던의 '빅토리아 제방'에 세워진 그의 기념 동판과 똑같은 것을 센트럴 파크 가운데 벽에 부착했다.

제2차 헤이그 만국평화회의 특사 파견 사건에 대해서는 지금까지 일본의 방해로 본회의장에 들어가지도 못한 한계를 지나치게 의식하여 패배주의적 역사인식에 사로잡히는 경향이 없지 않았다. 「공고사」에 대해 큰 관심을 보이고 두 차례의 행사까지 주도해 준 윌리엄 스테드가 당시 구미 사회에 큰 영향력을 발휘한 인물이었다면, 대한제국의 조약 무효화 운동에 대한 국제적 반향에 대해서는 오히려 더 적극적으로 고찰해 볼 필요가 있을 것이다.

2) 국제연맹의 탄생과 대한민국 임시정부의 국제 주권회복운동

(1) 1910년대 국제 평화운동과 국제연맹의 탄생

1840년대 증기선이 대양을 횡단하기 시작하면서 산업혁명 이후 자본주의 경제는 급속도로 발전하였다. 이로써 서구 열강의 식민지 경쟁이 더욱 활발해지면서 1870년대 초반에 제국주의Imperialism란 말이 등장하였다. 1890년대 후반 이후 열강의 식민지 경쟁이 더욱 가속화하는 가운데 분쟁이 잦아지고 서로의 이권 쟁취를 위한 열강 간의 비밀 협약이 빈번하게 이루어졌다. 분쟁은 대소의 전쟁으로 이어지고 그 속에서 많은 사람들의 인명이 희생되고 인권이 유린되었다. 이런 가운데 분쟁을 종식하는 방안을 모색하는 평화운동이 구미사회에서 일어났다. 분쟁 해결을 통한 평화 열망의 시대 분위기는 1900년에 미국의 철강왕 앤드류 카네기가 4천만 파운드의 평화기금을 내고, 1901년 스웨덴에서 노벨평화상이 제정된 것이 단적으로 잘 말해준다. 노벨평화상의 창설이래 1920년의 국제연맹이 탄생하기까지 20년간의 수상자의 수상 사유는 이 시대의 평화 지향성을 읽기에 좋은 자료이다.

표 1에서 보듯 수상자의 수상 내역은 국제적십자사, 국제평화학회, 제네바 협정, 국제의회연맹, 국제영구평화국, 국제중재연맹, 국제중재재판소, 국제연맹 등 국제평화의 실현에 이바지하기 위해 세운 기구나 조직의 수립, 발전에 기여한 공로자가 절대 다수이다. 20년간 1914, 1915, 1916, 1918년의 4회는 세계대전으로 수상자를 내지 못했다. 그리고 16회 수상 중 5회(* 연도)에 걸쳐 공동수상자(2인)가 나온 것도 주목된다. 국제 평화에 기여하기 위해 노력하여 큰 공로를 세운 사람들이 그만큼 많았다는 것을 의미하는 현상이다. 16회 가운데 3회에 걸쳐 평화운동 관련 기구 자체가 직접 수상 대상이 되고 있는 것도 주목된다.(수상연도에 밑줄 표시) 즉, 1904년에 프랑스의 국제법 학회Institute de Droit Internationale, 1910년에 국제영구평화국Permanent International Peace Bureau,

1917년에 적십자사 국제위원회International Committee of The Red Cross가 각각 수상하였다.

국제법 학회의 등장 시기도 주목된다. 1873년 브뤼셀에서 국제법 학회Institute de Droit Internationale, 국제법 협회The International Law Association가 최초로 창설되었다.[10] 제국주의Imperialism라는 용어가 등장한 바로 그 시기에 국제법에 뜻을 가진 사람들의 국제 모임이 최초로 등장하였다. 국제법 협회는 연구 활동도 수행하는 기구로서 본부를 런던에 두고 회원들의 연차 모임을 가졌다. 프랑스, 네덜란드, 러시아 등지에 지회branch를 두었다. 1894년 프랑스에서는 국제공법학회가 발족하여 『국제공법 논문집Revue générale de droit international public(RGDIP)』을 발행하기 시작하였다.[11] 1897년 일본에서 국제법학회를 창설하고 1902년부터 『국제법잡지』를 간행하기 시작하였다. 일본이 동아시아에서 이렇게 일찍 국제법에 대해 관심을 가진 것은 나름대로 까닭이 있었다. 즉, 일본은 1850년대 이래 서구 열강과 체결한 수호통상조약의 '불평등'을 해소해야 하는 이른바 조약개정의 과제가 남아 있었다. 1899년 조약개정이 실현된 뒤로는 계획하고 있는 대외 팽창을 위한 전쟁에서 당면하게 될 전시 국제법에 대한 이해와 연구의 필요성을 의식한 면이 없지 않았다.[12] 침략을 정당화할 법적 이론 개발을 꿈꾼 시대 역행의 움직임이었다. 따라서 일본의 국제법은 평화주의의 자연법보다는 팽창정책을 실현하기 위한 실정법實定法의 이론 개발에 치우치는 경향을 보였다.

---

10 篠原初枝, 『國際聯盟－世界平和への夢と挫折－』, 中公新書 2055, 2010, 9면.

11 Antoine Pillet, Paul Fauchille, A. Pedone 등이 중심 역할을 하였다.

12 백충현·이태진, 「일본 국제법학회와 대한제국 국권 침탈정책」, 『서울국제법연구』 6-2, 1999.

표 1 1901~1920년 노벨평화상 수상 일람표

연도	이름	국가	직책
1901 *	JEAN HENRI DUNANT	Switzerland	국제적십자사 창설자, 제네바 협정(the Geneva Convention) 제안자
	FRÉDÉRIC PASSY	France	제1차 프랑스 평화학회(The First French peace society) 창설자 및 회장
1902 *	CHARLES ALBERT GOBAT	Switzerland	국제 의회 연맹의 사무총장, 국제영구평화국 명예총재
	ÉLIE DUCOMMUN	Switzerland	국제영구평화국 명예총재
1903	SIR WILLIAM RANDAL CREMER	Great Britain	영국 의회 의원, 국제중재연맹 총재
1904	INSTITUT DE DROIT INTERNATION-AL	Gent Belgium	학회
1905	BARONESS BERTHA SOPHIE FELICI-TA VON SUTTNER	Austria	국제영구평화국, 회장, 『너의 무기를 내려놓으라 (Lay Down Your Arms)』의 저자
1906	THEODORE ROOSEVELT	USA	러시아-일본 평화협정 유도
1907 *	ERNESTO TEODORO MONETA	Italy	롬바르디 평화 연맹 회장
	LOUIS RENAULT	France	소르본 대학교 국제법교수
1908 *	KLAS PONTUS ARNOLDSON	Sweden	작가, 전 스웨덴 의원, 스웨덴 평화 및 중재 연맹 창설자.
	FREDRIK BAJER	Denmark	덴마크 의회 의원, 국제영구평화국 명예총재
1909 *	AUGUSTE MARIE FRANÇOIS BEERNAERT	Belgium	전 벨기에 수상, 의회 의원, 헤이그 국제 중재재판 회원

연도	이름	국가	직책
1909 *	PAULHENRIBENJAMIN BALLUET D'ESTOURNELLES DE CONSTANT	France	프랑스 의회 의원, 프랑스 의회 국제 중재 모임의 창설자 및 회장, 국가 이익 방어 및 국제 조정 위원회의 창설자
1910	PERMANENT INTERNATIONAL PEACE BUREAU	Sweden Bern	1891년 11월 13일 로마에서 설립된 가장 오래된 국제평화기구
1911 *	TOBIAS MICHAEL CAREL ASSER	Netherlands	내각 수상, 추밀원 회원, 헤이그 국제사법(私法) 회의 제안자
	ALFRED HERMANN FRIED	Austria	저널리스트, 평화저널 『무력은 아니다(Die Waffen Nieder)』 창설자
1912	ELIHU ROOT	USA	전 국무장관, 여러 국제중재 협정 발의자
1913	HENRI LA FONTAINE	Belgium	벨기에 의회 의원, 국제영구평화국 회장, 베른
1914~1916	세계대전으로 중단		
1917	INTERNATIONAL COMMITTEE OF THE REDCROSS	Geneva	국제 적십자 위원회
1918	세계대전으로 중단		
1919	THOMAS WOODROW WILSON	USA	미국 대통령, 국제연맹(League of Nations) 창설자
1920	LEON VICTOR AUGUSTE BOURGEOIS	France	프랑스 의회 의장, 국제연맹 평의회 의장

*는 공동수상, _____는 기구 또는 조직에 수여된 연도.

1906년 미국 국제법학회The American Society of International Law, ASIL가 발족하였다.[13] 이 학회는 창립 이래 한 세기 간 "정의와 평화 세계의 초석a cornerstone of a just and peaceful world" 역

13 https://www.asil.org/about/asil-history.

할을 했다는 평가를 받을 정도로 평화운동의 성격을 가장 강하게 지녔다. 국제 분쟁을 전쟁으로보다 정식의 분쟁해결 메커니즘을 통해 해결해야 한다는 일단의 법조인들의 확신의 산물로 평가되기도 한다. 1895년부터 미국의 외교정책 수립에 관여하는 사람들이 뉴욕주의 북부지방에 있는 모혼크 호수Lake Mohonk에 모여 회의를 거듭하던 끝에 1905년 11차 회의에서 학회 창립과 저널American Journal of International Law 발행에 합의하고 이듬해 1월에 뉴욕시의 변호사협회 사무실에서 미국 국제법학회의 규약The Constitution of the American Society of International Law이 정식으로 채택되었다. 이 학회는 정부의 대외정책에 직접적으로 이바지한다는 뜻에서 시작되었기 때문에 초기에는 학회의 연차Annual Meeting 모임은 정규적으로 백악관에서 가지고 대통령이 연설하는 특색을 가졌다.[14] 미국 안의 대외정책 결정에 관한 오피니언 리더 그룹의 이러한 평화 질서 확립에 대한 노력은 곧 우드로 윌슨 대통령을 통하여 국제연맹The League of Nations의 탄생을 가져왔다.

1913년 3월 미국 제28대 대통령으로 취임한 우드로 윌슨 대통령은 그 자신이 평화주의자였다. 명문 프린스턴 대학교의 행정학 교수로서 총장을 역임한 그는 당시 미국 내의 평화운동에 동조하여 워싱턴 초대 대통령의 경고와는 달리, 미국이 유럽정치에 관여하여 새로운 평화적 국제질서 확립에 앞장서야 한다는 생각을 가지게 되었다. 그리하여 (제1차) 세계대전이 일어난 다음 해인 1915년에 '하우스 대령Colonel House'을 중심으로 전후질서를 모색하는 준비기구로 '조사국The Inquiry'을 두고 미국 대학교수들의 인력을 대규모로 동원하여 방안을 수립하게 하였다.

1918년 10월에 이른바 '흑서The Black Book'의 형식을 통해 16개 분과 123명의 참여

---

14 위와 같음. 초대 회장 엘리후 루트(Elihu Root)는 제1차 일한협약(1904. 8) 제2차 일한협약(을사늑약, 1905. 11) 당시 미국 국무장관으로서 대한제국 정부가 후자가 불법적으로 강제되었다는 사실을 통지하였을 때 진상을 알지 못하고 대한제국 정부의 항의를 거의 무시해버리는 과오를 범했다.

교수들의 활동이 발표되었다.[15] 16개 분과는 국제법, 외교사, 경제, 일반연구, 지도, 참고문헌 및 아카이브 등 관련 분야에 관한 분과 6개 외에 나머지 10개는 지역(아프리카, 오스트리아-헝가리제국, 발칸, 극동, 서아시아, 러시아와 동유럽, 태평양 제도, 이탈리아, 서유럽, 라틴 아메리카) 분과로 나뉘었다. 가장 중요시 된 분야는 국제법으로서, 여기에는 8인의 위원이 배당되었다. 이들은 새로운 국제기구의 법적 기반을 마련하는 임무를 띠었던 것으로 그 가운데 하버드 법대 교수인 맨리 허드슨Manley O. Hudson의 역할이 가장 돋보였다. 허드슨 교수는 국제법, 국제재판 관련의 여러 조직의 수립을 주도하였다. 1935년 조약법에 관한 하버드 법대 보고서도 그의 주관 아래 이루어졌다. 그도 영국 언론인 윌리엄 스테드와 마찬가지로 평화운동의 실천자로서 여러 차례 노벨 평화상 후보에 올랐다.[16]

윌슨 대통령은 '조사국'의 성과에 근거하여 1918년 1월 8일 의회 연두 연설에서 「14개조Fourteen Points」를 발표하였다. 그것은 제1차 세계대전의 종료를 앞두고 전후의 국제질서를 구상한 내용으로서, 전후의 평화적 국제질서를 위한 원칙과 독일에 의해 침략당한 지역의 원상회복에 관한 규정 두 가지로 구성되었다. 윌슨 대통령은 1918년 12월 중순 프랑스의 대서양 연안의 한 항구도시에 도착하여 '자유의 성인Apostle of Liberty'이란 찬사를 받으면서 파리에 들어갔다. 전승국 수뇌들과 사전 접촉을 거듭한 끝에 1919년 4월에 '4대국BIG 4' 위원회가 열렸다. 그리고 이어서 6월 28일에 '베르사이유 조약The Treaty of Versailles'이 체결되고 이에 근거하여 이듬해 1920년에 국제연맹The League of Nations 이 탄생하였다. 국제연맹의 탄생은 곧 19세기 말엽부터 미국, 프랑스, 영국 등지에서 열기를 더해간 평화운동이 가져온 결실이었다.

---

15 최덕규, 「파리강화회의(1919)와 김규식의 한국독립외교」, 『서양사연구』 35, 2015, 136~138면.
16 러시아 11월 혁명 뒤의 「평화에 관한 포고」, 영국 수상 로이드 조지의 식민지 주인 희망 존중 언급 등이 윌슨의 민족자결주의와 같은 취지였다. 木畑洋一, 『二〇世紀の歷史』(岩波書店, 2014), 90~91면.

끝나지 않은 역사

구미 지역에서 고조된 위와 같은 국제 평화운동의 흐름에 비추어 보면, 대한제국의 광무제가 1901년에 국제적십자사에 가입하면서 영세 중립국을 도모한 것이라든지, 국제사회를 상대로 일본의 조약 강제에 대한 투쟁을 굽히지 않고 추진한 것은 메아리 없는 외로운 외침이 결코 아니었다. 황제는 국제사회의 평화운동의 흐름을 알고 이에 의탁하여 국운을 만회하려 했던 것이다. 그러나 국제사회는 아직 열강의 이권 경쟁의 구습이 더 강세를 견지하고 있었기 때문에 실현을 보기는 어려웠다. 구래의 실정주의實定主義와 신사조 이상주의理想主義의 대립 국면에서 한국은 후자의 입지를 택하여 주권 수호 내지 회복 운동을 펼치고 있었던 것이다.

(2) 1919년 파리 평화회의와 임시정부 파리위원부 활동

1918년 1월 초에 발표된 미국 윌슨 대통령의 「14개조」는 모든 약소국민들에게 큰 기대를 안기었다. 14개조 가운데 제1조(모든 국가 간의 계약과 외교는 공개적으로 이루어져야 한다)와 제4조(모든 주권의 문제는 주민의 이해관계와 그 요구가 공개적으로 공정하게 조정되어야 한다)는 국내외에서 10여 년 항일 독립운동을 펼치던 한국인들에게도 큰 기대를 안겨주었다. 이 새로운 상황에 대응하기 위해 같은 해 8월 20일에 여운형呂運亨은 상하이에서 신한청년당新韓靑年黨을 조직하고 곧 서울에 들어와 이상재李商在를 만나고 11월 하순에 상하이로 돌아와서 당원과 협의하여 파리에 외교대표부를 두기로 하고 김규식金奎植을 대표로 정하였다.

1919년 1월 21일 광무제(고종)가 갑자기 붕어하였다. 조선총독부가 살해하였다는 소문이 무성한 가운데 김규식은 1919년 2월 1일 상하이를 떠나 파리로 향하였다. 여행 중에 도쿄 유학생들이 2월 8일 독립선언서를 낭독하고 3월 1일 황제의 국장 예행을 계기로 대규모의 항일 독립만세운동이 일어났다. 김규식이 3월 13일에 파리에 도착하였을 때 국내에서는 아직도 곳곳에서 일본군과 경찰의 탄압 속에 만세시위운동이 계속되고 있었다. 전국적인 만세운동은 4월 13일에 중국 상하이에서 신한청년당이 중심이 되어 대한민국 임시정부를 수립하도록 하였다. 이로써 파리의 김규식은 이제 신한청년당의 대표가 아니라 임시정부의 외무총장 겸 파리위원부의 위원 신분이 되었다.

김규식은 현지 프랑스 지식인들과 이미 유럽에 와 있던 몇 명의 한국인들의 도움을 받으면서 대표부를 설치하여 파리 평화회의에 한국의 입장을 공식적으로 전하는 방식을 모색하였다. 파리위원부의 활동에 대한 기존의 연구에 따르면 위원부는 1919년 4월에 파리 평화회의의 의장이던 클레망소 프랑스 수상에게 한국인과 한국 임시정부의 '호소문'을 전달하고, 5월 12일자로 미국 윌슨 대통령과 영국 로이드 조지 수상에게 거의 같은 내용의 '청원서'를 전달하였다. 이어서 5월 14일자로 각 대표단에도 이를 각각 발송한 것으로 알려진다.[17]

그는 5월 12일자로 청원서를 공식적으로 제출하는 임무를 마치고 8월에 이승만李承晚 박사가 미국에 구미위원부를 설치하고 그를 위원장으로 임명하여 미국으로 돌아갈 때까지 4개월여 파리에서 활동하였다. 김규식을 중심으로 한 파리위원부의 활동에 대해서는 기존의 연구들이 이미 가능한 범위에서 많은 것을 밝혔으므로[18] 여기서는 다만 5월 12일자로 미국 윌슨 대통령에게 보낸 편지와 이에 첨부된 '청원서'의 내용에 대해서만 개략적으로 살피기로 한다.

윌슨 대통령은 파리에 도착한 후 평화회의 진행을 위해 장기 체류하였다. 파리위원부LA MISSION CORÉENNE, 38, Rue de Chateaudun, PARIS (9e)의 대표 김규식John Kyusic Soho Kimm은

---

17 최덕규, 앞 논문, 2015 참조.

18 李庭植, 『金奎植의 生涯』, 新丘文化社, 1974; 李炫熙, 「尤史金奎植의 生涯와 思想」, 『江原文化 研究』 6, 2001; 「金奎植과 大韓民國臨時政府」, 『文明研誌』 3-1, 2002; 洪淳鎬, 「獨立運動과 韓佛關 係-1906~1946」, 『한국정치외교사연구』 2, 1985.

'신한청년단 대표Delegate of New Korean Young Men's Society, 한국 국민회 대표Delegate of the Korean National Association, 대한민국 임시정부 대표Delegate of the Provisional Government of the Korean Republic' 등의 직함으로 윌슨 대통령에게 서한을 보냈다.[19] 서한은 대부분 첨부하는 청원서에서 유의할 점, 강조점을 적시하는 내용이다. 서두에 앞서 (평화회의 의장에게) 보낸 "일본으로부터 해방되어야 하는 한국인과 한국의 요구A Claim of the Korean People and Nation for liberation from the Japan"를 귀하의 정독perusal을 위해 첨부하여 보내는 것이라고 밝혔다. 실제로 첨부된 문건에는 '요구Claim'란 단어가 '청원Petition'으로 바뀌고 수식어도 더 붙었다. 이를 명시하면 "일본으로부터 해방되어 독립국가로서 한국을 복구하기를 바라는 한국인과 한국의 청원THE PETITION of the KOREAN PEOPLE AND NATION for liberation from Japan and for the reconstitution of Korea as an independent state: (이하 '청원서'로 줄임)이라고 하였다. 4월에 평화회의 의장 앞으로 보낸 것으로 알려진 '요구'가 "일본으로부터의 해방"에 더하여 "독립 국가로서의 한국의 복구"라고 하고 '요구' 대신 '청원(서)'로 머리 단어를 바꾸었다.

'청원서'는 "정중히 아룀Respectfully Sheweth"이란 인사말 아래 "(1) 한국인은 정착 생활과 문화를 가진, 아시아의 역사적인 국가들의 하나로서 4,200년 이상 동안 국가로 존재하였으며 이 42세기 간의 대부분 기간 한국은 국가적 독립을 유지해왔다"고 하여 그

---

19 수신자인 윌슨 대통령의 주소는 다음과 같이 기입되었다. 11, Place des Etats-Unis, Paris. 그런데 '청원서'의 말미에는 다음과 같은 여러 집단의 이름으로 제출자가 표시되었다. "THIS PETITION is presented in the name and on behalf of the Provisional Republican Government of Korea and of the Eighteen Million Seven Hundred Thousands Korean living in Korea proper, in China, Siberia, Hawaii, the United States and elswhere as well as of the Five Thousand and More Korean who fought for the Allied cause on the Eastern Front before the Treaty of Brest-Litosvk- in the aggregate forming and constituting the Korean People and Nation- by the undersigned John Kiusic Soho Kimm, the duly accredited Member of the Korean Delegation appointed by the New Korean Young Men's Society, etc., etc.." *John Kiusic Soho Kimm (Signature) Delegate of New Korean Yong Men's Society, Delegate of the Korean National Association,Delegate of the Provisional Government of the Korean Republic, Etc., Etc.,Etc..*

장구한 역사의 국가 독립성을 소개하였다. 이 서두는 한국이 일본의 식민지가 될 미개한 나라가 결코 아닐뿐더러 '민족자결'의 능력을 충분히 갖춘 민족이란 것을 천명하기 위한 것으로 보인다. 이하 20개 사항을 15개 부문으로 분류하여, 독립국으로서의 한국의 지위가 국제 조약 관계를 통해 이미 확립된 것을 일본이 기만과 폭력으로 이를 파괴하는 위법행위를 한 이래 잔혹한 식민통치의 실태, 이에 항거하는 혁명(3·1만세운동), 이에 대한 일본의 탄압 등을 고발한 다음, 한국병합이 '폐기'되어야 할 사유를 열 여섯가지로 다시 정리하였다.(부록 1의 원문 참조) 그 순서를 제시하면 아래와 같다. (괄호 속의 번호는 사항 순번)

1. 4,200년의 역사를 가진 문화국가

2. 이미 구미 여러 나라가 승인한 한국의 독립 (Korean Independence Recognised, 2)

3. 국제적 원칙으로서의 한국 독립(Korean Independence As An International Doctrine, 3)

4. 일본의 한국 독립 침해 (Japan's Violation of Korean Independence, 4)

5. 한국의 저항 (The Korean Protest, 5 6)

6. 일본의 한국의 교육과 재산 통제 (Japanese 'Control' of Korean Education and Wealth, 7 8)

7. 일본과 기독교 (Japan and Christianity, 9)

8. 일본을 위한 한국 (Korea For the Japan, 10 11)

9. 세계에 적대하는 일본 (Japan Against the World, 12 13)

10. 일본의 대륙정책 (Japan's Continental Policy, 14)

11. 진행 중인 정책 (The Policy in Operation, 15-a~f)

12. 한국의 혁명 (The Korean Revolution, 16)

13. 혁명의 진행 (Progress of the Revolution, 17)

끝나지 않은 역사

14. 대한민국 (The Korean Republic, 18)

15. 일본의 억압 (Japanese Repression, 19)

16. 병합조약의 폐기 (Abrogation of the Treaty of Annexation, 20 – I ∼ VI)

위 중 2~4는 일본의 한국병합의 불법에 대한 지적이다. 즉, 독립국가로서 한국의 존재는 일본, 미국, 대영제국 및 다른 열강과 각기 평화와 통상의 조약으로 확인되었고, 또 1895년 4월 17일의 시모노세키 조약下關條約, 1902년 1월 30일의 영일동맹, 1904년의 의정서 등에서 일본 스스로 분명히 한국의 독립과 독자성을 보장한 것으로서, 이런 국제적 조약관계로 보장된 자주독립성을 기만과 폭력으로 강제로 병합하였다는 내용이다. 그 후 일본의 한국인에 대한 지배는 노예나 가축에 대한 것과 같은 방식으로 모든 자발적인 발전의 기회를 박탈하고 있다는 것을 지적하였다. 그리하여 마침내 1919년 3월 1일 독립만세운동의 혁명revolution이 일어나 최근까지 진행되고 있다는 것을 밝혔다.

일본이 현재 진행하고 있는 대륙정책(11)에 대해서는 다음과 같이 지적하였다. 즉 현재 아무런 구속을 받지 않고 집행되고 있는 이 정책은 일본 외의 나라들의 세계에 큰 위험을 안기고 있다. 일본은 먼저 중국의 인력과 자연자원에 대한 지배와 통제를 확보한 다음, 동남아시아 섬들로 진출하는 한편, 일본인 이민을 통해 오스트레일리아와 미국의 태평양 연안지역으로 들어가 태평양을 일본의 내해內海로 삼을 계획이라고 하였다.(사항 순번은 15) 이 점은 따로 발췌 전재하여 서한 본문 아래 붙여 윌슨 대통령이 반드시 읽기를 바랐다.

'청원서'는 정연한 논리를 갖추고 있는 점이 돋보인다. 조약 관계를 통한 병합의 불법성에 대한 지적은 저 앞에서 본 프란시스 레이의 논증을 끌어들인 것이라고 할 정도로 비슷하다. 다만 이에 더해 장구한 문화민족의 국가 경영력을 피력하고 국권 탈취 후의 일본의 식민통치의 잔혹성을 거론하여 그 지배의 부당성을 강하게 부각시켰다. 그리고 일본의 팽창을 방치할 경우 미국을 포함한 태평양 연안에 위기가 닥치게 될 것을 지적한 점은 20여 년 뒤 실제로 펼쳐지는 비극의 역사를 예고하는 것이다. 끝으로 '병합조약의 폐기(16)'에서는 "한국인은 1910년 8월 22일의 병합조약은 완전 무효null and void로 선언되거나 아니면 다음과 같은 이유로 평화회의에 의해 폐기abrogation 되어야 한다는 의견을 제출한다"고 하였다.[20]

I. 병합조약은 법적인 그리고 국제적인 문서로서의 효력을 가질 수 없게 하는 기만과 폭력의 환경에서 체결되었다.

II. 한국인과 국가The Korean people and Nation는 '괴뢰'가 된 한국 황제가 병합조약의 조건에서 그들을 취급할 권리를 끊임없이 부정해 왔다. (한국인은) 사람으로서 그들(일본인)이 소유한 가축이 아니므로 한국인의 승인은 이 조약의 효력의 기본 조건이어야 한다. 이 승인은 결코 주어진 적이 없다.

III. 이 병합조약은 일본정부가 한국, 그리고 다른 열강과 가진 한국의 독립 보전에 관한 국제적 보증에 대한 직접적인 위반이다.[21]

IV. 한국과 일본 또는 다른 열강과의 사이에, 그리고 일본과 중국, 러시아, 영국과의 사이에 체결된 한국에 관한 여러 조약에서 한국은 독립 주권 국가로서 명백하게 인정되고 그 정치적 자유와 영토의 보전이 국가 간의 공법 기반 위에 수립되는 것이란 규정으로

20 이 내용은 李愚振, 「임정의 파리강화외교」, 『한국정치외교사논총』 3, 1987, 139면에서 처음 소개되었다.

21 '청원서'는 여기에 각주를 붙여 국제적 보증의 예로서, "The Japan-Korean Treaty of February 26 or 27, 1876. (조일수호조약) the Japan-Russian Protocol of April 25, 1898. The Japan-Korean Protocol of Febrary 23, 1904. (한일의정서)" 등을 들었다.

끝나지 않은 역사

명시되었다. 그 공법적 기반은 '평화회의'와 같은 국제회의에 모인 열강에 의해 최종적

으로 개정에 회부하여 고치는 절차를 밟지 않으면 위법이 될 수 있는 것이다.

V. 평화회의는 윌슨 대통령의 「14개조」에 표시된 원칙에 따라서 회원국들의 문제를 해

결하기 위해 만나는 것이다. 이 원칙은 1918년 1월 8일 미국 대통령이 의회에 보내는

메시지에 의해 "모든 사람들과 국민들, 그리고 그들이 강자이든 약자이든 서로가 자유

와 안전의 동등한 조건 위에 살 권리에 대한 정의의 원칙으로" 규정되었다[22] 전쟁 중

의 동맹국의 하나로서 일본은 「14개조」를 그 우선적인 정의의 원칙과 함께 분명히 받

아들였다. 이 정의의 원칙이 한국인과 국가의 승인 없이 그 바람과는 반대로 천황의 전

한국에 대한 모든 주권의 계속적인 행사에 의해 명백하게 범해진 만큼, 무효nullification

를 선언하든지 또는 위에 말한 병합조약의 폐기abrogation를 선언하는 것이 '평화회의'

의 권리이자 의무이다.

VI. 이미 한 세기 반 전 분할되었던 폴란드를 복원한 것, 그리고 반세기간의 프로시아의 지

배를 받았던 알자스-로렌의 병합 해제dis-annexation 등에서 표시된 원칙들의 관점이 그

대로 유지된다면, 국제법에 근거한 권리와 국가들의 잘못을 고치도록 하는 '새로운 정

의the New Justice'에 의하여 한국인이 한국을 독립국가로 복원reconstitution할 것을 요구하

는 것은 당연하다.

---

22 원문을 옮기면 다음과 같다. 「The principles underlying this statement of views is defined by the President in
his Message to Congress on January 8, 1918, as **the principle of justice to all peoples and nationalities and their
right to live on equal terms of liberty and safety with one another, whether they be strong or weak.**」 이 중에
" "부분은 「The Fourteen Points」에 동일한 문장이 있는 것은 아니다. 아마도 윌슨 대통령의 의회 연설문 중
에 들어있는 문장이지 않을까 생각되나 확인하지 못했다. 「The Fourteen Points」 안에는 제5조가 이에 가까
운 내용이다.

「청원서」의 논리는 정연하다. 지금까지 무효화 운동이 1905년의 '보호조약' 강제를 상대로 한 것에 더하여 1910년의 '병합조약'이 고종황제 대신 순종황제를 '괴뢰'로 앞혀 놓고 강행하여 한국인의 의사와 전혀 무관하게 이루어진 조약이므로 이 불의 불법에 대해 「14개조」의 원칙과 평화회의의 '새로운 정의'의 정신에 의해 폴란드의 국가 복원, 알사스-로렌의 병합 해제 등과 같은 조치가 평화회의의 권리와 의무로서 단행되어야 한다고 하였다. 「청원서」의 논리는 앞의 프란시스 레이의 주장이나 1907년의 「공고사」에 병합 강제를 더 추가하여 1918~19년의 '새로운 정의'의 기준에서 더 발전시킨 것이었다.

그러나 '평화회의'는 현실적으로 역사적인 문제를 다루는 기회는 아니었다. 평화회의는 동맹국, 심지어 승전 측인 연합국 간의 제국주의의 유산, 즉 서로가 차지했던 타국 영토들에 대한 기득권 정리를 우선할 수밖에 없었다. 「14개조」에 규정된 것만 보더라도, 러시아(6조), 벨기에(7조), 폴란드(13조), 알사스 로렌, 오스트리아-헝가리, 터키(10, 11, 12조), 폴란드(14조) 등 국가 내지 지역에서의 점령상태 해제와 국가(민족) 독립 문제가 우선 조정 사항으로 올랐다.[23] 아시아의 피식민지의 경우, 제5조의 원론적인 규정이 있을 뿐이었다.

윌슨 대통령은 중국 문제 해결에 뜻을 가지고 중국 대표를 평화회의에 참석토록 하였다. 중국 대표는 독일이 확보했던 산둥반도의 이권을 중국에 되돌릴 것을 원했다. 그러나 일본이 1915년에 연합국에 참가하면서 이미 그 이권을 이관 받고자 「21개조」를 제시하였다. 일본은 연합국의 일원으로서 중국의 요구에 맞서 산둥반도가 중국에 돌아간다면 국제연맹에 가입하지 않겠다고 주장하여 윌슨 대통령을 궁지에 몰았다. 5대 강국BIG 5 중 이미 이탈리아가 발칸 반도의 피우메Fiume 자유국 문제에 대해 불만을 가

---

23 李愚振, 앞 논문, 1987, 140~141면.

끝나지 않은 역사

지고 국제연맹 불참을 선언한 상황에서 일본마저 가입하지 않는다면 자신의 리더십에 큰 상처를 입을 것이 불 보듯 하였다.[24] 한국의 「청원서」는 '일본의 대륙정책'을 논하면서 일본이 중국의 자연자원과 인력에 대한 통제를 확보한 다음, 동남아시아와 태평양으로 진출할 것이라고 '경고'하였지만, 윌슨 대통령은 오히려 반대로 일본이 국제연맹에서 벗어나면 통제할 길이 없다고 판단하였다. 일본을 국제연맹에 묶어 두는 것이 더 좋은 방법이라고 생각했던 것이다. 그리하여 일본의 「21개조」 요구를 수용하는 것으로 낙착됨으로써 평화회의는 한국문제를 포함한 동아시아 문제를 더 이상 다룰 수가 없었다. 1919년 6월 28일 평화회의가 종결될 즈음, 평화회의의 사무총장 두사타Dusata와 화이트White는 파리위원부 김규식 앞으로 "한국문제는 평화회의에서 취급할 성질이 아니므로 앞으로 수립되는 국제연맹에 문의하기 바란다"는 서한을 보내왔다.[25] 제출된 「청원서」에 대한 회답이었다.

파리 평화회의에 대한 독립 청원 운동에 대한 지금까지의 연구는 대체로 실패한 것으로 규정하였다. 그러나 파리 평화회의는 일차적으로 「14개조」에 명시된 사항들을 다룬 것이므로 제5조의 원론적 사항에 속하는 한국문제는 오히려 사무총장이 앞으로 수립되는 국제연맹에 문의하기 바란다고 한 측면에서 그 후 어떤 전개가 있었던가를 추적해 볼 필요가 있다.[26]

---

24 李愚振, 앞 논문, 1987, 141면.
25 洪淳鎬, 앞 논문, 1985, 268면.
26 앞 篠原初枝, 『國際聯盟－世界平和への夢と挫折－』은 서문에서 국제연맹이 '실패했다'는 평가에 반대하면서 오히려 제2차 대전 후의 국제연합(The United Nations)으로의 연속성을 살필 필요성을 제안하였다. 서문 ii.

(3) 1921년 런던 영국연방 수상회의와 임정 구미歐美위원부

파리위원부는 파리 평화회의가 끝이라고 생각하지 않았다. 김규식을 비롯한 파리위원부는 평화회의에 한국문제가 직접 다루어지도록 「청원서」를 비롯한 문건에 온갖 힘을 기울였을 뿐더러 여러 분야의 지식인, 전문가들을 상대로 한국 알리기에 진력하였다.[27]

파리위원부는 평화회의가 종료된 직후인 6월 30일, 미국대표단에게 한국문제 설명회를 개최하였고, 또 7월 28일에는 프랑스 동양정치연구회에서 한·중 양국문제 연설회가 열렸고, 30일에는 프랑스 국민정치연구회에서 한국문제 보고회를 가지고, 31일에는 또 동양정치연구회에서 제2차 한국문제 연설회가 열렸다.[28]

미국의 이승만 대통령(임시정부)은 이 무렵 파리위원부 대표 김규식을 미국으로 오라고 누차 소환명령을 내렸다. 김규식은 8월 8일 김탕金湯, 여운홍呂運弘 등을 대동하고 파리를 떠나 미국으로 출발하였다. 바로 이 출발에 앞서 8월 6일 저녁에 만국기자구락부에서 송별 만찬회를 열었다. 이 자리에 프랑스 상원의 부의장 르북Lebouq, 전 대한제국 기기창機器廠 고문관 삐이외르Payeur 장군,[29] 전 러시아 헌법학회 의장 미노르Minor, 전 주한공사 대리 군츠불크Gunzbourg 남작, 중국 측 인사로 이우증李友曾 박사, 요蓼 총영사, 이 밖에 미국인, 프랑스 국회의원, 신문기자 등 70여 명이 참석하여 성황을 이루었다. 이승만 대통령이 보내온 축전이 낭독되고 김규식의 보고 연설이 있은 다음, 내빈들의 간곡한 축사가 잇달았다고 한다.[30]

---

27 파리위원부는 당시 '공고서(控告書)' '한국의 독립과 평화', '홍보', '일제 약속의 가치란 무엇인가', '자유한국' 등 5종의 출판물을 불어(공고서는 영어, 불어)로 쓴 것을 수천 부씩 발행하여 배포하였다. 洪淳鎬, 앞 논문, 1985, 272면.

28 洪淳鎬, 앞 논문, 1985, 268면.

29 1901년부터 3년간 군사고문관, 기기창(機器廠) 사관(士官), 당시 육군포병대위.

30 洪淳鎬, 앞 논문, 1985, 268면.

김규식 일행이 출발한 뒤 부위원장 이관용李灌鎔이 위원장 대리가 되어 서기장 황기환黃玘煥과 함께 위원부를 이끌었다. 그런데 같은 해 10월 10일 이관용이 스위스에서 학업을 계속하기 위해 위원장 서리 사표를 제출하여 황기환 서기장이 위원장 직무를 대리하게 되었다. 황기환은 미국 거주의 교민으로 미군 자원병으로 독일에 와 있다가 1919년 6월 3일에 파리위원부에 합류하였다.[31]

파리위원부는 이후 황기환을 중심으로 블라디보스토크에서 온 대한민국의회의 윤해尹海, 고창일高昌一 등이 참여하여 유지되었다. 황기환은 10월 10일, 프랑스 인권옹호회 임원회에 참석하여 한국문제를 보고한 다음, 1920년 1월 8일에는 이 옹호회와 협의하여 한국문제에 관한 대연설회를 개최하여 프랑스의 정치, 언론계의 지식인 500여 명이 참석하는 대성황을 이루었다. 이 연설회에는 소르본 대학 교수 올라르A. Aulard 프랑스 인권옹호회 회장의 개회사에 이어 황기환 주파리위원부 위원장 서리가 답사한 다음, 소르본 대학 철학교수인 샬레Félicien Challaye의 연설로 절정을 이루었다. 샬레 교수는 1919년 초에 프랑스 하원 외교위원회에 의해 극동에 특파되어(당시 35세) 한국의 3·1만세운동을 직접 목격한 사람으로서 자신이 촬영한 필름을 상영하였다. 화면에 일본 군경이 만세 시위하는 한국 군중을 탄압하는 광경이 펼쳐지자 청중은 모두 대경실색하여 분노하였다고 한다. 이어서 중국인으로 프랑스에서 생장하여 김규식의 위원부 설립 당초부터 큰 도움을 준 세동파謝東發 박사(세계평화를 위한 중국지부)가 한국근대사에 대한 보고를 한 다음에 그 자리에서 '한국독립후원 동지회 파리지부Ligue des Amis de la Corée á Paris'가 결성되었다.[32]

---

31 이우진, 앞 논문, 1987, 138면. 국사편찬위원회, 『한국독립운동사 자료』 2권 임정편Ⅱ, 三. 大韓民國臨時政府 歐美委員部 活動, 黃書記長의 英京來往에는 "五月初旬에 美國 自願兵으로 歐洲에 出戰하였던 黃玘煥氏"라는 소개가 있다.

32 홍순호, 앞 논문, 1985, 270~271면.

상해 임시정부는 파리 평화회의 후 파리위원부(구미위원부)로 하여금 국제 평화 관련 기구를 상대로 한 국권회복 운동을 계속하게 하였다. 1920년 1월 20일, 스위스로 돌아가 있던 이관용은 대한적십자사 구주지부장 자격으로 제네바에서 열린 만국적십자 총회에 참가하였다. 그는 상해 임시정부의 요청에 따라 일본적십자사에서 한국 적십자사를 분리해 줄 것을 요청하면서 일본의 폭정과 간도에서의 일본군의 만행을 폭로하였다.[33]

1920년 4월 19일에서 26일까지 이태리 북서부 지방에 있는 산레모San Remo 시에서 파리 평화회의에 이어 연합국 최고회의Allied Supreme Council가 열렸다. 오스만 투르크가 지배했던 중동지역의 행정을 위한 위임 통치mandate를 위한 국제연맹The League of Nations의 A급 사안 배정을 결정하기 위한 회의였다. 파리위원부의 황기환 대표서리는 4월 23일자로 이 회의에 한국 독립안을 토의해 줄 것을 요청하는 전문電文을 보냈다.[34]

황기환은 영국을 내왕하면서 임정의 대영국對英國 외교를 수행한 것으로 알려진다. 그는 1921년 9월 2일 임정의 '임시주외臨時駐外 외교위원부 규정'에 따라 런던위원부 위원장을 겸임하고, 또 10월 30일에 이승만의 구미위원부의 명령에 따라 런던에 가서 한국독립후원회 영국지부(영국한국친우회)The League of Friends of Korea in Great Britain에 참석하여 연설하였다고 한다.[35] 그의 활동에 대해서는 앞으로 더 자세히 규명될 필요가 있다.

---

33 홍순호, 앞 논문, 1985, 271면. 1908년 일본은 대한제국의 국제적 기반을 없애기 위해 대한적십자사를 일본적십자사에 편입시켰다. 이때 대한제국의 적십자사 병원을 대한의원(大韓醫院)으로 개편하여 이 현대적 병원시설이 마치 통감 이토 히로부미의 치적처럼 보이게 하였다.

34 국사편찬위원회, 『한국독립운동사 자료』2권 임정편II, 三. 大韓民國臨時政府 歐美委員部 活動, 4. 臨時政府駐巴黎委員部通信局編纂 --- 쌍어레모會議에 國民議會의 通牒傳達 : 산레모 시는 인도주의 법 국제학회(International Institute of Humanitarian Law)기구가 있는 곳으로서 난민과 국제인도주의 법에 관한 과정을 두고 있다. http://www.iihl.org.

35 『한국독립운동사 자료』2권 임정편II, 三. 大韓民國臨時政府 歐美委員部 活動, 4. 臨時政府駐巴

끝나지 않은 역사

1921년 6월에 런던에서 영국연방 수상회의가 열렸다. 황기환은 임시정부 구미위원부Korean Mission To America and Europe의 영국연방 주재 대표Delegate To Great Britain 자격으로 영국연방 수상 제위The Premiers of the British Empire on Conference at London 앞으로 「호소문THE AP-PEAL OF THE KOREAN PEOPLE FOR LIBERATION FROM JAPAN AND FOR THE RECONSTITUTION OF KOREA — AS AN INDEPENDENT STAT--」을 보냈다.[36] (부록 2의 원문 참조)

이 「호소문」은 1919년의 「청원서」와 거의 비슷하게 18개 항목으로 구성되었지만, '기독교인들에 대한 박해와 학살', '제암리 학살', '(중국) 치엔타오 한국인 학살' 등이 새로 추가되었다. 재16항의 '팽창정책'에서는 일본의 오스트레일리아와 미국 태평양 연안 식민지 개척의 가능성을 언급하여 일본과 앵글로-색슨 열강 간의 거대한 싸움이 불가피할 것이란 점을 지적하였다. 이것은 임시정부가 굳이 영국 연방 수상회의에 「호소문」을 제출한 이유에 해당하는 내용이다. 일본이 중국을 지배하면, 일본은 세계를 지배하고, 영국 연방의 해외 영토에 일본인을 정착케 하여, 세계를 일본의 이상, 일본의 광포한 관료주의, 일본식 통치의 세계로 바꾸어 놓고 말 것이라고 지적하였다.

「호소문」은 최종 항목인 "우리가 요구하는 것"(18항)에서 대영제국과 한국 사이에 체결되었던 수호통상조약(1883)을 상기시키고 이 조약에 양국이 서로 한 나라가 조약의 정신에 위배되는 위협을 받으면 "최선의 조치를 위해 힘을 쓴다exert good offices"는 규정이 있음을 지적하고 우리는 지금 어둠 속에서 당신들에게 호소하고 있다. 우리가 당신들에게 당신들의 엄숙한 국가적 약속을 상기시키는 것은 우리가 영국 국민의 성실성

黎委員部 '黃書記長의 英京來往' : 三四.

36 필자는 공한(公翰) 1매, 호소문(呼訴文) 16매로 구성된 이 문건의 복사본을 가지고 있다. 국사편찬위원회 편, 『일제침략하 한국36년사』 6권, 1921년 7월 27일 倫敦 駐箚委員 黃玘煥이 大韓民國臨時政府에 다음과 같이 報告하다. 1. 民國 3年 6月 10日 「제네바」市에서 開催된 國際聯盟擁護會에서 韓國問題의 討論이 있었다. 2. 民國 3年 6月 12日 大英帝國總理會에서 韓國獨立을 要求하다. (출전 : 朝鮮民族運動年鑑 朝鮮獨立運動 第2卷 民族主義運動篇)

과 정의감에 대한 신뢰를 가지고 있기 때문이라고 맺었다.

황기환 대표 서리는 「호소문」을 제출하는 공한公翰에 다음과 같은 내용을 담았다. 1905년의 '보호조약'과 1910년의 '병합조약'을 한번 검토해 보라. 우리는 그 검토가 이 조약들이 명백히 강압에 의해 체결된 것으로 따라서 완전무효NULL AND VOID로 선언되어야 마땅하다는 것을 보여줄 것으로 확신한다. 일본의 지배 아래 우리는 노예 수준에서 살고 있으며, 당신들이 맹서한 상호우애, 우리를 도와준다는 엄숙한 약속, 그리고 보편적 인류애로서 우리를 도와주기 바란다고 호소하면서 아시아의 평화는 한국의 장래에 달려있다고 맺었다.

황기환은 1923년까지 주駐파리 겸 런던 위원부를 맡아 런던과 파리, 미국을 왕래하면서 외교활동을 펼쳤다. 그런데 불행하게도 그는 1924년 4월 18일 미국 뉴욕시에서 심장마비로 사망하였다. 이후로 임시정부의 유럽에서의 외교활동은 소강상태에 들어가 버린다. 황기환을 통한 임시정부의 열강을 상대로 한 외교활동은 국제연맹을 상대로 한 것이나 마찬가지였다.

(4) 1936년 브뤼셀 국제평화회의와 임정 파리 외교특파원

황기환 이후 임시정부의 유럽에서의 활동은 추적하기 어려운 상태이다. 황기환을 돕던 노동자 출신의 홍재하洪在廈가 파리 주재 위원부의 존속을 위해 노력하였다.[37] 그 후 1919년 파리위원부 설립 무렵 10대 후반의 청소년으로 파리에 온 서영해徐領海가 고등학교, 대학교 교육과정을 마치고 1929년 무렵 자신의 숙소에 "한국 지회Agence Corée, 7, rue Malebranche"라는 현판을 붙이고 활동하기 시작하였다.[38] 동아일보 1930년 2월 13

---

37 홍순호, 앞 논문, 1985, 273~274면.
38 홍순호, 앞 논문, 1985, 276면.

일자에 이달에 프랑스에 유학중인 서영해가 불어로 된「조선여자의 일생을 중심으로」라는 소설을 발표하였다는 짤막한 기사가 실렸다.[39] 같은 신문 1934년 12월 12일자에는 "프랑스에 거류居留하는 서영해가 한국전설들을 엮어 모은『명경, 불행의 원인Miroir, cause de malheur!』이라는 불어로 된 전설집을 파리 '피기에-르' 서점에서 출판하다. 서영해는 이미 일찍이『조선생활상』이라는 불어로 된 저서를 간행한바 있다"고 보도하였다.[40] 한국의 역사, 특히 일본에 의해 핍박받는 한국인의 모습을 소재로 불어로 소설을 쓰던 그가 1936년에 이르면서 임시정부 외교요원으로 활동하기 시작하였다.

임시정부 국무회의는 1936년 3월 8일자로 파리에 외교특파원을 두기로 하고 서영해를 선임하였다.[41] 즉, 지난 18년 간 조국광복을 위해 분투해온 임시정부가 급박하게 돌아가는 세계정세에 기민하게 대처하여 최후의 성공을 가장 빠른 기간에 달성하기 위한 방략의 하나로 프랑스 파리에 외교특파원을 두어 유럽 방면에 대한 외교 사무를 민활하게 도모하기로 하고, 그 수임首任으로 이곳에 10여 년 동안 조국을 위해 노력하던 서영해씨를 선출하였다고 했다. 이어서 같은 해 10월 15일자로 서영해는 브뤼셀에서 개최된 국제평화회의에 출석하여 "각국 대표들을 일일이 심방하고 우리의 사정을 널리 선전하였다"고 보도하였다.[42]

상해 임시정부는 창립 후 수년 만에 좌우 분열로 힘을 잃었다. 1926년 말에 국무령國務領으로 취임한 김구가 한국애국단을 발족하여 1932년 4월 말 윤봉길尹鳳吉의 홍커우공원虹口公園 의거를 성공시킨 뒤, 중국 장제스蔣介石 정권으로부터 강력한 지지를 받기

---

39 국사편찬위원회,『일제침략하 한국36년사』9권, 1930년 2월중·2월말. 소설의 원제목은『Autour d'une vie coreéne』이다.

40 앞『일제침략하 한국36년사』10권, 1934년 12월중·12월말.

41『대한민국 임시정부 공보』제61호, 1936-11-27. "대한민국 18년 3월 8일 임시정부 국무회의에서 徐嶺海를 임시정부 외무부 駐法 특파원에 선임하다."

42『한민』1936년 10월 15일, 萬國平和大會에 我代表 徐嶺海(서영해) 氏 出席 ….

시작하였다. 홍커우공원 의거로 항저우杭州로 피난한 임시정부는 1935년 11월 자싱嘉興으로 옮기면서 장제스 정권과의 유대 강화 아래 그동안 침체했던 구미 외교활동의 전열도 새롭게 가다듬게 되었던 것이다. 이 무렵 국제정세도 실제로 급박하게 돌아가고 있었다.

일본은 1933년 3월에 국제연맹, 1935년 1월 런던군축회의를 잇따라 탈퇴하였다. 그리고 1935년 3월에 독일이 베르사이유 군비제한 조약을 폐기하고 재무장에 들어갔다. 8월에 일본은 천황중심의 국가체제를 밝혔다[國體明徵]. 1936년 2월에는 황도파皇道派 청년장교들이 쿠데타(2·26사건)를 일으켰고, 3월에 독일이 라인란트 비무장지대를 침입, 5월에 이탈리아가 에티오피아를 합병하였다. 7월에는 또 스페인의 프랑코가 파시스트 반란을 일으켰다. 1936년 9월 3일의 브뤼셀의 국제평화회의International Peace Conference는 전쟁으로 다시 치닫고 있는 국제정세를 억지해 보려는 국제연맹 창설 정신의 연장이었다[43] 『한민韓民』은 서영해가 운영하던 파리의 「고려통신」에 의거하여 이 회의에 참석한 서영해의 활동을 다음과 같이 전하였다.[44]

우리 임시정부 외교특파원 서영해 씨는 9월 3일부터 6일까지 벨지암국(벨기에-필자) 서울 '브뤼셀'에서 열린 만국평화대회에 참석하였는데 씨는 각국 대표를 일일이 방문하고 세계평화의 반분인 동양 평화는 오직 한국 독립에 있는 것을 역설하고 또 한국 민족이 요구하는 평화는 결코 노예적 평화가 아니요 자유 민족의 평화이니(인용자 표시) 그러므로 우리는 필사적으로 우리 민족의 자유 독립을 위하여 일본으로 더불어 최후일각 최후일인까지 항전할 터

43 1936년 9월의 브뤼셀 국제평화회의에 관한 연구는 현재 이루어진 것이 많지 않은 것 같다. 필자는 이 회의의 관계자료가 현재 미국의 Swathmore College Peace Collection으로 수장되어 있는 상황을 파악하였다. 서영해가 실제로 어떤 활동을 했는지 구체적으로 살필 기회를 가져보고자 한다.
44 국사편찬위원회, 『대한민국임시정부자료집』 16권 외무부, Ⅳ. 외무부장 公函.

인데 무력만 존중하는 일본에 향하여 정의 인도의 이론은 우이독경인즉 진정한 평화를 바라는 자는 반드시 한국 독립을 정신적과 물질적으로 도우라고 말하였다 한다. 이 대회에 출석한 대표는 사십여 국 대표 삼천여 명이라 하며 대회 중 공회위원회工會委員會에서 결의한 것은 금후 공인들은 침략국에 대하여 군수품의 제조와 운반을 거절하기로 하였다 한다.

위에서 주목되는 것은 한국의 상태를 '노예적'이라고 언급한 점이다. 이것은 일찍이 1919년의 「청원서」, 1921년의 황기환의 「호소문」 등에 나타난 표현이지만 그 인식이 계승된 점뿐만 아니라 국제적으로 한국의 상황을 '노예상태'로 최초로 규정한 카이로 선언(1943년 11월)에 가장 가까운 시점의 표현이란 사실은 주목할 필요가 있다.[45] 서영해는 1940년 7월 20일자로 임시정부의 주요 인물인 조소앙趙素仰에게 다음과 같은 편지를 보냈다.[46]

高麗通信社가 저 아모리 決死的 活動을 하엿고 또 海外散在한 우리 革命志士들이 아모리 獻身的 努力한다 할지라도 뒤에 턴턴한 臨時政府와 같은 中央指導機關을 背景 안이하면 모든 功勞가 다 실데 없음내다. 弟가 過去 十餘年 內에 歐洲 各國 政治家들을 만히 맛나보앗는대 모두 '上海大韓臨時政府' 消息을 물음대다. 果然 우리 三一運動의 威力이 얼마나 컷음내까! 그래서 弟가 金九先生께 片箋할 때마다 萬分 讓步하야서라도 統一的 臨時政府를 턴턴히 새우는 것이 우리 光復運動의 第一急先務라고 力說한 것임내다.

---

45 카이로 선언은 'enslavement'이란 단어를 썼다. 해당 문장은 다음과 같다. "The aforesaid three great powers, mindful of the **enslavement** of the people of Korea, are determined that in due course Korea shall become free and independent."
46 국사편찬위원회 『대한민국임시정부자료집』 16, Ⅳ. 외무부장 公函, 2. 대외 교섭과 선전의 중요성을 역설하고 방책을 개진한 편지.

고려통신사는 서영해 자신이 파리에서 운영하던 언론 매체이다. 임시정부 본부에서 그의 활동을 높이 평가하자 중앙지도부의 발전이 더 중요하다는 겸양의 뜻을 표한 내용이다. 여기서 주목되는 것은 서영해 자신이 10여 년 구주 각국의 정치가들을 많이 만났는데 모두 '상해대한임시정부上海大韓臨時政府'의 소식을 물었고 이를 3·1 만세운동의 힘이라고 서술한 점이다. 이것은 1920년대 중반 이후 임시정부의 존재가 구미 지식인들의 기억에 그대로 남아 있었다는 방증 자료이다.[47] 그가 임시정부 외교특파원으로 참석한 1936년의 브뤼셀 국제평화회의는 제1차 세계대전에 대한 반성으로 성행한 국제평화운동이 제2차 세계대전으로 단절되기 직전의 마지막 대회로서 의미가 있다. 임시정부의 국제 평화운동에 대한 기대는 세계정세가 새로운 국면으로 접어들기 직전까지 끊이지 않고 있었던 것이다.

3) 국제연맹의 국제법 연구와 '조약법'에 관한 1935년 하버드 법대 보고서

(1) '조약법'에 관한 하버드 법대 보고서가 나오기까지

앞에서 살폈듯이 1919년 3월부터 시작된 대한민국 임시정부 파리위원부의 독립 청

---

47 1945년 8월 광복 후, 1946년 3월에 임정 국무회의가 서영해로 하여금 프랑스에서 계속 대표 역할을 하게한 기록이 있다. 국사편찬위원회, 『한국독립운동사 자료』 1권 임정편, 一二. 大韓民國臨時議政院 提案 審査報告 및 決議案(其一) (大韓民國二十二年~二十七年·一九四〇年~一九四五年) 13. 大韓民國二十七年度 第三十七回議會 政府提案及決議文(全) --- 韓法外交代表交換案, "法國臨時政府에서 韓國臨時政府로부터 事實上 關係를 建立하기로 하고 法國駐華大使에게 命하여 此旨를 我 外務部長에게 正式通牒하였으므로 大韓民國二十七年(1946) 三月八日 國務會議에서 韓 法 兩國의 事實上 關係가 이미 成立된 以上에는 兩國間에 事實上 外交代表를 交換하기로 決議하고 同月十二日 國務會議에서 徐嶺海를 我臨時政府駐法代表로 選任하였음."

원 운동은 같은 해 6월 28일 평화회의의 사무총장이 임정 대표 위원 김규식에게 "한국 문제는 평화회의에서 취급할 성질이 아니므로 앞으로 수립되는 국제연맹에 문의하기 바란다"는 서한을 보내온 것으로 종결되었다. 그러면 국제연맹이 수립된 후 사정은 어떻게 되었을까?

위 사무총장의 회신 이후에도 한국 임시정부의 대표들은 기회가 있을 때마다 국제회의에 한국의 독립의 당위성을 역설하였다. 한국 측 쟁점의 핵심은 일본제국의 한국 병합이 조약 위반이거나 불법적인 조약을 강제하였다는 것이다. 그러면 결국 이 조약들에 대한 국제연맹의 공식적인 의견 표시가 곧 한국의 '청원'에 대한 회답인 것이다. 이런 관점에서 1935년에 나온 하버드 법과대학 교수단의 '찬조auspice' 아래 이루어진 '조약법Law of Treaties'에 관한 보고서가 가지는 의미는 크다. 이 보고서는 하버드 대학교의 것이 아니라 국제연맹의 이름으로 이루어진 것으로서 역사상 효력을 발생할 수 없는 조약의 사례 3개 가운데 1905년 11월 일본제국이 대한제국에게 요구한 '보호조약'을 포함시켰다. 평화회의 사무총장 두사타와 화이트가 평화회의 종료 시점에서 한국의 주권 회복요청은 국제연맹에서 다룰 문제라고 답하였던 만큼, 이 하버드 보고서는 국제연맹이 한국독립문제와 관련하여 내놓은 유일한 공식 발언으로서 곧 1919년의 '청원서'에 대한 답변이란 위치를 가진다. 다시 말하면 국제연맹은 1935년에 공식적으로 한국병합은 불법이라는 판단을 내리고 있었던 것이다. 병합은 이 '보호조약' 위에 이루어진 것이므로 원인 무효가 될 수밖에 없는 것이다.

국제연맹은 설립에 동의하거나 가입하고자 하는 나라들이 서명할 계약서covenant 준비에서 시작되었다.[48] 스위스 제네바에 본부를 둔 국제연맹은 총회Assembly, 이사회Council, 사무국Secretariat, 상설국제사법재판소Permanent Court of International Justice, 국제 노동 기구Inter-

---

48 평화조약에 서명한 나라들이 원 멤버로서 32개국, 계약서에 동의하도록 초청받은 나라가 13개국이었다. 이 중에 미국처럼 가입을 하지 않은 나라도 있다.

national Labour Organization 등을 주요 기간 조직으로 하고 이외에도 상설 위임통치위원회, 상설 군사자문위원회, 군비축소위원회, 법률전문가위원회 등이 있었다. 국가 간의 분쟁을 지양하여 평화체제를 모색하는 것이 연맹의 목적이었기 때문에 상설국제사법재판소의 존재가 말하듯이 국제법의 비중은 연맹에서 가장 비중이 컸다.

국제연맹은 1920년대 후반에서 30년대까지 국제협약을 '법전화法典化, codify'하는 여러 사업을 추진하였다. 이 작업은 각국의 국가법을 발전시키는 관계를 가지는 시도로서, 각국 학계, 법조계에 방향 제시의 측면에서 많은 자극을 주었다.[49] 국제연맹의 발전에 이바지하는 이 지대한 작업은 하버드 법대The Harvard Law School 교수단이 중심이 되어 추진되었다.[50] 짧게 '하버드 국제법 연구the Harvard Research in International Law'로 불리기도 한 이 연구를 이끈 인물은 이 대학의 베미스 국제법 교수Bemis Professor of International Law 맨리 허드슨Manley Ottmer Hudson이었다.[51]

허드슨은 탁월한 능력을 가진 젊은 법률가로서 일찍이 우드로 윌슨 대통령과 그의 자문관 하우스 대령Colonel House의 신뢰를 받았다.[52] 1918년 하우스의 초청을 받고 워싱턴 D.C.로 와서 '평화의 조건에 대한 조사 위원회The Commission of Inquiry into the Terms of

---

49 James T. Kenny, "Manley O. Hudson and the Harvard Research in International Law 1927-1940", *International Lawyer*, Vol.11. No.2 (April. 1977) p.319.

50 *The American Journal of International Law* Vol. 29 Supplement: Research in International Law(1935). 이 중 보는 머리에 'General Introduction: Previous Work of the Research in International Law'을 통해 1927년 이래의 '연구'의 경위를 자세히 소개하였다.

51 그의 이력에 대해서는 Erwin N. Griswold, "Manley Ottmer Hudson", Harvard Law Review, Vol. 74, No2 (Dec. 1960) 참조.

52 이하 허드슨 교수의 국제연맹 활동에 관한 서술은 아래의 논문에 의거한다. James T. Kenny, "Manley O. Hudson and the Harvard Research in International Law 1927-1940", *International Lawyer*, Vol.11. No.2 (April. 1977) pp. 320-329.

끝나지 않은 역사

Peace'(이하 '조사국'으로 줄임) 16개 분과의 하나인 국제법 분과에 속하였다. 8인의 교수로 구성된 국제법 분과에서[53] 허드슨 교수는 가장 중심적인 역할을 수행하였다. 이 국제법 전문가 그룹은 국제연맹의 계약서covenant와 상설국제사법재판소의 규정Statute을 기초하여 연맹의 모양새를 갖추는 역할부터 수행하였다. 허드슨은 이런 활약으로 1919년 파리 평화회의가 열릴 때, 미국 대표 곧 윌슨 대통령을 법률 고문으로 수행하였다. 이때, 그는 국제연맹의 초대 사무총장Secretary General 에릭 드러먼드 경Sir Eric Drummond을 포함한 저명한 국제적 인물들과 접촉하면서 국제연맹의 법률에 관한 모든 일을 주관하는 지위를 확보하였다.

1927~28년 '국제법 연구The Research in International Law'가 하버드 법대 교수단The Faculty of the Harvard Law School의 찬조 아래 시작되었다.[54] 국제연맹의 가장 중요한 사업인 국제법의 '법전화'를 위한 작업이었다. 전문가experts 회의는 1927년까지 법전화의 시험 과제로 7개를 선정하였다.

(1) 국적 nationality

(2) 해수역 territorial waters

(3) 외교관의 특권과 면책 diplomatic privileges and immunities

(4) 자기 영토 안에서 사람 또는 외국인의 재산에 가해진 손해에 대한 국가의 책임 the responsibility of states for damages done in their territories to the person or prosperity of foreigners

(5) 공해상의 약탈행위 piracy

(6) 해양에서의 상품의 판매 exploitation of products of the seas

(7) 국제회의의 소환 절차 및 조약의 초안 procedures for the calling of international conferences and the

---

53 주 16 참조.

54 앞, *The American Journal of International Law* Vol. 29 Supplement : Research in International Law (1935), p. 1.

drafting of treaties

위 7개 중 (1)~(3)은 1929~30년, (4)~(7)은 1929~32년에 각각 단계적으로 완성되었다.[55] 그 대략의 경위는 다음과 같다. 1927년 국제연맹의 총회는 '국제법의 혁신적인 법전화 Progressive Codification of International Law'를 위한 첫 회의를 1930년 4월 13일 헤이그에서 열기로 합의하고 7개 과제 중 3개를 우선하기로 하였다. 그런데 총회는 이와 같이 인류 역사상 전례가 없는 작업을 착수하기로 하였지만 이런 임무를 수행할 별도의 기관을 가지고 있지 않았다. 허드슨 교수는 이 과제를 수행할 프로젝트의 책임자Director로서, 1927년 11월 이를 수행할 하버드 법대 교수단을 조직하였던 것이다.[56]

허드슨 교수는 같은 법대의 동료로 공법학 전공publicist의 제임스 브라운 스콧James Brown Scott을 비롯해 미국 전역의 국제적 명성을 가진 법률가들과 함께 준비 작업에 착수하였다. (1)~(3)을 중심으로 한 초기 작업은 주州 기금의 법률 연구위원회Legal Research Committee of the Commonwealth Fund로부터 연구비를 제공받고 록펠러John D. Rockfeller로부터 추가 지원금을 받았다. 학자와 법률가 44명이 자문위원단Advisory Committee이 되어 1928~1929년 2년 간 4차례 회합을 가지면서 임무를 수행하였다. 7인으로 구성된 실행위원회Executive Committee가 회합을 이끌고, 위 3개 과제를 수행하는 워킹 그룹에[57] 자문위원이 9인씩 배정되었다.[58] 모두 당대 최고의 법률가들로서 허드슨 교수 자신도 실

55 앞과 같음.

56 James T. Kenny, p. 320.

57 워킹 그룹의 책임자(reporter)는 예일대학교의 Edwin M. Borchard(the responsibility of states), 국무성의 부 법무관(Assistant Solicitor of the Department of State) Richard W. Flournoy. Jr.(nationality), 하버드 대학교의 George Grafton Wilson(territorial waters) 등이었다. James T. Kenny, p. 321.

58 7인의 보고자는 다음과 같다. Joseph H. Beale(Harvard Law School), Eldon R. James(Harvard Law School, member of the Permanent Court of Arbitration), Francis B. Sayre (Harvard Law School, member of the Perma-

행위원회의 일원이었다. 연구 프로젝트의 모든 방향은 실행위원회 및 그 의장Wickersham 과 프로젝트 책임자 허드슨 교수에 의해 이끌어졌다. 3개 분야 회의의 초안은 1930년 국제연맹 회의를 겨냥하였다. 1929년 4월까지 준비된 합의 초안draft conventions과 해설 commentaries은 국제연맹 사무총장에게 제출되어 "가치 있는 기여"라는 평가를 받았다.[59]

이 때 허드슨 교수는 프로젝트 책임자로서 중요한 제안을 하였다. 즉, 3개 분과의 성과에 대해 분쟁 조정을 처방하는 최종적인 정관final article을 작성하여 넣도록 주문하였다. 이는 국제연맹의 가맹국들로 하여금 중재 또는 분쟁 조정에 관한 규정formula을 알고 사전 합의에 의해 분쟁을 해결하도록 유도하는 의미를 가지는 것이었다. 이는 곧 법전화의 홍보 효과와 동시에 상설국제사법재판소의 부담을 줄일 수 있는 조치였다. 허드슨은 합의된 조항들articles을 이런 형태로 정리해서 포함시키는 것은 상설국제사법재판소의 역할을 강화하는 길로 생각하였다. 그 결과는 『미국 국제법 잡지American Journal of International Law』에 특별 부록Supplement으로 실리어 널리 배포되었다. 이 연구는 카네기 국제평화기금The Carnegie Endowment for International Peace의 협력을 받아서, 세계 여러 나라의 국적법nationality laws을 모아 출판하는 일도 수행하였다. 이 일은 허드슨이 국무성의 법무관 리차드 프러노이Richard W. Flournoy와 함께 주관하였다.[60]

'국제법의 혁신적 법전화'를 위한 연맹 회의는 반드시 기대한 만큼의 성과를 올리고 있었던 것은 아니었다고 한다. 이중국적 문제, 무국적 문제 등에서 해결되지 않은 것이 많았고, 국가 의무와 수역水域 분야의 '법전화'을 위한 기금 확보에도 어려움이 있었다.

---

nent Court of Arbitration), Charles Cheney Hyde (Columbia Law School), James Brown Scotti (President of the Institute de Droit International), George W. Wickersham (President of the American Law Institute), Manley O. Hudson(Bemis Professor of International Law, Harvard Law School). James T. Kenny, p. 321.

59 James T. Kenny, p.323.

60 James T. Kenny, p.324.

그러나 허드슨은 굽히지 않고 진행을 촉구하였다. 1929년부터 (4)~(7)의 작업에 착수하여 1932년까지 완료하였다. 1930년~1932년 사이에도 어려움이 많았다고 하지만[61] 1932~33년 사이에는 앞의 완성 과제들에 대한 출판도 이루어졌다.[62] 그런데 그간의 성과가 책으로 출판되는 한편, 『미국 국제법 잡지』를 통해 학계에 널리 알려지면서 '수많은' 저명한 학자들로부터 칭송과 격려가 들어와서 프로젝트의 지속을 확실하게 보장해 주었다.[63] 1932년 위원회는 1935년까지 제3단계의 작업을 계속하기로 합의하였다. 이 제3단계의 자문위원회는 48명으로 늘었을 뿐더러 학문적으로나 정치적으로 비중이 큰 인물들이 대부분이었다.[64]

[61] James T. Kenny, p. 325.

[62] 1930년 *A Collection of Nationality Laws of Various Countries* (edited by Richard W. Flournoy, Jr. and Manley O. Hudson), 1932년 *A Collection of the Diplomatic and Consular Laws and Regulations of Various Countries* (edited by A. H. Feller and Manley O. Hudson)이 출판되었다.

[63] James T. Kenny, p.321.

[64] 1932년부터 시작하여 1935년에 완성하는 제3단계 연구 성과는 *The American Journal of International Law* Vol. 29에 Supplement : Research in International Law (1935)란 제목으로 전체가 실렸다. 이 보고서의 머리에 'General Introduction : Previous Work of the Research in International Law' 가 실려 1927년 이래의 추진 경위가 소개되어 있다. 앞의 제임스 케니 교수의 글은 1977년의 시점에서 맨리 허드슨 교수의 역할 중심으로 정리한 것인 반면, 이 보고서의 서문은 연구 자체의 경위를 중심으로 한 차이가 있다. 이 보고서는 1932년부터의 제3단계 때 학계의 호응이 커서 자문 위원회(the Advisory Committee)에 참여한 저명한 교수들이 무려 48명에 달한 사실을 중시하여 전 위원의 이름과 소속, 직함을 수록하였다. 한편, 제임스 케니는 저명한 국제법 전문가인 프란시스코 드 라 바라(Francisco L. De La Barra), 상설국제재판소의 법관인 월더 슉킹(Walther Schucking), 판 아메리칸 유니온의 회장인 레오 로우(Leo S. Rowe) 등이 연구 성과의 기여를 크게 칭찬한 것을 비롯해 수많은 지원 편지들이 유럽 학계로부터 쇄도하였다고 하였다. 그리고 미국 국내로부터도 보든 칼리지(Bowdoin College)의 다니엘 스텐우드(Daniel C. Stanwood), 제임스 브라운 스콧(James Brown Scott), 죠지 위크샴(George W. Wickersham) 등 최초 자문위원회 17인도 찬사를 보내왔다고 밝혔다. James T. Kenny, p. 326.

이 기간에 실행 위원회는 다음과 같은 3개의 연구 주제를 추가하기로 결정하였다. (아래에 보고자를 함께 적시함)

> (1) 본국송환, 인도의 법 the law of extradition
>
>> – 코넬 로스쿨의 학장 찰스 버딕 Charles K. Burdick
>
> (2) 범죄에 관한 사법 관할권 Jurisdiction with respect to crime
>
>> – 캘리포니아 대학교의 법학대학 the School of Jurisprudence 교수 에드윈 딕슨 Edwin D. Dickson
>
> (3) 조약법 the law of treaties
>
>> – 일리노이 (주립) 대학교의 교수 제임스 가너 James Wilford Garner

필자가 이번 연구를 통해 가장 기대한 것은 1935년 하버드 법대의 조약법에 관한 연구, 일명 하버드 법대 보고서의 작성 경위와 연구의 주체를 구체적으로 아는 것이었다. 그것이 곧 위 (3)으로 판명되었다. 즉 1905년 '보호조약'을 효력을 발생할 수 없는 역사상의 조약 3개 중 두 번째로 든 이 보고서가 하버드 법대의 허드슨 교수의 국제연맹을 위한 대형 프로젝트 중의 하나로서 그 보고자reporter가 일리노이 대학교의 제임스 가너 교수였던 것이 여기서 밝혀지게 되었다.

(2) '조약법Law of Treaties' '보고자' 제임스 가너 교수와 프랑스

'국제법 연구'의 총설General Introduction은 조약법 연구의 경위로서 다음과 같은 사실을 소개하였다. 즉, 1925년에 상기의 '국제법의 혁신적인 법전화를 위한 국제연맹 전문가 위원회the League of Nations Committee of Experts for the Progressive Codification of International Law'가 앞으로의 조약법에 관한 본격적인 연구를 위해 예비조사로서 "국제회의의 절차와 조약의 체결과 초안에 관한 절차Procedure of International Conferences and Procedure for Conclusion and Drafting of Treaties"라는 연구 주제를 설정하고 이를 기초 조사할 소위원회를 구성하였다. 이어 1927년 4월에 위 전문가 위원회는 이 주제의 '법전화'를 위한 준비가 어느 정도 무르익었다는 결론에 도달하였지만, 이를 실행하기 위해서는 특별한 과정이 필요한 것으로 의견을 냈다. 연맹의 이사회Council와 총회가 다가왔을 때, 관계자들은 연맹의 사무총장의 지시로 조사된 주제를 받기도 하였다. 이듬해 2월 20일 제7회 미주 국가들의 국제회의The Seventeenth International Conference of American States는 하바나에서 '조약들Treaties'에 관한 한 협정convention을 채택하는 성과를 거두었다. 그러나 회의에 참가한 모든 국가 또는 주들States은 비준을 하지 않았다. 이를 경험하면서 '실행위원회'는 이 주제는 새롭게 '개척explore'되는 것이 마땅하다는 결론에 도달하였다. 그리하여 실행위원회는 최종적으로 이 주제의 보고자로 제임스 가너를 선정하게 되었던 것이다.[65]

　제임스 가너(1871~1938)는 미시시피 출신으로 고향에서 농공계통 칼리지를 졸업하고 시카고 대학교와 컬럼비아 대학교에서 박사학위 과정을 마쳤다.[66] 그는 본래 정치학 전공으로서 박사학위를 받은 뒤 펜실베니아 대학교에 취직하여 수년간 가르치다가 일리노이 대학교(어바나)로 옮겨 여기서 오랫동안 가르쳤다. 하버드 법대와는 특별한 인연이 없었다. 일리노이 대학교에서 그는 주로 국제법, 대외정책, 비교 정부론 등을 가르쳤는데 그의 강의는 한 해에 수강생이 2,722명이 될 때도 있을 만큼 인기가 있

---

65 그의 연구팀 구성은 다음과 같이 소개되었다. Assistant Reporter ; Mr. Valentine Jobst. Advisers ; Benjamin, Philip C. Jessup, Charles M. Barnes, Howard T. Kingsbury, Clarence A. Berdahl, Hunter Miller, Clyde Eagleton, Jesse S. Reeves, John A. Fairlie, John B. Whitton, Richard W. Flournoy, Jr. George W. Wickersham, Green H. Hackworth, George H. Wilson, Chesney Hill, Lester H. Woolsey, Charles C. Hyde, Quincy Wright (이상 18명).

66 아래 제임스 가너에 관한 서술은 주로 *Lives of Mississippi Authors, 1817-1967* (Editor James B. Lloyd, University of Mississippi, Jackson, 1981) 제임스 가너 항목 (집필자, David G. Sansing)에 의거한다.

었다고 한다.

　제1차 세계대전은 그에게　학문적 관심과 경력에 큰 변화를 가져올 정도로 충격을 주었다. 그는 1915~1919년 간 『미국 국제법 잡지』에 시리즈 논문을 발표한 다음, 이를 토대로 1920년에 『국제법과 세계대전International Law and the World War』(2책)을 출판하였다. 이 저서로서 그는 국제법 학자로서 명성을 떨치게 되었을 뿐더러 수많은 강연, 집필 및 상담 의뢰를 받게 되었다고 한다. 1920~21년에는 '제임스 헤이즌 하이드James Hazen Hyde 강좌'[67] 프로그램의 수혜자가 되어 프랑스의 여러 지방 대학들, 파리와 벨기에의 대학들에서 프랑스어로 강의하였다.[68] 이어 그는 1922~23년 2년 간 타고르 강의 프로그램으로 인도로 가서 캘커타 대학교에서 강의를 하였다. 이 해외 강의를 통해 그는 『미국정치제도의 이상Idées et Institutions Politiques Americans』(1921), 『최근의 국제법 발달Recent Developments in International Law』 등을 출판하였다. 1924년에는 코넬 대학교에서 '국제법에 관한 골드윈 스미스 강좌the Goldwin Smith Lectures on International Law'를 맡고, 이듬해에는 프랑스 정부로부터 레지옹도뇌르 훈장Chevalier de la Legion d'Honneur을 받기도 하였다.

　1926년 국제연맹과의 관계가 이루어질 계기가 생겼다. 그는 이해에 『미국 국제법 잡지』에 실린 「국제법 법전화의 기능적 관찰Functional Scope of Codification in International Law」이란 글을 읽었다. 이것은 아마도 1925년에 국제연맹의 '전문가 위원회'에서 예비조사로서 "국제회의의 절차와 조약의 체결과 초안에 관한 절차"의 준비와 유관한 글로 보

---

67 증권업자 제임스 하이드가 프랑스 역사와 문화에 대한 깊은 관심으로 프랑스-미국 간 교수 교환 강좌 프로그램을 만들어 그의 이름을 붙였다.

68 제임스 가너의 아버지는 프랑스 유그노 파의 후손으로서 가너 자신이 프랑스에 대한 관심이 많고 프랑스어를 할 수 있었다. 뿐더러 그의 부인이 외국어, 특히 프랑스어에 탁월한 능력을 가져 국제법에 관한 프랑스 논문 번역과 프랑스어로 강의를 할 때 큰 도움을 받았다고 한다. Lives of Mississippi Authors, 1817-1967, Editor James B. Lloyd, University of Mississippi, Jackson, 1981. 제임스 가너 항목(집필자, David G. Sansing).

인다, 1927년은 제임스 가너에게 가장 바쁜 해였다. 이해에 '매우 수준 높은 연구'로서 『세계대전 중의 전리품(포획)법Prize Law During the World War』을 출간한 후, 그는 국제법의 법전화를 위한 하버드 법대 교수단과 함께 일할 자문단의 일원으로 지명을 받았다. 이런 과정 끝에 그는 1932년의 추가 과제의 하나인 '조약법'에 관한 연구팀의 '보고자'로 선정되었던 것이다.

그의 다채로운 학문 활동에서 주목해야 할 것은 프랑스 학계와의 잦은 접촉이다. 그가 주관하여 완성하게 되는 '조약법' 연구는 다음과 같은 3개 조약을 효력을 발생할 수 없는 사례로 들었다.[69]

1. 1773년 러시아 군인들이 폴란드 분할을 위해 의회를 포위하고 강요한 조약
2. 1905년 일본의 전권대신이 군인들의 도움을 받아 (한국의) 황제와 대신들을 위협하여 승인을 받은 조약
3. 1915년 미군이 아이티 의회를 점령한 가운데 미국정부가 승인을 받으려 한 조약

이 가운데 1905년 '보호조약'에 대한 평가에서 대표적인 기존 연구로서 활용한 것은 저 앞에서 서술했듯이 프랑스의 국제법학자 프란시스 레이Francis Rey의 논문이었다. 1906년에 프랑스의 국제법 잡지에 실린 레이의 논문이 이처럼 가장 중요한 근거로 보고서에 들어간 것은 우연이 아니었다. 제임스 가너의 프랑스 국제법 학자들과의 접촉이 이를 가능하게 했을 것은 말할 것도 없다. 프란시스 레이는 국제법 학자이면서 실무적인 법률가로서 1919년 파리 평화회의 때 프랑스 대표단의 일원으로 참가하고, 1930

---

69 *The American Journal of International Law* Vol. 29에 Supplement: Research in International Law (1935) p. 1157.

년대에는 도나우강 국제법 위원회의 사무총장을 맡고 있었다.[70]

제임스 가너 교수 팀의 작업은 1934년 3월에 거의 끝나고 있었다. '법전화' 프로젝트의 총 책임자인 맨리 허드슨 교수는 1934년 3월 22일자로 제임스 가너 교수의 동료인 존 페어리John A. Fairlie, 316 Lincoln Hall, Urbana, Ill.[71]에게 아래와 같은 매우 감동적인 편지를 써 보냈다.[72]

친애하는 페어리씨에게,

(전략) 가너 교수의 연구는 나에게 지속적으로 창조적 자극inspiration을 주었다. 그는 많은 어두운 구석에 램프 불을 켜고 그리고 많은 지식 분야에 횃불을 들고 세대를 앞장서 나갔다. 옛 학도들의 연구 그리고 그들이 이룬 기여들에 비추어 보건대 그는 미국 역사상 국제법 분야의 교수로서 가장 높은 자리에 올랐다. 그의 연구가 발산하는 광채는 내가 지금까지 알고 있는 가장 매력적인 정신의 하나이다. 나는 비록 하찮은 후배 동료이지만,[73] 전문 분야에서 그를 동료가 되도록 요구할 수 있는 멤버십을 가지고 있었던 것이 자랑스럽다.

---

70 海野福壽, 「フランシ·レイ ʻ韓國の國際狀況'-國際法からみた韓國保護條約無效論-」, 『戰爭責任硏究』第二号, 1993年 冬季号, 80면.

71 존 페어리(1872~1947)는 조약법 연구 팀의 자문단의 한 사람이었다. 주 63참조. 페어리는 정치학자로서 당시 일리노이 대학교의 정치학과 주임 교수였다. 허드슨 교수는 편지의 서두에, 이 대학교에서 열리는 제임스 가너 교수 재직 30년의 공로를 표하는 만찬에 자신이 초대된 것은 무한한 영광이지만 다른 일로 참석하지 못하는 것을 애석해 하는 내용을 먼저 담았다. 제임스 가너는 같은 정치학과 소속이었다. 이로 미루어 보면, 페어리 교수는 학과장으로서 허드슨 교수에게 초청 편지를 냈고, 허드슨은 이에 대한 답신에서 제임스 가너의 원고에 대한 소감을 적어 보낸 것으로 판단된다.

72 제임스 가너 자료(James W. Garner Papers; 1830, 1891-1939, 1942)는 현재 일리노이 주립대학교의 문서자료실(University of Illinois Archives)에 소장되어 있다. (Record Series Number 15/18/20)

73 제임스 가너는 1871년생으로서 1886년생인 허드슨 보다 15세 연장이었다.

허드슨은 1935년 11월 7일 제임스 가너로부터 간행된 책[74]을 받고 다시 다음과 같은 편지를 가너에게 보냈다. 당시 가너는 파리에 머물고 있었다.[75]

'조약Treaties'에 관한 당신의 멋진 책handsome volume이 제 손에 들어왔습니다. 그리고 저는 지금 말할 수 없을 정도로 전율하고 있습니다. 이것은 절대적으로 최고입니다absolutely superb. 당신과 일할 수 있었던 것이 참으로 즐겁습니다grand fun. 저는 제가 살아 있는 동안 이것을 나의 일생에서 가장 행복한 장면episode의 하나로 기억하겠습니다.

4) '조약법' 성과의 국제연합에로의 이관

1905년 '보호조약'에서 1945년 제2차 세계대전이 종료되기까지 40년은 한국인들에게 역사상 가장 어려운 고난의 시대였다. 이 고난의 역사를 옭아맨 동아줄인 '보호조약'에 대한 한국인들의 투쟁은 한시도 쉰 적이 없었다. 그리고 이 투쟁은 세계의 지식인들과 양식 있는 정치가들로부터 뜨거운 성원을 받고 있었다. 이 투쟁은 1900년을 전후하여 제국주의의 부당성에 대한 인식 아래 이를 극복하기 위한 국제평화운동의 조류를 타고 있었다. 1900년의 카네기 평화기금 창설, 1901년부터 시작된 노벨평화상, 1920년에 창설된 국제연맹 등은 이 새로운 조류의 주요한 표지였다.

74 이 '책(volume)'은 별도의 책이라기 보다 *The American Journal of International Law* Vol. 29에 Supplement: Research in International Law (1935)에 들어있는 'Law of Treaties'를 가리키는 것으로 생각된다. 이 증보판에는 조약법 외에도 함께 시작된 부문의 결과도 함께 실려 있다. 그 명칭은 아래와 같다. I. Draft Convention on Extradition, With Comment II. Draft Convention on Jurisdition with Respect to Crime, With Comment III. Draft Convention on the Law of Treaties, With Comment.

75 수신 주소는 다음과 같다. American University Union, 173 Boulevard St. Germain, Paris, France.

1905년 11월 '보호조약'을 강제 당한 대한제국의 황제는 이를 무효화하기 위해 수교국 국가 원수元帥들을 상대로 '친서외교'를 벌이던 끝에 1907년 6월 헤이그에서 열린 제2차 만국평화회의에 특사 3인을 파견하였다. 이 회의는 1899년의 제1차 평화회의의 육전陸戰에 관한 협상의 성과에 이어 해전海戰에 관한 열강 간의 군비 확장 조정에 역점이 두어졌다. 따라서 동방의 약소국의 '공고控告'가 파고들 자리는 거의 없었다. 그러나 윌리엄 스테드와 같은 국제적 명성을 가진 언론인의 도움은 대한제국의 주권회복 운동을 외롭지 않게 해주었다. 스테드는 20세기 초의 국제평화운동을 언론 분야에서 이끈 주요한 인물이었다.

20세기 초의 지식인 세계의 국제평화운동은 1918년 1월 미국 윌슨 대통령이 「14개조」를 발표하고 그 정신의 실현으로 1919년 파리 평화회의를 거쳐 1920년 국제연맹을 탄생시키면서 인류 역사에 새로운 획을 그었다. 국제연맹은 국가 간의 분쟁을 조정하여 세계대전과 같은 참극을 되풀이하지 않도록 하는 것을 목표로 한 사상 최대의 국제조직이었다. 그 목적 달성을 위해서는 모든 약속과 규약을 '정의'의 기준에서 법전화codification 하는 작업이 중요하였다. 국제연맹이 내세운 이 새로운 사명은 상설국제사법재판소란 기구가 잘 대변하고 있지만 하버드 법대 교수단의 협력 아래 추진된 '국제법의 혁신적 법전화法典化를 위한 국제연맹 전문가 위원회the League of Nations Committee of Experts for the Progressive Codification of International Law'의 운영이 국제연맹의 가장 큰 기여로 평가해야 할 면으로 간주된다.

하버드 법대 교수단을 구성하여 이 지대한 과업을 이끈 맨리 허드슨의 존재는 이 논고에서 가장 주목되는 사항이었다. 그가 주도한 대형 프로젝트의 일부로서 '조약법' 연구를 담당한 일리노이 대학교의 제임스 가너 교수는 프랑스 학계와의 빈번한 접촉으로 1905년 '보호조약'의 불법성을 최초로 지적한 프랑시스 레이의 견해가 '하버드 법대 보고서'(1935)에 그대로 반영된 사연도 알 수 있게 해주었다. 이들에게 관통하는 하나의 정신은 곧 20세기 초 구미 지식인 세계를 지배한 국제평화운동이었다. 1919년 대한민국 임시정부의 파리위원부 또는 구미위원부의 부단한 활약이 직접, 간접으로 이 '법전화' 작업에 끼쳤을 영향도 배제할 수 없다.

1935년에 발표된 하버드 법대 보고서의 '조약법'의 판단은 1963년 국제연합 국제법 위원회의 보고서에 그대로 반영되고 그 보고는 같은 해 국제연합 총회에 제출되어 채택되었다.[76] '조약법'에 관한 국제연맹의 성과[77]가 1963년의 국제연합 국제법 위원회의 보고에 반영된 과정은 앞으로 밝혀져야 할 연구 과제이지만 여기서도 맨리 허드슨의 가교 역할이 주목된다. 국제연맹 법전화 '연구'는 1940년에 제4단계에 진입한다. 이 프로젝트의 실질적 주관자인 그는 3단계 작업이 끝난 1936년 10월 연맹의 상설국제사법재판소의 재판관으로 지명 받고 있었다.[78] 그는 이를 연구의 4단계에 진입하는 시점인 1940년에 수락하였다. 1939년 만주사변, 독일의 폴란드 침공 등을 신호로 세계는 다시 대규모 전쟁상태에 들어간다. 전쟁 방지를 위해 20여 년의 시간을 국제법 정리에 종사해온 허드슨 교수로서는 이 불운한 기운을 지나쳐 볼 수 없었던 것이다.

1945년 10월 24일 미국, 영국, 소련, 중국 등 4대국의 합의에 의해 국제연합The United Nations이 새로운 평화체제 구축을 목표로 발족하였다. 국제연맹은 이 새로운 조직이 발족한 시점에 아직 존속하였다. 1946년 4월 10일에서 18일까지 제네바 본부에서 총회가 열리어 35개국 대표들(가맹국 43개)이 모인 가운데 연맹의 업적에 대한 경의를 표하면서 해산하였다.[79] 허드슨 교수는 이 전환기에서도 접속의 역할을 수행하고 있었

---

76 *Yearbook of the International Law Commission* 1963 Vol. II, Documents of the fifteenth session including the report of the Commission to the General Assembly, UNITED NATIONS.

77 1935년의 하버드 법대 보고서는 '국제연맹 전문가 위원회'의 이름으로 이루어진 것이다.

78 앞 제임스 가너 자료(James W. Garner Papers) 맨리 허드슨이 제임스 가너에게 보낸 1938년 10월 8일자 서한.

79 篠原初枝, 앞 책, 2010, 263~264면.

다. 그는 1945년 출범한 국제연합의 총회와 국제법 위원회, 미국 변호사 협회 양쪽에서 일하고 있었다. 그는 '국제법의 혁신적 발전the Progressive Development of International Law을 위한 변호사 위원회The Bar's Committee'의 의장으로 일하면서 북미 변호사들에게 국제연합 국제법 위원회에 대한 지원을 직접 호소하였다. 1947년 그는 여기서 모아진 견해들을 국제연합의 '국제법의 혁신적 발전과 그 법전화를 위한 위원회Committee on the Progressive Development of International Law and its Codification' (흔히 'The Committee of Seventeen'으로 알려짐)로 가져갔다. 위원회는 그의 발표에 이어 '국제법 위원회의 규약 초안the draft of Statue of the International Law Commission'을 작성하였다. 이 초안은 1947년 11월 21일 총회로부터 승인을 받는다. 1963년 국제법 위원회의 보고서가 이 초안과 어떤 관계를 가지는지는 앞으로 검토해야 할 과제이지만 그가 20여 년 국제연맹 아래서 추구한 국제법의 '법전화' 사업과 무관한 것일 수 없다. 오히려 국제연맹 아래서 달성한 성과가 이 초안을 통해 국제연합(유엔)의 것으로 이어지고 있었다고 보아야 할 것이다. 그의 이러한 사명은 후배 교수에 의해 "1927년에 그가 함께 한 학자들의 축적된 경험의 덕으로 이루어진 것"이란 평가를 받고 있다.[80]

국제연맹은 세계대전의 재발로 실패한 역사로 간주되는 경향이 있지만 20세기 초에 시작한 인류의 새로운 역사 곧 국제평화운동의 첫 성과로서 그 역할을 높이 평가하는 견해가 설득력을 얻어가고 있다. 예컨대 상설국제사법재판소는 국제관계에 보편적 법질서를 수립한 국제연맹의 유산으로 평가되고 있다. 국제연맹 이전까지 각국에 의한 구체적인 권리, 의무관계를 규정한 조약체계는 존재했지만, 국제사회 전체를 상정한 법질서는 없었다는 것이다. 국제연맹은 만주사변, 에티오피아전쟁, 소련의 핀란드 침공 등을 비롯해 대국이 행한 전쟁에 대한 '정사正邪'의 판단을 내리는 사실이 주목되기

---

80 이상은 James T. Kenny, pp. 328-329 참조.

도 한다. 연맹은 전쟁은 막지 못했지만 침략전쟁을 인정하지 않았고, 가맹국 전체가 일본을 비난하고, 이탈리아에 대해 제제를 가하고, 소련을 연맹에서 제명한 사실을 주목한다.[81] 국제연맹과 국제연합을 승계관계에서 본다면 1905년 '보호조약'에 대한 두 기구의 국제법 관련 조직은 프란시스 레이와 한국의 주장 곧 '보호조약' 및 '병합조약'은 무효null and void라는 주장에 손을 들어주고 있었던 것이 확실하다.

---

81 篠原初枝, 『國際聯盟-世界平和への夢と挫折-』, 中公新書 2055, 2010, 265~270면.

끝나지 않은 역사

8. 가교架橋가 없는 두 개의 한일협정
— 1910년의 '한국병합' 조약과 1965년 한일협정

필자는 1990년대 초반부터 일본 메이지明治 정부의 한국 주권 침탈의 역사에 대한 연구에 종사하였다. 1905년의 '보호조약', 1910년의 '병합조약' 등의 절차와 형식에 관한 실증적 연구를 통해 절대 무효로서의 한국병합 '불성립론'을 학계에 제출하였다. 1910년 8월의 강제 병합과 조선총독부의 설치를 통해 대한제국은 나라 이름조차 조선으로 바뀐 상태에서 일본제국의 식민지가 되었다. 한국과 한국인은 식민지배체제 아래서 수많은 피해와 고통을 겪던 끝에 1945년 8월 일본제국이 연합국에 '무조건' 항복함으로써 광복을 맞이하였다. 한국, 한국인은 이제 36년 간 불법, 부당한 식민지배로 입은 각종의 피해를 '원상회복reconstitution' 차원에서 보상받아야 할 차례였다. 1952년 2월부터 시작된 한일회담, 그리고 그 최종 결과로서 1965년 6월 체결의 한일협정은 이 문제를 다룬 유일한 외교행위였다.

1910년의 한국병합과 1965년의 한일협정은 하나의 역사의 시작과 끝이다. 그런데 연구 현황으로는 두 문제가 아직 하나로 이어지지 못한 상태이다. 학술적으로 두 주제는 아직도 각기 해결해야 할 많은 난제를 처리하는 데 급급하여 서로 마주 대하지 못하고 있는 상황이다. 두 개의 기둥을 잇는 가교가 아직 이어지지 못한 상태이다. 한일 양국 근현대사의 가장 중요한 국면에 대한 주제에 관한 이런 연구 실황實況은 결코 정상적인 것이라고 할 수 없다. 자료 발굴이나 자료 공개의 제약이 무엇보다도 중요한 원인이었다.

'한국병합'에 관한 연구는 1990년대에 한국 측에서 1904년 러일전쟁을 계기로 시작된 일본제국의 대한제국 국권 탈취 조약들의 원본 및 관련 외교문서에 대한 면밀한 검증을 통해 일본제국의 정부 차원의 각종 불법 행위들을 밝히는 성과를 냈다.[1] 1965년 한일협정의 경우, 사안의 중요성에 비해 관계 문서의 공개는 늦었다. 한국 측의 외교문서는 30년 후 공개 원칙에 따라 1994년부터 공개되기 시작하였다. 그러나 일본정부가 미동도 하지 않아 제한적으로 이루어지다가 2005년 8월에 35,000여 장의 문서가 공개되었다. 이로써 '세간의 억측이나 검증되지 않은 주장'을 불식하는 학술작업이 가능하게 되었다.[2] 그간에도 관련 연구가 없지 않았지만 양국민의 민족적 감정이 끼친 영향, 양국의 내셔널리즘의 영향, 미일 외교 관계 등을 주로 다루는 선에서 그치고 있었다.[3] 한국정부의 문서 공개에 자극을 받아 일본의 시민단체와 연구자 그룹이 '일한회담 문서 전면공개를 요구하는 모임'을 조직하여 일본 외무성을 상대로 행정 소송을 제기하여, 그 재판 결과에 따라 일본정부는 2008년 말까지 여섯 차례에 걸쳐 65,000장에

---

[1] 1990년대 이래의 새로운 연구 성과로는 아래 저술이 대표적이다. 이태진·사사가와 노리가쓰 편, 『한국병합과 현대』, 태학사, 2009 : 일본어판 東京 明石書店, 2008. 모두 26편의 논문이 실렸다. 1990년대 이후의 새로운 연구 성과는 2010년 '한국병합' 100년을 맞이하여 한일 양국 지식인들이 한국병합의 불법성을 지적하는 성명서를 발표하는 토대에 기여한 것으로 평가되고 있다. 이 성명서에 대한 일본 측 서명자가 540여 명에 달한 것은 기대 이상이었다.

[2] 국민대학교 일본학연구소 편, 『의제로 본 한일회담-외교문서 공개와 한일회담의 재조명 2』, 선인, 2010, 5면, 李元德 발간사.

[3] 2000년 이전까지의 연구동향에 대해서는 太田修, 『日韓交涉 -請求權問題の研究-』, クレイン, 2003, 11~18면 참조.

이르는 일본 측의 외교문서를 공개하였다.[4] 문서 공개에 따라 1952년부터 시작된 한일 회담이 기본적으로 1951년 9월에 다자조약으로 체결된 「샌프란시스코 평화조약Treaty of Peace with Japan」에 근거한 것이기 때문에 식민지 지배 청산문제는 처음부터 협상 대상이 아니었다는 사실을 확인하는 연구들이 잇따랐다.

1952년부터 시작한 7차에 걸친 한일회담의 최종 결과로서 1965년의 한일협정이 식민지 지배 청산을 대상으로 하지 않았다면 식민지 지배 아래서 한국, 한국인이 입은 고통과 피해에 대한 배상관계는 아직까지 이루어지지 않았다는 것을 의미한다. 그렇다면 1910년 8월의 한국병합의 불법성에 관한 그간의 연구 성과는 이 과제에 대한 앞으로의 해결과 관련하여 더 큰 의미를 지니게 된다. 이 글은 한국병합의 불법성에 관한 연구 성과를 토대로 1945년 8월 이후 한국 측에서 제기한 일본에 대한 배상요구에 관한 여러 조사와 배상논리, 그리고 그 성과가 가지는 의미를 새롭게 조명하면서 1965년 한일협정 이후 양국이 풀어야 할 과제가 무엇인지를 점검해 보는 기회가 되도록 한다.

1) '한국병합' 불법성에 대한 연구와 국제연합 총회의 '보호조약' 무효 공인 경위

(1) '한국병합' 관련 조약의 불법성에 대한 연구 성과

1910년 8월의 '한국병합'에 이른 여러 관련 조약들에 관한 연구는 1990년대 초 서울 대학교 규장각 도서로 수장된 대한제국 측 자료들(조약원문)이 새롭게 주목되면서 활발하게 진행되었다. 특히 2001년부터 8년간 진행된 「'한국병합'에 관한 역사적, 국제

---

4 일본정부는 일부 문서를 비공개로 처리하고 일부에 대해서는 먹칠 상태로 공개함으로써 문서에 대한 전면공개를 회피하였다. 이에 따라 '모임'은 문서의 완전한 전면공개를 요구하는 소송을 지속적으로 제기하고 있다. 앞 『의제로 본 한일회담』(선인, 2010), 發刊辭.

법적 재조명」국제공동연구팀의 성과로 나온 『한국병합과 현대』, 그리고 2010년 '한국병합' 100년에 즈음하여 한일 양국 지식인들이 병합조약의 불법성을 지적한 공동성명 기념 학술회의의 성과물인 『한일 역사문제(의 핵심)을 어떻게 풀 것인가』(한국어본 지식산업사, 2013. 12; 일본어본 岩波書店, 2013. 12) 두 가지가 최근의 학계 동향을 대표한다. 앞 책의 성과는 특히 관련 조약 문서들이 가지는 조약 요건상의 결함이나, 대한제국 황제가 남긴 병합 불인준不認準에 관한 유언遺詔 등을 새롭게 발굴, 제시함으로써 한국병합의 불법성에 대한 인식 전환에 크게 기여하였다.

일본 메이지明治 정부는 1894년의 청일전쟁 때 이미 조선을 보호국으로 만들려고 하였다. 그러나 이 계획은 조선 군주高宗의 미국 클리브랜드 대통령에게 도움을 청하는 친서親書 외교가 주효하여 실현될 수 없었다. 즉 조선 군주는 미국 대통령에게 「조미수호통상조약朝美修好通商條約」의 제2조의 정신[5]에 따라 국권을 위협하는 일본의 압박을 막아달라는 친서를 보내 미국 대통령이 이를 받아들여 일본정부에 영향력을 행사함으로써 그 계획은 철회되었다. 그러나 일본정부는 10년 뒤 러일전쟁(1904~1905)을 일으키면서 다시 한반도에 대한 배타적 지배권을 노렸다. 1905년 11월 일본정부는 전쟁의 승리를 배경으로 대한제국을 보호국으로 만드는 데 일단 성공하였다. 그러나 이 과정은 무력을 배경으로 대한제국의 황제와 대신들을 위협하는 가운데 진행되었고, 황제는 끝까지 이 조약을 받아들이지 않았다.

1904년 2월 개전 후 일본정부는 한국의 국권과 관련되는 협약 셋을 강요하였다. (1) 「의정서(한일의정서)」(1904. 2. 23) (2) 「제1차 일한협약」(1904. 8. 22) (3) 「제2차 일한협약」(1905. 11. 17) 등이 그것이다. 외교행위로서 협약 체결은 쌍방 정부의 공용 서류용지를 사용하는 것이 정상이다. 그런데 위 세 협약 가운데 이를 지킨 것은 (1) 하나

---

[5] 제3국으로부터 국권을 위협받을 때 이를 막는데 서로 도와준다는 규정.

뿐이다. (1)의 한국어본은 대한제국의 외부外部, 일본어본은 재한일본공사관이란 기관 명칭이 인쇄된 용지를 각각 사용하고 용지를 묶는 리본도 서로 색깔이 다른 것을 쓰고 있다. 한국어본은 황색, 일본어본은 청색이다.[6] 「의정서」도 침략적인 내용을 담고 있었지만 제3조에 "대일본제국 정부는 대한제국의 독립 및 영토 보전을 확실히 보증할 것"이라고 규정하고 있었기 때문에 대한제국 정부가 협약에 임하여 최소한의 자발성을 보였던 것이다. 그러나 (2)는 대한제국에 대해 재정과 외교에 대한 깊은 영향력 행사를 요구하는 것이면서도 외교협정이 아니라 「각서」의 형식을 취한 것에서부터 문제가 있었다. 그리고 「각서」이면서도 일방적으로 요구된 것이기 때문인지 한국어본은 존재하지 않고 '재한일본공사관'이란 기관명이 인쇄된 용지에 일본어로 작성된 원본은 현재 일본외무성 외교사료관에 보관되어 있다.[7] 「각서」는 쌍방의 의무를 표시한 것으로 외교협정이 제3국에 영향을 미치는 것과는 다르다. 그런데 일본정부가 영국, 미국 등 열국에 전하기 위해 한국정부에 알리지 않고 만든 영어 번역본은 'Agreement'란 단어를 문서의 이름으로 붙여 외교협정처럼 보이게 했다. 이것은 명백한 문서 변조행위로서, 이 'Agreement' 이후 '가쓰라-태프트 밀약'(1905. 6), 제2차 영일동맹(1905. 8)이 잇따라 이루어진 것을 상기하면 사안의 심각성은 매우 크다. 「각서」는 세 번째 항목에서 대한제국의 외교적 행위는 앞으로 도쿄의 일본 외무성과 미리 협의할 것을 규정하여, 이 문건이 쌍방 간의 약속으로서의 「각서」가 아니라 외교협정agreement이라면 제3국으로서는 대한제국이 이로써 외교권을 포기한 것으로 간주할 수 있는 소지가 있기 때문이다.

셋 중 가장 중요한 것은 흔히 '보호조약'(을사늑약)으로 알려지는 (3)이다. 이 '협약' 또한 일본어본은 '재한일본공사관' 용지를 사용했지만 한국어본은 기관명이 표시되지

6 이 책 31면 및 이태진·이상찬 저, 『조약으로 본 한국 병합 ―불법성의 증거들―』, 동북아역사재단, 2010, 171면.

7 이 책 24면 및 이태진·이상찬, 앞 책, 2010, 163면.

않은 용지를 사용하였고, 문건을 철하는 리본에도 이상이 있다. 즉, 「의정서」에 사용했던 황색이 아니라 일본공사관에서 사용한 것과 같은 청색이다.[8] 이런 상태는 (2) (3) 두 가지가 한국정부가 자발적으로 임한 협약이 아니란 것을 증거하는 명백한 물증이다. 세 가지는 모두 국가 원수의 최종 승인으로서 비준서가 발부되어야 하는 것인데도 일본정부는 처음부터 이에 대한 배려가 없었다.

일본정부는 '보호조약'을 근거로 1906년 2월초에 대한제국의 외교권을 대행하는 통감부를 한성부(경성)에 설치하고 보호조약 강제를 주도한 이토 히로부미伊藤博文가 통감으로 부임하였다. 통감 이토伊藤는 외교권 행사에 그치지 않고 시정개선施政改善의 이름 아래 철도, 통신, 황무지 개척, 삼림 개발 등 경제 분야에서 일본의 이득을 추구하는 가운데 한국인들의 강한 저항에 부딪혔다. 그리하여 1907년 6월에 '보호정치'를 강화하기 위해 황제를 압박하여 이완용 내각을 출범시켰다. 거의 같은 시기에 황제가 비밀리에 제2차 헤이그 만국평화회의에 3인의 특사를 파견하여 그들이 보호조약의 강제성을 폭로하는 사건이 발생하였다.

통감 이토는 이 사건을 계기로 대한제국에 대한 자신의 '온건정책'을 포기하였다. 황태자를 황제純宗의 위에 오르게 하고 황제는 태황제로 제정帝政에서 물러나게 하였다. 그리고 황세제皇世弟(영친왕)를 교육 명분으로 도쿄로 데려가 인질로 삼았다. 퇴위 강제 때 내각 총리대신 이완용을 상대로 하여 「한일협약」(1907. 7. 24)을 체결하여 통감이 대한제국의 내정 전반을 '섭정'하는 체제를 만들었다. 이 「협약」 체결에서도 일본어본은 '재한일본공사관'의 용지를 사용한 반면, 한국어본은 기관명이 표시되지 않은 용지를 사용하였다.[9] 그리고 이때 통감은 내각총리대신에게 별도의 「각서」를 내놓고 재판소와 감옥의 신설, 군대 해산, 일본인 관리의 채용 등에 관한 적극적인 협조를 요구

8 주 6과 같음.
9 이태진·이상찬, 앞 책, 2010, 184~187면.

끝나지 않은 역사

하였다. 그해 7월 31일~8월 1일에 단행된 군대해산軍隊解散은 전국적인 저항을 유발하는 계기가 되었다.[10]

한국의 의병 투쟁은 1908년에 일본군과의 교전 횟수 1,976회, 참가 의병 수 82,767명, 1909년 2~6월 간 교전 횟수 1,738회, 참가 의병수 38,593명으로 집계될 정도로 규모가 컸다.[11] 이토伊藤는 최후의 수단으로 1909년 1월~2월 간에 황제를 앞세운 지방 순행巡幸[12]을 기획하여 황실과 통감부의 '협조' 관계를 과시하려 하였다. 하지만 황제를 환영하는 수십만 인파의 물결[13]을 보고 통감 이토은 자신의 정책의 한계를 느끼고 사임을 결심하였다. 그는 서순西巡에서 돌아온 뒤 4일 만인 2월 8일에 한국황제에게 귀국 인사를 하였다. 그리고 그는 4월 하순에 총리대신 가쓰라 다로桂太郎와 외무대신 고무라 주타로小村壽太郎의 방문을 받고 한국에 대해 보호국 대신 병합하는 것에 동의하였다.[14] 이후 일본정부는 7월 6일 각의를 통해 "적당한 시기"에 한국병합을 결행하기로 결정하였다.[15]

10 이태진·이상찬, 앞 책, 2010, 188~193면.
11 森山茂德, 『日韓併合』, 吉川弘文館, 1992, 171~172면; 海野福壽, 『韓國併合史の研究』, 岩波書店, 2000, 334면.
12 1909년 1월 7일 ~12일까지 대구-부산-마산 순행(巡幸) [남순(南巡)], 1909년 1월 27일 ~ 2월 3일까지 평양-의주-개성 순행(巡幸) [서순(西巡)].
13 당시 『황성신문』에 보도된 숫자는 다음과 같다. 대구 3천명, 부산 "항구를 메웠다." 마산 3만, 평양 10여만 의주 1만 5천명, 개성 10만명.
14 메이지 번벌정권(藩閥政權)의 대한강경파(對韓强硬派)는 조슈[長州]출신 가운데 군부 출신의 야마가타 아리토모[山縣有朋], 가쓰라 다로[桂太郎], 데라우치 마사타케[寺內正毅] 등 이었다.
15 『日外文』제42권 제1책, 事項 7 "日韓協約 一件", 144, 7월 6일 "閣議決定 對韓政策確定의 件", 明治 42년 3월 30일 총리에게 제출 , 7월 6일 각의 결정. 同日付 어재가. 〈アジア歷史資料センタ-, 日本國立公文書館〉內閣〉公文別錄〉韓國併合ニ關スル書類, A03023677200에 올라 있는 일본 국립공문서관 『韓國併合ニ關スル書類』(2 A 別139) 6번 문건.

1909년 상반기 이토가 사임 절차를 밟는 기간에 일본군의 한국 의병 토벌작전은 잔혹성을 더하였다. 여러 의병 지도자들이 체포되거나 살해되는 가운데 국외로 근거지를 이동하는 의병부대가 늘었다. 서간도와 연해주로 향하는 의병들이 늘었다. 연해주에서는 고종황제가 강제 퇴위 당할 때 이곳 항일운동 지도자들에게 군자금을 보내 대한의군大韓義軍이 창설되었다. 1909년 10월 26일 추밀원 의장 자격으로 하얼빈에 온 이토 히로부미는 대한의군 특파대 대장 안중근安重根에 의해 살해되었다. 일본정부는 이 사건의 배후 조사를 끝낸 뒤 1910년 3월 26일에 안중근을 사형에 처한 뒤 한국병합을 결행하는 수순을 밟았다. 5월 30일 육군대신 데라우치 마사타케寺内正毅를 3대 통감으로 임명하였다. 그는 육군대신을 겸한 상태에서 육군성의 인력을 동원하여 병합의 방안을 준비하여 6월에 내각에서 발족한 한국병합준비위원회에 이를 넘겼다. 이 위원회는 외무성 등의 의견을 보태어 '한국병합'에 필요한 모든 대책과 문건을 7월 6일 각의에 회부하여 실행 사안으로 공식화하였다.[16]

한국병합과 같은 중대사는 두 가지 방식을 통해 이루어질 수 있었다. 하나는 군사력을 동원한 무력 강점, 다른 하나는 조약을 통한 합의 방식이다. 일본정부는 내용적으로는 전자이면서도 후자의 형식을 갖추려고 하였다. 일본정부는 1904년 2월 러일전쟁을 일으킬 때 한반도에 진주한 부대들로 하여금 계엄령을 발동시키고 있었듯이 처음부터 군사강점의 형세를 보였다.[17] 1910년 5월 이후의 병합을 위한 준비에서도 육군성이 준비의 중심이 되어 병합 후의 통치기관에 대해 이미 조선총독부란 명칭을 사용하면서 그 법적 근거와 임무, 조직체계 등을 구체화시키고 있었다. 그러면서도 국제적 이목을 의식하여 대한제국 황제가 시정개선의 효과와 치안의 확보, 나아가 동양평

---

16 이태진, 『일본의 한국병합 강제 연구』, 지식산업사, 2016. 12, 제6장 참조.
17 『明治 三十七八年戰役陸軍政史』, 湘南堂書店, 1984, 複刻本; 原主 1911년, 第一卷 附設 및 第八卷 158~363면 및 第十八卷 誰件.

끝나지 않은 역사

화를 위해 일본 천황에게 나라를 넘기는 이른바 양국讓國의 조치를 조약을 통해 표명하는 방식을 택하였다.

조약에 의한 병합 방식이라면 최소한 양국兩國 전권위원이 국가 원수의 뜻을 전달하는 과정을 거친 다음에 구체적인 실행에 합의하는 순서를 밟는 것이 정상적이다. 그런데 일본정부의 방식은 모든 방안을 일본 측이 일방적으로 준비하여 이를 한국의 황제와 정부에게 받아들이도록 강요하는 것이었다. 그것은 합의가 아니라 강제로서 조약은 어디까지나 형식 갖추기였다. 그 때문에 병합조약에도 문서상의 결함이 고스란히 물증으로 남았다.

'한국병합조약'은 한국어본이나 일본어본이 사용한 용지, 표지, 철하는 리본까지 쌍둥이처럼 똑같다.[18] 심지어 문안의 필체까지 한 사람의 것이다.[19] 이것은 통감 데라우치 마사타케의 지휘 아래 통감부에서 일방적으로 모든 문건을 갖추고 이미 앞잡이가 된 지 오래인 내각 총리대신 이완용에게 대한제국 대표로서 기명날인하게 한 결과였다. 1910년 8월 22일 통감 데라우치는 이완용과 함께 조약문에 기명날인하는 순서를 마친 자리에서 이완용에게 미리 준비한 별도의 문건으로 「각서」를 제시하였다. 양국 황제가 각기 병합을 알리는 조칙을 미리 준비하여 동시에 공포하도록 한다는 내용이었다. 8월 29일에 공포된 한국 황제의 조칙은 '칙유'란 이름으로 나왔지만 이에는 황제

18 이태진·이상찬, 앞 책, 2010, 244~257면.
19 尹大遠은 『寺內正毅 통감의 강제병합 공작과 '한국병합'의 불법성』(소명출판, 2011)에 수록된 「'한국병합' 관련 4개 문서의 필적 비교와 筆寫者」에서 일.한문 조약문 및 전권위원위임장, '각서(覺書)' 등 4건의 문건을 모두 마에마 교사쿠[前間恭作]가 작성한 것을 면밀한 감식, 분석을 통해 입증하였다. 마에마 교사쿠는 당시 통감부의 고위직인 통감의 한국어 통역관이었다. 마에마 교사쿠의 한국황제 공문서 친서 위조행위에 관해서는 李泰鎭, 「통감부의 대한제국 寶印 탈취와 순종황제의 署名 위조」(『일본의 대한제국 강점』, 까치, 1995) 日本語譯; 海野福壽 편, 『日韓協約と韓國併合』(明石書店, 1995) 및 이태진(지식산업사, 2016) 제3장 제3절 참조.

의 서명이 빠져 있다. 한국 황제는 이 일방적으로 진행된 조약에 동의하지 않았던 것이다. 그는 1926년 4월 26일에 붕어崩御하기 직전에 남긴 '유조遺詔'에서 지난날의 양국讓國의 조칙은 내가 한 것이 아니라고 분명하게 밝혔다.

(2) '1905년 보호조약'에 관한 국제적 연구 성과의 국제연합UN 총회 접수

러일전쟁 후 일본제국이 대한제국에 대해 강요한 조약의 문제점에 관한 연구와 이의 불법성을 국제사회에 공지하는 하나의 흐름이 있었다. 이 흐름은 1905년 11월 17~18일 간에[20] 일본이 한국의 외교권을 빼앗은 조약(보호조약)에 대한 연구에서 시작되었다. 1906년 파리에서 발간되는 『국제법잡지Revue Générale de Droit International Public, Tome XIII』에 파리 법과대학 교수 프란시스 레이Francis Rey가 「대한제국의 국제법적 지위La Situation Internationale de la Corée」란 논문을 발표하였다. 이 논문은 보호조약의 문제점에 대하여 다음과 같은 문제들을 지적하였다.

첫째로 조약 대표에게 가한 강압, 둘째로 1904년 2월의 「의정서」(한국 측에서는 한일의정서라고 함)에서 일본제국이 대한제국의 독립을 약속한 이상 이를 이행할 의무가 있는데, 1년 9개월 만에 외교권 이양을 요구하는 보호조약의 체결은 있을 수 없는 일이라고 비판하였다.[21] 보호조약이 강제된 후 1년 안에 국제적으로 저명한 국제법 잡지에 이런 논문이 발표될 수 있었던 경위는 현재 잘 알 수 없지만[22] 1905년 '보호조약'은 이처

20 일본이 '협약'을 강제한 것은 11월 17일이었지만 한국 측의 완강한 반대로 이토[伊藤] 특사가 외부대신 날인으로 조약 성립을 선언하고 중명전(重明殿)에서 물러난 시간은 11월 18일 1시~1시 30분 경이었다. 그래서 한국 황제 측에서는 '보호조약'이 강제된 날을 표기할 때는 항상 11월 18일로 하였다.

21 최종고·남효순 역, 「대한제국의 국제법적 지위」, 이태진 편, 『일본의 대한제국 강점 - '보호조약'에서 '병합조약'까지 -』, 까치, 1995, 306~310면.

22 프란시스 레이는 '다뉴브(도나우강) 유럽위원회'(Commission Européenne du Danube, 1856~1938)의

럼 구미歐美 국제법 학자가 곧 바로 주목할 정도로 비정상적인 조약이었다.

그런데 레이 교수의 논문은 한 차례의 발표만으로 끝나지 않고 이후 구미 국제법 학계의 주목의 대상이 되었다. 1927년 미국 국제법학회는 국제조약법 제정에 필요한 법률안 기초를 하버드 대학교 법과대학에 의뢰하였고, 이 대학은 1935년에 그 임무를 완료하여 보고서를 제출하였다.[23] 「하버드 보고서」로 불리는 이 보고서는 실은 1920년에 탄생한 국제연맹의 국제법 법전화codification사업의 일환으로 거두어진 성과였다. 이 사업은 하버드 법과대학의 맨리 허드슨Manley O. Hudson 교수의 총책 아래 진행된 것으로 일곱 번째 사업인 '조약법'에 관한 보고서는 일리노이 주립대학교의 제임스 가너James Garner 교수가 보고자였다.[24] 조약법에 관한 최초의 국제규약인 이 보고서는 폭력에 의해 체결되어 효력을 발생할 수 없는 조약의 사례 셋을 들었다. 첫째로 1773년 러시아가 무장 군인들을 동원하여 폴란드 의회를 포위한 상태에서 강요한 '분할 조약', 둘째로 1905년 일본제국의 대표가 군인들의 도움을 받아 대한제국의 황제와 그 대신들ministers을 강압하여 승인을 요구한 보호조약, 셋째로 1915년 미국이 병력을 동원하여 아이티 의회를 점령한 가운데 이룬 병합 등을 들었다. 1905년 보호조약 강제에 관한 서술에서는 앞의 레이의 논문을 인용하였다.

프란시스 레이의 논문 파장은 여기서 그치지 않았다. 1963년 국제연합의 국제법 위

사무총장을 역임할 정도로 국제법계에서 활동적인 인물로 보인다. 그는 1931년 국제법 교수인 카를로 로제티(Carlo Rosetti)와 공저로 "La Commission Européenne du Danube et son oeuvre de 1856 à 1931"(다뉴브유럽위원회와 업적(1856~1931), 파리국립인쇄소)를 출판하기도 하였다. 이 로제티 교수는 1902년 10월에 주한 이태리 공사관에서 근무한 외교관으로서 1904년에 "Corea e Coreani"(한국과 한국인, 서울학 연구소 번역본 출간, 1995)을 출판한 인물과 동일인인지는 앞으로 더 조사할 필요가 있다.

23 *Research in International Law under the Auspices of the Faculty of the Harvard Law School III. Law of Treaties*, Supplement to the American Journal of International Law, Vol. 29, p.1157, 1935.

24 이 책 3부 첫째 글 3) (1) 참조.

원회International Law Commission가 총회 제출을 위해 위원회 보고서(제15차)를 작성하면서, "효력을 발휘할 수 없는 조약들"의 사례를 들면서 위 「하버드 보고서」를 그대로 활용하였다.Document A/5509, Report of ILC on its 15th Session 즉, 제2장 조약법Law of Treaties의 B항 조약법에 관한 초안draft article, 제2부 조약의 효력정지Invalidity and termination 부분에서 "국가 대표에 대한 개별적 압박"article 35 난에 하버드 보고서Harvard Research Draft lists의 위 3개 사례를 그대로 옮겼다.[25] 국제연합 국제법 위원회는 이 '보고서'가 예시한 효력 정지 사례에 대한 위원회의 의견을 '설명Commentary'의 형식으로 붙인 다음,[26] 이를 총회에 접수시켰고Document A/5509, 총회the General Assembly는 이를 1963년 11월 18일자 결의안Resolution으로 작성하여 '만장일치로 채택unanimously adopted' 하였다.[27]

[25] *Yearbook of the International Law Commission 1963*, Vol. II, p.197 (New York: United Nations, 1964).

[26] Report of the Commission to the General Assembly: Report of International Law Commission on its 15th Session(Document A/5509), *Yearbook of the International Law Commission 1963*. Vol. II, p.189(항목 17번) (New York: United Nations, 1964). 이 자료와 주 27의 문건들은 2006년 12월 12일에 국립민속박물관 섭외교육과의 학예연구사 김종석(金宗錫) 씨로부터 제공받았다. 필자는 1998년 7월부터 시작된 일본의 저명한 월간지 『세카이〔世界〕』의 '일한대화(日韓對話)'의 난을 통해 펼쳐졌던 '한국병합'의 불법성 여부에 관한 토론에서 첫 논문 「한국병합은 성립하지 않았다」(상)(하)의 끝에 프란시스 레이의 논문 – 하버드대 보고서 – 유엔의 국제법 위원회 보고서 – 유엔 총회의 채택 등의 내력을 간략히 언급하였다. 그 다음에 게재된, 일본 간사이 대학〔關西大學〕의 국제법 전공의 사카모토 시게키〔坂元茂樹〕 교수가 나의 논지를 비판하면서 「일한(日韓)은 구(舊) 조약문제의 함정에 빠져서는 안된다」라는 글에서, 유엔 총회 접수의 사실은 없었다고 지적하였다. 나는 특별히 이를 확인할 시간도 없어서 국제법 학자인 그의 의견을 존중하여, 후속 글 「한국침략에 관한 제조약(諸條約)만이 파격이었다」에서 총회 보고까지 이루어졌다고 한 부분은 철회하는 것으로 하였다. 김종석 씨는 이 글을 읽고 자신이 달리 확보하고 있던, 유엔 국제법 위원회가 총회에 제출하여 총회가 이를 '만장일치로 채택한' 일괄 문서 복사본을 나에게 전하였다. 이 자리를 빌려서 감사를 표한다. 『세카이』의 '일한대화(日韓對話)'에 실린 7편의 찬반의 글은 2001년도에 한국어로 번역하여 『한국병합, 성립하지 않았다』(태학사)로 출판하였다.

[27] (1) *Yearbook of the International Law Commission 1963*. Vol. II, p.187. (New York: United Nations, 1964);

1905년의 보호조약은 '한국병합'을 가져온 원천에 해당하는 조약이다. 이 조약이 1963년의 시점에서 국제사회의 대표 기관인 국제연합의 총회로부터 효력을 가질 수 없는 조약으로 판정이 내려졌다는 것은 1910년 8월 말부터 시작된 한일 양국의 특수한 관계, 곧 식민 지배-피지배의 관계가 불법한 것이었음을 국제사회의 대표적 기구인 국제연맹과 국제연합이 다같이 판정한 것으로 큰 의미가 있다.

2) 대한민국의 식민지배에 대한 인식과 대일배상요구對日賠償要求

(1) 1919년 대한민국 임시정부 수립기의 '한국병합'에 대한 인식

미국의 윌슨 대통령은 제1차 세계대전의 종료를 앞둔 시점인 1918년 1월 8일 미국 의회의 합동 위원회 연두 연설에서 「14개조Fourteen Points」를 발표하였다.[28] 민족자결주의가 이에 포함되었다. 14개조 선언은 3년 전부터 모색되었다. 윌슨 대통령은 재임 2년째인 1915년 1월 평화 방책fomula of peace을 구하기 위해 개인 고문인 하우스 대령Colonel House을 런던, 파리, 베를린으로 보냈다. 그리고 1917년 1월 22일에 상원에서 "승리 없는 평화Peace without Victory"의 연설을 통해 14개조를 이미 예고했다.[29] 이 해 4월에 미국은 독일과 전쟁 상태에 들어감으로써 대통령의 모색은 더 적극적으로 될 수밖에 없었다.

"Also issued as Official Records of the General Assembly, 18th Session, Supplement No.9" (2) *Yearbook of the International Law Commission 1963*, p.503. (New York: United Nations, 1965) 'Documentary References' (3) Resolution 1902 (XVIII), *Yearbook of the United Nations 1963*, pp. 503~504. (New York: United Nations, 1965)

28 외교협약의 공개성, 항해의 자유, 무역에 있어서의 장애 제거, 군비 축소, 소수민족의 해방 등 일반 원칙, 그리고 전후의 평화유지를 위한 국제연합에 관한 문제 등을 언급하였다.

29 Arthur S. Link, *Wilson the Diplomatist*, A LOOK AT HIS MAJOR FOREIGN POLICIES, NEW VIEWPOINTS, A Division of Franklin Watts, Inc., New York/1974. pp 91~103.

1917년 10월에 러시아에서 볼셰비키 혁명이 성공하여 레닌의 공산정권이 등장하고, 공산주의의 세계 혁명을 달성하는 형태로 약소민족의 독립 지원을 선언하자 이에 대한 대응의 형식으로 1918년 1월 8일 의회에서 「14개조」를 발표하게 되었던 것이다.[30]

일본정부는 이 발표가 있은 지 5일 만인 1918년 1월 13일에 도쿄에 체류하던 영친왕을 귀국시켰다. 한국 왕래가 자유롭지 못했던 영친왕이 윌슨 대통령의 「14개조」 발표가 있은 직후에 갑자기 귀국하게 된 것은 심상한 일이 아니었다. 일본 정부는 미국 대통령의 민족자결주의가 일본의 한국 통치에 미칠 영향을 우려하여 국제사회를 상대로 일본 천황가天皇家와 조선 왕가는 민족자결주의가 적용될 필요가 없을 정도로 돈독한 사이라는 것을 국제사회에 보여줄 필요가 있었다. 당시 내각 총리대신은 한국병합을 주도하고 초대 조선총독이 된 데라우치 마사타케였다. 일본 정부는 영친왕의 갑작스런 귀국에 이어 같은 해 가을에는 21세가 된 영친왕이 일본 황족인 나시모토노미야梨本宮의 장녀 마사코方子와 결혼하게 될 것을 발표하였다.[31]

다른 한편으로 일본에 대해 가장 저항적이었던 '이태왕(고종高宗)'이 민족자결주의를 배경으로 다시 움직일 것에 대한 우려로 이에 대한 대책이 강구되었다. 조선총독부는 새삼스럽게 '이태왕'에게 재위 중에 반대했던 '보호조약'에 대한 추인을 요구하기로 하였다. 1910년 1월에 조선총독부는 조선인 사회 대표 수십 명으로 하여금 총독부의 이뜻을 '이태왕'에게 전달하게 하였고, '이태왕'은 방문한 그들을 준열히 꾸짖어 내쫓다시피 하였다. 그런데 이틀 뒤 '이태왕'은 침실에서 주검으로 발견되었다[32]

1908년 1월의 윌슨 대통령의 민족자결주의를 골자로 하는 「14개조」 선언은 국내외

---

30 Joel S. Poetker, *The Fourteen Points*(Charles E. Merrill Publishing Co., 1969), Chapter II, III.

31 이태진, 「고종황제의 毒殺과 일본정부의 首腦部」, 『歷史學報』 204輯, 2009, 437~438면; 이 책 2부 셋째 글.

32 朴殷植, 『韓國獨立運動之血史』 제4장, 太皇之犧牲於獨立運動; 이태진, 앞 논문, 2009 참조.

에서 항일 독립운동을 펼치던 한국인들에게 큰 기대감을 안겨주었다. 1918년 가을에서 1919년 초 사이에 독립선언운동의 움직임이 여기저기서 일어나고 있었다. 고종황제의 독살 소식은 이 움직임을 크게 자극하여 그의 인산因山(국장)을 계기로 3월 1일 대규모적인 독립만세운동이 일어났다. 이 독립만세운동 후 중국 상하이에 많은 독립 운동가들이 모여 의정원議政院을 창립하고 여기서 임시정부 수립을 결의하여 4월 13일에 대한제국을 계승하는 민국이란 뜻으로 대한민국을 국호로 채택하였다. 이 임시정부를 출범시킨 인사들은 윌슨 대통령과 파리 평화회의에 일본의 한국병합이 무효인 것을 알리고 민족자결주의에 따라 한국을 다시 원상회복reconstitution시켜 줄 것을 요청하는 청원서를 제출하였다.

1918년 8월 20일경 중국 상하이 프랑스 조계지租界地에서 여운형呂運亨을 비롯한 6인의 청년들이 모여 신한청년당新韓靑年黨을 결성하였다. 이들은 각지 독립운동 세력을 상하이로 결집하는 역할과 함께 윌슨 대통령의 민족자결주의에 따라 국권을 되찾는 국제적 활동을 수행하였다. 제1차 세계 대전의 승전국들은 연합국과 동맹국 간의 평화조약을 협의하기 위해 파리에서 1919년 1월 18일부터 평화회의Paris Peace Conference를 개최하기로 하였다. 신한청년당은 파리에 대표를 보내 이 회의에 한국의 뜻을 전달하고 독립을 요청하는 임무를 수행하기로 하였다. 신한청년당은 1918년 11월 하순경 당원이 20명 정도로 늘어난 상태에서 미국에서 대학을 졸업한 김규식金奎植을 파리로 파견하기로 결정하였다.[33] 김규식은 파리에서 한국위원부La Mission Coréenne를 세우고 몇 프랑스인들

---

33 이 일은 신한청년당 창설의 주역인 여운형(呂運亨)이 주도한 것으로 알려진다. 李庭植,『呂運亨 ─ 시대와 사상을 초월한 융화주의자』, 서울대 출판부, 2008, 160~164면. 김규식의 파견이 덕수궁의 이태왕(고종)의 뜻에 따른 것이라는 견해도 있다. 최덕규,「파리강화회의(1919)와 김규식의 한국 독립외교」,『서양사연구』35, 2015.

의 도움을 받아 임무를 수행하였다.[34] 그는 1919년 5월 12일자로 윌슨 대통령에게 보내는 서한을 쓰고 파리 평화회의에 제출해 줄 「독립청원서The Petition of the Korean People and Nation for liberation from Japan and for the reconstitution of Korea as an independent state」를 동봉하였다.[35] 여기서 주목되는 것은 두 가지이다.

첫째는 '병합조약'은 무효Null and Void이므로 폐기되어야 한다고 주장한 점이다. 청원서는 제20항 "병합조약의 폐기Abrogation of the Treaty of Annexation"에서 한국인들은 이 조약이 무효로 선언되어야 마땅하는 것을 제안한다고 하였다. 이 조약은 "기만과 폭력Fraud and Force"의 분위기에서 체결되었고, 당시의 황제(순종)는 일본에 의해 내세워진 '괴뢰' 황제로서 1천 500만 한국 국민과 그 영토를 일본 황제에게 넘겨줄 권한이 없었으며, 이 조약은 일본 스스로 1895년의 시모노세키 조약, 1904년의 「의정서」 등에서 한국의 자주 독립을 인정한 것을 스스로 위반한 것이며, 또 한국이 1882년 「조미수호통상조약」을 비롯해 다른 여러 나라들과 자주독립국으로서 조약을 체결한 정신을 크게 해치는 것이란 것 등을 이유로 들었다.

둘째는 윌슨 대통령에게 보낸 서한 끝머리에 대통령이 특별히 유의할 사항으로 적기摘記한 일본의 미래에 대한 언급이다. 즉, 서한은 일본의 장래에 대해 다음과 같이

---

34 김규식은 블라베라는 시인(詩人) 부부의 집에 사무소를 두고 그 집이 '한국홍보관' 역할을 했다고 한다. 김규식의 파리에서의 활동에 대해서는 長田彰文, 「ベルサイユ講和會議と朝鮮問題 ―パリでの金奎植の活動と日本の對應」, 『一橋論叢』 115卷 제2호(1996. 2)에 자세히 규명되어 있다. 이정식, 앞 책, 2008. 4. 독립운동의 시동(始動) 중의 '김규식 파견' '김규식 파송(派送)의 의의' 등은 주로 이 성과에 의거하면서 다른 자료를 보충하여 활동상을 정리 서술하였다.

35 김규식은 1919년 2월 1일 상하이를 출발하여 3월 13일에 파리에 도착하였다. 이때는 이미 평화회의가 시작된 뒤였다. 그래서 윌슨 대통령에게 보내는 서한(書翰)의 작성도 이렇게 늦어졌던 것이다. 이정식, 앞 책, 2008. 168면.

끝나지 않은 역사

예고하였다.[36]

일본의 대륙정책은, 첫째 중국의 인력과 자연자원의 점거와 통제를 통해 아시아의 헤게모니를 장악하는 것을 목표로 한다. 이는 오로지 한국을 지렛대로 삼아 대륙을 차지하는 것으로만 가능한 것이다. 그 다음은 일본 이민을 오스트레일리아와 미국 연안지역의 기름진 땅으로 들어갈 수 있게 하는 특별한 방법으로써 태평양의 지배를 목표로 하고 있다. 이것은 바꾸어 말하면 태평양을 일본해로 바꾸어 놓으려는 것이다.[37]

일본이 현재는 한국을 강제로 식민지로 만들고 있지만 멀지 않은 장래에 이를 지렛대로 삼아 인력과 자원 탈취를 위해 중국을 침략할 것이며, 나아가 오스트레일리아와 미국의 연안 지역에 일본인을 진출시켜 태평양을 일본해로 삼으려는 목표를 가지고 있다는 지적은 20여 년 뒤에 실제로 일어나는 중일전쟁과 태평양전쟁을 예고하는 것이었다.

김규식은 윌슨 대통령뿐만 아니라 로이드 조지 영국수상, 평화회의 의장인 클레망소 등에게도 서신과 청원서 두 가지를 보냈다. 그러나 파리위원부의 활동은 소기의 목

36 이 서한은 *Korea Review*, 1919년 7월호에 게재되었다. 서한 및 청원서의 복사물은 현재 스탠포드대학의 후버 도서관에 보관되어 있다고 한다. 필자는 *The Foreign Destruction of Korean Independence* (Seoul National University, 2007)의 저자인 캐롤 쇼(Carole Shaw)여사로부터 이의 제록스 복사를 받았다. 부록 1 참조.

37 원문을 옮기면 다음과 같다. "Japan's Continental policy aims, first, at the seizure of the hegemony of Asia through the DOMINATION AND CONTROL OF THE MAN-POWER AND NATURAL RESOURCES OF CHINA---possible only by the Japanese possession of the continental point d'appui of Korea — and, next, ENTRANCE FOR JAPANESE EMIGRANTS INTO THE RICH LANDS OF THE AUSTRALIA'S AND THE PACIFIC SEABOARD OF THE UNITED STATES — in other words, the CONVERSION OF THE PACIFIC INTO A JAPANESE LAKE."

적을 달성하기 어려웠다. 특히 일본은 조선 문제에 개입하면 국제연맹에 가입하지 않겠다는 태도를 보여 미국 대표단을 난처하게 만들었다고 한다. 미국 대표단은 한국위원부에 대해 어떤 조치나 태도를 표명하지 않았지만, 한국 문제는 윌슨 대통령의 고문인 하우스 대령Colonel House을 비롯하여 이후에도 미국 외교선상에서 유력했던 인물들의 관심을 끌었다고 한다.[38] 평화회의가 열리는 파리에 위원부를 두고, 국제법 이론을 동원하여 한국병합의 폐기를 국제평화회의에 '청원'하는 활동을 편 것은 1906년의 프랑스 국제법학자 프란시스 레이의 논문, 그리고 이 논문을 활용하여 1905년 보호조약의 무효를 판정한 1935년의 조약법에 관한 '하버드 법대 보고서'의 존재를 상기하면, 한국 독립운동 단체의 능동적인 행위로서 앞으로 더 주의 깊게 살펴볼 가치가 있다. 특히 「청원서」가 한국병합조약에 대해 "null and void"란 전문용어를 사용하고 있는 것은 독립운동세력이 국제사회를 상대로 병합의 불법성을 알리기 위해 특별한 노력을 기울이고 있었던 것을 단적으로 보여주는 것이다.

(2) 1945년 해방 후 한국의 식민지 지배에 대한 배상 요구

① 1945~1947년 미국 트루먼 행정부의 '엄격한' 대일배상對日賠償 요구 방침

트루먼 대통령은 1945년 11월 13일에 그의 절친한 친구인 에드윈 포레Edwin E. Pauley를 단장으로 한 미국의 대일배상사절단을 일본 도쿄에 파견하였다.[39] 이 사절단은 조사활동을 가진 뒤 그해 12월 7일 중간보고를 발표하였다. 일본의 군국주의가 부활하지 못하도록 일본의 여잉의 공업설비를 제거하여 일본의 침략을 받은 나라들에 옮기는 것을 골자로 하는 내용이었다. 한국(남조선)에 대해서도 같은 논리로서 "독립한 조선경제

---

38 李庭植, 앞 책, 2008, 170~171면.

39 이하의 서술은 太田修, 『日韓交涉 請求權問題の硏究』(クレイン, 2003) 36~39면에 근거함.

의 부흥에 역할하기"위해 배상청구의 일부로서 "조선의 자원과 인민을 착취하기 위해 사용된" 일본의 산업설비를 남조선으로 이전하는 것을 트루먼 대통령에게 건의하고 있다. 카이로 선언과 포츠담 선언의 정신을 준수하는 자세였다.

한편 미 군정청은 워싱턴의 이러한 대일배상정책에 따라서 1946년 특별경제위원회 Special Economic Committee를 설립하고 여기서 한국(남조선) 측의 대일배상요구 리스트와 일본 측의 남조선에 대한 요구 리스트의 작성에 착수하였다. 특별위원회는 일본의 식민지 지배는 부당하며, 따라서 일본은 식민지 지배에 의한 한국인(조선인)의 손실도 보상하지 않으면 안 된다는 전제 아래 작업을 진행하였다. 그 결과, 남조선의 대일배상요구액이 492억 5,428만 8,000엔, 일본의 대남조선對南朝鮮 요구액이 88억 939만 9,420엔이 되어, 일본은 그 차액(403억 6,488만 8,600엔)을 남조선에 지불할 의무가 있는 것으로 결론이 났다. 그러나 미국의 이러한 자세는 잘 알려져 있듯이 1947년 8월까지만 지속되었다. 냉전체제가 형성되어 가면서 미국의 정책은 한국 측에 불리하게 바뀌어 갔다.

② 남조선 과도정부의 대일배상요구액 집계

1945년 9월 7일 미국 극동사령부는 남한에 군정을 선포하였다. 이후 좌, 우의 정치세력이 대립하는 가운데 미소공동위원회가 두 차례(1946. 3. 20, 1947. 5. 21) 열렸지만 미소의 대립은 끝내 남, 북한 각기의 정부 수립을 가져왔다. 남한에서는 미군정의 주도 아래 1946년 12월 12일 '남조선과도입법의원'(의장 김규식)이 개원하고, 이듬해인 1946년 6월 3일 미군정이 남한의 한국인 기구를 '남조선과도정부'로 개칭하여 남한 단독정부 수립에 필요한 조치를 이끌게 하였다.

1947년 8월 13일 과도정부의 정례정무회의는, 대일배상의 요구액 강구를 위한 자료 조사 및 구체적인 대책 입안을 위해 '대일배상문제대책위원회對日賠償問題對策委員會'

(이하 '위원회')를 설치하기로 결정하였다. 위원회는 과도정부의 상무부장商務部長 오정수吳禎洙를 위원장으로 하는 위원 6인으로 구성하고 그 아래 민간인 위원을 위촉하여 전문분과위원회를 구성하였다. 대일배상문제에 관한 최초의 본격적인 이론연구와 자료조사가 이 위원회를 통해 이루어졌다.[40]

과도정부의 각 부처는 신문에 조사협력 요청의 기사를 게재하면서 기초 조사 실시에 들어갔다. 그 과정에서 생산된 조선은행의 조사 자료를 비롯한 금융자산에 관한 주요한 자료들이 확보되었다. 재무부는 11월에 조선은행·식산은행·저축은행·상업은행 등 각 금융기관의 9월 현재 조사를 합쳐 (1) 일본인에의 대부금 (2) 일계日系유가증권 (3) 대일본 미수금 (4) 해외점포, 동산, 부동산 (5) 일본국고금 등 16항목을 중심으로 총액 198억 2565만 9638엔 40전, 400만 상하이 달러, 지금地金 249톤 633키로 198그램 61, 지은地銀 89톤 102키로 205그램 12라는 구체적 데이터를 확보하였다.[41]

과도정부 내의 '위원회'는 11월 6일부터 각 부처가 조사, 제출한 자료를 본격적으로 검토하여 1948년 1월에 (1) 조선에서 공채 기타의 금괴, 귀금속의 반환 (2) 조선선박의 배상 (3) 체신부 관계의 우편 위채 저금의 반환 (4) 조선인에 대한 일본 정부의 은급恩給 청구 (5) 징병, 징용에 대한 배상요구 등의 5종목을 중간 결정으로 발표하였다. 또 대일배상요구 총액은 당초 1조 4267억 8601만 9675엔이었지만, 그 후 심사기준의 통일작업과 검토 작업이 이어져, 과도정부에서의 최종적 요구액(1948. 4월 말)은 총액 410억 9250만 7868엔으로 정리되었다.[42]

---

40 이상 '위원회'에 관한 서술은 太田修, 앞 책, 2003, 39면 참조.
41 太田修, 앞 책, 2003, 40면.
42 太田修, 앞 책, 2003, 42~43면.

끝나지 않은 역사

③ 남조선 과도정부의 대일배상요구의 기본정신

대일배상요구액을 집계하면서 배상의 기본정신에 대한 검토 작업도 함께 이루어졌다. 『신천지新天地』1948년 1월호에 실린 이상덕李相德[43]의 「대일배상요구의 정당성」은 이 부면에서 대표적인 글로 평가된다.[44] 배상문제에 대해 상당한 수준의 전문성을 가진 글이다.

이상덕은 서두에서 제1차 세계대전의 배상 문제에 대해 미국 우드로 윌슨 대통령의 「14개조」 원칙에 표현된 '완화 배상'의 사상과 프랑스 국민정신의 결정結晶으로서 조르주 클레망소 수상(평화회의 프랑스 대표)에 의해 표명된 '징벌적 전액 배상주의' 두 가지 사상이 등장한 것을 먼저 지적하였다. 베르사이유 평화조약의 정문正文에 규정된 사항들은 허다한 난제를 가졌지만 두 가지 사상이 교차한 것이라고 하였다. 그리고 1차 대전은 중세의 봉건제도를 계승 발전한 제국주의적 식민지 쟁패전이었으나 이번의 2차 대전은 파시즘 침략에 대한 민주주의의 방위 전쟁, 곧 해방전쟁으로서 특색을 가지는 점을 지적하였다. 전쟁 범죄인에 대한 소송에 의한 권리행사〔訴求〕는 그 대표적인 예이고, 대서양헌장Atrantic Charter에 제시된 이상과 그 실현으로서의 국제연합UN 헌장에 포함된 정신 역시 민주주의 원칙에 입각하여 일체의 포학지배를 배제하려는 것이라고 역사성을 짚었다.(29면)

이 글은 1945년 7월의 포츠담 선언에서부터 1947년 5월 20일 극동위원회의 결정까지 그간에 이루어진 연합국의 대일 기본방침을 여덟 가지로 정리하여 제시하였다.

---

43 이상덕(李相德:1916. 12. 22생)의 주요 경력은 다음과 같다. 한국은행 조사부장, 외국부장, 오사카 지점장을 거쳐 이사, 감사를 역임하고 제2차 한일회담의 대표로 참여하였다. 이후에 부산은행 은행장, 동양나이론 부사장, 한국주택은행 은행장, 서울투자금융 대표이사 등을 역임했다. (중앙일보사, 『한국을 움직이는 인물들』, 1995 제1판)

44 『신천지(新天地)』1948년 1월호. 太田修, 앞 책, 2003, 43~44면 인용. 필자는 서울대학교 중앙도서관 수장본을 활용하였다.

(29~31면)

1. 포츠담 선언의 대원칙 (1945. 7.)

2. 일본 관리정책에 관한 미국의 대일 방침對日方針 성명 (1945. 9. 22)

3. 포레 배상사절단의 중간보고 성명 (1945. 12. 6)

4. 재벌의 해체와 일본관리 정책[45]

5. 극동위원회의 배상범위 제1차 결정 및 동同 추가 (1946. 5. 13)

6. 고故 리치장관 언명言明 (적산관리 문답, 1947. 2. 8)

7. 워싱턴 AP 통신 (1946. 11. 14) ; 포레 배상사절 언명言明에 따른 조선의 배상 요구의 길

8. 일日 배상분배원칙에 대한 극동위원회 결정 (1947. 5. 20)

　위와 같은 파악은 당시 과도정부가 미국을 중심으로 한 연합국 측이 일본에 대해 취하려는 배상 조치의 향방을 예의 주시하고 있었다는 것을 의미하기에 충분하다. 이상덕은 근 2년 간의 추세를 위와같이 정리한 다음, 이번의 대일배상의 기본이념은 침략국의 전력 제거, 재군비再軍備의 방지를 목적으로 하는 것으로, 1차 대전 후의 처리처럼 승자의 보복을 패자의 부담으로 과하는 사상은 배제되어 있는 것이라고 하였다. 그러므로 1차 대전과 같은 장래의 새로운 생산물에 의한 반복 배상보다는 약간의 예외를 제외하고는 직접 생산시설의 철거에 중점이 두어지고 있고 일정한 기본선 안에서 패전국의 평화적 경제재기를 허용하여 영구 평화의 방책을 건설하는 구상을 가지고 있다고 평가하였다.(31면) 1차 대전의 패전국 독일에 대한 과도한 반복적 배상이 독일의 파시즘을 초래한 지난 역사를 반성으로 삼아 대응하고 있는 점을 바르게 지적하면서 그것

---

45 일본 군국주의 하에 군수산업을 주도한 황족(皇族), 화족(華族)들의 대기업 해체에 관한 내용으로 이상덕 자신의 소견(所見)으로 보인다. 앞으로의 검토가 요망된다.

　　　　　　　　　　　　　　　　　　　　　　끝나지 않은 역사

이 패전국에 대한 관용을 의미하는 것은 아니라고 하였다. 패전국이 다시 전쟁을 일으킬 기반을 제거하는 것이 목적임을 분명하게 밝힌 것이다.

그는 제2차 세계대전의 목적이 바로 국제정의의 옹호에 있다는 것을 언명한 다음, 연합국의 승리로 국제정의의 권위가 회복된 가운데 '조약의 신성'을 유린한 일본은 준엄한 심판을 받고 있다고 상황을 정리하였다. 일본의 장구長久한 조선지배가 국제정의의 기본적 조건인 도의, 공평, 호혜互惠의 원칙에 입각한 것이 아니라 카이로 회담, 포츠담 선언에서 "조선인민의 노예적 상태"라고 지적하였듯이 폭력과 착취의 지배이었음을 상기시켰다. 1910년의 '한일병합'은 조선인민의 자유의사에 반하여 일본으로부터 강제되었던 것이며, 이번의 대전大戰에서도 일본은 조선인들을 전쟁에 강제로 동원하였지만 조선인민은 가능한 모든 방법으로 끈기 있게 반항한 사실을 언급하였다. 그러나 대일배상에 있어서의 조선의 요구는 일본을 징벌하기 위한 보복의 부과가 아니라 폭력과 탐욕의 희생이 된 피해 회복을 위한 필연적 의무의 이행이라고 밝혔다. 우리의 기본적 이념은 경제적 업무의 해결로서 정치적 해결이 아니며, 이의 보장은 연합국의 전쟁 목적과 연합국이 일본국에 과하려는 정신과 일치하는 것이라고 하였다.(32면)

이상덕은 대일배상요구의 기본정신을 이상과 같이 정리한 다음 배상요구의 기본적 표준을 다음과 같이 규정하였다.

一. 일본으로부터 강제된 합병 이래, 약탈·강탈·학대·강압 등에 의한 일체의 희생 또는 손해손실은 그 정당한 소유자 또는 피해자에게 보상 또는 반환한다.

二. 일본이 기도하고 강제적으로 관련시킨 전쟁의 결과, 조선인이 입은 일체의 손해 및 손실은 그 책임이 일본국에 있다고 단정하며, 그 보상을 주장한다.

三. 1945년 8월 9일 포츠담 선언 수락 이후, 9월 7일 미군진주美軍進駐 때까지의 진공상태에 일본의 잔존세력의 집정과 책임 아래 조선의 불이익을 초래한 일체의 배신적 불법

행위 혹은 재산상의 침략은 무효 또는 보상한다.

四. 조선내의 유체무체有體無體 일체의 일본인 재산은 우리들의 노력과 우리들의 자원을 착취하여 비대肥大한 것으로서, 그 소유가 일본정부와 그 대행기관 또는 인민 여하를 불문하고 조선국가에 무상으로 귀속하는 것을 주장한다.

五. 조선 내에 거주 또는 소재, 또는 조선 외에 거주 또는 소재를 불문하고 일본인 또는 일본인 지배하의 법인이 부담하는 금전채무는 변제기한의 도래를 묻지 않고 즉시 반제返濟하는 것을 주장한다.

대일 배상요구의 기본정신에 관해서는 이상덕의 위 글에 앞서 1947년 가을, 조선은행 부총재 구용서具鎔書를 비롯한 금융기관 책임자 4인이『서울신문』을 통해 발표하기 시작하였다.[46] 그 글들에서도 한결같이 "해방조선은 국제법적 의미에서의 교전국이 아니라, 세계사상에 선례가 적은 해방국解放國이다", 따라서 "조선의 대일배상청구"는 "전승국이 패전국에 대해 요구하여 승자의 손해를 패자에 부담시키는 전비戰費 배상의 개념과는 성질이 다르다", "과거 수십 년 간 식민지로서 강제 권세權勢에 의해서 일방적으로 수탈, 약탈, 착취된 것에 대한 보상을 의미한다"는 논지를 폈다. 재무부의 관료와 '위원회'의 위원, 기타의 관계자들도 같은 주장을 반복해서 폈다.[47]

④ 1948년 이후 냉전체제의 '상황 논리' 등장과 샌프란시스코 대일평화조약 및 한일회담

1947년 1월 28일 클리퍼드 스트라이크Clifford Stewart Strike를 단장으로 하는 '대일배상

46 구용서,「대일배상과 산업재건 – 통화보상의 확보, 금융통화편」등,『서울신문』1947년 10월 25일~11월 22일 간에 4편 발표. 太田修, 앞 책, 2003, 43면.

47 太田修, 앞 책, 2003, 43면.

특별조사단'이 일본으로 와서 2월 18일 맥아더 사령관에게 「제1차 스트라이크 보고서」를 제출하였다. 1946년 11월 3일 맥아더 사령부가 준비한 일본의 신헌법이 공포된 2개월여 뒤였다. 지금까지 추구해온 '엄격한' 대일배상정책을 실시하면 일본경제가 어려운 가운데 미국의 일본 점령비 증대로 미국의 재정 부담이 증대하고, 이는 곧 미국의 납세자의 부담을 늘이는 결과를 가져온다고 하였다.

이어 1948년 3월 10일에 공표된 「제2차 스트라이크 보고서」는 배상의 삭감 또는 방기에 의해 미국의 납세자 부담이 경감된다고 하는 '납세자의 논리'에 더하여, 냉전체제가 굳어가는 상황에서 이러한 변개는 극동지역 전체의 이익을 가져오는 것이라는 '냉전의 논리'가 더해졌다. 그리고 8월에는 극동위원회[48]가 연합국만이 일본으로부터 배상을 취득할 수 있고, 남조선은 극동위원회의 멤버가 아니기 때문에 배상 배분의 대상이 되지 않는다는 결정을 내렸다. 남조선은 일본인이 남기고 간 재산의 취득으로 만족해야만 한다고 하였다. 초기의 미국의 엄격주의가 크게 바뀌는 변화가 일어난 것이다. 1947년 가을부터 남조선에서 대일배상 문제에 관한 논설 글들이 잇따른 것은 1947년 워싱턴과 도쿄에서의 심상치 않은 움직임을 의식하여 나온 것들이었다.

제2차 세계대전 종료 후 세계는 중국의 장래를 주목하였다. 장제스蔣介石의 국민당과 마오쩌둥毛澤東의 공산당 중 어느 쪽이 주도권을 쥐고 중국 대륙을 통치하느냐에 눈길이 쏠렸다. 1945년 10월 충칭重慶에서 만난 두 지도자는 내전을 피하고 정치의 민주화를 위한 정치회담 소집에 일단 합의하였다. 1946년 1월 미국의 중재로 공동정부 수립에 대한 합의로 진전을 보았지만, 인준 과정에서 국민당의 합의안 번복으로 결국 실패로 돌아갔다.

48 태평양전쟁이 끝나면서 미국이 단독으로 일본을 점령하여 연합군 최고사령부(Supreme Commander of the Allied Powers, SCAP / General Headquarters, GHQ)가 통치하였으나 1946년 2월 26일에 11개국으로 구성된 극동위원회가 발족한 이후로는 이 위원회에서 일본 관리에 대한 기본정책을 결정하였다.

1946년 6월 장제스의 국민혁명군은 본격적으로 공산당 지구를 침공하여 전면적 내전이 시작되었다. 국민혁명군은 병력, 장비, 보급 등 모든 면에서 인민해방군红军보다 우세했고, 미국의 지원까지 받고 있어서 내전은 곧 종식될 듯하였다. 그러나 무리하게 점령지를 늘려 병력을 지나치게 분산시키는 전략적 오류, 총체적 부패, 인플레로 인한 경제 붕괴 등으로 1948년부터는 상황이 공산당 측에 유리하게 전개되었다. 1948년 가을 둥베이东北 인민해방군은 만주에서 국민혁명군을 격파한 뒤 파죽지세로 남하하여 1949년 1월 말 베이징 입성에 이어 1949년 10월 중화인민공화국 수립이 선포되었다. 미국의 대일배상요구정책은 중국 대륙의 이러한 상황 변화에 따라 극동의 공산화에 큰 위기감을 느끼고 백팔십도로 바뀌게 되었던 것이다. 1948년 4월 1일의 소련의 베를린 봉쇄는 미국의 정책 전환을 더욱 가속화시켰다.

1949년 10월 미국의 국가안전보장회의NSC는 일본을 반공의 보루로 삼기 위해, 대일평화조약은 될수록 간략하게broef, 일반적으로general 할 것이며, 그리고 비징벌적으로non punitive 할 것을 목표로 명시하였다.[49] 이 방침이 1949년 에치슨의 국무장관 취임, 딜레스의 국무장관 정책 고문 취임 이후 대일평화조약은 배상책무를 없애는 쪽으로 가닥을 잡아 12월 29일자로 대일평화조약 초안이 만들어졌다.

1950년 6월에 한국전쟁이 발발한 가운데 9월 22일 딜레스에 의해 "대일배상권의 포기"를 포함한 대일강화 7원칙이 작성되고, 이를 토대로 1951년 5월 '대일평화조약 미영美英공동초안'이 작성되었다. 이 초안에 대한 6월 1일자 미 국무성 코멘트 문서에서 한국은 서명국 리스트에서조차 삭제된 상태에서 6월 4일 개정된 미영공동초안이 나왔다.[50] 대일평화조약은 이런 경위를 거쳐 1951년 9월 8일 미국 샌프란시스코에서 참가한 48개국 대표들이 서명하여 1952년 4월 28일에 발효되었다. 이 평화조약은 파시즘

---

49 장박진, 『식민지 관계 청산은 왜 이루어질 수 없었던가』, 논형, 2009, 196면.
50 장박진, 앞 책, 2009, 199면, 212~214면.

끝나지 않은 역사

에 대한 민주주의 진영의 응징이란 당초의 방침이 공산주의 세력의 확대란 새로운 정세에 대처하기 위해 강구된 '상황논리'의 산물이었다.

한편 남조선은 1947년 11월 국제연합 총회에서 한국 총선거안이 가결되어 한국임시위원단을 설치하고 1948년 5월에 남한 총선거를 실시하여 제헌국회가 개원되고 8월 15일에 대한민국 정부 수립이 선포되었다. 첫 출범한 이승만 정부는 1949년 연초부터 「대일배상요구조서」를 마련하여 9월에 도쿄의 연합군 최고사령부GHQ에 보냈다.[51] 이 「조서」는 과도정부 아래서 앞에서 언급한 '대일배상문제대책위원회'가 준비한 것을 토대로 만들어진 것이었다. 그러나 미국의 대일배상요구 정책이 1948년에 크게 변하면서 효용성을 크게 상실하게 되었다. 미국정부는 1950년 6월 이후 한국이 공산권과 전쟁을 치르는 상황에서 한국정부에 대해 「대일평화조약」에 근거하여 일본과 회담을 가지기를 종용하였다. 한국정부는 서명국에서 배제된 것에 대한 불만이 많았지만 전시상황인데다가 최대의 우방국인 미국정부의 종용을 거부하기 어려운 여건에서 이에 응하여 1952년부터 한일회담이 시작되었다. 「샌프란시스코 평화조약」은 중일전쟁과 태평양전쟁 중에 입은 재산상의 피해에 대한 청구를 허용하고 식민지 지배에 대한 배상은 논외로 하였으므로 한일회담의 협상도 이 테두리에서 진행될 수밖에 없었다.[52]

51 이원덕, 『한일과거사의 처리의 원점 - 일본의 전후처리 외교와 한일회담-』(서울대학교 지역연구 총서 9, 서울대학교 출판부, 1996) 23면, 太田修의 앞 책, 2003, 제1장에서 이 문제가 1945년 8월 해방 직후에 여러 사회단체로부터 요구가 제기되기 시작하여 1949년 정부의 안으로 발전한 경위가 자세하게 다루어졌다.

52 한일회담이 식민지 지배에 대한 청산이 아니라 중일전쟁, 태평양전쟁에서 입은 재산상의 피해에 대한 배상 청구에 한정한 것이란 사실에 대한 본격적 연구로는 太田修, 『日韓交渉 -請求權問題の研究-』(クレイン, 2003)가 가장 앞선다. 장박진의 「한일회담에서의 피해보상 교섭의 변화과정 분석 -식민지 관계 청산에 대한 '배상', '청구권', '경제협력' 방식의 '연속성'을 중심으로」(2008년 3월 발간 『정신문화연구』 제31권 제1호)가 회담의 연속성의 관점에서 1차 자료를 활용하면서 같은 논지를 심층적으로 분석하였다.

이승만 정부는 1949년 9월의 「대일배상요구조서」에서 식민지배 하의 피해에 해당하는 부분(제1부)을 제외하고 나머지를 '8항목'으로 변경하였다. 그러나 환수 요구 액수는 24억 달러에서 4억 달러(제1부: 지금地金, 지은地銀, 서적, 미술품 및 골동품, 선박, 지도원판 등 현물) 정도를 감하減下하는 선에서 수정하여 고액(20억 달러) 청구를 고수하였다. 이 고액 청구가 회담의 진행을 어렵게 하는 요인으로 잠복했다고도 볼 수 있지만, 모든 액수에 대한 증빙 자료를 갖춘 것으로 전한다.[53] '고액'에 큰 변화가 생긴 것은 장면張勉 정부 아래서의 제5차 회담에서였다. 일본정부는 한국경제의 피폐상을 염두에 두면서 '경제협력의 논리'를 새로 개발하여 회담의 성사를 노렸다. 1965년의 한일협정에서 합의된 무상 3억 달러, 유상 2억 달러, 경제 협력금 3억 달러의 편성은 일본 측의 한국병합 합법의 논리, 그리고 반공전선의 경제협력 논리가 바탕에 깔린 것으로 식민지 지배의 파시즘이 저지른 숫한 죄과에 대한 배상과는 거리가 크게 멀어져 있었다.

이 논문은 국민대학교 일본학연구소가 발행한 『의제로 본 한일회담, 외교문서 공개와 한일회담 재조명 2』(선인, 2010)에 부분 수정을 가하여 전재되었다. 장박진은 이 논문의 논지를 발전시켜 2009년에 저서로 『식민지 관계 청산은 왜 이루어질 수 없었는가? -한일회담이라는 역설-』(논형)을 출간하였다.

2005년 6월 3일~4일 경기도 고양시 KINTEX에서 열린 "1905년 을사조약에서 1965년 한일협정까지, 진정한 한일 우호관계를 위한 반성과 제언"(서울대 한국문화연구소, 역사학회, 서울국제법연구원 공동 주최)에 제출된 金昌祿, 「1965년 '한일조약'에 대한 법적 재검토」와 太田修, 「財産請求權問題の再考-脫植民主義の視覺から」에서도 같은 지적이 있었다.(李泰鎭·笹川紀勝 편, 『한국병합과 현대』(한국어 판: 太學社, 2009. 일본어판: 明石書店, 2008) 수록) 최근에는 金泳鎬, 「한일지식인 공동 성명과 동아시아 신시대」(『한일 역사문제의 핵심을 어떻게 풀 것인가?』, 지식산업사, 2013)에서도 한일협정(한일조약)의 한계로서 식민지배 청산 문제가 논외였던 것을 상기시키고 이 문제를 푸는 새로운 길을 모색하였다.
53 李元德은 『한일 과거사 처리의 원점』(서울대학교 출판부, 1996, 23~24면)에서 유진오(俞鎭五)의 「남기고 싶은 이야기: 한일회담 (5)」(『중앙일보』 연재, 1983. 9. 2.)를 인용하여 증빙자료가 충실하게 작성된 것들이었는데, 한국전쟁 중에 소실되어 현재 〈조서(調書)〉만이 남겨진 상태라고 밝혔다.

3) 국제연합의 정신에 반하는 1965년 한일협정

「샌프란시스코 평화조약」에 근거하여 1952년 2월부터 한일회담이 시작되어 이승만 정부에서 1~4차, 장면 정부에서 5차, 박정희 정부에서 6, 7차를 거쳐 1965년 6월에 마침내 「한일협정」이 체결되어 양국 각기 국회의 비준을 거쳐 효력을 발생하였다.

한일회담이 진행될 때, 한국의 상황이나 국민의 반응은 정권별로 달랐다. 이승만 정부 때의 4차에 걸친 회담 때는 전시(6·25 전쟁)일 때도 있었고, 양국 대표 간의 의견 차이의 폭이 커서 결렬 상태가 오래 계속되어 정부와 국민 간에 견해가 다를 때가 별로 없었다. '대일굴욕외교 반대투쟁'은 장면 정부 하의 제5차 회담에서부터 나타나고 박정희 정권의 제6차, 제7차에서 강하게 그리고 자주 발생하였다. 제6차 회담은 5·16 군사정변 발발 후 1년 반 정도 지속된 계엄령(1961. 5. 16 ~ 1962. 12. 4) 하에서 진행되었고, 협상의 '청구자금' 액수가 윤곽을 드러내는 시기인 1964년 초부터는 대학가를 중심으로 반대 시위가 격렬하게 일어나 다시 비상계엄령이 선포된 가운데(6·3 사태) 협상이 마무리 단계를 밟았다.

1964년부터 반대시위가 격렬해질 때 한국 국민들은 대부분 일본으로부터 받는 '청구자금'이 식민지 지배에 대한 배상금으로 알았다. 36년간의 고통과 압박에 대한 대가가 고작 8억 달러인가, 그것도 무상은 3억 달러에 불과하다는 데 분노하였다. 정부는 이에 대해 자세한 경위나 사정을 국민에게 알리거나 설득할 기회나 여유가 거의 없었다. 한일회담이 「대일평화조약」의 영향 아래 식민지배에 대한 배상문제는 논외였다는 사실은 1994년, 특히 2005년 관련 외교문서가 공개되기 전까지는 전공 연구자들조차 아는 사람이 드물 정도로 공개된 정보가 없었다. 직접 협상에 임한 극소수의 관료들 외에는 실상을 알 수 없었다.

1965년의 한일협정은 '기본관계에 관한 조약'을 비롯해 '재일교포의 법적 지위와 대우에 관한 협정', '어업에 관한 협정', '청구권·경제협력에 관한 협정', '문화재·문화협력에 관한 협정' 등 4개의 협정들로 구성되었다. 이 가운데 '대한민국과 일본국 간의 기본관계에 관한 조약', 그리고 이에 대한 양국 당국의 해석을 둘러싼 이견 대립은 이 협정이 식민지 지배에 대한 배상을 포함한 것으로 인식하게 만들었다. 기본조약 제2조에 "1910년 8월 22일 및 그 이전에 대한제국과 대일본제국 사이에 체결된 모든 조약 및 협정이 이미 무효임을 확인한다"고 규정한 이상 이 협정이 양국의 과거 관계를 다룬 것이라는 인식을 주기 마련이다. 차라리 양국 간의 협상과 협정은 1951년 「샌프란시스코 평화조약」에 입각하여 중일전쟁(1937), 태평양전쟁(1941)으로 입은 피해에 대한 배상을 취급한다는 것을 「기본관계」에서 명시하였더라면 이런 상황은 빚어지지 않았을 것이다.

「기본관계」에 관한 협의는 1952년 2월 16일 본회의 제2회 회합에서 일본 측이 '일본국과 대한민국 간의 우호조약 초안'을 제출한 것이 단초가 되었다.[54] 이 초안은 전문 머리에 "일본국은 1951년 9월 8일 샌프란시스코에서 서명된 일본국과의 평화조약 규정에 따라 조선의 독립을 승인하고 제주도, 거문도 및 울릉도를 포함한 조선에 대한 모든 권리, 권한 및 청구권을 포기했다"고 하여 「샌프란시스코 평화조약」 제2조(a)를 거의 그대로 인용하여 일본의 조선독립 승인을 명시하고 "양국은 양국 간의 새로운 관계 발생에서 유래하는 각종 현안을 화협和協의 정신에 따라, 나아가 정의와 형평의 원칙에 따라 신속하게 해결할 것"을 제창하였다.(273면) 한국은 본론에서 살폈듯이 과도정부에서부터 대일배상요구에 대해 물리적, 정신적 준비를 다하고 이승만 정부가 이를 토대로 「대일배상요구조서」(1949)를 갖추기까지 하였다. 1951년부터는 「샌프란시스코 평화조약」에 서명국으로 참여하기 위해 '한일합방조약 무효론'의 입장에서 '대일평화

---

54 이하 「기본관계」에 관한 서술은 吉澤文壽, 「한일국교정상화 교섭에서의 기본관계 교섭」, 『의제로 본 한일회담』(국민대학교 일본학연구소, 2013)에 의거한다.

끝나지 않은 역사

조약에 관한 기본태도와 법적 근거'를 준비하고 있었다. 이런 대응책을 강구해온 한국 정부로서는 이 '초안'을 받아들일 수 없었다. 같은 해 3월 5일 제4회 회합에서 한국 측은 '대한민국과 일본국 간의 기본조약(안)'을 제시하였다. 그 제1조에서 "대한민국은 일본국을 독립주권국가로서 승인한다"고 하여 일본이 전후 국체가 바뀐 것을 짚은 다음, 제3조에 "대한민국 및 일본국은 1910년 8월 22일 이전에 구 대한제국과 대일본제국 간에 체결된 모든 조약 또는 협정은 무효라는 것are null and void을 확인한다"는 문안을 제시하였다.(274면) 이것이 1965년 한일협정의 「기본관계에 관한 조약」 제2조의 구 조약의 효력시기에 관한 논란의 시원始源으로서, 이에 따르면 일본의 식민지배는 불법으로 규정되는 것이었다. 한국 측은 일본 측에 유리한 「대일평화조약」을 근거로 시작한 회담에서, 일본 측이 벽두에 「대일평화조약」을 배경으로 삼아 식민지배의 과거를 묻어버리고 향후의 양국 관계 중심으로 작성된 '초안'을 제시하자 이에 적극적으로 대응해 나가지 않을 수 없었던 것이다. 과거에 대한 양국의 이러한 큰 인식 차이는 물론 한두 차례의 회합으로 타결될 수 있는 것이 아니었다.

1953년 4월 15일부터 시작된 제2차 회담에서 '구 조약 무효 확인사항'은 회피되다시피 하였다. 거론 자체가 회담을 결렬시킬 소지가 크다는 인식에서였다. 1953년 10월부터 시작된 제3차 회담은 '구보타久保田 대표 발언'으로 결렬되어 회담은 이후 4년간 중단되었다. 1957년 12월 회담 재개를 위한 「한일공동선언」에서 '구 조약 무효 확인사항'은 의사록에 올랐지만, 1958년 4월 15일부터 시작된 제4차 회담에서 기본관계위원회는 한 번도 열리지 않았다. 1960년 4월 한국에서 4·19 혁명으로 이승만 정부가 무너지고 장면 정부가 들어서는 큰 정치변혁이 일어났다. 장면 정부는 극심한 경제난으로 한일회담의 재개를 희망하여 1960년 12월 1일에 제5차 회담이 시작되었지만 구 조약 문제는 진전이 없었다. 그리고 이듬해 5월 군사정변이 일어나 박정희 군사정권이 들어서서 한일회담은 정권의 큰 과제인 경제개발 문제와 맞물려 급진전을 보기 시작하였다.

1964년 12월 제6차 회담이 시작되었다. 한국정부가 일본정부의 외무대신의 방한을 요청한 상태에서 시작되었다. 1965년 2월 17일로 방한이 예정된 가운데 협상은 박차가 가해졌다. 기본관계위원회는 모두 13차나 열리면서 조기 타결이 촉구되었다. 양측은 여러 차례 각기의 안을 제시하였지만 일본 측은 한국 측이 제1차 회담 때 제시한 '일본국과 대한민국 간의 우호조약 초안'("대한민국 및 일본국은 1910년 8월 22일 이전에 구대한제국과 대일본제국 간에 체결된 모든 조약 또는 협정은 무효")을 받아들이되 "체결 당초에는 유효였다"고 해석할 수 있는 여지를 만들기를 바랐다. 한국 측은 이 6차 회담에서 이에 관한 내용을 아래와 같이 영문으로 작성하여 제시하고 있었다.

Article III. It is confirmed that all treaties or agreements concluded between the Empire of Korea and the Empire of Japan on or before August 22, 1910 **are null and void**.

2월 17일 시이나 에쓰사부로椎名悅三郎 외상이 방한한 가운데 2월 18일 실무자 회의를 거쳐 2월 19일 양국 외무장관과 외무대신이 자리한 '청운각 회합'에서 이 문제는 "are null and void"를 "are already null and void"로 수정하는 것으로 합의를 보았다. '무효'를 '이미 무효'로 바꾸어 무효의 시점에 대해 각기의 해석이 가능한 여지를 만들었던 것이다.[55]

요시자와 후미토시吉澤文壽교수는 1965년 한일협정의 「기본관계조약」은 상호이해를 거치지 않고 외교관계의 수립을 서두른 이른바 '동상이몽'의 산물이며, 한국·일본, 그

---

[55] '청운각(靑雲閣) 회합'에 관한 기록은 양국이 공개한 외교문서 어느 쪽에도 포함되어 있지 않은 것으로 확인되어 이 타협이 어떤 의도 아래 이루어졌는지 확인이 되지 않는다. 吉澤文壽, 앞 논문, 2013, 295면 참조.

끝나지 않은 역사

리고 미국이 보려고 했던 '꿈'은 동아시아 반공체제를 구축하여 한국의 경제부흥을 실현시키고 아울러 동맹국이 공산국가군을 압도하여 성장해 나가는 모습이었다고 하였다.[56] 이어서 그는 "냉전이 종결되고 20년이 지난 현재의 동아시아에서 새로운 지역세계를 구축한다면, 그것이 북일 국교정상화가 됐든 한일기본조약 재체결이 됐든 동아시아 공동체 구상이 됐든 기본조약 교섭에서 의제가 되었던 식민지주의 및 분단 문제를 마주하여 이들을 극복해야만 한다. 지금처럼 우리들이 스스로의 장래를 그릴 힘을 시험받는 시대는 없을 것이다"라고 하였다.

필자는 요시자와 후미토시의 이 견해에 대해 전적으로 동감을 표한다. 1945년 8월 미국이 일본에 대해 카이로, 포츠담 선언의 정신에 입각하여 '엄격한' 배상 원칙을 내세운 것은 자유민주주의 세계의 발전을 위해 파시즘의 출현을 근절하기 위한 것이었다. 그런데 1948년부터 동서냉전체제란 새로운 상황이 가시화되면서 이로부터 민주주의를 지키기 위해 일본을 경제 부흥을 통해 반공의 교두보로 삼아야 하는 전략적 수정 곧 상황논리가 「대일평화조약」으로 실체화 되었던 것이다. 그것은 결코 과거 일본제국의 파시즘을 용인하는 것은 아니었다. 요시자와의 지적대로 냉전이 종결된 지금에서는 그 상황논리의 관계를 다시 원래의 '엄격주의'의 원칙 아래 상황을 극복하는 노력이 시대적 과제로 다가와 있는 것이다.

앞에서 소개하였듯이 1990년대 이래 '구 조약 문제'에 관한 학계의 연구는 새로운 사료 발굴을 통해 한국병합이 한국 황제의 자진 '양국讓國'이 아니라 일본의 무력동원에 의해 강제적으로 이루어진 것이란 점을 명명백백하게 밝혔다. 1905년 보호조약이 강제된 '당초'에 프랑스의 한 국제법 학자는 이 조약은 1년 반여 전 한국의 자주독립을 보장한다는 한 협약에서의 약속을 어기고 무력을 동원하여 한국의 황제와 대신들

---

56 吉澤文壽, 앞 논문, 2013, 297면.

을 협박coercion하여 체결된 것이므로 무효라고 비판하였다. 이 논문은 1935년 조약 강제의 사례에 관한 국제연맹의 보고서, 즉 하버드 법대 보고서에 "효력을 발생할 수 없는" 3개 조약의 하나로 반영되고 이어 1963년 국제연합의 국제법 위원회의 1963년 연보Yearbook의 '조약법 보고'가 이를 채택하여 같은 해 12월 총회 결의Resolution의 하나로 '만장일치'로 채택되었다. 국제연합의 국제조약에 관한 이러한 관심과 노력은 국제관계에서의 '폭력'을 제거하기 위한 것으로서 1963년은 곧 한일회담이 본격적으로 출구를 찾던 시기였다. 1990년대 이래 '구 조약'의 강제성에 대한 연구는 국제연합 총회가 무효의 사유로 삼은 것에 수십 배에 달하는 폭력성과 강제성을 입증하고 있다. 그리고 이에 대한 한국의 저항은 '당초'부터 지금까지 조금도 중단된 적이 없다. 일본은 이 사실들을 겸허히 받아들여야 하며 폭력의 역사를 스스로 반성하는 적극적인 자세를 보이지 않는다면 인류의 평화 공존을 추구하는 국제연합의 회원국으로서의 자격을 가지기 어려울 것이다.

그리고 한 가지 덧붙이고 싶은 것은 2015년 12월 28일 한, 일 양국 정부 사이에 이루어진 종군 위안부 문제에 대한 '합의'에 관한 소견이다. 이 합의의 요점은 일본 정부가 국가 예산에서 출연기금 10억 엔을 제공하여 이를 '위안부' 할머니들에게 제공한다는 것, 한국 정부는 '소녀상' 철거에 협조한다는 것이다. 한국 정부는 후자에 관한 공식 표명을 삼가고 있지만 거의 사실로 보인다. 이 '합의'에 대해 민족의 자부심을 크게 상실한 것이라는 비난이 쏟아졌다. 이와 관련해 미국 정부의 '오프쇼어 밸런싱(Offshore Balancing)' 전략, 즉 동맹국 간의 분쟁은 자체 해결에 맡긴다는 전략의 일환이라는 지적도 나왔다.

저자가 여기서 지적하고 싶은 것은 '합의'가 구두로 발표되고 관련 문서가 제시되지 않은 점이다. 이 사안은 외교적으로 약식 조약 즉 '협약(agreement)'에 해당하는 것일 터인데 '합의'의 내용을 담은 합의문서가 공개되지 않고 있다. 현재까지 나타난 정황으로 유추하면 문서 작성을 피한 구두 합의의 형식은 일본 정부의 뜻으로 간주된다. 위안부 문제는 본질적으로 '식민지배 청산문제'에 속하는 것이다. 이 글에서 살펴펴듯이 1951년의 샌프란시스코 대일평화조약은 태평양전쟁을 일으킨 일본제국의 범죄 행위에 대한 면죄부를 부여한 자리였다. 이듬해부터 시작된 '한일협상'이 1965년 「한일협정」으로 종결되었을 때, 한국과 일본의 입장은 식민지배에 대한 책임 문제를 두고 여전히 서로 인식을 달리 하였다. 한국 측은 적어도 국민 정서상으로 1965년의 「협정」에 근거하여 일본 측이 제공하는 '청구 자금'이 식민지배의 불법성에 대한 '배상'의 의미를 가지는 것으로 이해하였다. 반면에 일본 측은 자국 국회에서의 질의에 대한 답변에서 이를 1948년 독립에 대한 축하금이라고 하였다. 양국 정부는 구 조약의 무효 시점에 대해서도 한국 측은 조약이 체결된 '당시'라고 한 반면, 일본 측은 1948년 8월 대한민국 정부 수립부터라고 하였다.

이런 좁혀지지 않은 견해 차이를 상기하면 위의 2015년 12월 28일 '합의'가 구두의 형식을 취한 까닭도 짐작이 간다. '위안부' 문제는 전쟁범죄이자 식민통치의 강압 속에 한국 여성을 성노예로 강제동원한 것이 본질이다. 이러한 문제에서 일본 정부가 국가 예산으로 일정한 금액을 피해자들에게 지불한다면 이것은 식민지배의 불법성을 인정하는 행위가 된다. 한편으로 일본 정부는 소녀상의 건립운동이 한국뿐만 아니라 미국 본토에서까지 번지고 있는 것이 불편하기 짝이 없다. 이를 억제, 중지하기 위해서는 먼저 '위안부' 할머니들이 요구하는 '국가 배상'을 하지 않을 수 없는 사안이지만 이것이 이루어지는 순간에 식민지배의 불법성을 인정하는 것이 되고 만다. 일본 정부는 이러한 파생적 위험성을 직시하면서 국가 예산으로 피해 여성들에게 금전을 제공하되 그 우려 사항에 대비하여 '구두' 합의의 형식을 제시했을 가능성이 높다. 위에서 살핀 것과 같이 일본 외무 당국이 역대에 외국과의 조약 체결에서 보인 치밀하고도 신중한 자세에 비추어 볼 때 이러한 해석은 크게 틀리지 않을 것이다. 문서가 존재한다고 하더라도 그것은 당사국 간의 합의로서 외교적으로 제3국에 영향을 주지 않는 「각서」의 형식을 취한 것에 불과할 것이다. 이것으로는 식민지배에 대한 배상의 의미를 가지기는 어렵다. 이렇다면 한국 정부가 일본 정부로 하여금 국가예산을 동원하게 한 것을 큰 성과로 여기는 것은 위험한 자화자찬이다.

일본 정부는 이 '합의'에서 양국 국교 회복의 논란의 핵심인 '식민지배' 인정 문제는 여전히 경계하여 문서로 남기지 않으려고 했던 것이다. 근본적으로 협약 문서가 없는 외교적 '합의'는 국가 신의의 문제는 안고 있지만 법적 근거는 없는 상태나 마찬가지이다. 2015년 12월 28일의 '합의'가 과연 문서가 없는 구두 약속이었는지를 양국 정부는 양국 국민에게 분명히 밝힐 의무가 있다.

끝나지 않은 역사

에필로그: 새로 시작해야 할 과제

이 책은 일제 식민지배 청산을 위해 우리가 무엇을 알아야 하고, 무엇을 해야 하는지에 대한 저자의 고찰을 모은 것이다. 목차의 순서에 따라 글을 쓴 자세한 의도, 남은 과제 등을 언급하여 결론에 대신하기로 한다.

제1부 '비정상의 극을 달린 조약 강제'
제2부 '무엇이 일본을 오도했는가?'
제3부 '국제사회를 상대로 한 병합 무효화 운동'

제1부 첫 번째 글은 일본 측이 조약을 강제하는 가운데 저들도 미처 의식하지 못했던 조약 원본에 남겨진 하자와 결격들을 하나씩 짚어 일반 독자들이 한 눈에 상황을 알아 볼 수 있도록 정리한 것이다. 이 글은 2010년 한국병합 강제 100년을 맞이하는 시점에 쓴 것으로서, 저자가 근 20년 간 지속해온 조약 강제에 관한 연구의 하이라이트를 모은 것이라고 해도 좋다. 그런데 연구 과정에서 이렇게 명백한 강제의 물증들이 눈에 들어오기 시작한 것은 연구 종반에 접어들어서였다. 초, 중반에는 조약들이 강제된 상황에 대한 많은 자료들을 검토하기에 급급하여 문서 상태는 눈에 잘 들어오지 않았다.

명백한 물증을 눈앞에 두고도 알아채지 못한 상황이 오래 계속되었던 것이다. 많은 섭렵 끝에 간명한 개요가 얻어지는 것과 같은 이치일 듯하다. 최근에 이 글은 영어로 번역되어 국제적 배포망을 가진 저널에 실렸다.[1]

일본 정부는 청일전쟁에서 이미 한국(조선)을 보호국으로 만들려고 했지만 미국 클리블랜드 대통령이 조선 군주의 저지 협조 요청을 받아들여 일본 정부에 직접 친서를 보냄으로써 중단되었다. 일본 정부는 10년 뒤 러일전쟁을 일으키면서 사전에 전철을 밟지 않기 위해 미국의 시어도어 루스벨트 대통령을 미리 일본 편으로 끌어 놓고, 전시 군사력으로 한국 정부를 압박하였다. 1905년 이후로는 러시아가 패전국이 되어 외교적으로 의지할 데가 없는 상황에서 조약이 강제되었다.

국권 이관에 관한 조약은 국가 원수가 발부하는 비준서를 반드시 동반하는 정식 조약이어야 하는 것이었지만 일본은 비준서가 없는 약식 조약으로 처리하였다. 약식 조약은 흔히 협약agreement으로 불리는 것으로, 국교가 수립된 상태에서 국권에 저촉되지 않는 범위의 행정 사항을 협의, 처리할 때 비준서 없이 주무 장관(대신)의 책임 아래 처리하는 협정 형식이다. 러일전쟁 개전 후 일본정부가 대한제국 정부에 요구한 것은 모두 국권 관련 사항들이므로 결코 약식 조약으로 처리될 수 없는 것이었다. 조약을 강요하면 상대방의 저항이 있는 한 하자와 불비의 흔적이 남겨지기 마련이다. 저자는 이것들을 포착하여 시각적으로 쉽게 알아 볼 수 있도록 정리하였다. 최후의 '한국병합조약'의 경우, 조약문의 재질뿐 아니라 한국어와 일본어로 쓴 필체마저 똑같아 쌍둥이 조약문이라고 불러야 할 상황이다. 일본 측이 한국 측이 갖추어야 할 문건들을 일방적으로 함께 준비한 결과이다. 이런 경우는 세계 조약 역사상 유례가 없다. 20세기 수많은 한국인들을 질곡과 고통의 계곡으로 몰아넣은 식민지화가 이런 엉터리 조약으로 이루어

1 YI Tae-Jin "Treaties Leading to Japan's Annexation of Korea: *What are the Problems?*" *Korea Journal*, Vol. 56 No. 4 Winter 2016, Korean National Commission for UNESCO

졌다고 하면 누가 믿을 것인가.

두 번째 글은 집필 동기가 좀 특별하다. 2010년 어느 날, 우리 외무부 조약국(현 국제 법률국) 소속이라고 신원을 밝힌 한 인사가 나에게 전화를 걸어왔다. 한국병합 조약 강제 때 일본 측은 한국 황제(순종)가 병합을 국민들에게 알리는 공포 칙유勅諭의 문안을 준비해 친필 서명을 요구하였다. 이 칙유는 황제가 스스로 국민을 상대로 병합을 인정하는 내용이므로 비준서에 해당하는 것으로 보는 것이 마땅하다. 저자는 이 점을 유의하여 일찍이 한국 황제가 칙유에 서명을 거부한 것은 곧 비준 거부 행위라고 주장하였다. 전화를 걸어온 외무부 직원은 뜻밖에도 일본 대사관 측에서 이를 문제 삼아 우리 외무부에 항의성 질문을 해온 것을 전하였다. 즉, 나의 주장은 일본 측의 '사전 승인설'[2]을 비롯한 합법 주장을 대신하기에는 미흡한 점이 많은데 이를 고려하지 않고 계속 비준 거부라고 공론화 할 수 있느냐고 항의한다는 것이다. 일본 대사관 측의 항의가 불편할 정도로 집요해서 알린다고 하였다. 이를 전해듣고 저자는 적극적인 대응이 필요하다고 생각하여 2011년 '한일 지식인 공동성명' 1주년 기념 학술회의에 「'한국병합 조약' 양국 황제 조칙의 비준 효과」라는 제목으로 논문을 발표하여 이에 대한 답변으로 삼았다. 이를 부분적으로 수정하여 이 책에 재수록 하였다.[3]

---

2 일본의 海野福壽 교수가 이 조약 제8조의 "이 조약은 사전에 양국 황제의 재가를 거친 것"이라는 문장에 근거해 주장한 것이다. 사전 재가는 국제적으로도 사례가 없고 한국 황제가 이런 행위를 한 기록이 전무하므로 어디까지나 일본 측이 이 조약 체결을 성사시키기 위한 최후 보루의 수단으로 넣은 문구로 밖에 볼 수 없다. 이에 대해서는 저자가 이미 『세카이〔世界〕』지의 '일한대화(日韓對話)'에서 논박한 바 있다.

3 2010년 5월부터 출범한 '한일지식인 공동성명서' 운영위원회는 같은 해 7월 29일에 성명서를 발표한 후 '2010년의 약속, 2015년의 기대'란 슬로건 아래 2015년까지 매년 기념학술회의를 가지기로 하였다. 양국 운영위원회는 2013년 12월에 공동성명서 원문 및 서명자 명단 등을 모아 『한일역사문제의 핵심을 어떻게 풀 것인가』(지식산업사, 2013: 일본어판은 岩波書店 간행)를 출간하였다. 저자의 비준 효과에 관한 발표문도 이 책에 실렸다.

이 논문은 한, 일 양국 정부가 '병합'이란 국가 최대의 현안을 놓고 조약 체결 제안에 서부터 국가 원수의 공포 조칙(조서, 칙유)의 발부에 이르기까지 관련 문건들을 처리한 과정을 하나하나 대비하였다. 그 결과는 정상(일본)과 비정상(한국)의 극단적인 대비로 나타날 수밖에 없었다. 조약은 당사국 간의 약속이기 때문에 문빙文憑이 중요하다. 그 것이 불비하거나 하자가 있다면 약속이 성립하지 않은 것이 된다. 우리 외무 당국자들 이 다시 이 책을 통해 '병합조약'의 비준에 이른 과정의 실태를 직접 살피는 기회를 가 져 일본과의 외교에 적극성을 가질 수 있게 되기를 기대해 본다. '종군 위안부 할머니' 문제는 강제 병합의 가장 뼈아픈 유산이다. 2015년 12월 28일 발표한 '위안부' 문제에 대한 한일 양국의 '합의'는 내용적으로 굴욕적일뿐더러 관련 (합의)문서가 발표되지 않 아 많은 의문을 자아냈다. 민족의 자긍심이 걸린 문제가 외교적 '타결'을 보았다고 하 면서 어떻게 '합의문서'를 보여주지도 않는가?

세 번째 글은 1910년 5월 하순에 일본 정부의 육군대신 데라우치 마사타케寺內正毅가 제3대 통감으로 임명되어 7월 하순에 임지 한국에 부임하여 한국 병합 조약의 체결을 진행시킬 때, 이에 관한 일본 『도쿄니치니치신문東京日日新聞』의 보도 기사(7월 25일부 터 8월 30일까지) 203건을 발췌하여 그 내용을 분석하여 정리한 것이다. 한마디로 이 기 간에 나온 기사들은 한국 황제가 스스로 나라를 이끌 힘이 없어 자진하여 일본 천황에 게 나라를 내놓기로〔讓國〕하였다는 내용으로 채워져 있다. 심지어 데라우치 통감의 부 임 이후 한국 황제가 병합을 부탁하기 위해 통감 관저를 찾아 간 것처럼 보도하기도 하 였다. 당시 일본 신문들은 대부분 정부의 시책을 지원하는 어용 기능을 수행하고 있었 기 때문에 신문 보도에만 의존하면 누구나 한국인들이 일본 천황의 신민臣民이 되는 것 을 바랐다고 인식할 수밖에 없는 형세이다. 그런데 이 상황은 당시만이 아니라 오늘날 에도 영향을 주고 있다는 점에서 문제의 심각성이 있다. 오늘날 다수의 일본인들은 한 국병합은 합법적으로 이루어졌고, 한국을 위해 이루어진 것으로 알고 있다. 이런 잘못

끝나지 않은 역사

된 인식이 조약강제 당시 일본 정부의 홍보 전략의 소치란 것을 직시할 필요가 있다.

미국 AP 통신Associated Press 소속의 중국 전문 기자 토머스 밀러드Thomas F. Millard는 자신의 저서인 『새로운 극동 The New Far East』(New York, Charles Scribner's Sons, 1906) 첫 머리에 러일전쟁 당시 일본 정부의 홍보정책에 관해 특별한 언급을 해놓고 있다. 당시까지만 해도 극동의 뉴스는 해저 케이블의 조건으로 런던에 모아져 유럽 각국과 미국 등지로 배포되는 실정으로 일본 정부는 로이터Reuters 통신과 같은 영국 언론과 우호적인 관계를 형성하여 친일적인 색깔이 입혀진 뉴스가 세계 각국에 배포되었다는 것이다. 심지어 일본 정부는 런던에 일본 통신부The Japanese press bureau를 설치해 관계자를 상주시켰다고 하였다. 이런 정황은 1906년 태평양 해저 케이블 설치로 AP통신을 비롯한 미국의 매체가 극동의 뉴스를 직접 취재, 보도하게 되면서 비로소 타개되어 일본의 침략적 야욕을 직시할 수 있게 되어 이 책을 쓴다고 취지를 밝혔다. (제1장 A Starting Point)

『도쿄니치니치신문』 1910년 8월 12일자의 「한국 기밀비 문제」라는 기사는 이 상황과 직접 관련되는 내용으로 주목된다. 이 기사는 머리에 "통감부의 기밀비는 고故 이토伊藤 공작의 통감부 시대에 한국의 대세가 아직 정해지지 않아서 외국 신문기자의 조정 기타에 거액의 비용을 요하였기 때문에 내각의 기밀비의 약 2배가 넘는 22만 엔으로 계상하였다"고 하면서 앞으로는 이것을 낮추어야 한다는 의견이 많다고 보도하였다. 일본 정부가 한국에 관한 국제적 왜곡 보도를 위해 여러 해 막대한 비용을 쏟아 부었다는 것이다. 1910년 이후 이른바 식민주의 역사관이 국내에서뿐 아니라 서구 사회에도 널리 퍼져 구미 역사학계가 오늘날까지도 그 영향을 받고 있는 것이 개탄스러울 때가 많은데 이 기사는 그 내력을 짐작할 수 있게 하는 것이다. 일본제국의 서구 사회를 상대로 한 왜곡 홍보 공작에 대한 연구가 시급하게 요망된다.

제2부 "무엇이 일본을 오도했는가?"에서는 오도의 근원과 그것이 저지른 반인륜적

인 사건인 명성황후와 광무황제(고종)의 시해(살해) 문제를 다루었다. 명성황후 시해가 일본인, 일본 군인들에 의해 저질러진 만행이란 것은 널리 알려진 사실이지만, 1919년 1월 21일의 고종황제의 갑작스런 죽음도 조선총독부가 저지른 독살로 판명되고 있다.

막부를 타도하고 천황제 집권국가 수립에 성공한 조슈長州 번벌세력의 스승 요시다 쇼인吉田松陰의 '아시아 웅비' 전략을 담은 옥중 저술『유수록幽囚錄』의 내용을 먼저 자세히 소개하였다. 이어서 언론인 도쿠토미 소호德富蘇峰가 천황 제일주의(황도주의黃道主義)로 확대 발전시켜 일본제국 대외 침략 사상의 교본으로 삼아간 과정을 살폈다. 요시다 쇼인은 지금도 출신지인 야마구치 현의 하기萩뿐 아니라 막부에 의해 처형된 장소 근처인 도쿄부東京府 세타야구世田谷區 두 곳에 신사가 세워졌다. 다같이 쇼인신사松陰神社라고 불리는 두 신사에는 지금도 많은 사람들이 찾고 있다.

요시다 쇼인은 천황주의를 표방하다가 30세에 막부로부터 처형을 받아 일찍 생을 마감하였다. 그 짧은 생애에 5년 밖에 되지 않는 기간에 야마구치 현[長州] 출신의 하급무사 90여 명을 길렀고 그들이 스승의 뜻을 받들어 막부를 타도하고 메이지유신을 성공시켰다. 이런 결과를 놓고 일본제국의 신민들은 그를 순국자에 더하여 교육자로서의 위대성을 높여 일본의 페스탈로치라고 추앙하고 있다. 한편, 도쿠토미 소호는 당초 민권운동 언론인이었지만 청일전쟁, 러일전쟁을 거치면서 강력한 국가주의자로 변신하여 일본 군국주의의 대표적 데마고그가 되었다. 그는 러일전쟁 중에 총리대신 가쓰라 다로桂太郎로부터 "외국신문 기자의 조정" 임무를 부여받았을 뿐만 아니라 3대 통감 데라우치 마사타케의 부임 이후부터 한국 언론 통제의 총책으로 활약하였다. 1910년 이후에는 총독부 기관지인『경성일보京城日報』의 감독으로 1918년 데라우치가 총리대신을 사임할 때까지 도쿄보다 서울에 더 많이 거주하면서 식민지(한국) 지식인의 눈과 입을 통제하는 역할을 주도하였다. 지금은 고인이 된 지바대학千葉大學의 야스다 히로시安田浩 교수가 오늘날의 '새로운 역사 교과서를 만드는 모임'을 비롯한 일본의 우경화 세력은 도쿠토미 소호의 부활 바로 그것이라고 지적한 점은 기억할 필요가 있다.

요시다 쇼인에 관한 일본인들의 저술은 의외로 많지만, 저자는 이를 모두 소개하거나 다룰 능력은 없었다. 도쿠토미 소호의 저술 『요시다 쇼인吉田松陰』은 대표적인 사례로 다루었을 뿐이다. 1943년에 출간된 카노 쇼타로狩野鐘太郎의 『요시다 쇼인 전일록吉田松陰全日錄』(新興亞社)이란 책에 실린 「요시다 쇼인吉田松陰 관계서 목록」에 따르면, 1943년 현재 일본에서 출판된 요시다 쇼인 관계 서적이 158종에 달한 것으로 집계되었다. (메이지明治 이전 7종, 메이지明治 연간 36종, 다이쇼大正 16종, 쇼와昭和 연간 99종) 이를 통해서도 요시다 쇼인 추숭의 열기가 시간이 지날수록 고조된 것을 쉽게 살필 수 있다.

둘째, 셋째의 글은 조슈 세력에 의한 명성황후 시해와 광무황제 독살을 다룬 것이다. 조슈 세력의 핵심 인물들은 스승 요시다 쇼인의 주변국 선점론을 실제로 일본제국이 살아남는 길로 굳게 믿으면서 이의 실현을 국가선國家善으로 인식하였다. 이러한 독존적 사고가 이웃나라의 국가 원수를 살해하는 반인륜적 만행을 초래하였던 것이다. 과연 일본은 요시다 쇼인이 제시한 길 외에는 생존의 길이 없었던가? 당대에도 막부 해군 창설 책임자이면서 유신 세력의 도쿄 무혈입성을 도운 가쓰 가이슈勝海舟 같은 인물은 통상입국, 평화적 해양 국가로의 발전을 통한 일본의 미래를 제시하였다. 당초 그는 조슈와 사쓰마 세력을 통상 입국의 방향으로 유도할 요량으로 무혈입성을 도왔던 것이지만 조슈 세력의 강력한 팽창주의를 누르지 못했다. 그는 1874년 정부가 타이완 정벌을 시작하는 것을 보면서 관직에서 물러났다. 그리고 1880년대에 제국헌법의 제정을 비롯해 국가 체제의 방향이 천황을 앞세운 국가주의로 방향이 잡히자 이를 비판하는 활동을 펴기도 하였다.

최근 일본 학계에 메이지 유신을 극단적으로 비판하는 저서가 나와 주목을 받고 있다. 하라다 이오리原田伊織의 『메이지 유신이라는 과오明治維新という過ち』(역사춘추사歷史春秋社, 2015)가 바로 그것이다. 놀랍게도 이 책은 "일본을 멸망시킨 요시다 쇼인과 조슈 테러리스트日本を滅ぼした吉田松陰と長州テロリスト"라는 부제를 달았다. 뿐더러 "3류의 유신維新, 일류의 에도江戶 – '관적官賊 삿·조薩長도 몰랐던 놀라운 에도江戶 시스템"이란 설명을 달기까지 하였다.[4] 이것이야말로 저자가 수년 전부터 내놓은 일본 근대사에 대한 비판과 일치하는 역사관이다. 이 책은 곧 일본 역사학계가 이제 일본이 국제사회의 진정한 일원이 될 수 있도록 바른 길을 찾기 시작한 신호로서 큰 의미가 있어 보인다.

조슈 세력의 독존적 사고는 한반도 지배에 대한 명분을 국제적으로 고착시키기 위해 명성황후를 권력욕에 불타는 여성, 그리고 광무황제 고종은 대원군과 왕비 사이의 권력 싸움의 가운데서 이러지도 저러지도 못한, 유약하고 무능한 군주로 그려내었다. 이런 군주 아래서 나라가 발전하지 못한 가운데 러시아가 한국을 넘보아 동양 평화가 위협받는 상황에서 일본이 러시아를 퇴치하는 전쟁을 일으켜 한국을 보호국으로 만들 수밖에 없었다는 변명을 세웠다. 반면 서울에서 활동하던 미국인 선교사들은 조선의 왕과 왕비에 대해 이와는 전혀 다른 인물평을 하고 있었다. 왕비는 학식과 식견이 높은 당대 동양 제일의 미인 여성으로서 왕의 국정을 도우려 애썼을 뿐이며, 광무황제는 기독교 선교사들에게 신문명 전달의 교육적 역할을 요청할 정도로 진보적이며 매우 높은 수준의 지식인으로 신하들의 존경을 받는다고 하였다. 또 백성들은 관리들에 대한 불만은 많지만 군주를 비난하는 사람은 찾아 볼 수 없다고 하였다.[5]

오늘의 한국과 일본은 100여 년 전 자국 역사에 대한 인식에서 매우 대조적이다. 한

---

4 여기서 3류의 유신, 1류의 에도는 에도 막부의 대외 정책의 구상이 유신세력의 그것보다 내용적으로 더 훌륭했다는 뜻이다. 그리고 '관적(官賊)'은 삿·조 즉 사쓰마와 조슈의 연합세력이 막부 존속 시 막부의 적이란 뜻이다. 그 삿·조는 막부를 타도하는 데 성공하여 천황제 국가를 만들었지만 막부의 우수한 정책을 제대로 알지도 못했다고 비판하는 것이다.

5 왕비에 대해서는 애니 엘러스 벙커(Annie J. Ellers Bunker)의 「閔妃와 西醫」, 『新民』 제14호, 「因山奉悼號 純宗實紀」 1925년, 국왕에 대해서는 호머 헐버트와 아펜젤러의 인터뷰 기사(*Korea Repository* 1896년 11월 호) 참조.

국은 100년 전의 역사를 실패한 역사로 간주하고 군주에게 망국의 책임을 모두 지우고 있는 반면, 일본은 제국의 팽창의 근원을 이룬 요시다 쇼인의 사상을 극대화하여 미화, 추숭하고 있다. 한국 측은 현재의 인식에 일제日帝의 고의가 작용한 것을 제대로 깨닫지 못하면서 패배주의 색채를 띠고 있는 반면, 일본 측은 가해에 대한 반성 없이 침략주의를 부활시키려는 기운을 보이고 있다. 총리대신 아베 신조安倍晉三의 요시다 쇼인 숭배가 대표적인 사례이다.

제3부 저자는 프롤로그에서 언급했듯이 한국병합에 이른 조약들에 관한 연구가 마무리 단계에 접어들면서 1910년 강제 병합 후 우리의 항일 독립운동에서 강제 조약 문제가 어떻게 인식되고 있었는지에 대한 궁금증이 많아졌다. 이 분야에 대한 연구를 시작할 때, 1905년 11월의 '보호조약' 강제 직후에 프랑스의 국제법 학자 프랑시스 레이Francis Rey가 이의 불법성을 지적하는 논문을 썼고, 또 1935년의 조약법에 관한 '하버드 보고서Harvard Draft'가 '보호조약'을 역사상 효력을 발생할 수 없는 조약 셋 중의 하나로 간주한 사실을 알고 있었기 때문에 궁금증이 잦아들지 않았다. 그리하여 2015년 11월 '보호조약' 강제 100년을 맞아하여 기획된 국제학술회의에 이에 관한 논문을 작성하여 발표하였다. 이보다 한 해 앞서 2014년에 6·3 동지회로부터 특별한 요청을 받았다. 즉, 1964년 한일협정 반대 학생 시위 50주년을 기념하는 학술회의를 열면서 나에게 1965년 한일협정에 대한 발표를 요청해와 고사 끝에 1910년의 한국병합조약과 1965년의 한일협정에 관한 글을 발표하게 되었다. 제3부는 곧 이 두 개의 발표문들을 수정 보완하여 실은 것이다.

첫 번째 글에서 다음과 같은 새로운 사실들을 밝힐 수 있었다. 먼저, 1907년 제2차 헤이그 만국평화회의에 황제가 3특사를 파견했을 때, 현지에서 당시 국제적으로 저명한 영국 언론인 윌리엄 스테드William Thomas. Stead가 특사들을 도와준 사실을 주목하였다. 윌리엄 스테드는 3특사가 프랑스어로 준비한 '공고사控告詞' 전문을 자신이 4개월 간의 평화회의를 위해 만든 신문『평화회의 소식 Courrier de la conférence de la paix』에 실어 각 국 신문들이 주목하는 계기를 만들어 주었다. 이때 광무황제의 비밀 특사 역할을 하던 호머 헐버트가 매개 역할을 한 것은 최근에 알려졌지만, 그가 원래 미국 AP 통신의 통 신원 자격을 가지고 있었던 점은 앞으로 위 토머스 밀러드의 일본 비판과 관련하여 새 롭게 주목할 필요를 느꼈다.

윌리엄 스테드는 영국 신문들을 젠틀맨을 위한 신문에서 시민을 위한 신문으로 바꾸 어 놓은 당대 제일급의 유명 언론인이었다. 그는 언론인일뿐더러 1900년 전후 구미 사 회에서 제국주의 경쟁을 제어하기 위해 일어나기 시작한 국제평화운동을 선도하는 위 치의 인물이란 것도 알게 되었다. 특히 그는 미국의 철광왕 앤드류 카네기Andrew Carnegie 와 아주 가까운 친구로서 그로 하여금 국제평화운동 기금으로 4천만 파운드를 내놓게 한 장본인이었다. 이 기금이 오늘에 이르기까지 국제평화운동에 사용되고 있는 것은 잘 알려진 사실이지만 1913년에 국제평화의 상징 도시인 헤이그에서 문을 연 평화의 궁전Peace Palace이 바로 이 기금으로 건립된 것도 주목할 만한 사실이었다. 윌리엄 스테드 는 레오 톨스토이를 비롯해 러시아의 지식인들과의 접촉을 통해 러시아의 황제 니콜라 이 2세로 하여금 제1차 만국평화회의의 초청자가 되게 한 데도 결정적 역할을 하게 한 것으로 보인다.[6] 그가 1905년 '보호조약'의 불법성을 규탄하는 한국의 3특사를 앞장서

6 윌리엄 스테드에 관한 이러한 인적 관계는 영국 캠브리지 대학교 처칠 칼리지의 처칠 아카이브 센터에 수장되어 있는 그의 서간문 자료를 통해 파악한 것이다. 저자는 2016년 9월에 이곳을 방문하여 자료를 수 집하였다. 앞으로 자료를 더 보충하여 1907년 헤이그 만국평화회의 3특사에 대한 지원 관계에 대한 고찰 을 가져보고자 한다. 그는 1912년 5월 미국 기자클럽의 초청으로 카네기 홀에서 열릴 국제평화에 관한 강 연을 위해 타이타닉 호에 승선하였다가 불행하게도 일생을 마쳤다. 그가 자신의 구명 조끼를 타인에게 넘 겨준 것은 유명한 일화이다.

끝나지 않은 역사

서 도왔다는 것은 우리의 주권 수호운동이 서구의 진보적인 국제평화운동가로부터 크게 지지를 받았다는 것을 의미하므로 우리 학계가 주목해야 할 사실이다.

다음으로, 1919년 파리 평화회의가 열렸을 때, 상해 임시정부가 파리에 김규식을 보내어 위원부를 세워 주권회복 운동을 편 것에 관해서도 여러 성과가 있었다. 1919년에 평화회의 및 주요 참가국 국가 원수에게 제출한 '청원서The Petition', 1921년 런던에서 열린 영국 연방 수상회의에 보낸 '호소문The Appeal' 등은 10여 페이지에 달하는 장문의 한일관계 현황 보고서로서 앞으로 작성 경위, 내용 분석, 각국의 반응 등에 대한 진지한 검토가 요망된다. 파리와 런던의 유명 교수들과 법률가, 정치인들이 나서서 한국 친우회를 만든 사실, 그러나 2~3년 뒤 이를 주도한 인물들이 일본 정부로부터 초청을 받아 일본을 다녀오면서 일본 정부가 주는 작위를 받은 이후 그 활동이 쇠퇴해 버리는 과정 등이 드러나면서 앞으로 이에 대한 학계의 진지한 검토가 절실하게 요망되었다. 우리 학계가 1919년의 파리 평화회의와 이 회의가 탄생시킨 1920년 창설의 국제연맹에 대해 다소 부정적, 소극적인 견해를 가지고 있는 현상도 불식할 필요성을 느꼈다. 상해 임시정부의 파리(또는 구미)위원부가 노력하였지만 평화회의나 국제연맹은 이를 외면한 것으로 잘못 알고 있는 경향이 강하다.

1919년 파리 평화회의의 사무총장은 회의를 끝내면서 한국의 '청원서'에 대해 이 요청은 이 회의가 다룰 문제가 아니라 곧 탄생할 국제연맹에 제안하는 것이 좋겠다는 회답을 보내왔다. 1920년에 출범한 국제연맹은 조직의 기반을 확립하는 데 많은 시간을 소요하였다. 1925년에 발의되어 1927년에 7개 분야로 나누어 착수한 국제법 법전화 Codification 사업은 국제연맹의 가장 중요한 업적으로 남았다. 이 사업은 창설 준비기부터 우드로 윌슨 대통령의 자문 역할을 수행한 하버드 법과대학 교수 맨리 허드슨Manley O. Hudson 교수가 총괄한 것으로 '조약법에 관한 보고서'는 흔히 총괄 측의 이름을 따서 '하버드 보고서Harvard draft'로 불리지만 이번 연구를 통해 실질적인 분야 책임인 '보고자

reporter'는 일리노이 주립대학교의 제임스 가너James Garner였던 것으로 확인되었다. 그는 프랑스어에 능통한 국제관계 전공자로서 1906년에 발표된 프란시스 레이의 '보호조약' 비판 논문을 근거로 삼아 이 조약을 역사상 효력을 발생할 수 없는 조약의 하나로 판단하였다. 이것은 곧 1919년의 파리위원부의 '청원'에 대한 국제연맹의 공식적인 회답에 해당하는 것이라고 할 만한 것이다.

저자는 이런 연구 성과를 얻으면서 앞으로 국제사회를 상대로 한 우리의 주권 회복 운동이 더 적극적으로 검토될 필요가 있다는 것을 재삼 느꼈다. 흔히 일본의 식민 통치 아래 한국인이 처한 처지에 대해 '노예적'이라고 한 표현은 1943년의 카이로 선언에서 비로소 등장한 것으로 알고 있지만 이보다 훨씬 앞서 1919년의 '청원서'와 1921년의 '호소문'에서 다같이 '노예상태enslavement'란 표현을 쓰고 있다. 이 사실은 1919년부터의 우리의 적극적인 진정이 1943년 카이로 선언을 통해 반영을 보기에 이른 것이란 해석을 가능하게 하는 것으로 주목할 만한 가치가 있다.

이 책의 마지막 글은 1965년의 한일협정을 다룬 것이다. 이 협정은 1910년 8월 강제 병합으로 한, 일 독립국 간의 관계가 상실되었던 것을 55년 만에 회복하는 의미를 가지는 외교 협정이었다. 그렇다면 이 협정은 마땅히 강제 병합 그 자체와 그로 인한 피해를 청산하는 것이 되어야 마땅하다. 그러나 이 문제가 제대로 처리되지 못한 것은 잘 알려진 사실이다. 이 협정에 포함된 「기본관계조약」의 제2조는 "한일 간의 구 조약은 이미 무효"라고 규정하였지만 무효의 시점을 놓고 양국 간에 '이미'에 대한 해석을 서로 달리 하여 사실상 미해결로 남겨진 상태가 되었다. 나의 글은 이 미해결의 상태가 과연 정당한가를 따져 보는 것이 목적이었다. 기존 연구를 통해 미해결 상태의 연유는 다음과 같이 파악되었다.

태평양전쟁의 전승국 미국은 당초 일본에 대해 엄격한 징벌주의로 파시즘 국가의 재현 가능성을 근원적으로 없애려고 하였다. 도쿄의 맥아더 사령부는 한국의 미군정부에 대해서도 조선인들의 식민지 피해에 대한 배상 요구의 자료를 작성하게 하였다. 그러나 1948년 무렵 소비에트의 베를린 봉쇄, 중국 공산당 인민군의 중국 전토 장악이란 새로운 상황에 직면하여 일본의 경제를 살려 동아시아 반공의 보루로 삼기로 정책을 바꾸었다. 이 정책 변경은 자유민주주의 수호를 위해 부득이한 것이라 하더라도 그것은 어디까지나 상황 논리에 불과한 것인데도, 1951년의 「샌프란시스코 평화조약」을 통해 미국이 일본에게 면죄부를 주다시피 하였다. 이 정황이 한, 일 양국의 국교 수립을 어렵게 만들어 미국의 종용으로 1952년에 시작된 한일 협상은 무려 13년이 걸려 1965년에서야 타결을 보게 되었던 것이다.

저자는 1945년의 광복에서부터 1965년의 한일협정까지의 경위에 대해서는 오타 오사무太田修 교수, 장박진張博珍 박사, 이원덕李原德 교수, 요시자와 후미토시吉澤文壽 교수 등의 연구 성과에 크게 힘입었다. 1952년부터 시작된 한일협상에 관한 외교문서는 1965년 한일협정 후 40년이 지난 시점인 2005년에 비로소 본격적으로 공개되었다. 외교문서 공개 시한인 30년을 무려 10년이나 넘긴 시점에서 문서 공개가 이루어진 것은 진상 규명을 그만큼 지연시켜 놓았다. 저자는 공개된 외교문서에 대한 위 전문 연구자들의 분석에서 1910년 8월의 병합 강제 문제가 1952년부터 시작된 한일협상에 어떻게 의식되고 다루어지고 있었던가를 살피고자 하였지만 이에 관련되는 사항이나 사실을 찾기는 매우 어려웠다. 그래서 1910년의 한국병합조약과 1965년의 한일협정 사이에는 '가교가 놓이지 않은' 상태라는 표현을 썼다.

1910년 8월의 한국병합의 불법성은 강제 병합 그 시점에서부터 계속 주장해온 사항이다. 그러나 6·25 전쟁까지 치룬 한국정부가 이에 관한 자료를 제대로 수집할 겨를이 없어 1965년 협정에서의 대응은 충분한 것이 될 수 없었다. 국제연맹의 공식 보고서에 해당하는 1935년의 '하버드 보고서' 같은 것은 존재조차 알지 못했을 것이다. 그것이 1963년 국제연합의 국제법 위원회가 총회 결의로까지 발전시켜 놓은 것도 알지 못하였다. 총회 결의가 있은 1963년은 곧 한국의 군사정권이 미국 정부의 종용을 받아 일본과 협상을 다시 시작하던 시점이다. 한국은 당시 분단국가로서 국제연합에 아직 가입하지 못한 탓인지 1905년 '보호조약'에 대한 국제연합의 전문 위원회에서 이런 판정을 내린 사실은 전혀 인지하지 못하였다. 반면에 일본 정부는 국제연합에 국제법 전문가들을 복수로 파견하고 있었던 만큼 이를 알고 있었을 가능성이 매우 높다. 한국 정부가 이 중대한 사실을 알지 못하고 협상을 종결지은 것은 큰 허물이다. 그러나 일본 정부가 이를 알고서도 한국병합 합법론을 고수하여 보호조약 및 병합조약의 '무효'의 시점을 1948년 8월 15일 대한민국 정부 수립부터로 해석한 것은 더 큰 허물이다. 앞으로 1963년 국제연합 총회의 '결의'에 대한 한, 일 양국의 인지 상황은 깊이 천착할 필요가 있는 영역이다.

저자는 이 책을 묶으면서 일본 역대 정부가 조약 문제와 관련하여 국제적으로 치밀한 대응을 강구한 사실을 간파하였다. 1937년에 일본제국 외무성 조약국은 『각국에 있어서의 조약 및 국제약속國際約束 체결의 수속에 관한 제도』라는 책을 출판하였다. 이 책은 속표지에 '비秘'란 글자가 찍혀 있다. 그 서언緒言에 따르면 조약국은 1924년에 이미 「구미歐美 주요 각국에서의 조약 및 국제약속 체결의 수속에 관한 제도」 조서調書를 편찬한 적이 있었다. 그것을 발전시켜 위 책을 내게 되었다는 것이다. 1937년에 간행된 책은 31개국의 조약 체결의 실태를 유형을 나누어 하나하나 세밀한 정보를 수집하여 분석하고 일람표를 부록으로 붙이기까지 하였다.[7] 그러나 조사나 출간의 목적은 어디

7 유형 분류는 다음과 같이 나누었다. 즉, 비준 형식을 취하여 체결한 조약, 비준을 요하지 않고 원수(元

에도 밝히지 않았다. 주목되는 것은 조사, 정리의 시기이다. 1924년에 첫 조사가 이루어지고, 1937년에 조사 범위를 확대하여 책을 간행하기에 이른 것은 우연이 아닌 듯하다. 제3부의 첫째 글에서 밝혔듯이, 1924년은 국제연맹이 비밀조약을 금지하고 국제법 법전화 사업을 기획하기 시작한 시점이며, 1937년은 조약법을 포함한 국제법의 법전화 사업이 종료된 직후이다. 일본제국은 1933년 이미 국제연맹을 탈퇴하였지만, 1935년 조약법에 관한 '하버드 보고서'가 나오면서 조약에 대한 국제사회의 인식이 달라질 상황에서 외무성 조약국은 이에 대한 대응의 기반을 닦고 있었던 것이다. 이러한 정지 작업이 실제로 1905년 '보호조약'의 무효 판정에 대한 인지에 연계되어 있었는지 여부는 주의해서 관찰할 필요가 있다. 1963년의 국제연합 총회가 1905년 '보호조약'의 무효를 결의로 채택했지만 이것이 이후 오랫동안 표면에 드러나지 않은 것은 한국 외무 당국의 불찰뿐 아니라 일본 외무성의 치밀한 은폐 대응이 복합된 결과일 수 있다.

본문에서 밝혔듯이 1935년 국제연맹의 '조약법에 관한 보고서(하버드 드래프트)'는 효력을 발생할 수 없는 조약으로 (1) 1773년 러시아 군인들이 폴란드 분할을 위해 의회를 포위하고 강요한 조약 (2) 1905년 일본의 전권대신全權大臣이 군인들의 도움을 받아 한국 황제와 대신들을 위협하여 승인을 받은 보호조약 (3) 1915년 미군이 아이티 의회를 점령한 가운데 미국정부가 통치를 승인받으려 한 조약 등을 들었다. 1963년 국제연합 국제법 위원회의 보고서가 총회 결의를 위해 제출한 보고서에는 이 셋에 더하여 (4) 1939년 독일 나치 정부가 보헤미아와 모라비아를 독일 보호령으로 삼기 위해 체코슬로바키아 대통령과 외상에게 강제로 서명을 시킨 조약을 추가하였다. 한, 일간

首)의 재가 또는 승인 만으로 체결하는 조약 및 국제 약속의 범위, 재가를 부여하는 시기, 정부 또는 관계 관헌에 의해서만 체결하는 국제약속의 범위, 의회에 부의(付議)함을 요하는 조약의 범위, 부의의 시기, 추밀원 기타의 유사 기관의 존부 및 권한, 공포 관계 등.

의 조약 문제는 위 4개 조약들 가운데 다른 3개에 대한 당사국 간의 처분 결과에 대한 고찰을 가질 때, 국제법적 해결의 기반을 얻게 될 수 있을 것이다. 적어도 피해국의 입장에서는 필수적으로 갖추어야 할 작업일 것이다. 일본 외무성 조약국이 가해자이면서도 치밀한 대응을 시종 견지하고 있는 모습을 본다면 한국 측이 피해자이면서도 이에 상당할 만한 노력을 찾아 볼 수 없는 것은 반성할 필요가 있다. 이 새로운 과제 발견에서 이 책을 내는 의미를 찾고자 한다. (2017. 1. 10)

L'A MISSION COREENNE

38, Rue de Châteaudun, PARIS (9ᵉ)

May 12th, 1919

The Honourable Woodrow Wilson,
    President of The United States of America,
        11, Place des Etats-Unis, Paris.

Dear Mr. President,

I have the honour to submit for your perusal a copy of the claim of the Korean People and Nation for liberation from Japan, which my Delegation has filed with the Peace Conference.

The claim has been cast in the form of a Petition, with a Memorandum setting forth a series of facts and views in support of our claim for the reconstitution of Korea as an independent state. Sections 1-15 of the Petition are a summary -- with the exception of the important foot-notes on pages 2 and 5 -- of the principal points developed in the Memorandum. The rest of the Petition deals with matter untouched in the Memorandum.

May I invite your special attention to Section XIV of the Memorandum in which the question is put :

"Is not the gravest indictment of Japan's work in Korea to be read in the fact that Christianity is seriously regarded as a force hostile to the success of the Japanese system of government in the country ?"
I venture to suggest, however, that Sections XVIII - XXI of the Memorandum will be found to summarise and re-state current views in the Far East which ought to be deeply interesting to you, Mr. President, both as an American statesman and as one who thinks of and for the future.

Lest the urgencies of the moment should prevent you from glancing at those sections of the Memorandum, I am hoping to tempt your intellectual curiosity on the subject by a quotation from Section XIX which briefly indicates, in the sense of a definition, a policy of empire unmatched in its sweep of conception since the crumbling of Rome

"Japan's Continental policy aims, first, at the seizure of the hegemony of Asia through the DOMINATION AND CONTROL OF THE MAN-POWER AND NATURAL RESOURCES OF CHINA -- possible only by the Japanese possession of the continental point d'appui of Korea -- and, next, at the MASTERY OF THE PACIFIC OCEAN AS THE SOLE MEANS OF FORCING AN ENTRANCE FOR JAPANESE EMIGRANTS INTO THE RICH LANDS OF THE AUSTRALIAS AND THE PACIFIC SEABOARD OF THE UNITED STATES .... in other words, the CONVERSION OF THE PACIFIC INTO A JAPANESE LAKE'".

The Memorandum proves that this policy is a reality.

I have the honour to be,

Mr. President.

Your most obedient,
    humble servant

For The Korean Delegation
(Signé) John KIUSIC SOHO KIMM

KOREAN DELEGATION

TO THE PEACE CONFERENCE
IN SESSION AT PARIS :

THE PETITION of the KOREAN
PEOPLE AND NATION for libe-
ration from Japan and for the recon-
stitution of Korea as an independent
state

RESPECTFULLY SHEWETH :

The Korean People have been a nation for more than 4,200 years, with a settled life and culture and with their country forming one of the historic states of Asia. During most of these **Forty-two Centuries**, Korea enjoyed national independence.

KOREAN INDEPENDENCE RECOGNISED.

2.—The continued existence of Korea as a separate and sovereign state was recognised by Japan, the United States, Great Britain and other foreign Powers in their respective treaties of peace and commerce concluded with the Korean Government.

In the Treaty with the United States, signed at Seoul on May 22, 1882, it was expressly agreed that " if other Powers deal injustly or oppressively with either Government the other will exert their good offices, on being informed of the case, to bring about an amicable arrangement, thus showing their friendly feelings. "

In the Treaty of Shimonoseki, signed on April 17, 1895, Japan insisted on China's definite recognition of the " full and complete independence and autonomy of Korea ". And in the first Anglo-Japanese agreement of alliance, concluded on January 30, 1902, Japan and Great Britain affirmed and substantially guaranteed the independence of Korea. Lastly, in the Treaty of Defensive and Offensive Alliance made between the Japanese Government and the Korean Government in 1904, Japan specifically guaranteed the independence and integrity of Korea.

KOREAN INDEPENDENCE AS AN INTERNATIONAL DOCTRINE.

3.—These treaties not only affirmed and confirmed the separate existence of Korea as a sovereign state but they established, it is submitted, Korean inde-pendence on the basis of an international authority and sanction which no single Power could violate without subjecting its action to eventual revision by other Powers.

JAPAN'S VIOLATION OF KOREAN INDEPENDENCE.

4.—Such a violation of Korean independence was committed by Japan when the Japanese Government—by acts of fraud and force—compelled the conclu-

1

sion of the Treaty of August 22, 1910, whereby the then Emperor of Korea purported to cede "completely and permanently to His Majesty the Emperor of Japan all rights of sovereignty over the whole of Korea", with her then population of more than **Fifteen Million Koreans.**

THE KOREAN PROTEST.

5.—**Against this extinction of Korean sovereignty and the incorporation of their Country as a province of Japan, the Korean People and Nation have strenuously protested and do still protest.**

6.—This protest is renewed and is strengthened daily owing to the methods applied by Japan in the administration of Korea. In ruthlessness and efficiency these methods exceed those practised by Prussia in her Eastern Provinces, in Schleswig-Holstein, in Alsace-Lorraine *.

Not only in name but in reality, Japan is determined to turn Korea into a Japanese province. And she is trying to do this by a pitiless attempt to extirpate the great roots of patriotism—love of the soil, language of the people and the history of the nation—and also to "control" the two means which might render futile this organised attempt to destroy Korean patriotism, i. e. education and wealth.

JAPANESE "CONTROL" OF KOREAN EDUCATION AND WEALTH.

7.—Any and every department of modern education calculated, if pursued beyond a certain point, to encourage what Count Terauchi--the Japanese proconsul who "annexed" Korea—calls "dangerous thoughts" is either forbidden or taught in an emasculated sense in the schools of Korea under Government control. **And the Korean student is absolutely prohibited from going to Europe or the United States to seek a modern education even at his or her expense.**

8.—**Nearly every Wealthy Korean is obliged to have a Japanese overseer at his house, controlling his properties and finances. And Koreans with deposits in the Banks—which are all Japanese institutions —cannot withdraw large amounts at one time without disclosing to the Banks the purpose or purposes for which the money is to be used.**

JAPAN AND CHRISTIANITY.

9.—Every effort is made by the Japanese Authorities – particularly through their police agents—to discourage and obstruct Christian missionary work in Korea which is envisaged as opposed to vital Japanese interests in the Peninsula.

Is not the gravest indictment of Japan's work is Korea to be read in the fact that Christianity is seriously regarded as a force hostile to the success of the Japanese system of Government in the Country?

KOREA FOR THE JAPANESE.

10.—The Japanese Authorities claim that "reforms" have been introduced into Korea. But it is well to remember that "most of these reforms, valuable as they are, may be found in a well-regulated penal colony ("The Korean Conspiracy Case" : New York) and all of them have been effected or introduced at the expense

---

* "A rigid spy system is inaugurated (in Korea). Everyone must be registered and is given a number, which is known to the police. Every time he leaves his village or town he must register at the police station and state fully the business he intends to transact and his destination. The policeman phones to this place and if his actions are in any way at variance with his report he is liable to arrest and mistreatment. A strict classification is kept on the basis of a man's education, influence, position, etc. As soon as a man begins to show ability or qualities of leadership he is put in class "a", detectives are set on his trail, and from thenceforth he becomes a marked man, hounded wherever he goes. Even children are watched or bribed for information. If a man escapes the country his number is traced, his family or relatives arrested and perchance tortured until they reveal his whereabouts. A man is likely to disappear any day and perhaps not be heard of again. It is a very efficient Prussianism which thus aims to crush the spirit of a people.
"This policy is carried out in the educational system by forbidding the teaching of Korean history or geography..... by excluding all European history or literature..... by forbidding any Korean student to go abroad for an education ; in fact, by forbidding them to leave the country..... by forbidding them to entertain or express Korean ideas or aspirations. One student was put in jail for three months and fined three hundred dollars because he was caught singing the Korean national anthem. " From a paper recently published in the United States by J. E. Moore, an American born in Korea.

2

of the Korean taxpayer in the interest and for the benefit of the Japanese Settler for whom the Japanese Authorities are bent on making Korea an attractive field of colonisation.

11.—The Japanese rules and administers Korea in the spirit and by the methods of a Master-Nation or, more accurately, a Profiteer-Nation.

Except in the sense that cattle or slaves must be taken care of if they are to be of any value to their owners, the welfare of the Korean People is not an aim of government with Japan.

JAPAN AGAINST THE WORLD.

12.—In addition to these reasons connected directly with the fate of the Korean People, the vital interests of the world—especially the Asiatic interests of France and the Asiatic and Pacific interests of Great Britain and the United States —demand the dis-annexation of Korea and the liberation of her People from Japan.

13.—In trade and commerce, Japan is gradually eliminating the Western trader and merchant in Korea and transferring to the exclusive hands of her own people tradal interests which have had their origin in the series of treaties of peace and commerce concluded between Korea and the foreign Powers.

In this elimination of Western competition, Japan continues true to that instinct for exclusion which, in the past, found expression in her rigidly guarded isolation and which, to-day, expresses itself in the menacing attempt to **Exclude Western Influence in Far Asia** through the application of a debased Monroe Doctrine for the Far East.

JAPAN'S CONTINENTAL POLICY.

14.—It is, however, in the far-reaching political aims of Japan—realisable eventually through her continued annexation of Korea—that France as well as Great Britain and America must be vitally interested.

The danger to the non-Japanese world, including specially the three Latin and Anglo-Saxon Powers, lies in Japan's unfettered prosecution of her **Continental Policy.**

This policy aims, first, at the seizure of the hegemony of Asia through the **Domination and Control of the Man-Power and Natural Resources of China** —possible by the Japanese possession of the continental point d'appui of Korea— and, next, at the **Mastery of the Pacific as the Sole Means of Securing Unrestricted Entrance for the Japanese Immigrant into Australasia and the United States.**

THE POLICY IN OPERATION.

15.—Japan's Continental Policy has already found expression

(a) in two successful wars which have made her the greatest military power in Asia in much the same way that Prussia's two wars made her the greatest military power in Europe;

(b) in the annexation of Korea;

(c) in the gradual substitution of Japanese for Chinese authority in South Manchuria and Eastern Inner Mongolia;

(d) in the attempt now being made to secure from the Peace Conference the succession of Japan to German holdings and privileges in the Chinese province of Shantung, including Kiaochow;

(e) in the growing subjection of China, with her incalculable man-power and resources, to Japanese domination by and through the same set of methods which made the annexation of Korea a "political necessity"; and

(f) in the Japanese possession of the "South Sea Islands north of the Equator" which **brings Japan nearly two thousand miles closer to Australia** and gives the Japanese Navy a base which dominates, practically, the entire land-areas of the Pacific.

끝나지 않은 역사

THE KOREAN REVOLUTION.

16.—The protest and opposition of the Korean People to Japanese annexation of their country and to the process of political extermination applied to them by the Mikado's agents, has now expressed itself in the **Korean Revolution.**

On the First of March at 1 p.m., **the Korean People and Nation declared their independence.** This act of independence was formally done by the **National Independence Union,** composed of three million Koreans representing and expressing the desire and will of 18,700,000 Koreans in Korea proper, in China, in Siberia, in Hawaii and in the United States.

The declaration states : "It is our solemn duty to secure the right of free and perpetual development of our own national character, adapting ourselves to the principles of the reconstruction of the world—to secure our independence, to wipe out injuries, get rid of our present sufferings, and leave our children eternal freedom instead of a bitter and shameful inheritance."

PROGRESS OF THE REVOLUTION.

17.—The Korean Delegation—appointed by the New Korean Young Men's Society to which are affiliated the Korean National Independence Union and other Bodies organised in the cause of Korean independence—is in receipt of several cable despatches, reporting the progress of the revolution and the national movement for independence.

A despatch from the Korean National Independence Union received in Paris, via Shanghai, on April 7 *instant*, reads in part as follows : " On March 26 we held grand demonstrations at Seoul. Our national flags were flown on the city hills. The Japanese Authorities arrested two hundred of those who participated in the demonstrations. There were casualties on both sides. Samnam (i.e. all provinces south of Seoul) are uprising every day. Korean demonstrations are taking place in Eastern Siberia and Manchuria".

THE KOREAN REPUBLIC.

18.—The same despatch reports the organisation of a Provisional Republican Government of Korea, consisting of a President, Vice-President, Secretary of State, Minister for Home Affairs, Minister of Finance, Minister of Justice and Minister of War.

Among those included in the Provisional Government are Prince Pak Yung-hio and Messrs. Rhee Syngman, Ahn Chang Ho and Li Tong Whi. Prince Pak Yung-hio is one of the five great leaders who inaugurated what is known in Korean history as the movement of the Progressive Party in 1884. He was the chief figure among the Progressives who, in 1894, compelled the introduction of modern reforms into Korea. He was at one time Minister for Home Affairs before the annexation. Rhee Syngman is an M.A. of Harvard. U.S.A. and Ph.D. of Princeton, U.S.A. Since 1894 he has been one of the leaders of the old Korean Independence Club. As a political worker, he has suffered imprisonment and he has also been tortured. Ahn Chang Ho is the founder of the **Sin Min Hueh** or People's Society and, since 1905, has been a leader of young Korean nationalists. He is the President of the Korean National Association. Li Tong Whi is a former major in the old Korean Army and a recognised leader of Korean nationalists in Siberia and Manchuria. He has been imprisoned and tortured by the Japanese Authorities.

JAPANESE REPRESSION.

19.—Another despatch received by the Korean Delegation on April 10 *instant*, states that "from first March up to date, active demonstrations of the Independence movement have been very well conducted all over Korea. Representatives prefer passive revolution, including lecturing and distribution of manifestoes. Girls more active. Strikes have occurred in enemy (Japanese)

4

4

factories, stores, etc. Our churches, schools and stores closed everywhere. 32,000 men and women are in prison. About 100,000 have been injured, including old people, girls and children. Interior traffic communications severed. **Terrible outrages committed by enemy (Japanese).** Missionaries are sending truth to world."

In a further despatch which reached the Korean Delegation on April 11 instant, Japanese atrocities are reported : "Japan has begun massacring in Korea. On March 28, over 1,000 unarmed people were killed during a three-hour demonstration held in Seoul. The shooting, beating and hooking (? bayonetting) of people are in merciless progress throughout Korea. Churches, schools and homes of leaders have been destroyed. Women are being stripped naked and beaten before crowds, especially female members of leaders' families. The imprisoned are being tortured. Doctors are forbidden to attend to the wounded. We ask urgently aid from Foreign Red Cross. We have decided to fight for freedom until last Korean falls. We solicit help in the name of God. "

Of the many news despatches on the subject appearing in the American and the European Press, it must suffice here to quote the latest from the Tokio correspondent of the London "Times". It appeared in the issue of the London paper on April 17 instant, under the caption "Korea's Rights". "While it is recognized that there can be only one outcome of the disturbances in Korea, the Government's decision to reinforce the military establishment in the peninsula evokes universal Press comment, the feature of which is the recognition that it will be inevitable, when opportunity occurs, to replace the Military Governor by a civilian Governor. The 'Nichi-Nichi' attributes the disturbances chiefly to a mistaken conception of the principle of self-determination, also to the inimical influence of missionaries. The 'Jiji' says it is evident that many reforms are necessary in Korea. Another journal dwells on the fact that the Koreans are not an inferior people..."

ABROGATION OF THE TREATY OF ANNEXATION.

20.—The Korean People submit that the **Treaty of Annexation of August 22, 1910,** should be declared **Null and Void** or otherwise abrogated by the Peace Conference for the reasons set forth in this Petition and further elaborated in the Memorandum hereto attached and more especially for the reasons following:—

I.—The said Treaty of Annexation was concluded in circumstances of **Fraud and Force** which vitiated its validity as a legal and international document, even assuming that the then Emperor of Korea had the right to hand over to " His Majesty the Emperor of Japan " **Fifteen Million Koreans** and a country that had existed as a separate and sovereign state for more than 4,200 years.

II.—The Korean People and Nation have consistently denied the right of the then " puppet " Emperor of Korea to deal with them in terms of the said Treaty of Annexation. Being men and not cattle they hold that their consent is and has been an essential condition to the validity of the said Treaty. This consent has never been given.

III.—The said Treaty of Annexation was and is a direct violation by Japan of the International guarantees entered into by the Japanese Government with Korea and other Powers regarding Korean independence and integrity *.

IV.—In the several Treaties concluded between Korea and Japan and other Powers, and by Japan with China, with Russia and with Great Britain, regarding Korea, the existence of the latter as a separate and sovereign state is—as to all these treaties—explicitly recognised and its political independence and territorial integrity

---

* The Japan-Korean Treaty of February 26 or 27, 1876, states in the first article " Chosen being an independent state enjoys the same sovereign rights as does Japan ".
In the Japan-Russian Protocol of April 25, 1898, it is stipulated in Article 1 that the " Imperial Governments of Japan and Russia definitively recognise the sovereignty and entire independence of Korea, and mutually engage to refrain from all direct interference in the internal affairs of that country."
The Japan-Korean Protocol of February 23, 1904, provides (art. 3) that the " Imperial Government of Japan definitively guarantees the independence and territorial integrity of the Korean

끝나지 않은 역사

is—as to some of them—also explicitly guaranteed in terms establishing the same on the basis of a public law of nations which no single Power—especially Japan—could violate without subjecting its action to eventual revision by the Powers assembled in an international congress like the present Peace Conference.

V.—The Peace Conference meets in order to secure a settlement of the affairs of the member-nations according to the principles expressed in President Wilson's **Fourteen Points.** The principles underlying this statement of views is defined by the President in his Message to Congress on January 8, 1918, as **" the principle of justice to all peoples and nationalities and their right to live on equal terms of liberty and safety with one another, whether they be strong or weak."**

As one of the Allied and Associated States in the war, Japan has expressly accepted the Fourteen Points with their underlying principle of justice. Inasmuch as this principle of justice is clearly violated by the Mikado's continued exercise of " all rights of sovereignty over the whole of Korea " without the consent and against the wishes of the Korean People and Nation, it becomes the right and the duty of the Peace Conference to declare the nullification or otherwise decree the abrogation of the aforesaid Treaty of Annexation.

VI.—In virtue of rights founded in International Law and of the **New Justice** which is to redress the wrongs of nations, the Korean People have a just claim for the **Reconstitution of Korea as an Independent State** unless, indeed, they are to be excluded from the scope of the principles which have already found expression in the reconstitution of Poland after almost one and a half centuries of partitions and annexations and in the dis-annexation of Alsace-Lorraine after nearly half a century of Prussian rule.

It is less than ten years since Japan effected the annexation of Korea. And the fact that the outbreak of the war did not find Japan an ally of the Central Powers—a political combination that had always been envisaged by the German-trained advisers of the Mikado—is no reason why the Korean People should be suffered by the Peace Conference to continue to live under a system of military government which is a denial of every principle for which men have lately died on the soil of France.

THIS PETITION is presented in the name and on behalf of the **Provisional Republican Government of Korea** and of the **Eighteen Million Seven Hundred Thousand Koreans** living in Korea proper, in China, Siberia, Hawaii, the United States and elsewhere as well as of the **Five Thousand and More Koreans** who fought for the Allied cause on the Eastern Front before the Treaty of Brest-Litosvk—in the aggregate forming and constituting the **Korean People and Nation**—by the undersigned John Kiusic Soho Kimm, the duly accredited Member of the Korean Delegation appointed by the New Korean Young Men's Society, etc., etc.

Delegate of New Korean Young Men's Society,
Delegate of the Korean National Association,
Delegate of the Provisional Government of the Korean Republic. Etc., Etc., Etc.

Herbert Clarc. Printer, 338, Rue Saint-Honoré.

6

KOREAN COMMISSION

TO AMERICA AND EUROPE.

E. K. WHANG,

DELEGATE TO GREAT BRITAIN.

64 Cromwell Road, S.W.7.
11th June, 1921.

Your Excellency,

      I have the honour to forward you herewith a copy of an Appeal which I am presenting on behalf of the Korean people to the Premiers of the British Empire now assembled in London.

      The effort of my people to recover by constitutional and pacific means the independence to which they are entitled will have, I believe, the sympathetic support of the representatives of all great nations.

      It was a source of great pride to our nation that we were able not long ago to send our representatives to the Great Powers. We gratefully remember all the sympathetic aid given by them to our representatives and hope we will soon be able to resume diplomatic relations with them.

      I have the honour to be, your Excellency,
Your obedient Servant,

His Excellency Herr Sthamer,
Ambassador of Germany.

To
THE PREMIERS OF
THE BRITISH EMPIRE
N CONFERENCE AT LONDON.

THE APPEAL

OF THE KOREAN PEOPLE FOR

LIBERATION FROM JAPAN

London, June, 1921.

THE APPEAL OF THE KOREAN PEOPLE FOR LIBERATION FROM JAPAN AND FOR THE RECONSTITUTION OF KOREA . . AS AN INDEPENDENT STATE .

We, the Korean Commission, respectfully request the Premiers of the British Empire assembled in Conference to consider the renewal of the Alliance with Japan, to take into consideration the Appeal of Korean People and Nation, whose fate has been so largely decided by this Alliance.

4,200 Years of National Life.

The Korean people are a nation of homogeneous race, with a language and culture of their own. The Japanese owe their cultural development and ideals to Korea and to China—the other historic State whose independence is being threatened by Japan.

For forty-two centuries the Korean people lived and enjoyed their liberty as an independent nation, forming one of the civilised States of Asia.

Korea and the Powers.

Great Britain and Japan both in recent years formally recognised the independence of Korea.

The first sentence of Article 1 of the Anglo-Japanese Alliance of 1902 read:—" The High Contracting Parties having mutually recognised the independence of China and Korea, declare themselves to be entirely uninfluenced by any aggressive tendency in either country."

The Japanese Government in treaties and agreements with Russia and China further recognised and emphasised the independence of Korea.

끝나지 않은 역사

The first Article in the Russo-Japanese Protocol of April, 1898, was:—

> "The Imperial Governments of Japan and Russia definitely recognise the sovereignty and entire independence of Korea, and mutually engage to refrain from all direct interference in the internal affairs of that country."

Anglo-Korean Treaty of Friendship.

The British Government recognised the independence of Korea, concluding a Treaty of Friendship and Commerce with the Korean Government on November 26th, 1883, in which it was provided that :—

> "1. There shall be perpetual peace and friendship between Her Majesty the Queen of the United Kingdom and Ireland, Empress of India, her heirs and successors and His Majesty the King of Korea, his heirs and successors and between their respective dominions and subjects, who shall enjoy full security and protection for their persons and property within the dominions of the other.

> "2. In case of differences arising between one of the High Contracting Parties and a Third Power, the other High Contracting Party, if requested to do so, shall exert its good offices to bring about an amicable arrangement."

The various provisions of this Treaty were strictly observed and performed by Korea in the most friendly fashion towards Great Britain. All British subjects were welcomed in Korea and were given the utmost freedom of commerce and travel and many advantages which are now denied to them by Japan. British advisers were enlisted by the Korean Government and placed at the head of administrative departments, such as, for example, Sir John McLeavy Brown at the head of the Customs.

Trickery Revealed.

When the Imperial Japanese Government declared war against Russia in 1904, one of the avowed purposes of the war was "to maintain the independence and territorial integrity of Korea." Japan entered Korea as an Ally. Japanese statesmen gave the most solemn assurances, publicly and privately, that the Japanese Army would be withdrawn as soon as the war ended.

An Offensive and Defensive Alliance was concluded between Japan and Korea on February 23rd, 1904, to maintain "a permanent and solid friendship between Japan and Korea." Two of the provisions of this Alliance were :—

> "Article 2. The Imperial Government shall in a spirit of firm friendship ensure the safety and repose of the Imperial House of Korea.

> "Article 3. The Imperial Government of Japan definitely guarantees the independence and territorial integrity of the Korean Empire."

By this means Japan secured the co-operation of the Korean Government and people and peaceful transit of her Armies through Korea. As a loyal Ally, Korea contributed, with material aid and labour, to the success of that war.

Shortly after peace with Russia was declared, the Japanese, having secured military ascendency, started to usurp authority in Korea. The Imperial Japanese Government has never to this day withdrawn her military occupation of Korea, obtained under the Alliance.

THE PERFIDY, TREACHERY, AND INGRATITUDE of this course of action cannot be adequately expressed. One historian has written:—"Japan's acts in Korea find no parallel in civilised history."

If Korea had not consented to the Japanese military operations in Korea; if Korea had taken a stand towards Japan as did Belgium towards Germany in 1914, there would be no Appeal of the Korean People and Nation to-day.

Protectorate Forced on Korea.

In November, 1905, in spite of the most urgent protests and appeals from the Emperor of Korea to Foreign Powers— including Great Britain—the Japanese took over the foreign relations of Korea. In 1907, a treaty was forced on the Korean Government, depriving it of the control of its internal affairs.

These measures were treacherously taken by a country which had come to us in the guise of a friend and which had secured peaceful entry into our land.

The Treaty of 1905—the most vital treaty in giving Japan ascendancy in Korea—was secured by means of unspeakable brutality, the Japanese surrounding the Emperor's palace with troops, arresting the Acting Premier and threatening him with death, and forcing the other Ministers to sign. The Emperor never signed. It was no more a voluntary treaty—as the Japanese declared to the Powers—on the part of Koreans than is it voluntary for a man to hand over his money to a robber who stands holding a pistol to his head.*

Having secured supreme power in Korea, the Japanese set themselves to deprive Korean people of their liberty, their language, their lands, and their commercial rights. The names of the cities, provinces and districts were altered to Japanese names. Courts of law were held in Japanese. Large numbers of Japanese officials and police were brought over, the entire responsible administration being run by Japanese.

Every possible measure has since been taken to destroy the Korean national traditions and historic memorials. Many ancient relics have been removed to Japan to ornament her parks and museums. The confiscation and burning of Korean historical records and literature have been and are still carried out to this day.

Annexation and Assimilation.

By a fraudulent treaty, done at Seoul on August 22nd, 1910, Korea was incorporated as a province of Japan. The Japanese have avowedly adopted a policy of "ASSIMILATION," their aim being to make Koreans—a nation with a civilisation older than their own and from which they acquired much of their civilisation—into a minor slave people, speaking their tongue and serving them.

The harshest form of military police administration was established all over the country. The Japanese military police virtually held the power of life or death, being allowed to inflict at their own will and without trial a form of flogging so severe that large numbers died under it.

A rigid spy system was established from end to end of the peninsula. All Koreans are registered and given a number, which is known to the police. Every time a Korean leaves his village or town he must obtain a police permit, fully stating his business and destination.

Individual liberty has become non-existent, the life of the Korean being regulated down to the smallest detail. Men are even now unable to draw their own money out of the bank, save in small quantities, without police permission. Every Korean family of wealth is obliged to employ a Japanese steward, who is recommended by the police, to look after the affairs of his Korean master. The master is at the mercy of his steward.

* The most authoritative account of how this treaty was secured will be found in "Korea's Fight for Freedom," by F. A. MᴄKᴇɴᴢɪᴇ. (London: Simpkin, Marshall & Co.)

The rights of free meeting, free speech and free press have disappeared. Not one Korean newspaper exists among twenty million people. Torture of prisoners, particularly of political prisoners, has been and is freely employed.

Independence Declared.

The Korean people submitted to the brutal force of Japan for some time. Some younger men attempted rebellion; some older men committed suicide as a protest. Knowing that fighting is useless, as the people have neither arms nor organisation to combat the Japanese, every effort has been and is made in peaceful order to protest and to appeal to the international justice.

Things became so intolerable that in the spring of 1919, the whole nation rose in protest.

The Koreans believed then, as they do now, in the statements made by leading statesmen of the Great Powers of their purpose " to prevent the domination of small nations by big ones."

Korean sympathies were entirely with the Allies in the Great War. The Korean people, so far as they could, contributed their share, though small in part, to the cause of the Allies. Aside from material and moral contributions, more than 5,000 Koreans enlisted in the Russian Army on the Eastern Front, before the Treaty of Brest-Litovsk. More than half of them were killed or wounded. The Tzarist Government decorated many of our men for bravery.

On Saturday, March 1st, 1919, the Korean people met together all over the land and proclaimed INDEPENDENCE OF THE KOREAN PEOPLE AND NATION. They met without arms. There was no violence of any kind. Messages had been sent everywhere beforehand directing that the Japanese were not to be insulted nor injured, nor their property damaged in any way.

In accordance with the will and choice of the Korean people, a Republic was declared and a Provisional Government formed, with Dr. Syngman Rhee as President. It is this that we represent, and it is the only Government which can speak for the Korean people.

Face to Face with Militarism.

The Japanese replied to our protest with a brutality rarely equalled in modern history. They set loose their coolies on Koreans with hooks, swords and guns. They stripped, beat

끝나지 않은 역사

and outraged our young women: they tortured our men in wholesale fashion: they filled the prisons: they brought over their troops and let them loose, particularly on the Christian communities of the North. Their action was so unworthy of a civilised people that the British Government in the summer of 1919 made formal representations to Japan against the torture of Korean political prisoners.

Many details of these horrors, which can only be compared with the treatment of the Armenians by the Turks, are given in the report of the Federal Council of the Churches in America, published in New York in 1919, and by the Rev. Dr. Armstrong, Assistant Secretary to the Board of Foreign Missions of the Presbyterian Church in Canada, who was in Korea at the time. Numerous other detailed reports by Government officials, newspaper correspondents and others confirm these.

Three sets of statistics are given here: the first is from Korean sources, and the second from the Japanese Official Report issued at Seoul in January, 1920, covering the period from March 1st, 1919, to July 20th, 1919. The Japanese statistics are obviously incomplete. Even incomplete as they are, they are appalling. The third set was issued by the Presbyterian Church.

Statistics of Atrocities.

KOREAN STATISTICS FROM MARCH 1, 1919, TO MARCH 1, 1920.

Killed	7,645
Injured	45,562
Imprisoned	49,811
Houses burned	724
Churches burned	59
Schools burned	3

JAPANESE STATISTICS FROM MARCH 1, 1919, TO JULY 20, 1919.

Demonstrations suppressed without incident	341
Suppressed by force	51
Suppressed by force and firearms	185
Total demonstrations suppressed	577

Casualties:

Koreans killed	631
Japanese killed	9
Koreans wounded and treated at Government hospitals (no statistics for those otherwise treated)	1,409

Arrests and Punishments:

Flogged by order Gendarmes	9,078
Flogged by order Court	1,514
Prison sentences	5,156
Committed to trial	8,993
Appeals allowed	1,838
Sentences remitted	282
Released	7,116
Total killed, wounded and arrested	36,026

Property Damage:

Churches totally destroyed	17
Churches partially destroyed	24
Other buildings destroyed	168

PRESBYTERIAN CHURCH STATISTICS REPORTED TO ITS GENERAL ASSEMBLY IN OCTOBER, 1919. (Covering their Membership only.)

Churches destroyed	12
Killed by shooting	41
Beaten to death	6
Pastors, elders and leaders arrested	386
Male members arrested	2,125
Adherents arrested	812
Women arrested	531
Total arrests	3,804
Flogged	2,162
Still in prison	1,642

Japan and Christianity in Korea.

Christianity had made great strides in Korea, some of the northern cities, such as Pyeng-yang and Sun-chon, being predominantly Christian. The Japanese authorities, believing that Christianity made the people less amenable to their policy of absorption, began an avowed policy against Christians. They passed educational regulations to limit and destroy the Christian schools. They punished individual Christians at every opportunity. They found treason in the most innocent acts

끝나지 않은 역사

and words of members of the Churches. They believed that Christian hymns like "Onward, Christian Soldiers," were dangerous, and they found treason in Bible stories like that of David and Goliath.

In the autumn of 1911 they arrested a very large number of leading Christian teachers, pastors and others in Northern Korea on a charge of conspiracy, and kept them for many months in prison without being allowed to communicate with their families and friends. Eventually 149 were sent to Seoul, the capital, where they were subjected for some time to severe torture to extract confessions. Three of them died under torture. A hundred and twenty-three were placed on open trial, where their story of the long torture to which they had been subjects was told. It came out in Court how they had been stripped naked, their hands tied behind their backs, hung up in doorways by their thumbs, swung and beaten until unconscious; lighted cigarettes had been pressed against their bodies; they had been tortured by semi-suffocation, struck with iron rods; their fingers twisted with wire, their nails torn off. In some cases this binding, hanging, beating and burning had continued for weeks. Notwithstanding this evidence, nearly all the prisoners were convicted.

Later on, all but six were released on appeal as innocent. There had been no conspiracy. The whole thing was a Japanese police plot.

So-called Reforms of no Consequence.

The Japanese Government itself was forced by the protests of the world in 1919 to take action. The Governor-General was recalled. A new Governor-General was appointed and great improvements promised. The new Governor-General has frequently expressed his desire to improve the condition of the Korean people and there has been much talk of certain nominal reforms, but under the new reform administration the condition of our people still continues as before. The tyranny of the Japanese police and officials, particularly in outlying districts, is almost unbearable. The policy of absorption still goes on, the Japanese admitting it.

The persecution, imprisonment and torture of Christians because they are Christians still continues. It is nearly two years now since the so-called reforms were announced in an Imperial Rescript, but none of the provisions has been put into operation. This is a test of sincerity on the part of Japanese Government. Regarding these reforms, a well-known English writer, Mr. J. O. P. Bland, observes, "there are many observers in the Far East who doubt the efficacy, not to say sincerity, of these latest reforms, and who believes that the policy of forcible assimilation, and with it unjust exploitation, will be maintained." This frank statement reveals once more the depth of Japanese insincerity.

Persecution and Massacre of Christians.

The case of one Church is given as an example of hundreds of others. The Presbyterian Mission of the Pyeng-yang Station in its Annual Report for 1918-19 states that in Pyeng-yang itself the pastor of every Presbyterian Church was arrested, one being released after examination; one helper arrested, another forced to flee for safety, thirteen leaders and many members of the churches arrested. The police department sent out an order to arrest every student in the Union Christian College and the boys at the Academy, whether guilty of any offence or not. Bibles and hymn books were seized and destroyed in many cases. Theological students, innocent of any offence, were flogged. People in prison were tortured. In the country districts things were much worse. Nineteen church buildings were known to have been badly damaged by police, gendarmes and soldiers, and Bibles and church records destroyed. Church officials and church members were seized and beaten. "The treatment which the Christian women and schoolgirls have received is so horrible that we refrain from writing." Non-Christians suffered much less than Christians.

"The destruction of the Church seems aimed at, despite all the official assurances to the contrary," says this official report.

During the past year the campaign against the Christian Churches of the North has continued. The announcement of reforms in Seoul has not meant the carrying out of reforms in any part of the country.

Bishop Trollope, the head of the Anglican Church in Korea, wrote recently:—

"(Many) in the rank and file of the vast hierarchy of petty officials . . . lose no opportunity of identifying Christianity with disloyalty to the powers that be."

The Massacre of Che-Am-Ri.

The horrible story of the massacre and burning of Che-Am-Ri on April 15th, 1919, was published both in the East and West. A British subject who was in the village three days after the massacre tells the story graphically:—

"On Tuesday, April 15th, early in the afternoon, some

soldiers had entered the village and given orders that all the adult male Christians and members of Chundo-Kyo (native religion) were to assemble in the church, as a lecture was to be given to them. In all some twenty-three men went to the church and, as ordered, sat down, wondering what was to happen. They soon found out the nature of the plot, as the soldiers immediately surrounded the church and fired into it through the paper windows. When most of them had thus been either killed or injured, the devilish soldiers set fire to the thatch and wooden building, that readily blazed. Some now tried to escape by rushing out, but were immediately bayoneted or shot. Six bodies were found outside the church, these having tried in vain to make their escape. Two women whose husbands had been ordered to the church, being alarmed at the sound of the firing, went to see what was happening to their husbands, and tried to get through the soldiers to the church: both were brutally murdered. One was a young woman of nineteen: she was bayoneted to death; the other, a woman of forty, was shot. Both were Christians. The soldiers then set the village on fire and left." *

The Massacre of Chientao.

In the autumn of 1920, in spite of vigorous protests on the part of China, the Japanese sent a large force of troops into Chinese territory to persecute † the 300,000 Korean settlers—mainly small farmers—in the Chientao district in Southern Manchuria, many of them refugees from their own land—not criminals, but people who fled because they found the Japanese rule intolerable. The Presbyterians have established eighty churches in this area.

The news of the coming of this force was heard without alarm by the Canadian missionaries and their adherents. Very soon, however, word came to the missionary headquarters that the Japanese troops had picked out the Christian villages for special punishment, destroying buildings, shooting unarmed men, particularly young men, without trial, and wrecking churches. The missionaries were at first prevented by the

* "The Rebirth of Korea," by H. H. CYNN. The Abingdon Press, New York.

† See Official Reports of House of Commons, December 21st, 1920; March 1st and March 23rd, 1921.

Japanese from going out to these places. They, however, managed to reach them and saw for themselves what had happened.

The first village reached was Norapawie, a Christian settlement. On October 30th a cordon of Japanese infantry surrounded this village and set fire to big stacks of straw and unthreshed millet and barley. They then ordered the occupants of the houses outside, and as each man stepped out he was at once shot. Thirty-one men in all were killed. Some, though wounded, managed to creep away. In the presence of the women and children the bodies were dragged on piles of burning straw and partly consumed. Afterwards the houses were set on fire. From Norapawie the Japanese soldiers spread out and burned the houses of Christians in other villages all the way down the valley to the main road to Lunchingtsun. The missionaries saw some of the Japanese troops returning from this adventure drunk.

When the troops had gone, the women rescued what they could of the charred remains and gave them decent burial. A few days later another party of Japanese troops came to the village, ordered the bodies to be gathered together, made the timbers of the destroyed houses into a great fire, placed what remains they could discover on top of them and burned them to ashes.

The troops visited Christian village after Christian village, burning, killing, outraging. In some, only the churches were burned; in others, churches and schools were burned; in others, the house of the Christian leader was picked out for destruction; in still others, many of the Christian converts were killed. At Kan-chang-am, on October 30th, the church, school and nine houses were burned, people shot and their bodies burned. At Chong-san the church, school and some houses were burned, twenty-three people shot and seven burned to death in their homes.

Exclusion of non-Japanese Trade.

Korea, with its population of about twenty million people, is a land of great commercial possibilities. It presents many opportunities for commercial expansion and for trade with the rest of the world.

In the Treaty between Great Britain and Korea in 1883, establishing "permanent relations of Friendship and Commerce," British subjects were given the right of trading in Korea on terms of a most favoured country, and the "Open Door" was established. When Japan annexed Korea in 1910 all British rights under this Treaty were wiped out. The Japanese agreed to maintain the old Korean tariff for ten years and to allow ships under foreign register to engage in Korean coasting trade for ten years more. After that Korea came under the Japanese tariff and foreign shipping was shut out.

Apart from this, the great natural wealth of Korea is now treated as Japanese property. British enterprises have been steadily frozen out. For example, the British American Tobacco Company, which had large interests in Korea and had established a flourishing business there, was forced to go.

This is true not only of Korea. Wherever Japan secures domination, she seeks, by obtaining exclusive concessions, by controlling shipping, and by adroitly using the railroads to favour her own nationals, and by the use of every means, however unfair, to obtain exclusive trade.

An even more conspicuous example of this than Korea is in Manchuria, a fertile, prosperous and well-populated land. British rights there have been repeatedly affirmed by treaty. They consist in the maintenance of the "Open Door" and of the principle of equal opportunities for commerce to all nations.

Japan has, since 1904, obtained domination there. The result is told in a report issued by the British Foreign Office in 1920,[*] which shows that Japan "has exclusive control of the most important commercial railway. She shares all mining and timbering enterprises with China in a purely nominal partnership, to the exclusion of other nationalities; the Japanese alone are allowed to initiate industrial undertakings. . . . American shippers have complained to their Consuls of the Japanese railways in Manchuria discriminating against them by means of a rebate system. . . . Industrial and mining enterprises in Southern Manchuria are practically monopolised by the Japanese. . . . Japanese penetration has not left much room for the investment of other foreign capital in Manchuria."

The same thing is happening in Tsing-tau, where British traders almost sigh for the return of German rule. Under it they had some chance to trade; under the Japanese they have none

* Foreign Office Handbooks, 1920. (London : H.M. Stationery Office.)

Policy of Expansion.

Japanese policy in Korea is mainly of concern to Korean people as it affects their lives, their property, their liberty, and their happiness. It is mainly of interest to the Premiers of Great Britain because it is a revelation of the policy of Japan, a policy which cannot fail in the end—if carried out to its logical conclusion—to be fatal to the interests of all Western Powers in Asia.

Japanese statesmen and publicists and their European agents excuse the wanton destruction of Korean nationhood on the ground that they are compelled to find "places in the sun" for their overflowing population. If territorial extension is involved in her Continental Policy for her surplus population, it has failed the object. The number of immigrants in Korea and Manchuria during the last fifteen years is so small as to expose the perpetual cry of "surplus population." Of 300,000 Japanese who are in Korea, 75 per cent. are officials, police and army personnel; 15 per cent. merchants, tradesmen and coolies; 10 per cent. farmers, and ALL ARE EXPLOITERS.

The rigours of life in a cold climate are unsuitable for the average Japanese. It is, therefore, elsewhere than on the Continent that they must find "places in the sun."

A colossal struggle is inevitable between Anglo-Saxon Powers and Japan to end in the conversion of Australasia and Pacific Slopes of America into Japanese Colonies.

There is no secret about the aim of the Japanese Militarists, the men who, despite all the reassurances and declarations of Japanese officials in Europe, control the policy of their country. The absorption of Korea is only the first step in their avowed policy. The next step is the absorption of Manchuria, which is already largely accomplished. Then comes the domination of China. They are steadily proceeding with this, with amazing success. They have since the Great War secured exclusive control of the most natural rights of Eastern Siberia, and they have done so by methods contrary to humanity and to justice.

Should Japan dominate China, she will be in a position to dominate the world, to compel the British Dominions overseas to admit their population as settlers, to make the world a world in which Japanese ideals, Japanese harsh officialism, and Japanese ways rule.

Economic Oppression.

Japan has attempted to justify her occupation of Korea on the ground that she has brought economic benefits and material benefits there.

There have been material benefits. Fine fresh arterial roads have been built—by means of forced and unpaid Korean labour. The railroad system has been extended and fine new bridges built. Telegraph and telephone lines have been widely extended. A number of splendid Government buildings and of sumptuous hotels for foreign visitors have arisen. Some of these improvements are made to impress visitors. Japan understands the art of keeping a " good shop window." Others have been for military purposes. Korea is the highway to China: improvement in transit through Korea has reduced the journey from Tokyo to Peking to four days. But railroads, telephone service and sumptuous Government buildings are a poor consolation to the Korean people for the destruction of their liberty and national existence.

The Japanese, soon after they obtained supremacy, surveyed the country to define the exact ownership of lands. A very large part of the land of Korea had been held by the people for generations, under an understood agreement with the Royal Household, the municipalities and the Buddhist Temples. The Japanese now turned the old Korean holders out wholesale and parcelled the lands out among Japanese settlers.

The Japanese Government established a semi-official organization, The Oriental Colonization Company, and supported it with an annual grant of £50,000 from the Imperial Treasury. Many methods have been employed to compel Korean private owners of land to sell out to this company at ridiculous figures. Japanese settlers, for example, buy a patch in a rice field nearest to the irrigation system and cut off the water from the Koreans below. They have no redress; their land is made worthless: and the Koreans are forced out from land which their families owned for generations.

The official Japanese Bank of Chosen, corresponding to the Bank of England, has manipulated currency and called in specie, so that Korean owners have had to sell their land to obtain money to pay their taxes. Under Japanese rule taxation, which was formerly very light, has become almost unbearably heavy. Korea's national debt has increased during Japanese control to a ruinous sum.

Korean ownership of land binds Korean hearts to the ancient land of their forefathers. The expropriation of the Korean

land owner has become a cardinal aim of Japanese policy in Korea.

Increases in Korea's National Debt during Japanese Control.

	£	s.	d.
Total National Debt as reported by Japan up to December 31, 1917	9,368,683	0	0
National Debt at commencement of Japanese control	73,651	0	6
Increase during Japanese control	9,295,031	19	6

ITEMS.

Date.	Creditor.	Rate.	Amount.		
December 1, 1908	Industrial Bank, Japan	6½	1,296,392	0	0
March 1, 1913	Imperial Treasury, Japan	4	105,265	0	0
April 1, 1913	Imperial Treasury, Japan	5	3,000,000	0	0
October 1, 1914	Deposit Section, Finance Dept., Japan	5½	500,000	0	0
March 1, 1915	Deposit Section, Finance Dept., Japan	5½	264,087	0	2
August 1, 1915	Imperial Treasury, Japan	5½	300,000	0	0
August 1, 1915	Bank of Chosen, Korea	6	150,000	0	0
October 1, 1915	Imperial Treasury, Japan	5½	250,000	0	0
October 1, 1915	Deposit Section, Finance Dept., Japan	5½	31,111	0	4
March 1, 1916	Bank of Chosen, Korea	6	600,000	0	0
March 1, 1916	Imperial Treasury, Japan	5½	313,432	14	0
July 1, 1916	Imperial Treasury, Japan	5½	300,000	0	0
September 1, 1916	Imperial Treasury, Japan	5½	500,000	0	0
March 1, 1917	Imperial Treasury, Japan	5½	258,500	0	0
December 1, 1917	Imperial Treasury, Japan	5½	1,499,895	0	0
Total			9,368,683	14	6
Annual Interest Charge			504,412	13	9

These figures are taken from "Japanese Stewardship of Korea," by Mr. F. A. Dolph, Washington, D.C., and are turned into English currency at normal rate of exchange. The data were taken by Mr. Dolph mainly from Japanese official reports.

What we Ask.

What do we ask of you?

We submit that Great Britain is bound in honour to act up to her pledges in her Treaty with Korea "to exert her good offices" to help us. We did our best to act up to our Treaty obligations to you. Will you do the same to us?

We appeal to you in our hour of darkness. If we remind you of your solemnly pledged national word, it is because we have confidence in the rectitude and the sense of justice of the British people.

끝나지 않은 역사

We ask you to examine the methods by which the Treaties of Protectorate and Annexation of November 17th, 1905, and August 22nd, 1910, were obtained. We are certain that independent examination will show you that they were signed under duress, and therefore should be declared NULL and VOID.

We ask for the restoration of Korean independence and for the resumption of direct diplomatic and commercial relations between Great Britain and Korea upon the basis of the Anglo-Korean Treaty of 1883.

No people has a better title to nationhood than ours, racially, historically, and morally. Japan has shown herself utterly unfit to rule other nations. She lacks the moral qualities essential to leadership. She has exploited our country for the benefit of her own people, and has created such a condition that we live under the dark shadow of perpetual fear. We are being dragged down to the level of slaves. We beg you, because of our pledged mutual friendship, because of your solemn promise to aid us, and for the sake of our common humanity, to aid us.

The peace of Asia is bound up with the future of Korea.

THIS APPEAL is presented in the name and on behalf of the Provisional Republican Government of Korea and of the twenty million Koreans within and without of Korea by the under-signed E. Ki-whan Whang, duly accredited delegate of Korean Commission to America and Europe, etc., etc.

Delegate to Great Britain of the Korean Commission, for the Republic of Korea, etc., etc., etc.

64, CROMWELL ROAD,
LONDON, S.W.7.

참고문헌

1. 사료

『高宗太皇帝實錄』.

『純宗皇帝實錄』 및 附錄.

『統別往復案』 一, 詔勅 隆熙 원년~4년, 奎章閣圖書 17853.

국사편찬위원회, 『한국독립운동사 자료』 1권 임정편 I.

국사편찬위원회, 『한국독립운동사 자료』 2권 임정편 II (三. 大韓民國臨時政府 歐美委員
　　部 活動).

국사편찬위원회, 『일제침략하 한국36년사』 9권, 10권.

국사편찬위원회, 『대한민국임시정부자료집』 16권.

국사편찬위원회, 『尹致昊日記』.

朴殷植, 『韓國獨立運動之血史』 제4장, 太皇之犧牲於獨立運動.

『新韓民報』 1926년 7월 8일자 등.

『日本外交文書』 37~43, 日本外交史料館.

『東京日日新聞』(1872년 창간), 일본 국회도서관, 신문자료실.

『新聞集成明治編年史』, 財政經濟學會, 1936년.

「倉富勇三郎文書」, 『倉富勇三郎日記』, 일본 국회 憲政資料室.

京都大學校 永井和 교수 홈페이지(http://www.bun.kyoto-u.ac.jp/~knagai/index.html).

「倉富勇三郎日記研究」

「寺內正毅日記」, 일본 국회 헌정 자료실.

寺內正毅, 『韓國倂合始末』, 日本國立公文書館, 1910.11.

植手通有 編,『德富蘇峰集』,『明治文學全集』제34권, 筑摩書房, 附錄「年譜」, 1974.

海野福壽 編,『韓國併合始末關係資料』, 不二出版, 1998.

『近古慷慨家列傳』, 東京 春陽堂(서울대학교 중앙도서관 소장본 제7판), 1886.

山口縣敎育會 編,『吉田松陰全集』, 岩波書店, 1940.

吉田松陰,『留魂錄讀本』, 2016, 松陰文庫.

野口勝一, 富岡政信 編次,『吉田松陰傳』전5권, 野史臺藏版, 1981.

德富猪一郎,『吉田松陰』, 民友社, 1983; 복간본, 岩波文庫 33-154-1, 1981:「付錄 吉
田松陰演說草稿」植手通有「解說」.

德富猪一郎,『吉田松陰(改訂版)』, 民友社, 1908.

德富蘇峰,『敗戰學校, 國史の鍵』, 東京, 寶雲社, 1948. 7.

德富蘇峰 著, 朴順來 역,『敗戰學校』, 서울, 創人社, 1950.

倉知鐵吉 述,『韓國併合の經緯』, 外務大臣官房文書課, 1950.

小松錄,『韓國併合之裏面』, 中外新論社, 1920.

李方子,『すげた歲月』, 東京, 明暉園, 1973 : 李方子(리 마사코),『지나온 세월』, 동서
문화원, 1974.

李方子,『動亂の中の王妃』, 講談社, 1968.

The American Society of International Law, ASIL(https://www.asil.org/about/asil-history)

A Collection of Nationality Laws of Various Countries, edited by Richard W. Flournoy, Jr. and
Manley O. Hudson, 1930.

A Collection of the Diplomatic and Consular Laws and Regulations of Various Countries, edited
by A. H. Feller and Manley O. Hudson, 1932.

Research in International Law under the Auspices of the Faculty of the Harvard Law School III.

Law of Treaties, Supplement to the American Journal of International Law, Vol. 29, p.1157, 1935.

Yearbook of the International Law Commission 1963 Vol.Ⅱ, Documents of the fifteenth session including the report of the Commission to the General Assembly, UNITED NATIONS.

Report of the Commission to the General Assembly: Report of International Law Commission on its 15th Session(Document A/5509), *Yearbook of the International Law Commission 1963*. Vol. Ⅱ, New York: United Nations, 1964.

James W. Garner Papers: 1830, 1891-1939, 1942. University of Illinois Archives, Record Series Number 15/18/20, University of Illinois.

『朝日日本歷史人物事典』, 朝日新聞社, 1994.

Bouvier, John, and Francis Rawle, *Bouvier's Law Dictionary: A New Edition*. Boston: Boston Book Company, 1897.

2. 저서 논문

〈조약〉

李泰鎭 편저, 『일본의 大韓帝國 强占』, 까치, 1995.

海野福壽, 『韓國併合』, 岩波新書, 1995.

海野福壽, 『日韓協約と韓國併合』, 明石書店, 1995.

海野福壽, 『韓國併合史の硏究』, 岩波書店, 2000.

康成銀, 『을사5조약 연구』, 도쿄, 조선대학 출판부, 2002.

끝나지 않은 역사

이태진 외, 『한국병합의 불법성 연구』, 서울대학교 출판부, 2003.

海野福壽, 『外交史料韓國倂合』 上·下, 不二出版, 2003.

吉岡吉典, 『「韓國倂合」100年と日本』, 新日本出版社, 2009.

이태진 편저, 『한국병합, 성립하지 않았다』, 태학사, 2001.

* 일본 『世界』(岩波書店 발행)에 1996년 7월부터 2000년 11월까지 7회에 걸쳐 진행된 '日韓對話'에 참가한 글들을 한국어로 번역하여 출판하였다.

李泰鎭·사사가와 노리가쓰 공편, 『한국병합과 현대 : 역사적 국제법적 재검토』, 태학사, 2009. 3 : 〈일본어본〉 笹川紀勝·李泰鎭 編著, 國際共同研究 『韓國倂合と現代- 歷史と國際法からの再檢討』, 東京 明石書店, 2008. 12.

이태진·이상찬 저, 『조약으로 본 한국병합 – 불법성의 증거들』, 동북아역사재단, 2010. 12.

尹大遠, 『데라우치 마사다케 통감의 강제병합 공작과 '한국병합'의 불법성』, 소명출판, 2011.

金泳鎬·李泰鎭·和田春樹·內海愛子 편, 『한일 역사문제의 핵심을 어떻게 풀 것인가?』, 지식산업사, 2013. 12 : 〈日本語本〉 『日韓歷史問題をどう解くか』, 岩波書店, 2013. 12.

도시환 외, 『한일강제병합 100년의 역사와 과제』, 동북아역사재단, 2013 : 〈일본어본〉 明石書店, 2012. 12.

金正明, 『朝鮮駐箚軍歷史 –日韓外交史料集成 別冊 1–』, 巖南堂書店, 1986.

柳永益, 『甲午更張 研究』, 일조각, 1990.

和田春樹, 「日露戰爭と韓國倂合」, 安田常雄·趙景達 編, 『近代日本のなかの「韓國倂合」』, 東京堂出版, 2010.

和田春樹, 『日露戰爭–起源と開戰–』 上·下, 岩波書店, 2009. 2010.

金文子, 『日露戰爭と大韓帝國』, 高文研, 2014.

Thomas F. Millard, *The New Far East*, New York, Charles Scribner's Sons, 1906.

Francis Rey, La Situation Internationale de la Corée 1906, *Revue générale de droit international public*, Vol. 13호, Paris : 南孝順·崔鍾庫 번역, 「대한제국의 국제법적 지위」, 이태진 편저, 『일본의 대한제국 강점』, 까치, 1995

Shaw, Carole Cameron. *The Foreign Destruction of Korean Independence*. Seoul : Seoul National University Press. 2007.

〈吉田松陰, 德富蘇峰 및 침략주의〉

丁日聲, 『일본 군국주의의 괴벨스 도쿠토미 소호 德富蘇峰』, 知識産業社, 2005.

다카하시 데쓰야(高橋哲也) 지음, 현대송 옮김, 『결코 피할 수 없는 야스쿠니 문제』, 역사비평사, 2005.

李泰鎭, 「吉田松陰과 德富蘇峰-근대일본에 의한 한국침략의 사상적 基底」, 『韓國史論』 60, 서울대학교 國史學科, 2014. 6 : 日本語譯 『都留文科大學硏究紀要』 제80집, 2014. 10.

森山茂德, 『日韓併合』, 吉川弘文館, 1992.

韓桂玉, 『征韓論の系譜』, 三一書房, 1996.

西尾幹二, 『國民の歷史』, 扶桑社, 1999.

田中彰, 『吉田松陰 - 變轉する人物像-』, 中公新書 1621, 2001.

吉野誠, 『吉田松陰と征韓論-吉田松陰から西鄕隆盛へ-』, 明石書店, 2002.

海原徹, 『吉田松陰と松下村塾』, ミネルバ, 2003.

松田輝未編著, 『吉田松陰と塾生』, 松陰神社, 2013.

米原謙, 『德富蘇峰 -日本ナショナリズムの軌跡-』, 中公新書 1711, 2003.

井上勝生,『幕末·維新』, 岩波新書, 2006.

伊藤之雄,『山縣有朋－愚直な權力者の生涯』, 文藝新書, 2009.

安田浩,「日露戰爭の歷史的位置 － 德富蘇峰のナシオナリズムの變遷より-」, 安田浩·
　　趙景達 編,『戰爭の時代と社會 -日露戰爭と現代-』, 靑木書店, 2005.

須田努,「征韓論への系譜」, 安田常雄·趙景達 編,『近代日本のなかの「韓國倂合」』, 東
　　京堂出版, 2010.

和田 守,「德富蘇峰と平民主義」,『聖學院大學總合硏究所紀要』제49호, 2011.

崔文衡 외,『明成皇后 殺害事件』, 민음사, 1992.

최문형,『명성황후 시해의 진실을 밝힌다 -선전포고 없는 일본의 對러 개전-』, 지식산업사,
　　2001.

이민원,『명성황후 시해와 아관파천』, 국학자료원, 2002.

金文子,『朝鮮王妃殺害と日本人』, 高文硏, 2009.

김영수,『명성황후 최후의 날』, 말글빛냄, 2014.

이태진,「고종황제의 毒殺과 일본정부의 首腦部」,『歷史學報』204, 2009.

李昇燁,「李太王(高宗)毒殺說の檢討」,『二十世紀硏究』10, 京都大學文學部, 2009.12.

李泰鎭,「안중근의 하얼빈 의거와 高宗皇帝」,『영원히 타오르는 불꽃 - 안중근의 하얼빈 의
　　거와 동양평화론-』, 지식산업사, 2010.

〈국제관계와 주권회복운동〉

李庭植,『金奎植의 生涯』, 新丘文化社, 1974.

尹炳奭,『이상설전-해아특사 이상설의 독립운동론-』, 一潮閣, 1984.

李庭植,『呂運亨 - 시대와 사상을 초월한 융화주의자-』, 서울대 출판부, 2008.

洪淳鎬,「獨立運動과 韓佛關係-1906~1946」,『한국정치외교사연구』2, 1985.

李愚振,「임정의 파리강화외교」,『한국정치외교사논총』3, 1987.

金基赫, 「光武帝의 主權守護 外交, 1905~1907: 乙巳勒約의 無效를 中心으로」, 李泰鎭 편저, 『일본의 대한제국 강점』, 까치, 1995.

백충현·이태진, 「일본 국제법학회와 대한제국 국권 침탈정책」, 『서울국제법연구』 6-2, 1999.

李炫熙, 「尤史金奎植의 生涯와 思想」, 『江原文化研究』 6, 2001.

李炫熙, 「金奎植과 大韓民國臨時政府」, 『文明研誌』 3-1, 2002.

崔悳圭, 「파리강화회의(1919)와 김규식의 한국독립외교」, 『서양사연구』 35, 2015.

川田 稔, 『原敬と山縣有朋』, 中公新書 1445, 1998.

篠原初枝, 『國際聯盟-世界平和への夢と挫折-』, 中公新書 2055, 2010.

木畑洋一, 『二〇世紀の歴史』, 岩波新書 1499, 2014.

海野福壽, 「フランシ・レイ '韓國の國際狀況'-國際法からみた韓國保護條約無效論-」, 『戰爭責任研究』 第二号, 1993年 冬季号.

長田彰文, 「ベルサイユ講和會議と朝鮮問題 -パリでの金奎植の活動と日本の對應」, 『一橋論叢』 115卷 제2호, 1996. 2.

金庚姬, 「ハグ '密使'と國際紛爭平和的處理條約」, 『文學研究論集』 12, 明治大學人文學部, 2000. 2.

笹川紀勝, 「ハーバード草案のとらえるグロチウスとマフテンス」, 『法學論叢』 79-4, 5合併, 2007. 3.

笹川紀勝, 「征韓論に對應する國際法體系の問題」, 『法學論叢』 82-4, 5合併, 2010. 3.

Erwin N. Griswold, "Manley Ottmer Hudson", Harvard Law Review, Vol. 74, No2, Dec. 1960.

Joel S. Poetker, *The Fourteen Points*, Charles E. Merrill Publishing Co., 1969.

Arthur S. Link, *Wilson the Diplomatist*, A LOOK AT HIS MAJOR FOREIGN POLICIES,

NEW VIEWPOINTS, A Division of Franklin Watts, Inc., New York, 1974.

James T. Kenny, "Manley O. Hudson and the Harvard Research in International Law 1927-
1940", *International Lawyer*, Vol.11, No.2 , April, 1977.

Editor James B. Lloyd, *Lives of Mississippi Authors*, 1817-1967 University of Mississippi, Jack-
son, 1981.

〈한일회담〉

李元德, 『한일과거사의 처리의 원점 - 일본의 전후처리 외교와 한일회담-』, 서울대학교 지
역연구 총서 9, 서울대학교 출판부, 1996.

太田修, 『日韓交涉 - 請求權問題の硏究』, クレイン, 2003.

장박진, 『식민지관계 청산은 왜 이루어질 수 없었던가?』, 논형, 2009.

李相德, 「對日賠償要求의 正當性」, 『新天地』 1948년 1월호.

구용서, 「대일배상과 산업재건 - 통화보상의 확보, 금융통화편」 등 4편, 『서울신문』, 1947
년 10월 25일 ~11월 22일.

국민대학교 일본학연구소 편, 『의제로 본 한일회담, 외교문서 공개와 한일회담의 재조명 2』,
선인, 2010.

吉澤文壽, 「한일국교정상화 교섭에서의 기본관계 교섭」, 국민대학교 일본학연구소 편, 『의
제로 본 한일회담』, 2010.

찾아보기

끝나지 않은 역사

끝나지 않은 역사

끝나지 않은 역사

끝나지 않은 역사

끝나지 않은 역사

끝나지 않은 역사

끝나지 않은 역사

끝나지 않은 역사

끝나지 않은 역사

끝나지 않은 역사

끝나지 않은 역사